Handbuch der Landschaftsmalerei

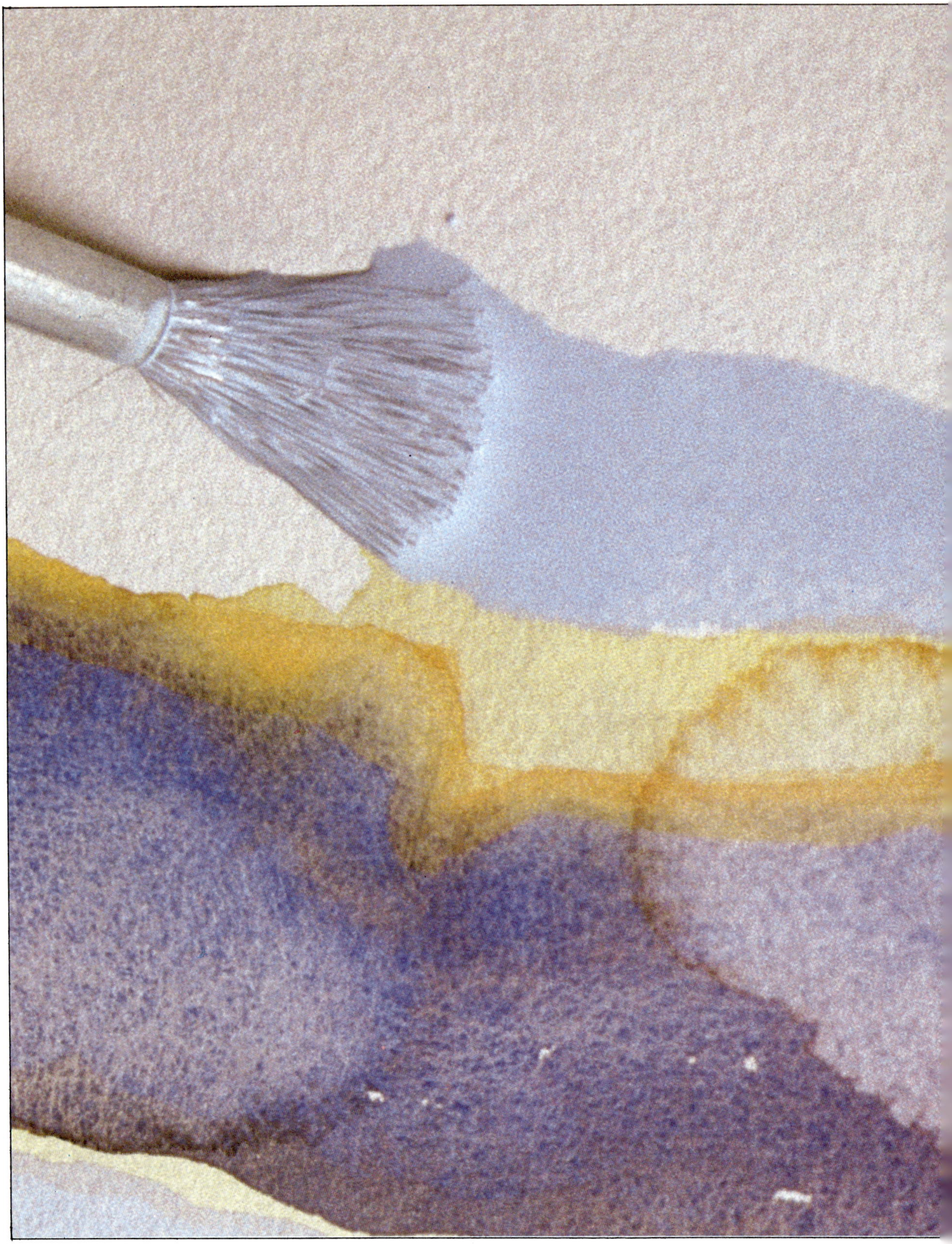

Handbuch der
Landschaftsmalerei

Grundlagen · Materialien · Techniken
Gestaltungsbeispiele

von Patricia Monahan

Bechtermünz Verlag

Originaltitel: Landscape Painting
Originalverlag: Quarto Publishing plc., London
Aus dem Englischen übersetzt von Helga Willinghöfer

Genehmigte Lizenzausgabe für Bechtermünz Verlag im Weltbild Verlag GmbH, Augsburg 1997

Umschlaggestaltung: Peter Engel, München
Gesamtherstellung: Tiskarna Mladinska Knjiga, Ljubljana
Printed in Slovenia
ISBN: 3-86047-234-8

INHALT

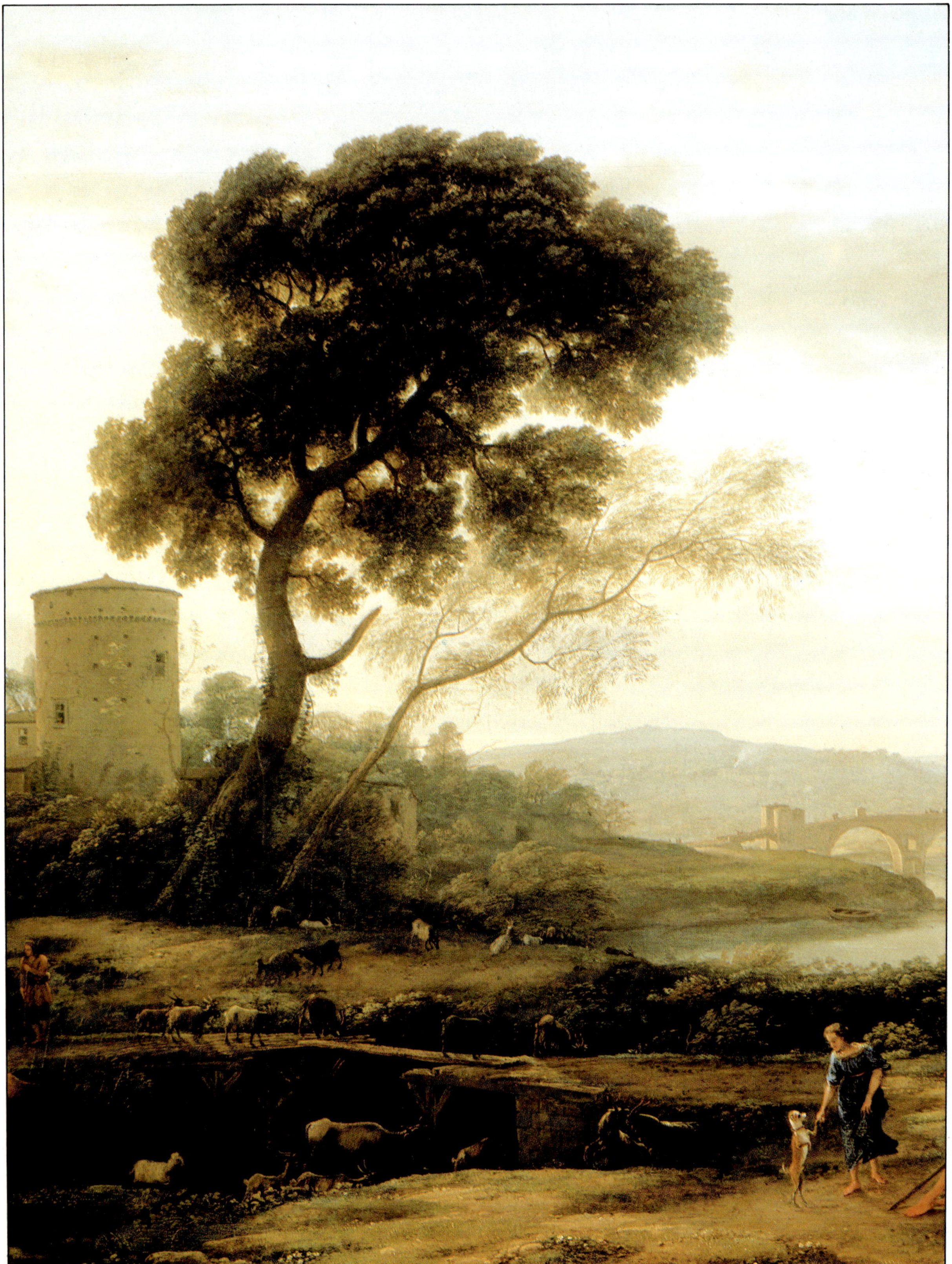

KAPITEL EINS

DIE NATUR IN DER KUNST

Der Wunsch, die ihn umgebende Welt im Bild festzuhalten, ist in der Psyche des Menschen tief verwurzelt. Seit Tausenden von Jahren versuchen Künstler, Tiere, Pflanzen, Flüsse und Berge, mit und vor denen sich unser tägliches Leben abspielt, zu beschreiben, aber erst in jüngster Zeit hat man erkannt, daß diese unterschiedlichen Elemente Teile eines Ganzen sind, das wir seitdem ›Landschaft‹ nennen.

Idyllische Landschaft an der Ponte Molle bei Rom (Ausschnitt), von Claude Lorrain (1600–1682). Lorrains Landschaften sind sehr poetisch und meist in warmes, goldenes Licht getaucht.

Kulturen sind entstanden und wieder vergangen, und jede hat eine künstlerische Ausdrucksform entwickelt, die die Probleme und Errungenschaften der Gesellschaft, die sie hervorgebracht hat, widerspiegelt. So sollen bestimmte Gegenstände in ›primitiver‹ Kunst nicht zur Kontemplation anregen, sondern sie haben einen praktischen oder rituellen Zweck, wollen oft auf geheimnisvoll-magische Weise das Dargestellte Realität werden lassen – zum Beispiel eine erfolgreiche Jagd. 3 000 Jahre lang beschäftigten sich die alten Ägypter mit den Vorbereitungen für das Leben nach dem Tod. Ihre Künstler malten alle lebensnotwendigen Dinge auf die Wände der Grabstätten, damit der Pharao oder Beamte, der sie beauftragt hatte, für das Jenseits gerüstet war. Die griechische Kunst dagegen beschäftigte sich fast ausschließlich mit dem Lobpreis der menschlichen Gestalt, und erst in hellenistischer und römischer Zeit entstand so etwas wie Landschaftsmalerei. Die lange Tradition der Landschaftsmalerei in China wiederum zeigt, wie intensiv sich die Menschen dort mit ihrer Umgebung befaßten und welche liebevolle Verehrung sie der Schönheit der Natur entgegenbrachten, die für sie eine Verkörperung kosmischer Kräfte darstellte. Wie in der hellenistischen und römischen Welt war die Landschaftsmalerei bei ihnen eng mit der Dichtkunst verbunden. Im Mittelalter diente die Landschaft lediglich als dekorativer Hintergrund für das menschliche Treiben. Hier herrschte die religiöse Kunst vor, und jedes Bild war mit mehreren Schichten eines reichen und komplexen Symbolismus befrachtet. Unsere heutige Maltradition ist erst 500 Jahre alt und spiegelt den grundlegenden Auffassungswandel während der Renaissance wider, als Künstler und Wissenschaftler anfingen, ihre Umwelt mit neuem, forschendem Blick zu betrachten.

Vor vier Millionen Jahren begannen unsere Vorfahren aufrecht zu stehen und auf zwei Beinen zu gehen. Zwei Millionen Jahre später, in der Altsteinzeit, dem sogenannten Paläolithikum, finden sich die Reste erster Werkzeuge, und vor 35 000 Jahren, in der Endphase der Steinzeit, begann die erste künstlerische Betätigung. Nach dem Ende der letzten Eiszeit zogen Jägergruppen in den weiten Ebenen Westeuropas auf den Spuren riesiger Rentier-, Mammut- und Bisonherden umher, die die Menschen mit Nahrung und Kleidung versorgten. Diese Nomaden lebten in Felshöhlen, und hier finden wir, besonders in Frankreich und Spanien, ihre künstlerische Hinterlassenschaft. Einige der interessantesten Bilder kann man in einer Höhle bei Altamira in Nordspanien bewundern. Hier hat ein Künstler der späten Steinzeit die Wände mit den Tieren bemalt, die er in seiner Umgebung sah, und der Schwung und die Sicherheit, mit denen er dies tat, verraten Können und gute Beobachtungsgabe. Die Zeichnung ist fein, aber kraftvoll, und die flüssigen Umrißlinien verraten Vitalität und ein Gespür für Bewegung. Die Höhlenmalereien in Lascaux in der Dordogne wirken ähnlich lebendig – hier galoppieren an den Felswänden Bison- und Rinderherden, Pferde und Hirsche, während Jäger mit hocherhobenen Waffen sie verfolgen. Die Künstler haben die Unebenheiten der Felsoberfläche, Flecken und Wasserspuren in ihr Werk mit einbezogen. Einige Motive sind nur im Umriß wiedergegeben, andere mit leuchtenden Erdpigmenten koloriert. Als Werkzeug verwendete man die Finger, Zweige, Federn und Fellstückchen. Die wichtigste Fähigkeit dieser Künstler war jedoch ihre Beobachtungsgabe, auf die ein erfolgreicher Jäger ebensowenig verzichten konnte. Heute läßt sich nur mutmaßen, warum unsere Vorfahren soviel Zeit und Energie auf die Schaffung dieser Bilder verwendeten. Vielleicht hatten sie eine magische Bedeutung und wurden in der Hoffnung gemalt, daß das Dargestellte auch eintreffen würde.

Als die Eismassen in Europa zwischen 10000 und 4000 v. Chr. langsam schmolzen, wurde das Klima in Nordafrika und im mittleren Osten trockener. Einige Stämme siedelten sich nun in der Nähe von Flüssen an, züchteten Getreide und domestizierten Tiere. Dies war der Beginn der Landwirtschaft. Paradoxerweise entstanden durch die Entwicklung der Landwirtschaft die ersten Städte, denn der Ackerbau ermöglichte es den Menschen, Überschüsse zu produzieren. Wenige Leute konnten mehr Lebensmittel erwirtschaften, und diejenigen, die nun auf den Feldern nicht mehr gebraucht wurden, konnten andere Arbeiten übernehmen. Die Spezialisierung förderte die Entwicklung des städtischen Lebens. Komplexere Gesellschaftssysteme bedingten höher entwickelte Organisationsformen, und so finden wir in diesem Teil der Welt einige der ältesten und blühendsten Kulturen. Die Art, wie die Menschen verschiedener Kulturkreise sich selbst und ihre natürliche Umwelt sahen, bestimmte ihre künstlerische Wiedergabe dieser Welt. Einige dieser Beziehungen näher zu betrachten, hilft uns vielleicht, die Kunstwerke, die diese Kulturen hinterlassen haben und die wir in den Museen und Galerien der ganzen Welt bewundern können, besser zu verstehen.

Das alte Ägypten – der lange Weg zum Grab

Der Ursprung unserer eigenen Art der Naturbetrachtung liegt in der Kultur des alten Ägypten. An den Ufern des Nils entwickelte sich eine reiche und großartige Zivilisation, die 3 000 Jahre überdauerte. Die Könige dort galten als göttliche Wesen und besaßen uneingeschränkte Macht. Ihren Reichtum und ihre Autorität spiegeln die Denkmäler wider, die sie hinterlassen haben. Tausende von Arbeitern und Sklaven schufteten Jahr für Jahr in den Steinbrüchen und transportierten das gewonnene Material mit primitivsten Mitteln zu den Bauplätzen. Dort wurden mit Hilfe uns teilweise unbekannter Ingenieurtechniken riesige steinerne Grabstätten, die Pyramiden, errichtet. All dies sollte sicherstellen, daß der Herrscher nach seinem Tod zu den Göttern, von denen er gekommen war, zurückkehren konnte. Im Alten Ägypten bedeutete das Leben eine lange Vorbereitung auf das Jenseits. Für das Weiterleben des Geistes im Totenreich war es wichtig, daß der Körper des Toten erhalten blieb, und dies erklärt das aufwendige Einbalsamieren und Wickeln des Verstorbenen. Die Mumie des Königs wurde in der Mitte des Grabes beigesetzt, und um das Weiterleben seines Geistes doppelt abzusichern, wurde sein Bildnis in Granit gemeißelt.

Zunächst waren diese Riten den Königen vorbehalten, aber schon sehr bald gruppierte man die kleineren Gräber der Edelleute aus dem königlichen Haushalt um das Grabmonument des Königs. Schließlich traf jeder, der etwas auf sich hielt, Vorsorge für sein Leben nach dem Tod, indem er eine aufwendige Grabstätte für seine Mumie und sein Bildnis errichten ließ.

Was wir über die ägyptische Kunst wissen, haben uns die Reliefs und Gemälde an den Grabwänden gelehrt – Gemälde, die nur für den Toten gedacht waren, die nicht erfreuen, sondern ›lebendig erhalten‹ sollten. Ursprünglich wurden die wichtigen Würdenträger im Kreis ihrer Diener und Sklaven beerdigt, die geopfert wurden, damit ihr Herr das Jenseits in Begleitung eines angemessenen Gefolges betreten konnte. Später wurden die konkreten Personen durch Abbildungen ersetzt. Die Bilder und Modelle in den ägyptischen Gräbern übernahmen diese Funktion, sie versorgten die Seele des toten Königs mit dem notwendigen Proviant und leisteten ihr im Totenreich Gesellschaft, als ob es gelte, Vorbereitungen für eine lange Reise zu treffen.

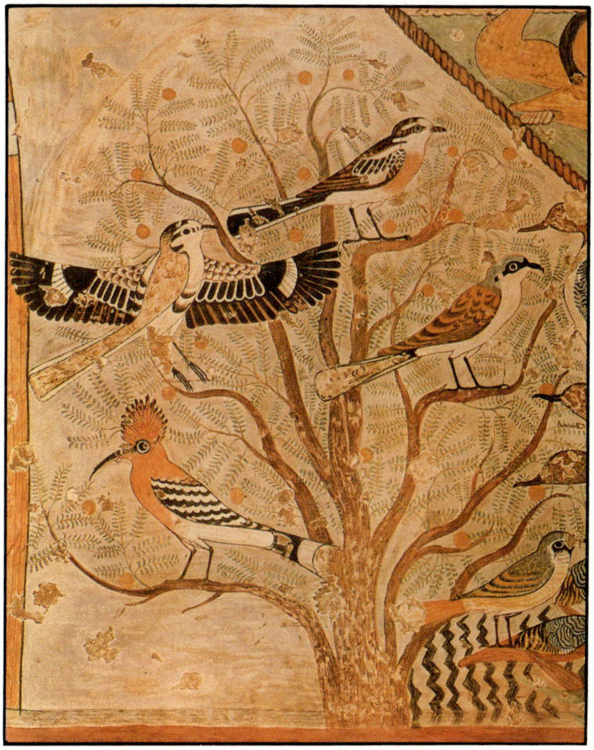

Vögel in einer Akazie. Dieses ägyptische Wandgemälde stammt aus dem Grab des Chnumhotep, eines Beamten der 12. Dynastie. Ägyptische Wandgemälde wurden mit Wasserfarbe ausgeführt und zeigen eine sehr genaue Naturbeobachtung.

Diese Reliefs und Wandmalereien vermitteln uns ein außergewöhnlich lebendiges Bild vom Alltag im alten Ägypten vor vielen tausend Jahren. Um sie jedoch richtig zu verstehen, müssen wir auch die Regeln, nach denen das konkrete Leben dargestellt wurde, kennen. Die ägyptische Kunst hatte einen sehr speziellen Zweck: Der Künstler sollte ein vollständiges und genaues Abbild schaffen, so daß alles deutlich sichtbar war und dauerhaft und in seiner Gesamtheit für das Leben nach dem Tod erhalten blieb. Es ging ihm nicht um Schönheit oder die exakte Wiedergabe der Natur, wie sie sich von irgendeinem Standpunkt aus darbietet. Er behandelte seine Bildgegenstände eher wie ein Kartenzeichner, der die Dinge aus einer möglichst repräsentativen Perspektive wiedergibt. Ein von oben gesehener Baum läßt sich nicht so leicht identifizieren, und deshalb wurde er in der Seitenansicht gezeigt. Vögel und andere Tiere malte man im Profil, Teiche und auch der Nil wurden wie bei einer Landkarte von oben abgebildet. Der Künstler malte nicht, was er sah, sondern das, von dem er wußte, daß es da war. Demzufolge wurde die wichtigste Person in einem Bild größer als die anderen wiedergegeben. Auf diesen Wandgemälden erscheinen die Dinge nicht als Bilder in unserem Sinne, sondern als eine Reihe von Elementen in einer fortlaufenden Geschichte. Nur bei einigen kleinformatigen Arbeiten, wie zum Beispiel einer Truhe aus dem Grab des Tutanchamun, sehen wir die Bildgegenstände in Verbindung mit einem Landschaftshintergrund. Die bemalte Truhe zeigt den jungen König in der Schlacht und auf der Jagd. Die Tiere sind sehr geschickt und

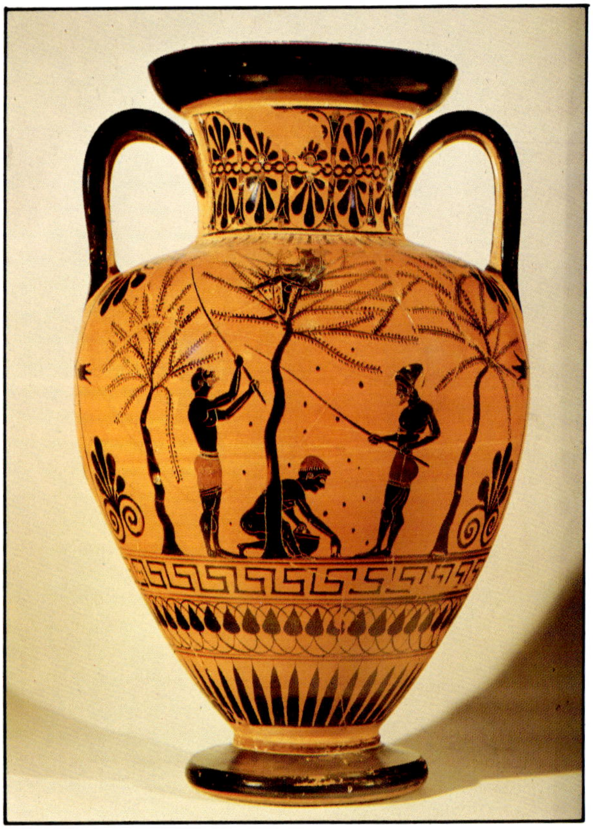

Schwarzfigurige attische Amphore mit einer Darstellung der Olivenernte. Diese Vase entstand um 520 v. Chr. und wurde vom Antimenes-Maler dekoriert. Ein Großteil unseres Wissens über die griechische Kunst stammt aus der Vasenmalerei.

lebendig wiedergegeben. Der König und sein pferdebespannter Wagen stehen jedoch wie erstarrt vor dem konventionell leeren, mit Hieroglyphen bedeckten Hintergrund.

Typisch für die ägyptische Kunst ist die Kombination von strenger Geometrie und exakter Naturbeobachtung. Der Maler legte zunächst ein Gitternetz aus Linien auf die Malfläche, über das die Figuren sorgfältig und gleichmäßig verteilt wurden. Pflanzen, Tiere und Vögel sind so genau wiedergegeben, daß der Wissenschaftler die verschiedenen Arten unterscheiden kann. Der ägyptische Künstler war durch ein strenges Regelwerk gebunden: Bei sitzenden Statuen mußten die Hände immer auf den Knien liegen, und die Haut der Männer war immer dunkler als die der Frauen. Er wollte nicht originell sein, und am meisten bewunderte man den Künstler, der Statuen und Bilder vergangener Epochen exakt nachahmen konnte. So hat sich die ägyptische Kunst über 3 000 Jahre hinweg fast überhaupt nicht verändert.

Im Mittleren Osten, im Gebiet zwischen Euphrat und Tigris, gab es ebenfalls Hochkulturen, jedoch wissen wir über die schlechter erhaltene Kunst der Babylonier und Assyrer sehr viel weniger als über die Grabkunst Ägyptens, die geschaffen wurde, um auf ewig erhalten zu bleiben.

Die Kunst im antiken Griechenland

Zur griechischen Kunst finden wir meist leicht Zugang, weil sie einen Teil unserer Traditionen bildet und wir uns in ihre künstlerischen Formen gut einfühlen können. Unser Wissen über die griechische Kunst stammt aus drei Quellen: aus den Denkmälern, hauptsächlich Bauwerke und Skulpturen, aus römischen Kopien und aus schriftlichen Zeugnissen, denn die Griechen waren die ersten, die ausführliche Abhandlungen über ihre Künstler schrieben.

Charakteristisch für die griechische Kunst ist das Streben nach Naturalismus, gepaart mit einem ausgeprägten Sinn für Harmonie und Schönheit. Nur sehr wenige Bilder sind aus jener Zeit erhalten geblieben – einige Fragmente von Wandmalereien, die Tafelmalerei ist völlig verlorengegangen –, so daß wir uns hier mit der Vasenmalerei zufriedengeben müssen. An ihr läßt sich nachvollziehen, wie die griechischen Künstler schrittweise unbekannte Wege erforschten und neue Darstellungsformen für die menschliche Gestalt entwickelten. Die großen Revolutionen in der griechischen Kunst vollzogen sich im 5. Jahrhundert v. Chr., einer Zeit, die wir als die Klassik (480–323 v. Chr.) bezeichnen. Die Künstler experimentierten mit der Verkürzung und begannen, indem sie weiter entfernte Personen in den oberen Bildbereich versetzten, Tiefenräumlichkeit vorzutäuschen. Die Figuren im Hintergrund wurden jedoch nicht kleiner wiedergegeben. Der griechischen Kunst scheint es hauptsächlich um die Darstellung der menschlichen Gestalt gegangen zu sein. Wir wissen wenig über ihre Landschaftsmalerei, aber das liegt daran, daß unsere einzige Quelle die Vasenmalerei ist. Die Vasenmaler verwendeten nur wenige Farben, und dies mag das Fehlen von Landschaften und Panoramen erklären.

Landschaftsmalerei in hellenistischer und römischer Zeit

Was wir über die römische Malerei wissen, haben uns die Wandmalereien in italischen Städten wie Pompeji, Herculaneum oder Stabiae gelehrt, die bei dem Vesuvausbruch 79 n. Chr. unter einem Ascheregen verschüttet wurden. Von vielen dieser Gemälde glaubt man, daß sie auf Motive aus der griechischen

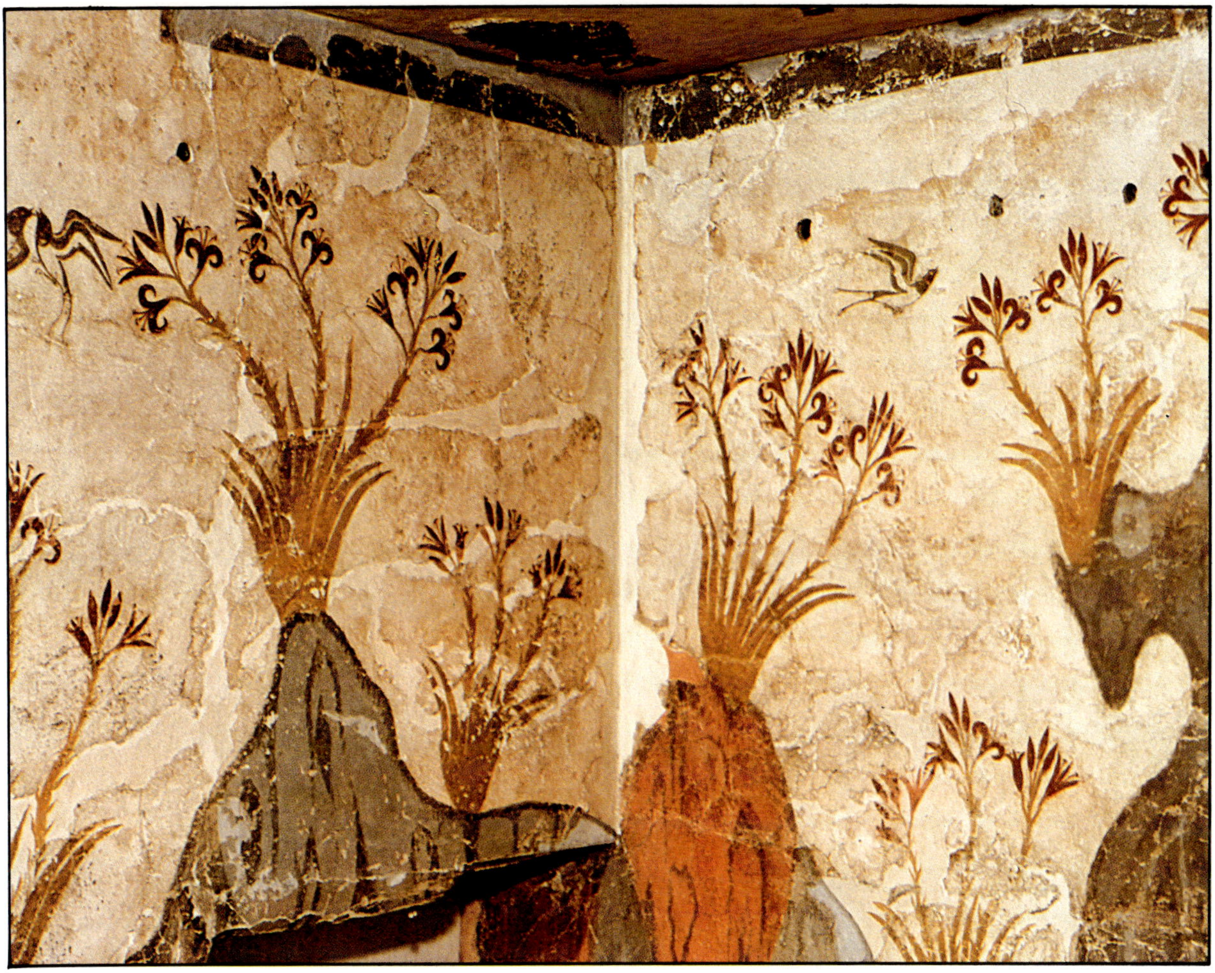

Dieses bezaubernde Fresko – dargestellt ist eine phantastische Landschaft mit Lilien und Vögeln – stammt von der griechischen Insel Santorin und entstand um 1500 v. Chr. Neben der raffinierten Komposition fällt die detailgenaue Wiedergabe der Bildgegenstände auf.

Kunst zurückgehen und von griechischen Künstlern geschaffen wurden. Die Bilder zeigen ein großes Interesse an der Landschaft, entweder als Hintergrund für anekdotenhafte Darstellungen oder als eigenständiges Sujet. Es sollte 1600 Jahre dauern, bis die Landschaft in der europäischen Kunst ein weiteres Mal als wichtiges, unabhängiges Thema behandelt werden würde. Die römischen Gemälde sind flott und skizzenhaft ausgeführt und erinnern an die Bilder der Impressionisten. Die klaren Umrißlinien der Ägypter und Griechen verschwinden zugunsten stimmungsvoller Effekte, weicher Konturen und des raffinierten Einsatzes von Licht und Schatten. Die Künstler bevorzugten panoramaartige Ausblicke aus der Vogelperspektive und konzipierten ihre Bilder so, als begänne die Landschaft direkt vor den Füßen des Betrachters. Das Bildfeld ist tief und die Wiedergabe illusionistisch.

In römischer Zeit wurde Pompeji zum bevorzugten Sommersitz reicher Römer. Sie machten Badekuren in den heißen Quellen und suchten Erholung von der Hauptstadt mit ihren lauten, engen, von hohen Gebäuden flankierten Straßen und Gassen, in denen die Menschen kaum je einen Sonnenstrahl sahen. Wie heute war die Küste des Golfes von Neapel Anziehungspunkt für Reiche und weniger Reiche. Tiberius hatte seine Sommerresidenz auf Capri, Caligula auf Ischia, und überall an der Küste standen prächtige Villen. Jeder, der Pompeji oder Herculaneum einmal besucht hat, weiß wie klein und einfach dagegen die Stadthäuser waren. Die bedrückende Enge wurde optisch durch Wandgemälde erweitert, die die Wände nicht nur schmückten, sondern sie auch auflösten und die Landschaft der Campagna in die Zimmer der Stadtbewohner brachten. Wer reich genug war, hatte eine Villa auf dem Land, in die er sich zurückziehen konnte, wenn die Sommerhitze das Leben in der Stadt unerträglich machte. Aber während man in der Stadt weilte, wollte man das Leben auf dem Lande nachahmen. Durch geschickte Verwendung der Perspektive schufen die Maler illusionistische Ausblicke über Weinberge, Gärten, Felder und Wälder. Auch ohne ein genaues Wissen um die Gesetze der Perspektive, wie wir sie heute kennen, schufen die Künstler Räumlichkeit – die Gegenstände im Hintergrund sind kleiner, die Farben in der Entfernung wirken verschwommen und ihr impressionistischer Auftrag verstärkt die Illusion von räumlicher Tiefe. Häufig öffnen sich Ausblicke hinter gemalten Marmorsäulen und Portiken, die wiederum Tiefenraum suggerieren, die Gemälde in einzelne Felder aufteilen und den starken Kontrast zwischen den nahen und den entfernter liegenden Gegenständen betonen. Das Interesse an der Landschaftsmalerei entwickelte sich parallel mit der Dichtung, und die Begeisterung, die Vergil (70–19 v. Chr.) seine Hirtengedichte ›Georgica‹ und ›Bucolica‹ schreiben ließ, inspirierte auch die pompejanischen Maler.

Landschaftsmalerei in der chinesischen Kunst

Die chinesische Kunst thematisierte die Landschaft bereits sehr früh; sie findet sich schon in den Bronzen und Keramiken der Han-Dynastie (206 v. Chr. bis 200 n. Chr.). Raum und Entfernung wurden in den chinesischen Landschaftsbildern jedoch nicht nach den Prinzipien der Zentralperspektive angegangen. Man betrachtete die Welt aus der Vogelperspektive, und eine geschickte Anordnung der Bildgegenstände führte den Betrachter dazu, das Bild zu ›lesen‹, indem er mit den Augen den Bergabhängen und gewundenen Flüssen folgte. Seit dem 11. Jahrhundert beherrschten die chinesischen Maler die künstlerische Wiedergabe der ›Ferne und Nähe‹, wie sie es nannten, und schon in der Tang-Zeit (619–907) wirkten die Landschaften, die als Hintergrund für verschiedene Personengruppen dienten, sehr lebendig, die Farben waren strahlend und mit lockeren Pinselstrichen aufgetragen. Die noch erhaltenen Arbeiten einiger berühmter Künstler jener Epoche spiegeln die Üppigkeit und Vitalität der Malerei dieser Zeit. Der Dichter und Maler Wang Wei (698–759) war, einige Jahrhunderte bevor sich in Europa eine ähnliche Entwicklung abzeichnete, der erste, der reine Landschaftsbilder malte. Er war zweifellos vom Taoismus beeinflußt, der Naturbetrachtung lehrte und das Interesse der Chinesen an Poesie und Landschaftsmalerei weckte. Unwirtliche Gegenden, Gebirge und reißende Ströme tauchen in Dichtung und Malerei immer wieder auf. Dem Maler ging es nicht nur um die exakte Wiedergabe der Realität, sondern auch um die Vermittlung von Stimmung und der geistigen Haltung, die sie hervorbrachte. Im allgemeinen gelten die Sung- (960–1278) und die Yüan-Periode (1278–1368) als das Goldene Zeitalter der chinesischen Malerei. Die Künstler dieser Epoche, deren Vorbild Wang Wei war, versuchten, ihre Bilder darüber hinaus mit einer poetischen Stimmung zu erfüllen. Landschaftsbilder mußten nicht topographisch genau sein, sondern die Künstler entnahmen der Realität einzelne Elemente und ordneten sie so, daß ihre eigenen Vorstellungen wiedergegeben und der gefühlsmäßige Gehalt der Bilder gesteigert wurde. Die chinesischen Künstler schufen hauptsächlich kleinformatige Gemälde; Seide, Papier, Tinte und Wasserfarbe waren ihre bevorzugten Medien.

Landschaft als Symbol

Die mittelalterliche Kunst war eine religiöse Kunst. Die Kirche gestattete nur eine allegorische Würdigung der Natur, und so lassen sich die dekorativen Landschaften auf gotischen Gemälden und Gobelins mit Kenneth Clarks Begriff als ›Landschaft der Symbole‹ beschreiben. Die Kunstwerke dieser Zeit haben eine komplizierte Ikonographie: Bildgegenstände werden nicht nur als an sich sehenswert betrachtet, sondern auch als Ausdruck der göttlichen Schöpferkraft. Kunst, die eher symbolistisch als realistisch ist, tendiert dazu, dekorative Formen anzunehmen, denn der Künstler konzentriert sich immer stärker auf die Details der einzelnen Elemente und weniger auf das Ganze.

Ein großer Teil der mittelalterlichen Malerei sind Miniaturen, wie wir sie in den noch erhaltenen illuminierten Handschriften finden. Stundenbücher dienten der privaten Andacht, aber bereits gegen Ende des 14. Jahrhunderts galten sie auch als kostbare Kunstwerke. Jean, Duc de Berry, der Bruder des französischen Königs Karl V., ließ im letzten Jahrzehnt des 14. und zu Beginn des 15. Jahrhunderts eine Reihe von Stundenbüchern anfertigen, von denen jedes luxuriöser als das vorangegangene war. Die Serie fand ihren Höhepunkt in den ›Très Riches Heures‹, mit denen er die Brüder von Limburg beauftragte. Die Andachtstexte werden von zwölf üppig ausgestalteten und stark symbolistischen Kalenderbildern illustriert. Diese Bilder sind klein, aber von allerhöchster Qualität, und einige von ihnen kann man als die ersten exakten Landschaftsbilder in der nordeuropäischen Kunst betrachten.

Auch eine große Zahl profaner Texte, unter anderem wissenschaftliche Werke, Pflanzen- und Astronomiebücher, wurden

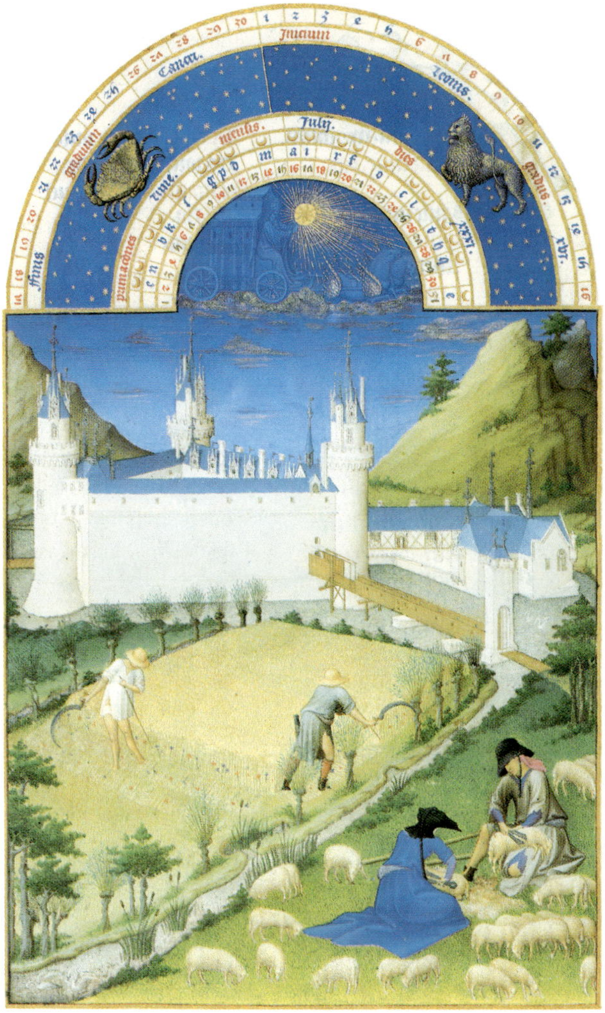

Der *Juli* aus ›Les Très Riches Heures du Duc de Berry‹, ein Meisterwerk der Brüder von Limburg, drei Miniaturmalern des frühen 15. Jahrhunderts. Hier wird die Landschaft zu einem wichtigen Element des Bildes, und der Künstler versuchte, das Bild räumlich zu komponieren.

illustriert. Die Gobelins stellten ein weiteres Medium zeitgenössischer Künstler dar, ihrer Freude an der Natur Ausdruck zu verleihen. Auf all diesen Bildern und Wandteppichen wird sie genau und sorgfältig, aber mit einem ausgeprägten Gespür für Ornamentik und Design sowie einer Vorliebe fürs Detail und weniger für das Ganze wiedergegeben. Blumenteppiche, kleine Wäldchen, bizarre Felsen und stilisierte Bäume sind typisch für diese Landschaften, und sie werden mit viel Gespür für Muster und in dem Wunsch, das Auge zu erfreuen, komponiert.

In Italien waren es die Sieneser Künstler, deren Werke entscheidende Anstöße für die spätere Entwicklung der Landschaftsmalerei gaben. Ein typisches Beispiel für die einfühlsame Freude an der Natur und ihren dekorativen Qualitäten sind hier die Bilder von Simone Martini (tätig seit 1315, † 1344) und der Brüder Lorenzetti (Ambrogio, tätig seit 1319, † um 1348; Pietro, tätig seit 1320, † um 1348).

Auf der Suche nach Realismus

In der Landschaftsmalerei ist es vor allem die Qualität des Lichtes, die für den Eindruck von Zusammenhang und Realität in einem Bild sorgt. Diese Art der Beleuchtung findet sich zum ersten Mal in den Miniaturlandschaften der mittelalterlichen Manuskripte, weil sich diese Einheitlichkeit bei kleinformatigen Werken besser erzielen läßt. Das ›Stundenbuch von Turin‹, zwischen 1414 und 1417 für den Grafen von Holland gemalt, zeigt im Umgang mit der Landschaft eine Raffinesse, die erst wieder im 19. Jahrhundert erreicht werden sollte.

Zu jener Zeit hatten sich nur wenige Künstler mit präzisen topographischen Details auseinandergesetzt. 1494 fertigte Albrecht Dürer eine Serie akribisch genauer Landschaftszeichnungen an. 1505 bis 1506 besuchte er Venedig, und auf dieser Reise entstanden, was die Wahl des Themas und des Mediums betrifft, einzigartige Aquarelle, die von einem tiefen Wissensdurst inspiriert scheinen und mehr wie persönliche Aufzeichnungen denn wie Studien für größere Arbeiten wirken.

Für die gesamte Landschaftsmalerei dieser Zeit war die Beschäftigung mit dem Raum besonders wichtig; die Auseinandersetzung mit seinen Problemen taucht gleichzeitig in der flämischen und in der italienischen Kunst auf. Aber obwohl man zu ähnlichen Ergebnissen kam, waren die Art und das Ziel der Lösung unterschiedlich. Bei Jan van Eyck basiert sie auf seiner Wahrnehmung von Licht, und in der gesamten flämischen Malerei blieb der Ansatz empirisch.

In der *Anbetung des Lammes* auf dem Genter Altar sehen wir erneut eine blasse, lichtdurchflutete Landschaft im Hintergrund. Das Bild hat einen niedrigen Betrachterstandpunkt, und der Blick wird sanft vom Vordergrund zum Hintergrund geleitet. Während dieser Periode erzeugten viele Künstler solche Übergänge, indem sie das Bild in Abschnitte aufteilten.

Die Renaissance

Als ›Renaissance‹, Wiedergeburt, bezeichnet man im allgemeinen die geistige Bewegung, die im 14. Jahrhundert ihren Ur-

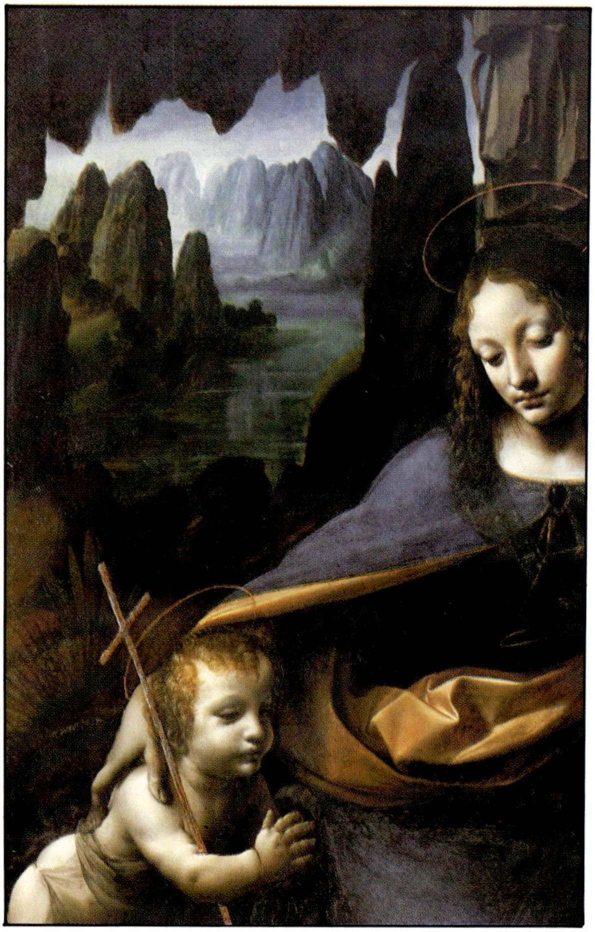

Felsgrottenmadonna von Leonardo da Vinci (1452–1519). Auf diesem Ausschnitt sehen wir die rauhe, felsige Landschaft, die Leonardo als Hintergrund für viele seiner Gemälde bevorzugte. Er hatte ein ausgeprägtes wissenschaftliches Interesse an Geologie und Felsformationen.

sprung hatte und ihren Höhepunkt im 16. Jahrhundert erreichte. Sie war auf vielen Gebieten eine Zeit des Forschens und Entdeckens, und dazu gehörten auch die bildenden Künste, Philosophie und Wissenschaften. Nachwirkungen jener Zeit der geistigen Neubesinnung und Umwälzung kann man bis heute spüren.

Zu den wichtigsten Errungenschaften der Renaissance zählt die Abwendung vom mittelalterlichen Gottes- und Kirchenbild als Mittelpunkt des Lebens hin zu einer allumfassenden Beschäftigung mit dem Menschen und der Natur. Die mittelalterliche Kunst diente allein der Verherrlichung Gottes und der Macht der Kirche. Ihre Ikonographie und ihr Symbolkanon verwendeten stilisierte Formen, und die gesamte Kunst war im wesentlichen begrifflich. In der Renaissance konzentrierte man sich auf den Menschen und fand so, unterstützt von den Entwicklungen in Philosophie und Wissenschaft, zu neuen analytischen und an der Wahrnehmung orientierten Regeln für die Darstellung von Körper und Raum.

Die von diesen revolutionären Ideen inspirierten Künstler lösten sich von den stilisierten Formen der mittelalterlichen Kunst und versuchten, bei der Behandlung von religiösen Themen mehr Naturalismus in ihre Darstellung zu bringen. Die Gestalten wurden voluminöser und plastischer, der sie umgebende Raum immer eindeutiger dreidimensional. Die Maler arbeiteten mit lebenden Modellen, und so brachten sie verstärkt das, was sie sahen, auf die Leinwand und verließen sich nicht mehr auf überlieferte Konventionen. Das Studium der Anatomie und der Gesetze der Perspektive gehörten nun mit zur Ausbildung des Künstlers.

Leonardo da Vinci (1452–1519) ist in vieler Hinsicht ein typisches Beispiel für den Geist der Renaissance. Er war ein Meister der Malerei, der Bildhauerei und des Zeichnens, dazu kam eine unstillbare Neugier in bezug auf die Welt um ihn herum. Er studierte die Natur in all ihren Erscheinungsformen und beschäftigte sich intensiv mit der Anatomie. Eines seiner berühmtesten Gemälde, die *Felsgrottenmadonna,* von dem es zwei Versionen gibt, eine im Louvre und eine in der National Gallery in London, ist ein sehr fremdartiges und bewegendes Bild, bei dem der dunkle, unheimliche Hintergrund aus hohen, zerklüfteten Felsen besteht, die man durch einen Höhleneingang sieht. Der Blick schweift über eine geheimnisvolle Szenerie, in der Felsspitzen aus einem dunstigen Wasserlauf ragen und sich schließlich im Zwielicht der nebligen Ferne verlieren. Für Leonardo waren solche rauhen, felsigen Landschaften der einzige geeignete Hintergrund für seine Gemälde, denn sie stellten die Wildheit und Ungezähmtheit der Natur dar, in der sich das menschliche Leben abspielte. Seine Landschaften ähneln daher den steilen Felsklippen in den Bildern chinesischer Künstler, die genau wie er vom Gegensatz zwischen Mensch und Umgebung fasziniert waren. Aber während Landschaft für die Chinesen ein Symbol war, interessierte sich Leonardo für die wissenschaftliche Seite hinter dem, was er sah; wie phantastisch seine Landschaften auch sind, sie wirken niemals künstlich. Eine Serie von Landschaftszeichnungen, die sich heute in der Königlichen

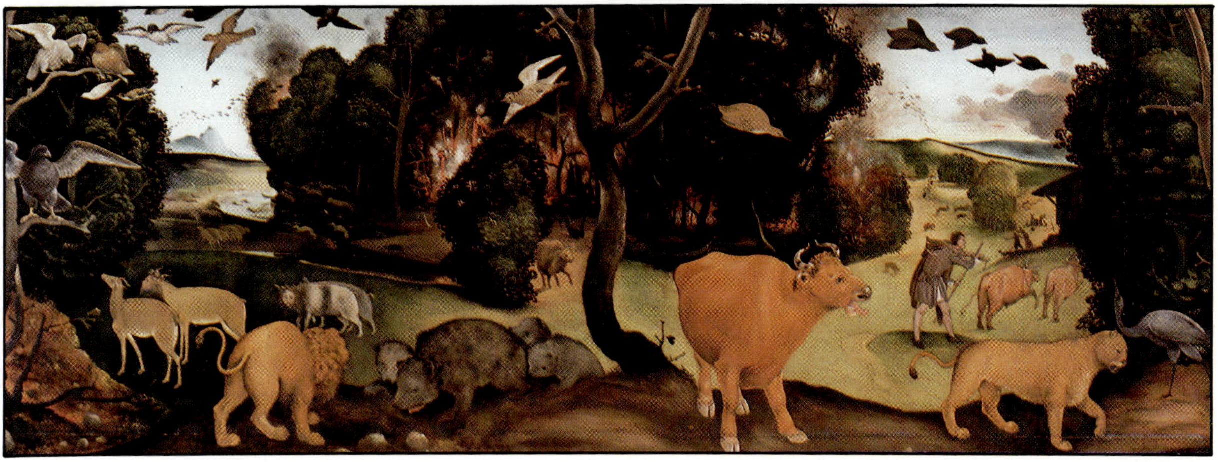

Waldbrand von Piero di Cosimo (1462–1521). Di Cosimo arbeitete während der Frührenaissance in Italien, bewegte sich aber künstlerisch immer außerhalb der Hauptströmungen.

Sammlung von Windsor Castle befindet, zeigt Leonardos Naturstudien, zu denen auch ein Hintergrundentwurf für die *Mona Lisa* gehört.

Die Suche der Florentiner nach einem wissenschaftlich fundierten Zugang zur Kunst führte zur Entdeckung der Zentralperspektive, einem Regelwerk, das Brunelleschi erdachte, Leon Battista Alberti erstmals in Worte faßte und das seine vollendete Anwendung durch Piero della Francesca erfuhr. Der Unterschied zwischen einer Landschaft mit Personen und Personen in einer Landschaft ist schwer zu beschreiben. Lange Zeit war der Mensch das wichtigste Bildelement, während die Landschaft nur die Kulisse zur dargestellten Geschichte abgab. Die Schwierigkeiten, die ein Künstler bei der Verbindung von Mensch und Landschaft hatte, werden an dem *Martyrium des heiligen Sebastian* der Brüder Pollaiuolo (Antonio, um 1432–1498; Piero, um 1441–vor 1496) aus den siebziger Jahren des 15. Jahrhunderts deutlich. Die Figuren im Vordergrund sieht man aus einem anderen Blickwinkel als die Landschaft dahinter. Die Maler hatten viele Möglichkeiten, den Mittelgrund zu gestalten. Bei der *Taufe Christi*, ebenfalls in der National Gallery in London, handhabt Piero della Francesca (um 1410/20–1492), ein weiterer Meister der Perspektive und Verfasser eines Buches zu diesem Thema, das Zurückweichen der Fläche leicht und elegant, obwohl der Betrachterstandpunkt bei einem Drittel der Bildhöhe liegt und nicht an der Basis, von wo aus man ein Altarbild normalerweise betrachtet. Im schwierigen mittleren Entfernungsbereich füllt er den Raum zwischen Boden und Blattwerk mit hohen toskanischen Hügeln.

Der nächste große Entwicklungsschritt in der Geschichte der Landschaftsmalerei vollzog sich in Venedig, wo Giovanni Bellini (um 1430–1516), Giorgione (1475–1510) und Tizian (um 1487 bis 1576) stimmungsvolle, lyrische Landschaften schufen, Idyllen, in denen ein ideales Arkadien präsentiert wurde. In Giorgiones Bild *Der Sturm* sind die Details von Landschaft und Personen dem bewegten Himmel und der düsteren Atmosphäre untergeordnet, die das Bild durchzieht. Von seinem Lehrer, Giovanni Bellini, lernte er, Farbe und Komposition so zu handhaben, daß durch Farbe, Stimmung und Proportion eine neue Einheit zwischen den Figuren und ihrer natürlichen Umgebung entstand.

Im Zuge der Reformation verloren viele flämische Künstler, die hauptsächlich für die Kirche gearbeitet hatten, ihre Einkommensquelle. Sie begannen, sich auf den Aspekt ihrer Kunst zu konzentrieren, für den sie in ganz Europa berühmt waren: minuziös ausgearbeitete Landschaften als Bildhintergrund. Mit der Zeit wurde die Landschaft in den Bildern immer wichtiger, und sehr bald entwickelte sich ein reger Export von Landschaftsdarstellungen über Antwerpen zu den aufnahmebereiten Märkten in den italienischen Städten, zum Beispiel nach Venedig. Hierbei handelte es sich um überladene, phantastische, nach einem relativ strengen Schema gemalte Szenen. Unter ihnen sind die Arbeiten von Pieter Breughel dem Älteren (um 1525–1569) besonders originell. Künstler wie Joachim Patenier (vor 1500–1524) stillten die stete Nachfrage mit riesigen, phantastischen Panoramen, die als Hintergrund für religiöse Themen, wie zum Beispiel die Flucht nach Ägypten, dienten. Patenier war der erste Niederländer, bei dem die Landschaft über die dargestellte Szene domi-

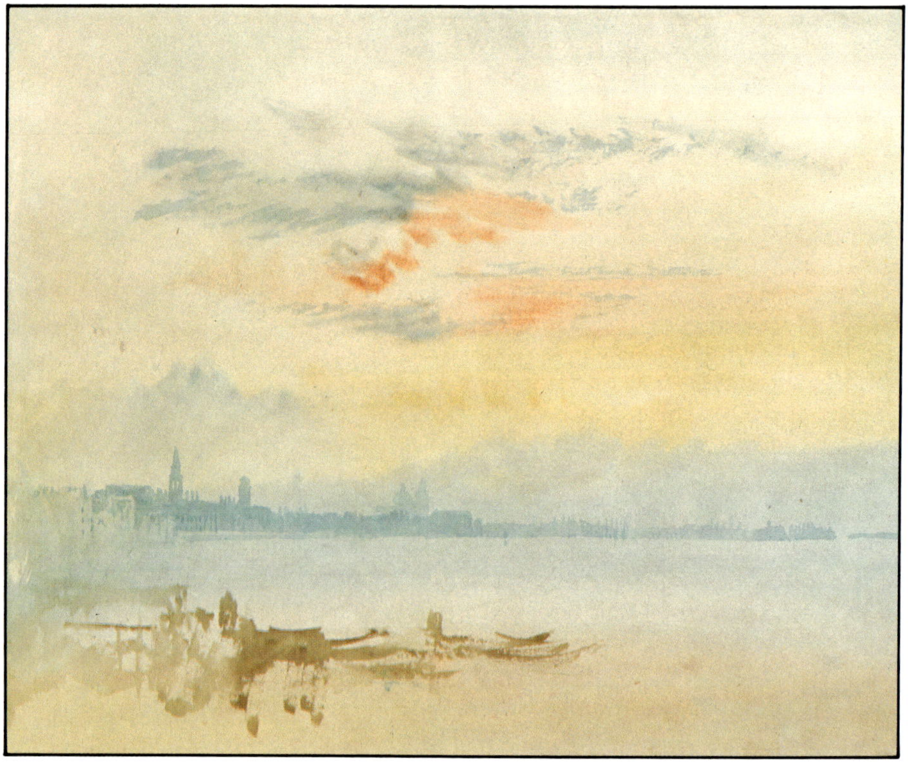

Venedig von der Guidecca aus gesehen von William Turner (1775–1851). In diesem einfachen Aquarell hat Turner die atemberaubende Schönheit und das einzigartige Licht Venedigs eingefangen. Ihn interessierten besonders das Licht und die Möglichkeiten, Raum und Stimmung im Bild wiederzugeben.

nierte. Es ging ihm zwar nicht primär um Landschaftsdarstellung, aber die schroffen Gebirgszüge und üppigen Täler lassen die Menschen besonders klein wirken. Typisch für seinen Stil ist ein dreiteiliges Farbschema: warme Brauntöne im Vordergrund, grünliche Schattierungen im mittleren Teil und ein Hintergrund in durchscheinendem Blau. Albrecht Altdorfer (um 1485–1538) arbeitete in Regensburg. Er versuchte, Figuren harmonisch in die Landschaft zu integrieren und war der erste europäische Maler, der in den letzten Jahren seines Lebens reine Landschaften in Form von Miniaturen malte.

Verzweigte Wege

Das 17. Jahrhundert war eine Zeit großer künstlerischer Neuerungen, und nun wurde die Landschaft zu einem wirklich eigenständigen Bildthema. Sobald die Zeit reif und die Landschaftsmalerei ein eigenes Sujet geworden war, entwickelte sie sich in verschiedene Richtungen, und so entstanden ideale, heroische, idyllische und naturalistische Landschaften.

Nach dem Krieg mit Spanien waren die Niederlande 1581 zur unabhängigen Republik geworden, es gab somit kein höfisches Mäzenatentum im großen Stil, sondern das Geld befand sich in den Händen der Bürger. Diese bauten sich schöne neue Häuser und benötigten Bilder für deren Wände. Daher gaben sie Porträts, Familienbilder und detailgetreue Landschaftsdarstellungen ihrer Heimat in Auftrag. Maler wie Jacob van Ruisdael (1628/29 bis 1682), Aelbert Cuyp (1620–1691) und Meindert Hobbema (1638–1709) erkannten, daß ihre natürliche Umgebung Aufmerksamkeit verdiente, und bildeten die holländische Landschaft des 17. Jahrhunderts genau und naturalistisch ab. Rubens (1577 bis 1640) und Rembrandt (1606–1669) fertigten ebenfalls Landschaftsstudien an, jedoch aus ganz persönlichen Gründen und als Mittel, ihre eigenen Gefühle und Stimmungen wiederzugeben.

Rom zog zu jener Zeit viele Künstler an, unter ihnen die beiden größten Landschaftsmaler, Claude Lorrain (1600–1682) und Nicolas Poussin (1593/94–1665). Claude, der in Lothringen (Lorraine) geboren worden war, ging mit zwölf Jahren als Konditorlehrling nach Rom und blieb die meiste Zeit seines Lebens dort. Er schuf lyrische, idyllische Szenen in freier Variation der kampanischen Landschaft, die mit ihren Hügeln, Seen und entfernt liegenden Bergen Rom umschließt. Er machte mit Feder, Pinsel und dunkelbraunen Sepiatinten Skizzen im Freien und hielt seine Erfahrungen in Notizbüchern fest. Im Atelier verwendete Claude diese Skizzen jedoch nur als Ausgangspunkt oder Inspirationsquelle für sorgsam aufgebaute Kompositionen. Um das Bild ausgewogen und harmonisch zu gestalten, erhielt in diesen idealisierten Landschaften jedes Detail, jedes klassische Gebäude einen ausgewählten Platz. Lorrains Landschaften sind daher verträumt und zeitlos, harmonisch und unbewegt. Der Rokokogeschmack des 18. Jahrhunderts bevorzugte dekorative, ländliche Szenen, und diese Richtung findet in Frankreich bei Jean-Antoine Watteau (1684–1721) und in England bei Thomas Gainsborough (1727–1788) ihre stärkste Ausprägung. Gegen Ende des 18. Jahrhunderts löste sich der Engländer Constable (1776 bis 1837) von diesem idyllischen und pittoresken Sujet und wandte sich auf der Suche nach Inspiration wieder den niederländischen Realisten Hobbema und Ruisdael zu. William Turners (1775 bis 1851) frühe Landschaften sind von den holländischen Malern beeinflußt, aber angeregt vom Werk Lorrains interessierte er sich mehr und mehr für das Licht, und so entstanden lichtdurchflutete, stimmungsvolle Landschaftsbilder.

Die Impressionisten hielten Landschaft für eines der interessantesten malerischen Themen. Alle wichtigen Vertreter dieser Richtung, Camille Pissarro, Edouard Manet, Edgar Degas, Paul Cézanne, Claude Monet und Auguste Renoir, wurden zwischen 1831 und 1841 geboren. Die Impressionisten waren keine homogene Gruppe, sondern ein loser Zusammenschluß begabter Künstler, die sich trafen, um ihre gemeinsamen Probleme zu dis-

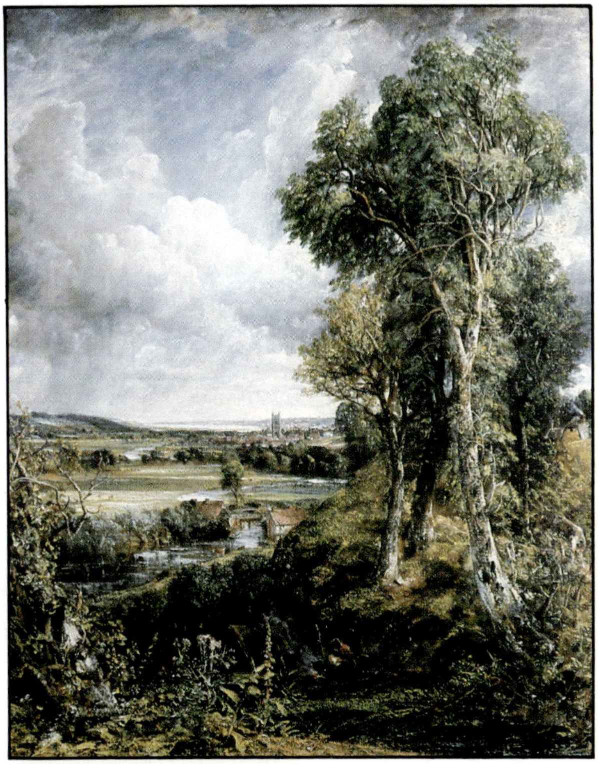

Dedham Vale von John Constable (1776–1837). Constable malte die landschaftliche Umgebung seiner Kindheit sehr oft, und dieses Panorama findet sich in vielen seiner Bilder.

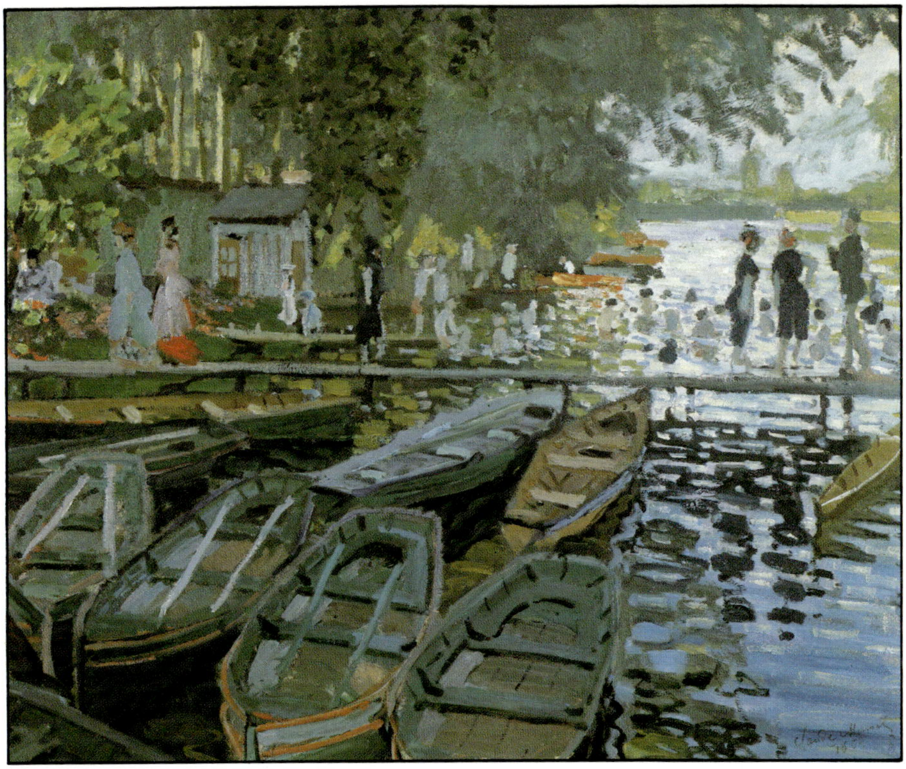

Badeanstalt bei La Grenouillère von Claude Monet (1840–1926). Dieses Bild entstand ›vor Ort‹. Die lebendige Pinselführung macht deutlich, wie schnell der Künstler arbeitete, um die sich ständig verändernden Lichteffekte festzuhalten.

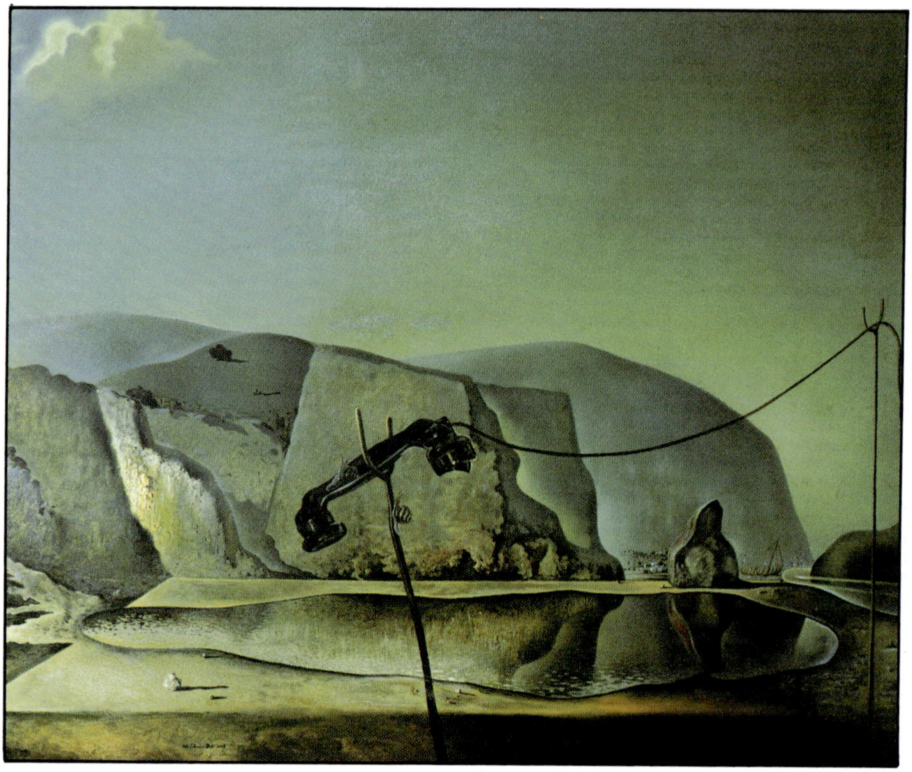

Bergsee von Salvador Dalí (1904–1989). Dieses Bild ist ein typisches Beispiel für die beunruhigende Klarheit, mit der surrealistische Künstler realistische Landschaften malten, um dann mit seltsamen, irrealen Details unsere Aufmerksamkeit zu fesseln.

kutieren und ihre Arbeiten auszustellen. Ihr Ziel war ein größerer Naturalismus, den sie über die Anwendung wissenschaftlicher Methoden der Farbanalyse sowie der Farbmischung und die Lichtreflexion auf Oberflächen erreichen wollten. Ihr Interesse an Farbe und Licht war teilweise durch die wissenschaftlichen Untersuchungen von Forschern wie Michel Eugène Chevreul angeregt, der die Theorie entwickelt hatte, daß jede Farbe einen in ihrer Komplementärfarbe getönten Schatten wirft, und dies wurde zu einem der Hauptprinzipien für die impressionistische Gestaltung der Bildoberfläche. Die Pinselführung der Impressionisten, das Fehlen fester Umrißlinien und ihre starkfarbige Palette befremdeten das Publikum, das ihre Werke exotisch und provozierend fand. Sie arbeiteten im Freien, und mit rascher, skizzenhafter Pinselführung entstanden flotte Studien, die die schillernden Reflexe des Sonnenlichtes auf bewegtem Wasser einzufangen versuchten. Die Impressionisten mußten bei ihrer Loslösung von traditionellen akademischen Stilmitteln wie Linie, Raum und Chiaroscuro ihre Augen ›umerziehen‹. Sie mußten lernen, die Effekte des Sonnenlichtes in der Natur zu ›sehen‹ und die künstliche Sehweise der europäischen Malerei ›vergessen‹. Sie wollten die Natur so wiedergeben, wie man sie sieht, und die Auseinandersetzung mit ihren konservativen Vorgängern ging nicht um ihr Ziel, sondern um die Art, wie sie dieses Ziel erreichen wollten. Ihre Beschäftigung mit der Farbe und die Experimente mit der Pinselführung sollten zu einer noch genaueren Wiedergabe des visuellen Eindrucks führen.

Nachdem die Blütezeit des Impressionismus vorbei war, entwickelten dessen Protagonisten seine Grundideen in ganz verschiedene Richtungen weiter.

Das 20. Jahrhundert

Die Künstler des 20. Jahrhunderts interessierten sich nicht mehr für die Darstellung der Realität und die Nachahmung natürlicher Erscheinungsformen. Die Kubisten lehnten die Zentralperspektive ab und bemühten sich, Volumen und Körperlichkeit auf der zweidimensionalen Bildoberfläche wiederzugeben, ohne die Illusion eines dreidimensionalen Bildraumes zu schaffen. Sie malten realistische Gegenstände, aber nicht so, wie sie zu einem zufällig ausgewählten Zeitpunkt aussahen, sondern so, wie sie sie kannten. Das bevorzugte Sujet der Kubisten war das Stilleben, jedoch finden sich im Werk einiger Surrealisten wie Salvador Dalí (1904–1989) und René Magritte (1898–1967) auch Landschaften. Diese wurden mit beunruhigender Detailgenauigkeit gezeichnet und entstammen einer Traumwelt, in der die Gegen-

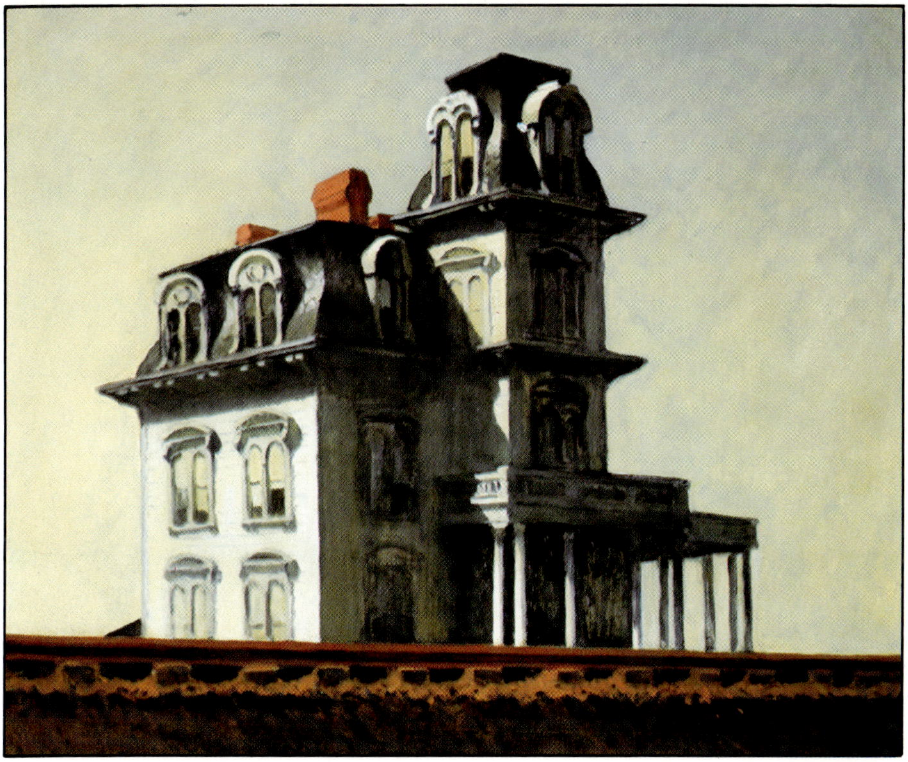

Haus an der Bahnlinie von Edward Hopper (1882–1967). Als realistischem Maler ging es dem Amerikaner Hopper um formale Genauigkeit. Er modellierte seine Bildgegenstände mit Licht und Schatten und betrachtete seine Themen mit scharfem, unbestechlichem Blick.

überstellung von fremdartigen und zweideutigen Elementen geheime unterbewußte Assoziationen weckt. Max Ernst (1891 bis 1976) lebte sogar eine Zeitlang in Arizona, weil die Landschaft dort den Landschaften seiner surrealistischen Phantasie ähnelte.

Die Landschaftsmalerei des 20. Jahrhunderts lebt heute hauptsächlich in Form nationaler oder regionaler Schulen weiter. In England haben Maler wie Graham Sutherland (1903 bis 1980) und Paul Nash (1889–1946) die Landschaft als Weg zur Erforschung ihrer persönlichen Vorstellungen benutzt. Im Amerika der zwanziger und dreißiger Jahre unseres Jahrhunderts sahen es die ›Regionalisten‹ als ihre patriotische Pflicht an, eine genuin amerikanische Kunst zu schaffen. Sie glorifizierten oder schilderten zumindest mit Begeisterung das ländliche, kleinstädtische Amerika, das immer mehr von der raschen Urbanisierung des Landes und der Menschen überrollt wurde. Grant Wood (1892–1942) war der am meisten gefeierte Vertreter dieser Richtung. Seine penibel gemalten, detailreichen Szenerien werden manchmal als ›Amerikanische Gotik‹ bezeichnet. Zum Umkreis dieser Bewegung gehörten Künstler wie Edward Hopper (1882–1967), Andrew Wyeth (* 1917) und Ben Shahn (1898 bis 1969). Heute leben die meisten Menschen in einer industrialisierten Welt. Unsere Vorfahren hatten einen sehr viel engeren Kontakt zu ihrer Umgebung, sie waren mit der Natur vertraut, und ihr Leben wurde vom Zyklus der Jahreszeiten dominiert. Das Wetter bestimmte ihre Kleidung und den Rhythmus ihrer Arbeit. Wir entfernen uns immer weiter von der Natur, leben und arbeiten in künstlich beheizten Betonkästen und nehmen den Wechsel der Jahreszeiten kaum noch wahr. Vielleicht war die Land-art der sechziger Jahre eine Gegenreaktion auf die zunehmende Beherrschung durch unsere industrielle Welt. In der Vergangenheit diente die Landschaft als Hintergrund für Kunstwerke, aber die Künstler der Land-art-Bewegung machten aus der Landschaft selbst ein Kunstwerk. Ihre wichtigsten Vertreter waren Carl Andre (*1935), Robert Smithson (1938–1972), Walter de Maria (*1935) und Robert Morris (*1931). Die ägyptischen Pyramiden, Megalithe wie Stonehenge und selbst natürlich wirkende, aber künstliche Gartenlandschaften wie zum Beispiel Stourhead dienten dieser Kunstform als Vorbild. In diesem kurzen Überblick haben wir versucht, nachzuvollziehen, wie verschiedene Gesellschaften mit der Natur umgehen. Die Art der Naturschilderung in der Malerei hängt ab von ihren Formen und Strukturen, ihren Interessen, ihrer Philosophie und Religion. Wir sind Teil einer ständigen Entwicklung, und es besteht kein Anlaß, zu vermuten, daß das Thema bereits erschöpfend behandelt ist.

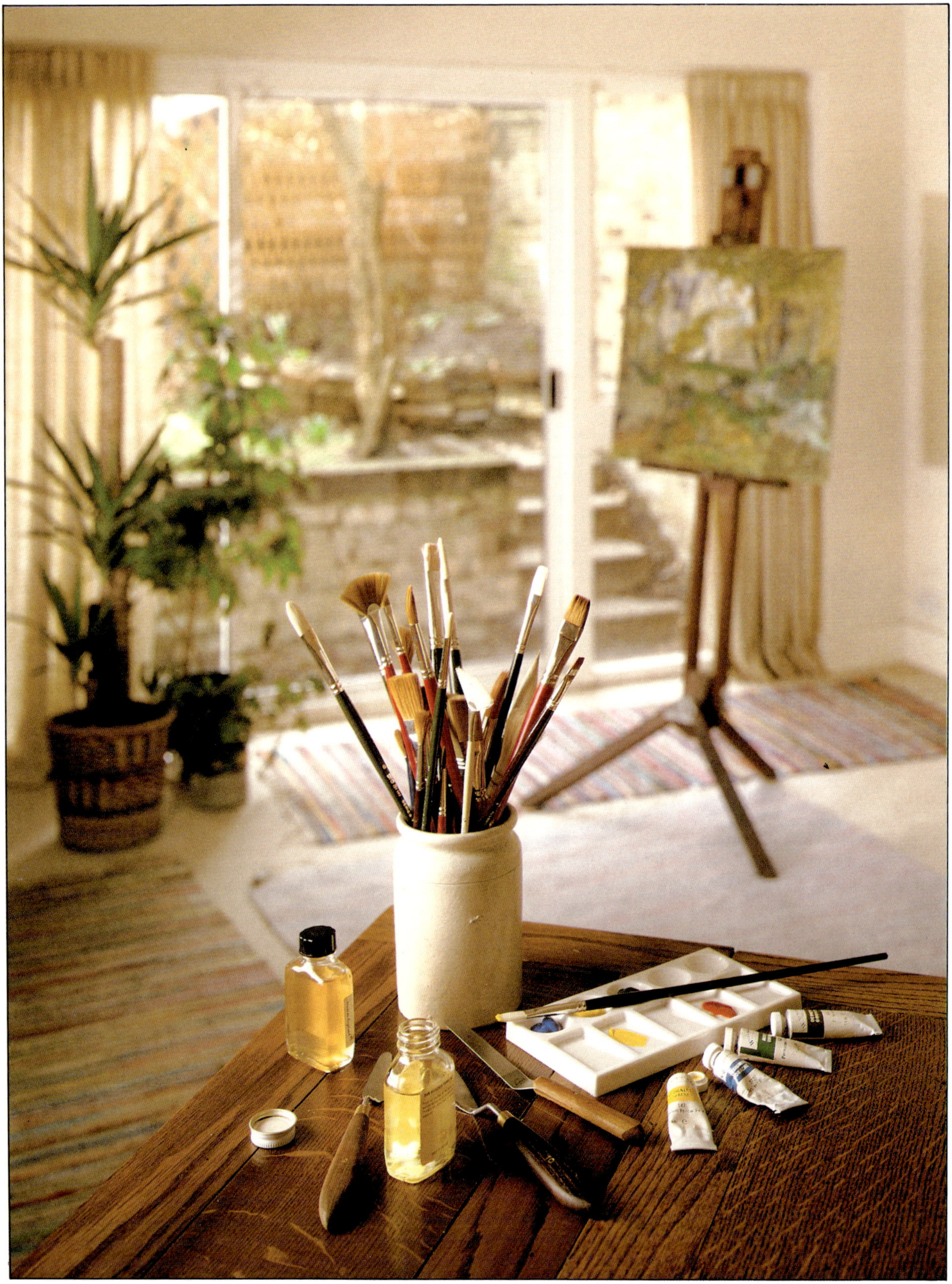

KAPITEL ZWEI

MATERIALIEN UND AUSRÜSTUNG

Wer einmal mit Ruhe in einem Geschäft für Zeichenbedarf stöbert, bekommt schnell das Gefühl, sich in einer Welt voller exotischer Materialien und geheimnisvoller Hilfsmittel zu verirren. Dieses Kapitel stellt bewußt nur eine Auswahl vor und soll helfen, eine sinnvolle Grundausstattung zusammenzustellen.

Die Vielfalt der Materialien, die heute dem Landschaftsmaler zur Verfügung stehen, ist verwirrend. Man sollte so vieles wie möglich selbst ausprobieren und seine Mal- und Zeichenausrüstung immer dabei haben.

Fast alle Menschen haben zu irgendeiner Zeit ihres Lebens schon einmal gemalt oder gezeichnet, entweder in der Schule oder in Abendkursen. Oft bleiben sie bei dem ersten Medium, das sie kennengelernt haben. Diese Wahl kann ganz zufällig sein. Manchmal ist es das Medium, das die Schule zur Verfügung stellt, zum Beispiel Plakatfarbe, oder das vom Lehrer bevorzugte Material, oder vielleicht hat man auch einen Malkasten geschenkt bekommen. Es ist allerdings schade, daß viele Künstler nur ein oder zwei der zahlreichen Medien benutzen oder ausprobiert haben und daß das, welches sie einsetzen, vielleicht nicht unbedingt das passendste für ihren Stil, ihre Herangehensweise oder das Thema ist. Wechseln um des Wechselns willen ist zwar kein besonders plausibler Grund, aber es ist wichtig, alle Möglichkeiten auszuprobieren und herauszufinden, was zu einem selbst, dem Geldbeutel und dem jeweils ins Auge gefaßten Thema paßt.

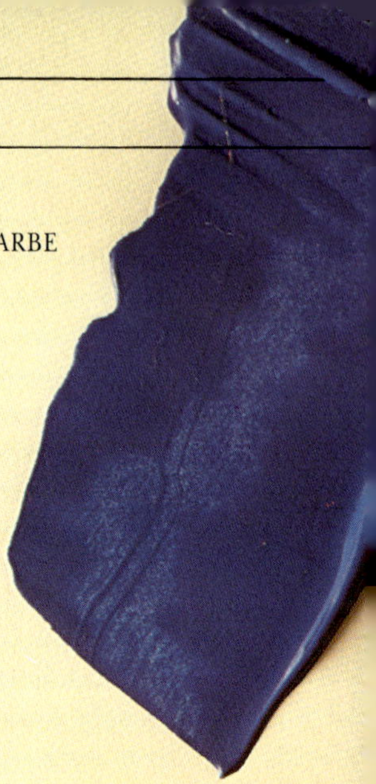

ACRYLFARBE

Skizzen

Ein Fachgeschäft für Künstlerbedarf kann auf denjenigen, der von den unzähligen dort angebotenen Materialien, Farben, Pinseln und Malgründen nichts versteht, sehr einschüchternd wirken. Viele Leute arbeiten dann am Ende immer wieder mit demselben Medium, weil sie ihre Unwissenheit nicht gern zeigen wollen. Man sollte sich aber nicht scheuen, ausgiebig herumzustöbern und Fragen zu stellen – die meisten Verkäufer sind sehr hilfsbereit, und man kann immer wieder etwas dazulernen.

Die erste Frage, die man sich bei der Landschaftsmalerei stellen sollte, ist die, ob man drinnen oder draußen arbeiten möchte. Über das Für und Wider der beiden Möglichkeiten sprechen wir im nächsten Kapitel. In den Kapiteln Sechs bis Zehn wird eine Reihe von Projekten in den wichtigsten Mal- und Zeichenmedien ausgeführt. Betrachten Sie die einzelnen Arbeitsschritte und die fertigen Bilder genau, und überlegen Sie, welche Art von Bild Sie gern malen würden. Auch durch die Beschäftigung mit den Werken alter oder jüngerer Meister in Museen und Galerien kann man eine Menge über die Möglichkeiten der verschiedenen Medien lernen.

Darüber hinaus sollte man sich bei der Wahl seines Mediums überlegen, zu welchem Zweck man zeichnet oder malt. Wenn man wenig Zeit hat, aber schnell eine Skizze von dem Gesehenen machen möchte, empfiehlt es sich, kleinformatig in einem Skizzenbuch zu arbeiten. In diesem Fall benutzt man wahrscheinlich Bleistift, Feder oder Wasserfarbe, obwohl ein erfinderischer Künstler, dem das Zeichenmaterial fehlt, alles, was Farbe abgibt, verwenden kann – im Notfall auch ein abgebranntes Streichholz. Viele Künstler arbeiten mit verschiedenen Tubenölfarben, Ölkreiden und einem Bleistift, damit sie Linien und Farbe

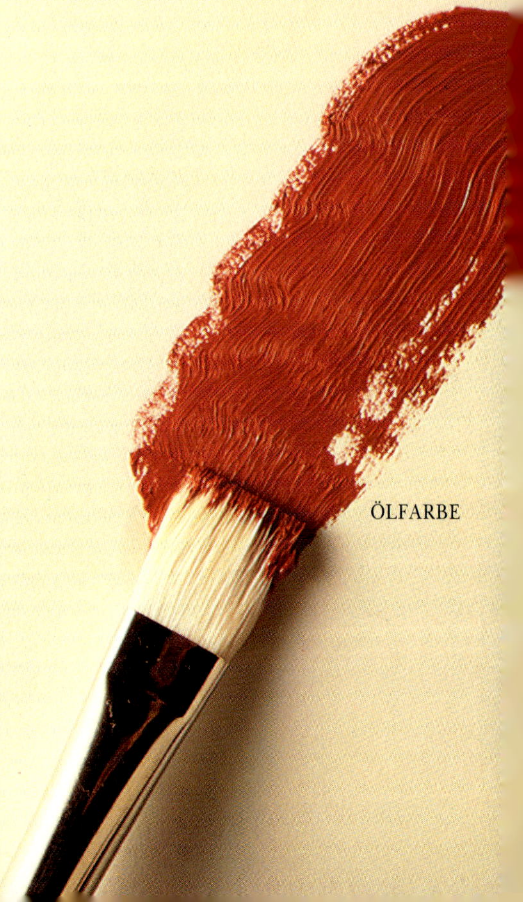

ÖLFARBE

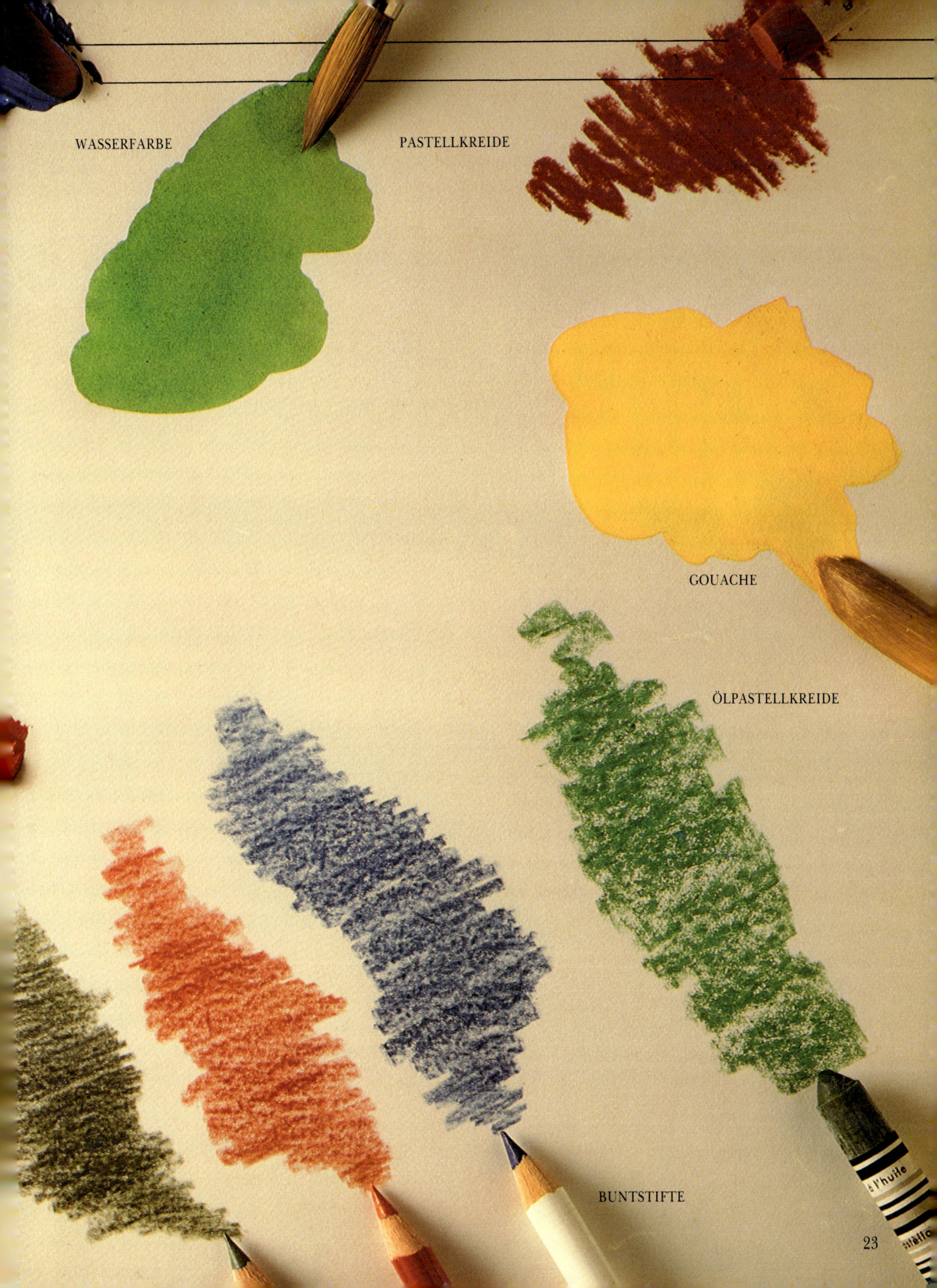
WASSERFARBE
PASTELLKREIDE
GOUACHE
ÖLPASTELLKREIDE
BUNTSTIFTE

haben. Die Ölfarbe kann als nicht festumrissener Fleck aufgetragen werden, in den man dann Formen, Details und Konturen zeichnet. Wenn Ihnen die Farbe fehlt, können sie auch mit Bunt- oder Aquarellstiften ins Skizzenbuch zeichnen. Die beiden Medien haben den Vorteil, Linie und Farbe zu vereinen, ohne daß man eine unhandliche Ausrüstung mit sich herumtragen muß.

Auch das Format, in dem man arbeiten möchte, ist wichtig, selbst in einem Skizzenbuch. Große Felder mit deckenden Farbstrichen auszufüllen ist zeitraubend und ermüdend, und vielleicht hat man auch keine Zeit, sich auf solche Details zu konzentrieren. Wenn Sie großformatige Bilder bevorzugen, ist es besser, mit Wasserfarbe, Gouache oder einem einfachen Medium wie Kohle zu zeichnen, die eine sehr variable Linienführung ermöglicht.

Ein weiterer Faktor, den man bedenken sollte, sind die Kosten der Malutensilien. Bleistift, Kohle und Filzstifte sind relativ preiswert und wahrscheinlich für jeden erschwinglich. Gute Wasserfarben können dagegen sehr teuer sein, vor allem, wenn man viele verschiedene Farben kauft. Andererseits sind sie jedoch sehr sparsam im Verbrauch, weil sie verdünnt verwendet werden.

Sie sollten auch überlegen, was Sie mit dem Bild oder der Zeichnung vorhaben. Wenn Sie sie nur für sich persönlich, zum Ausprobieren, Üben oder als Erinnerungsstütze verwenden wollen, werden Sie andere Medien und Malgründe benutzen, als wenn Sie ein fertiges Gemälde für eine Ausstellung, als Geschenk oder als Schmuck für die eigene Wohnung anfertigen. Das soll aber nicht heißen, daß einige Medien für ›offizielle‹ Arbeiten notwendigerweise geeigneter sind als andere.

Zeichnen

Zeichnungen können erste Probeskizzen, persönliche Erinnerungen oder eigenständige künstlerische Arbeiten sein. Dem Künstler steht eine enorme Anzahl von Zeichenmedien zur Verfügung. Kohle ist besonders reizvoll, da sie eine flexible, flüssige Linienführung und schnelles, expressives Arbeiten ermöglicht sowie über eine breite Tonwertskala verfügt. Sie ist jedoch schwierig zu handhaben, und die fertige Zeichnung muß fixiert werden, damit sie sauber und farbecht bleibt. Fixiermittel gibt es überall in Sprühdosen zu kaufen, manche Maler verwenden als billigere Alternative Haarspray.

Bleistift ist eines der billigsten und vielseitigsten Zeichenmedien, läßt sich immer mitführen und ist in verschiedenen Härtegraden, von sehr hart bis sehr weich, erhältlich. Bunt- und Aquarellstifte haben Vor- und Nachteile, ermöglichen dem Künstler aber vor allem, mit Farbe zu arbeiten.

Feder und Tusche sind von allen Zeichenmedien das ansprechendste. Der altmodische Federhalter läßt sich mit zahlreichen Federn für verschiedene Strichstärken ausrüsten. Der Künstler kann damit Linien und Tonwerte so kombinieren, daß der Eindruck von Pinselarbeit entsteht. Filz- und Faserstifte sind relativ moderne Zeichengeräte und haben den Vorteil, daß sie preiswert und leicht zu transportieren sind. Das Experimentieren mit ihnen lohnt sich auf jeden Fall. Auch sie sind in einer großen Anzahl von Farbtönen erhältlich.

Mit Pastellkreiden läßt sich sowohl zeichnen als auch großflächig malen, und bei ihnen steht dem Maler ein nahezu unverfälschtes Pigment zur Verfügung. Wenn Sie Spaß an der Farbe haben, sollten sie Pastellkreiden und Ölpastellstifte ausprobieren. Ihre lebendigen Farben sind eine Quelle der Inspiration. Wachsstifte schmieren weniger als Pastellkreide und sind besonders für Skizzen und Arbeiten im Freien geeignet.

Malen

Die wichtigsten Medien der Malerei sind Acryl-, Öl- und Wasserfarbe sowie Gouache. Ölfarben sind am weitesten verbreitet und außerordentlich beliebt. Ihre Einsatzmöglichkeiten sind unendlich vielfältig, und es gibt keine zwei Künstler, die sie auf dieselbe Art verwenden. Man kann sie dick- oder dünnflüssig, mit dem Pinsel oder mit einem Messer auftragen. Wer mit diesem

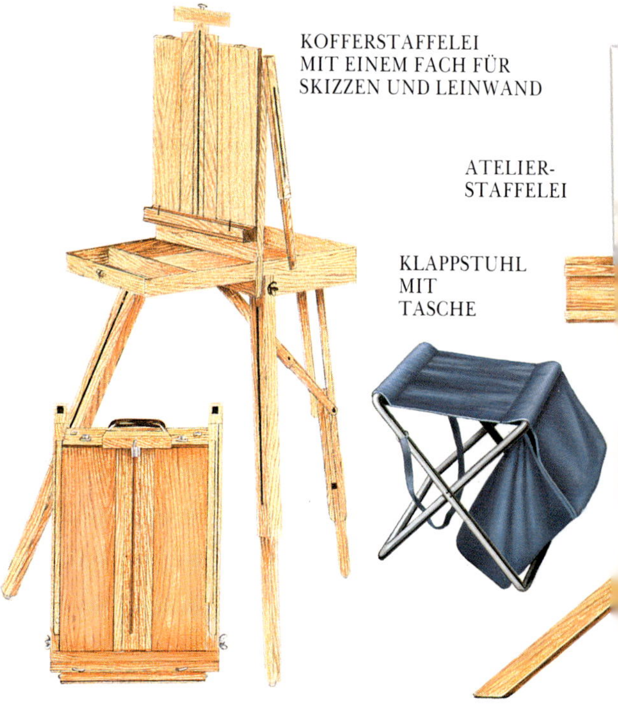
KOFFERSTAFFELEI MIT EINEM FACH FÜR SKIZZEN UND LEINWAND

ATELIER-STAFFELEI

KLAPPSTUHL MIT TASCHE

Medium nicht vertraut ist, muß lernen, die Farbe zu kontrollieren, damit naß-in-naß gearbeitet werden kann, ohne daß die Farben verwischen oder unbeabsichtigt ihre Klarheit verlieren. Öl ist in mancher Hinsicht ein schwieriges Medium, aber es lohnt sich, einige Zeit mit dem Ausprobieren seiner Möglichkeiten und Grenzen zu verbringen. Viele Landschaftsmaler arbeiten außerhalb ihres heimischen Ateliers lieber mit anderen Medien wie Wasser-, Pastell- oder Acrylfarbe, benutzen zu Hause aber Ölfarbe. Andere verwenden bei der Freilichtmalerei Acrylfarbe, um die großen Flächen einer Komposition anzulegen. Diese trocknet schnell, und so können die Bilder auf dem Heimweg nicht verschmieren. Mit Öl läßt sich auf Acryl arbeiten, so daß der Maler sein angefangenes Bild im Atelier mit Ölfarben vollenden kann. Wenn Sie mit Ölfarben im Freien arbeiten möchten, sollten Sie Ihr Projekt sorgfältig planen und für eine gute Staffelei sorgen.

Acrylfarbe ist ein relativ neues Medium. Sie enthält die gleichen Pigmente wie die traditionellen Malmedien, aber neben den Qualitäten der Öl- und Aquarellfarbe besitzt sie noch spezifische Eigenschaften, die die anderen nicht haben. Sie wird zur Zeit noch ziemlich unterschätzt und unberechtigterweise im Vergleich mit den konventionellen Medien abgewertet. Besonders angenehm ist, daß sie sehr schnell trocknet und ausgezeichnet deckt. Sie ist ein flexibles und sehr brauchbares Medium, und es lohnt sich, ihre Möglichkeiten gründlich zu studieren.

LEICHTMETALL-FELDSTAFFELEI

HÖLZERNE FELDSTAFFELEI

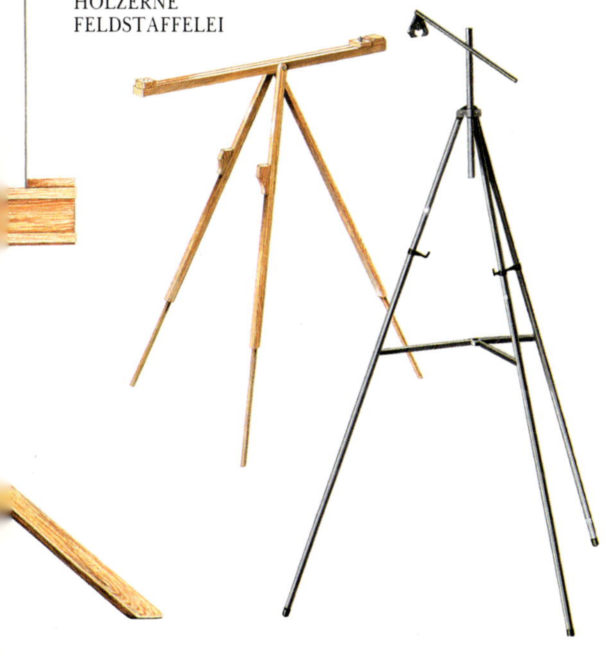

Wasserfarbe ist ein ästhetisch überaus ansprechendes Medium. Auch sie ist lange Zeit vernachlässigt worden, weil man den Umgang mit ihr mystifiziert hat und dies auf Autodidakten und Amateurmaler abschreckend wirkte. Man glaubt, sie sei schwer zu handhaben und es gäbe nur eine ›richtige‹ Art, mit ihr umzugehen. Wasserfarbe ist jedoch sehr vielseitig, und mit ihr zu arbeiten ist nicht schwieriger, als andere Medien einzusetzen. Wenn Sie sich bisher gescheut haben, sollten Sie es jetzt doch einmal versuchen! Lesen Sie vorher kein Buch über Aquarellmalerei, sondern kaufen Sie sich einfach ein paar Farben. Erst wenn irgendwelche Probleme auftauchen, sollte man ein Buch lesen oder Leute, die bereits damit umzugehen wissen, fragen. Weil sie sehr leicht und unkompliziert ist, läßt sich mit Wasserfarbe besonders gut im Freien malen. Man benötigt lediglich Wasser, um die Farben zu mischen oder zu verdünnen und zum Reinigen. Und die Farben, ob in Tuben oder Näpfchen, brauchen wenig Platz.

Staffeleien

Es gibt für nahezu jeden Bedarf und jeden Geldbeutel die passende Staffelei. Atelierstaffeleien sind groß, einfach zu justieren und sehr stabil. Sie brauchen viel Platz und sind nicht zusammenklappbar, deshalb empfiehlt sich bei Raumnot eine Speichenstaffelei. Diese kann zusammengeklappt, nach hinten und vorn geneigt werden sowie relativ große Leinwände tragen. Wenn Sie lieber im Sitzen arbeiten, sollten Sie einen traditionellen Künstlerstuhl kaufen, zu dem eine Arbeitsbank gehört. Aber auch diese Staffeleien nehmen viel Platz weg.

Eine Tischstaffelei ist sehr klein und kann nach dem Malen weggeräumt werden, aber auf ihr lassen sich nur kleinformatige Arbeiten herstellen.

Für das Malen im Freien eignen sich am besten leichte Feldstaffeleien. Die normale, kleine Ausführung hat Teleskopbeine, die sich auf jede Höhe einstellen lassen. Es gibt sie aus Holz oder Leichtmetall. Die Kofferstaffelei hat zusätzlich ein Fach, in dem man seine Utensilien unterbringen kann. Mit ausgefahrenen Beinen wird sie zu einem sehr bequemen und stabilen Hilfsmittel.

Beim Malen im Freien benötigt man einen Behälter für das Zeichenmaterial. Eine Kofferstaffelei bietet nur sehr begrenzten Raum. Wenn Sie eine normale Feldstaffelei besitzen, brauchen Sie zusätzlich etwas, in dem Sie Farben, Pinsel, Papier usw. unterbringen können. Im Fachhandel werden leere Döschen für Ölfarbe verkauft. Man kann sie auch gleich mit Farben gefüllt erwerben; dies ist jedoch sehr teuer.

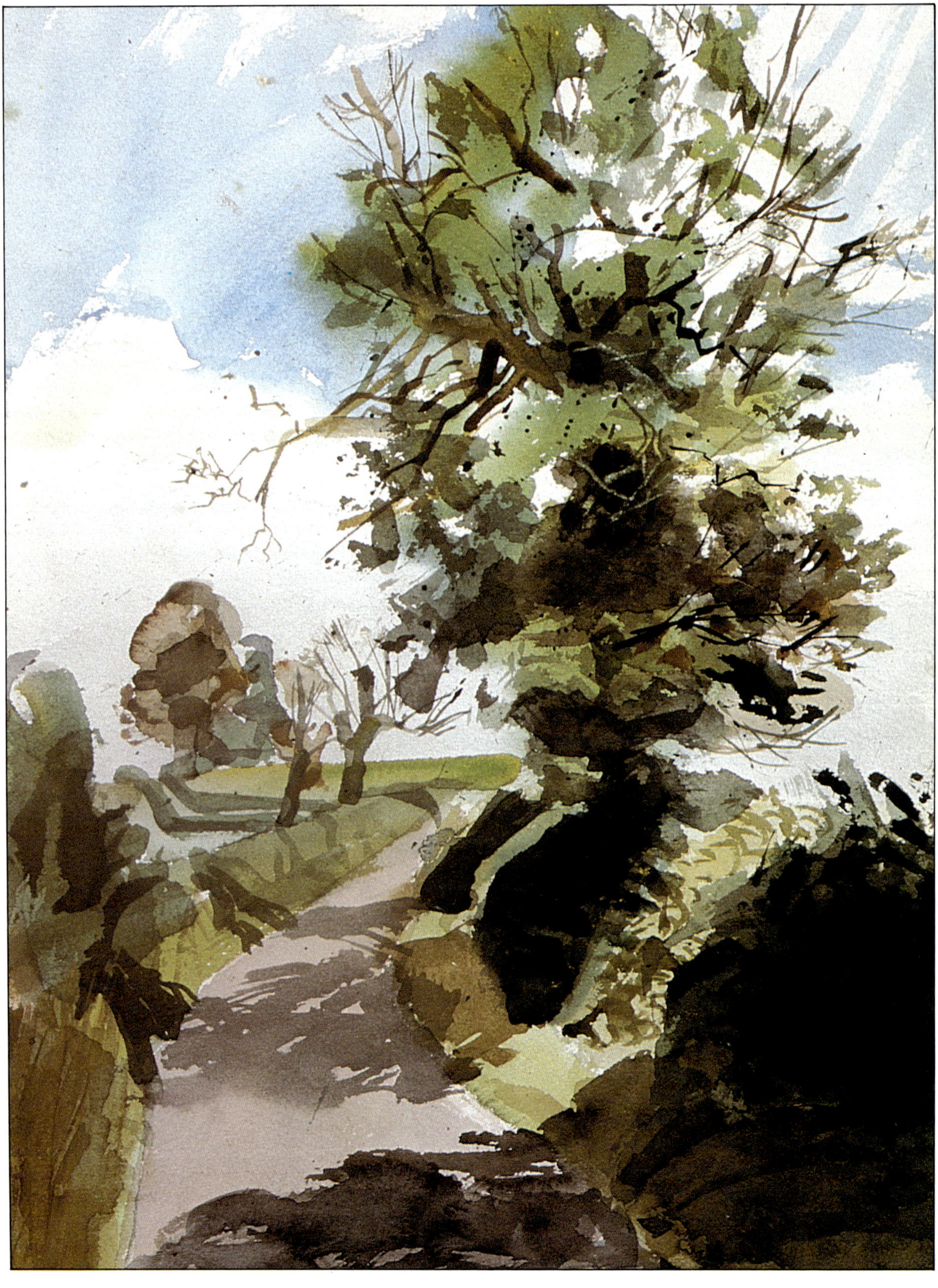

KAPITEL DREI

BILD-KOMPOSITION

Zu den Aufgaben des Landschaftsmalers gehört unter anderem, die Mitmenschen anzuregen, die Welt mit neuen Augen zu betrachten. Mit der persönlichen Wiedergabe eines Themas verbinden sich Freude und Spannung, und diese sollten sich auch dem Betrachter mitteilen. Wer noch nie gemalt hat, weiß oft nicht, wo er anfangen soll oder was sich zu malen lohnt. Die Antwort auf diese Frage lautet, daß praktisch alles zum Thema werden kann. Wichtig ist nur, wie man sein Bildmaterial anordnet.

Der Künstler sucht sich verschiedene Gegenstände, Farben oder Muster von Licht und Schatten und verteilt sie auf der Bildoberfläche, damit sie zusammenwirken. So entstehen liebliche, aufregende, beängstigende oder beunruhigende Bilder.

Die Geometrie eines Bildes

Besonders wichtig für die Wirkung einer Zeichnung oder eines Gemäldes ist das zugrundeliegende Raster, das Gerüst, auf dem es aufgebaut ist. Die Künstler im alten Ägypten legten über die Wände, die sie bemalen wollten, ein Netz aus horizontalen und vertikalen Linien. Die Einzelelemente und Figuren der Komposition wurden dann sorgfältig und ausgewogen auf diesen Linien verteilt. Diese Vorarbeiten sorgten dafür, daß die Bilder die gewünschte Harmonie, Ausgeglichenheit und Balance ausstrahlten. Ganz gleich, welche Stimmung man vermitteln möchte, man sollte sich stets dieser zugrundeliegenden Bildgeometrie bewußt sein. Leonardo da Vinci (1452–1519) kannte dieses Gerüst, mit dem er seinen Kompositionen Dichte und Wirkung verlieh, sehr genau und setzte es bewußt ein. Bei der *Felsgrottenmadonna* sind die Bildelemente um ein Dreieck angeordnet, dessen Spitze der Kopf der Madonna bildet.

Rhythmus und Akzente im Bild

Wenn ein Maler die subtile Ausstrahlungskraft seines Bildes steigern oder gezielt einsetzen möchte, ist die Komposition ein sehr wichtiges Werkzeug. Hierbei spielen das Format und die Größe sowie deren Bezug zum Dargestellten eine wichtige Rolle. Bei einigen Bildern liegt das Zentrum des Interesses in der Bildmitte, während die Ecken und Ränder leer und nebensächlich bleiben. Bei anderen gibt es über das ganze Bild verstreute Blickfänge. Diese unterschiedlichen Kompositionsformen geben einem Gemälde eine bestimmte Dynamik. Im ersten Fall kehrt das Auge immer wieder zum Zentrum zurück, im zweiten wandert der Blick unablässig über die gesamte Bildoberfläche. Der Künstler, der diese Energie und die Möglichkeiten ihrer Erzeugung kennt, kann sie nutzen und für seine Zwecke einsetzen. Er kann Disharmonien erzeugen, die den Betrachter zwingen, genau dorthin zu schauen, wo der Maler es will. Dieser Rhythmus kann auf mehrere Arten entwickelt werden, so kann zum Beispiel ein asymmetrischer Bildaufbau eine Geste unterstreichen oder eine Bewegungsrichtung andeuten. Auch Spannung läßt sich leicht aufbauen, deshalb sollte bei einem Profilporträt der Raum zwischen Gesicht und Blattrand größer sein als zwischen Hinterkopf und Blattkante.

Ebenso können unterschiedliche Größenverhältnisse die Spannung innerhalb einer Komposition steigern. Wenn etwa ein Kopf den gesamten Bildvordergrund einnimmt, kann das in Großaufnahme wiedergegebene Auge genauso groß sein wie eine Gestalt, die in einigem Abstand hinter dem Kopf steht.

Der Künstler kann auch durch seine Linienführung die Aufmerksamkeit auf Rhythmus und Akzente seines Bildes lenken: durch Hervorhebung der Kompositionslinien, durch die Art der Konturen und durch die Anordnung der Gegenstände innerhalb des Bildrahmens. Diese Rhythmen können, wie bei den kinetischen Künstlern, ganz offen zutage treten oder unterschwellig bleiben.

Bewegung vermitteln

Die Art, in der eine Person oder ein Gegenstand auf die Leinwand gebracht wird, ist bestimmend für ihr Gewicht im Bild. Der mittlere Vordergrund ist gewöhnlich die wichtigste

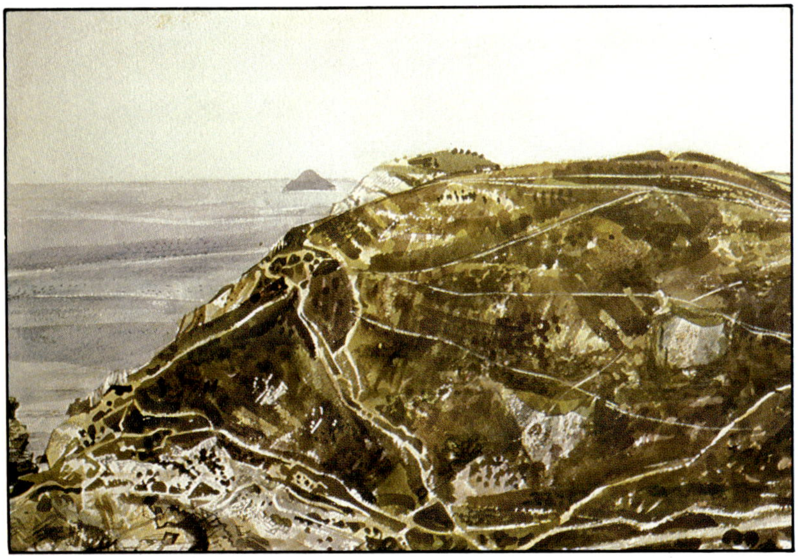

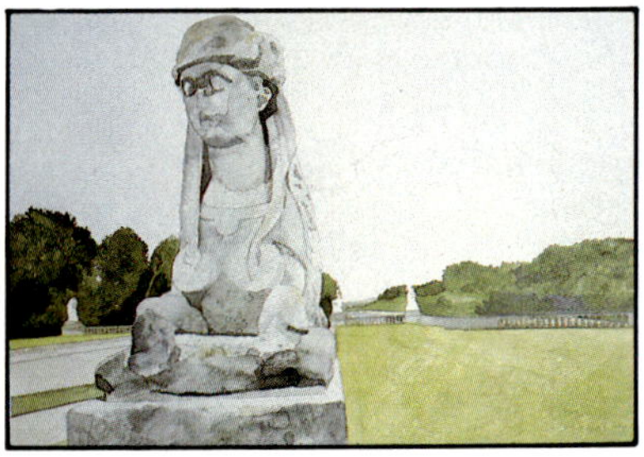

Bei diesen beiden Bildern hat der Maler jeweils ein detailreiches Bildelement mit einem leeren Bildbereich kombiniert. Freie Flächen wirken besonders gut, wenn sie die Aufmerksamkeit auf einen wichtigen Bildgegenstand lenken oder dem Auge eine Möglichkeit zum Ausruhen bieten.

Stelle, und wenn man einen Gegenstand weiter nach oben verschiebt, kann der Eindruck entstehen, daß er weiter entfernt liegt, auch wenn er genauso groß gezeichnet ist. Setzt man eine Person in die äußerste linke Bildecke und läßt sie in diese Richtung schauen, entsteht der Eindruck, daß sie sich aus dem Bild bewegt. Schaut die Figur in die andere Richtung, erscheint es, als sei sie gerade ins Bild getreten und bewege sich in den Bildraum hinein.

Ein geschickter Maler kann den Betrachter manipulieren, indem er ihn dazu verführt, mit den Augen den vom Künstler vorgegebenen Pfaden um das Bild herum oder sogar aus dem Bild heraus zu folgen. Um eine echte Komposition handelt es sich jedoch nur, wenn der Bildraum klar definiert ist, denn er zwingt den Künstler, sich für eine bestimmte Arbeitsweise in vorgegebenen Grenzen zu entscheiden. Die paläolithischen Höhlenmaler mußten sich nicht mit solchen Entscheidungen plagen, Grenzen setzte ihnen nur die Größe der Felswände, die keine klar definierten Ränder hatten. Doch die Menschen sind sehr geschickt darin, aus der Not eine Tugend zu machen, und so verhält es sich auch mit der begrenzten Fläche der Leinwand. Selbst wenn man nur eine einzige Gestalt auf eine Leinwand von festgelegter Größe malen möchte, hat man unendlich viele Wahlmöglichkeiten, und je nachdem, wie man die Figur im Bild unterbringt, können viele verschiedene Bilder entstehen.

Man könnte sie zum Beispiel genau in die Mitte stellen. Dort würde sie isoliert, einsam und unbewegt wirken. Verschiebt man sie nach unten, scheint sie näher zu kommen, und wenn sie soweit nach unten rückt, daß sie vom Rahmen überschnitten wird, ist sie ganz nah und scheinbar hinter irgend etwas. Wenn die Figur soweit herunterrutscht, daß nur noch der Kopf über den Rahmen schaut, entsteht ein befremdendes und komisches Bild. Je weiter man die Gestalt nach oben bewegt, um so stärker wird der Eindruck, sie sei weit weg.

Nimmt man eine weitere Figur in die Komposition hinein, so entstehen neue Variationsmöglichkeiten. Die Beziehung zwischen beiden schafft Spannung und Bewegung. Man kann sie voneinander weg bewegen oder sich überschneiden lassen, um Entfernung anzudeuten. Wenn man die Größe der Bildgegenstände und die Art, wie sie den Raum füllen, verändert, wird die Komposition noch komplizierter, verändert man ihre relative Größe, entsteht wieder ein anderes Bild. Neben anderen Dingen sind diese Überlegungen sehr wichtig, aber man sollte sich darüber nicht zu sehr den Kopf zerbrechen. Den meisten Menschen werden diese Aspekte der Komposition nicht bewußt, bevor man sie darauf hinweist, man sollte sie jedoch, wenn sie einem einmal klar geworden sind, für die Anwendung im Auge behalten, im Unterbewußtsein speichern und automatisch befolgen.

Freie Flächen im Bild

Bei jedem Bild ist es wichtig, wie der Künstler die Bildelemente auf der Bildoberfläche verteilt und wie viele Dinge oder Farben er wiedergibt. Ein Gemälde, auf dem viele kleine, gleichmäßig über das Bild verteilte Gegenstände dargestellt sind, erzeugt eine Art visueller Spannung, denn es gibt keinen Punkt, an dem das Auge anhalten kann. Mit anderen Worten, es ist ein ›unruhi-

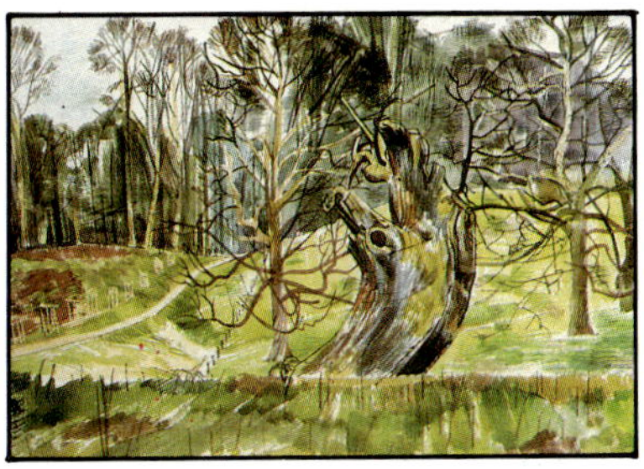

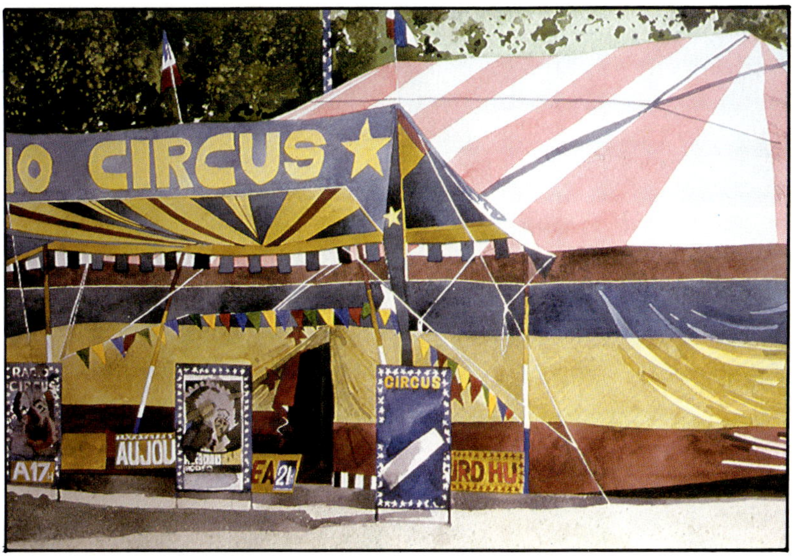

Hier haben die Künstler die interessanten Details über das gesamte Bild verteilt. Es gibt keinen Ruhepunkt für das Auge, und so entsteht eine unterschwellige Spannung.

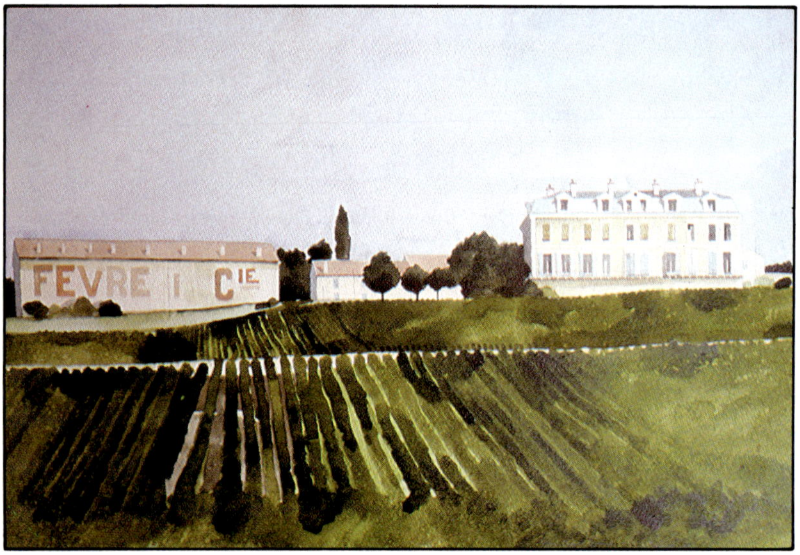

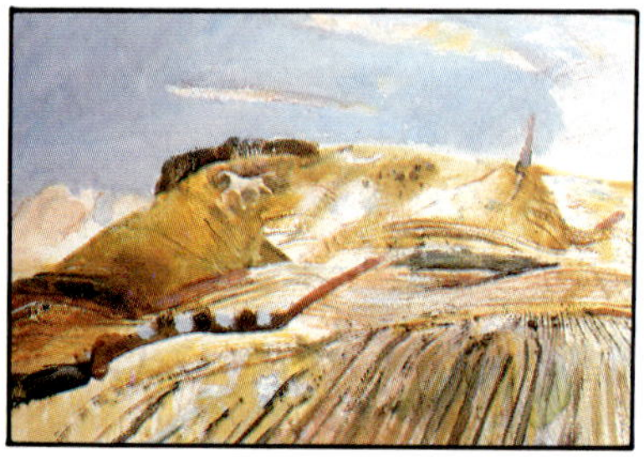

Beide Künstler haben hier zusammenlaufende Linien eingesetzt, um den Blick des Betrachters in das Bild zu ziehen. So werden Vorder- und Hintergrund sowie der Bereich dazwischen betont.

ges‹ Bild. Wenn der Maler zwischen den bewegten Bereichen jedoch relativ klare Flächen verwendet, wirken diese in der Komposition wie Satzzeichen, die dem Auge einerseits ermöglichen, einen Moment auszuruhen, und gleichzeitig die Auffälligkeit und Spannung der belebten Bildteile unterstreichen. Man könnte sogar ein Bild mit einem einzelnen kleinen Gegenstand auf einer großen freien Fläche malen. Keine dieser Kompositionsarten ist ›richtig‹, und keine ist besser als die andere. Wichtig ist jedoch, daß sie grundverschieden sind und daß man diese vielseitigen visuellen Mittel für die eigenen Zwecke auszunutzen vermag.

In der Landschaftsmalerei greifen Künstler oft zu dieser Kompositionsform, indem sie einen belebten Vordergrund mit einem einfachen, glatten Hintergrund kombinieren. Der Maler kann die Horizontlinie im Bild nach oben oder unten verschieben, so daß im Extremfall überhaupt kein Himmel zu sehen ist oder der Himmel fast den gesamten Bildraum ausfüllt.

Räumlichkeit in der Landschaftsmalerei

Ein Künstler, der nach der Natur malt, steht vor dem Problem, eine dreidimensionale, räumliche Form auf der flachen, zweidimensionalen Leinwand wiedergeben zu müssen. Um dies zu erreichen, muß er das Gesehene verzerren. Die mathematische oder Zentralperspektive ist ein Mittel, das bei der Darstellung von Gegenständen, die der Betrachter wiedererkennen soll, hilft. Man sollte immer daran denken, daß die Gesetze der Perspektive nicht unbedingt auf die Malerei angewendet werden müssen – jeder Künstler kann auch ohne die Kenntnis dieser Regeln sehenswerte Bilder schaffen, oder er kann diese Regeln, wenn er möchte, ignorieren oder verändern.

Die Zentralperspektive geht von der horizontalen Bildfläche aus, von der aus Linien im rechten Winkel nach hinten in einem Fluchtpunkt zusammenlaufen. Die ersten Ansätze zu diesem System finden sich im Italien des späten 13. und frühen 14. Jahrhunderts, als sich das Interesse der Künstler, zum Beispiel Giottos, verstärkt wieder der Natur zuwandte. Sie suchten nach einer Methode, feste Körper realistisch wiederzugeben. Brunelleschi (1377–1446) entwickelte ein geometrisches Modell, mit dessen Hilfe man den dreidimensionalen Raum auf der flachen Bildebene perspektivisch darstellen konnte. Alberti (1404–1472) beschrieb und veröffentlichte Brunelleschis System 1436 in seinem Werk ›Della Pittura‹.

Um die Regeln der Zentralperspektive anwenden zu können, muß man zunächst das Konzept der Bildebene verstanden haben. Man stellt sich die Bildebene am besten als einen senkrecht gestellten leeren Bilderrahmen oder eine Glasscheibe vor, die sich zwischen dem Maler und der gemalten Szene befindet. Sie muß rechtwinklig zur Blickrichtung und immer an der gleichen Stelle bleiben. Wenn man beim Malen den Betrachterstandpunkt verändert, wird die Perspektive verzerrt. Das Arbeiten mit einer gedachten Bildebene hilft auch, die Winkel der Geraden in der Landschaft korrekt wiederzugeben, denn sie lassen sich anhand der horizontalen und vertikalen Kanten des Rahmens überprüfen.

Als nächstes muß man den Fluchtpunkt festlegen. Im Stehen entspricht die Augenhöhe genau dem Abstand vom Boden zu den Augen. Wenn jemand von gleicher Körpergröße wie Sie selbst am Horizont steht, haben Sie beide die gleiche Augenhöhe und den gleichen Abstand vom Boden. Seine oder ihre Augenhöhe bildet die Horizontlinie, und irgendwo auf dieser Linie liegt der Fluchtpunkt.

Das ist die Stelle, an der die rechtwinklig zur Bildebene verlaufenden Linien scheinbar zusammentreffen. Der Fluchtpunkt muß nicht unbedingt innerhalb der Bildfläche liegen, sondern kann sich auch irgendwo anders auf der Horizontlinie befinden.

Perspektive läßt sich auf alle Dimensionen anwenden. Eine baumbestandene Allee weicht nach den Gesetzen der Perspektive zurück. Wenn die Bäume auf einer geraden Linie stehen, alle gleich hoch sind und die Straße eben ist, liegen die Ansätze und Kronen der Bäume auf Geraden, die in demselben Punkt zusammenlaufen.

Auch die Winkel, in denen dargestellte Gebäude zur Bildebene liegen, sind wichtig. Wenn man eine Reihe von Häusern entlang einer Straße malt, stehen die Straßenseiten der Häuser im rechten Winkel zur Bildebene, und die Fußboden- und Dachlinien laufen im gleichen Fluchtpunkt zusammen wie die Baumreihen. Schaut man jedoch genau auf die Seitenwand eines Gebäudes, liegt diese parallel zur Bildebene, der Boden und das Dach verlaufen horizontal und die Seiten vertikal. Bei der Ein-Punkt-Perspektive bleibt eine Fläche eines Würfels unverändert und parallel zur Bildebene. Wenn man von einem Punkt dicht an der Basis einer Mauer nach oben schaut, scheinen ihre Seiten zusammenzulaufen. Perspektivisch läßt sich alles wiedergeben – Bäume, Wolken und Berge. Man sollte jedoch bedenken, daß die Perspektive zwar die Illusion von Realität schaffen kann, jedoch nicht jedem Künstler an Illusionismus gelegen ist.

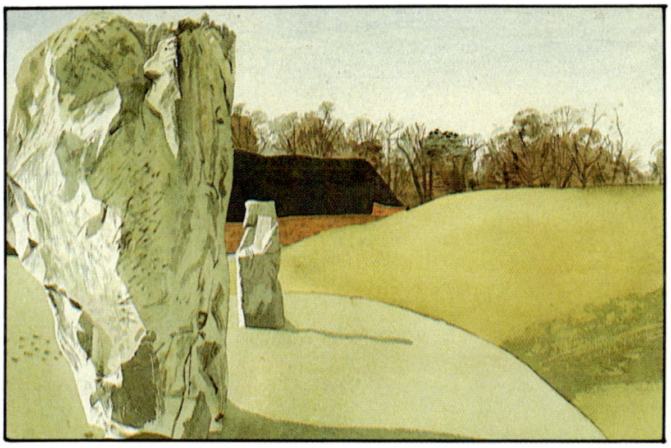

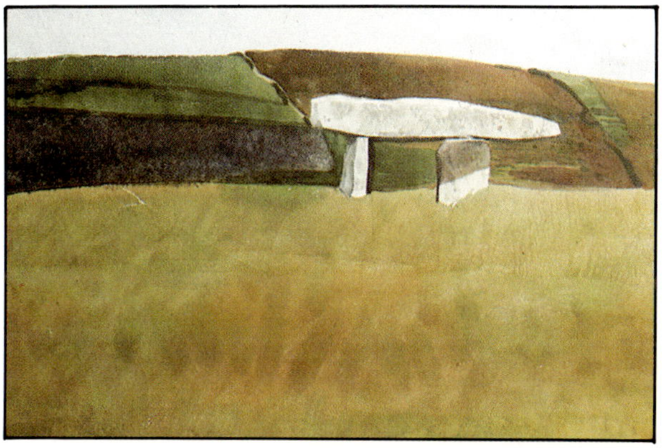

Bei jedem dieser Landschaftsbilder haben sich die Künstler für eine andere Horizontlinie entschieden, die im Verhältnis zum Rahmen entweder hoch oder tief liegt. Man erkennt deutlich, wie dies den Raumeindruck im Bild beeinflußt.

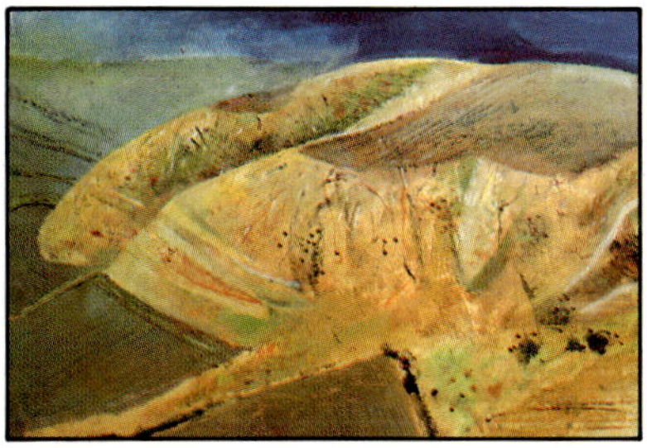

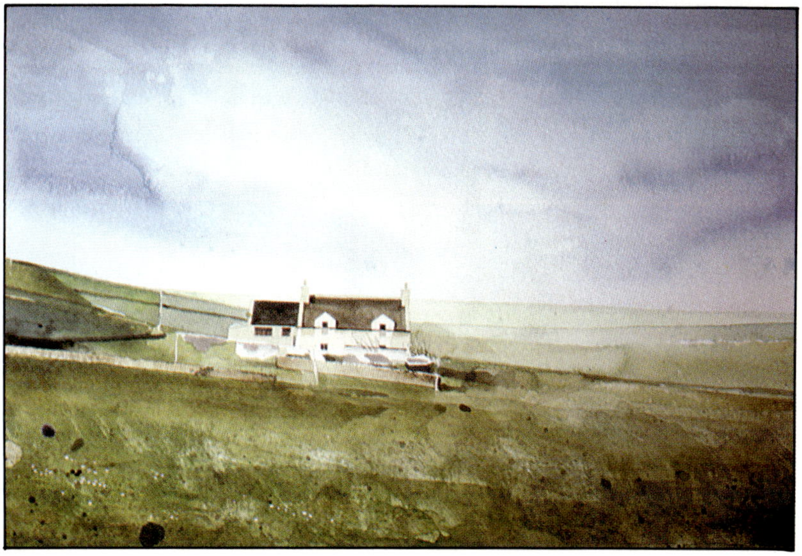

Die Luftperspektive ist eine weitere Methode, räumliche Tiefe im Bild darzustellen. Den Begriff hat Leonardo da Vinci (1452–1519) geprägt, um diese von den damals bekannten linearen Methoden, die demselben Zweck dienten, zu unterscheiden. Mit der Luftperspektive kann man durch Tonstufungen und Farbe räumliche Tiefe im Bild erzeugen. Alle Farben werden durch Luftschichten gesehen. Dunst und Wassertröpfchen brechen das Licht, das durch die Erdatmosphäre fällt.

Hierdurch wird unsere Wahrnehmung von Farben beeinflußt, die sich mit zunehmender Entfernung zu verändern scheinen. Weit entfernt liegende Dinge wirken verschwommen und bläulich getönt. Bei sehr großen Abständen kann man nur noch grobe Umrisse ausmachen, und die Gegenstände sind tiefblau. Die ersten Beispiele der Luft- oder empirischen Perspektive finden sich auf den Wandgemälden von Pompeji und Herculaneum. Die Künstler zeichneten und malten, was sie sahen, und so wird die Illusion von Realität, Tiefe und Entfernung überzeugend vermittelt. Es ist jedoch unmöglich, den genauen Standort jedes einzelnen Gegenstandes im Raum festzustellen. Der Betrachter wird sich bei dem Versuch, einen Weg in und um die Bildgegenstände zu finden, verirren.

Wichtig bei der Luftperspektive ist darüber hinaus das Verschwinden harter Kontraste zwischen hell und dunkel in der Ferne. Ein Baum, auf den das Licht aus einer Richtung fällt, hat eine dunkle und eine helle Seite. Wenn dieser Baum dicht vor der Bildebene steht, ist der Unterschied zwischen der hellen und der dunklen Hälfte sehr groß. Aber je größer der Abstand zwischen Baum und Bildebene wird, um so geringer ist der Kontrast. In der Entfernung wirkt die dunkle Seite heller, weil die Atmosphäre selbst beleuchtet ist. Je weiter der Baum weg ist, um so heller erscheint der Schatten auf seinen Blättern, während die helle Seite durch die Dichte der Atmosphäre immer dunkler wird, allerdings nicht in dem gleichen Maße, in dem die Schatten heller werden.

In der Malerei scheinen die Gegenstände durch Ton- und Farbkontraste näherzurücken. Es ist daher wichtig, die Tonwerte des Gesehenen genau abschätzen zu können. Bei der Komposition eines Bildes empfiehlt es sich, zunächst die hellsten und die dunkelsten Töne des Motivs zu suchen und dann die einzelnen Bildelemente entsprechend dieser Tonskala zuzuordnen.

Tonwerte

Man kann ein Bild anhand seiner zugrundeliegenden Geometrie und Hauptkompositionslinien analysieren. Diese ursprüngliche Struktur wird jedoch von anderen Aspekten überlagert, die das Grundmuster betonen oder verschieben und so Spannung aufbauen können. Die Verteilung der einzelnen Farbtöne auf der Bildfläche ist ein wichtiges Kompositionselement. Um diese hellen und dunklen Stellen auszumachen, betrachtet man ein Bild am besten mit halbgeschlossenen Augen. Auf diese Weise reduziert man es auf seine Grundelemente, die nun fast abstrakt wirken. Einige Gemälde bestehen nur aus wenigen hellen und dunklen Flecken, die sie streng und einfach erscheinen lassen, Bewegungslosigkeit und Ruhe suggerieren. Andere Bilder sind aus einer Vielzahl kleiner Gegenstände zusammengesetzt, und das Auge gleitet unruhig über die Bildoberfläche.

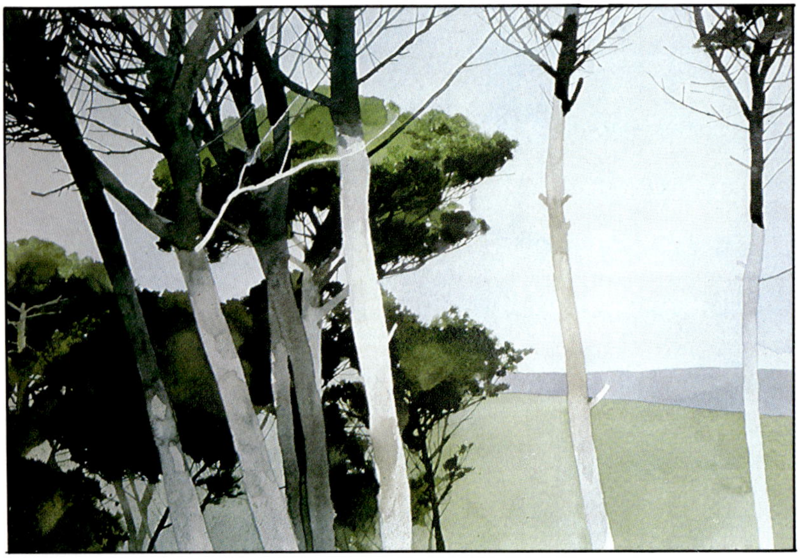

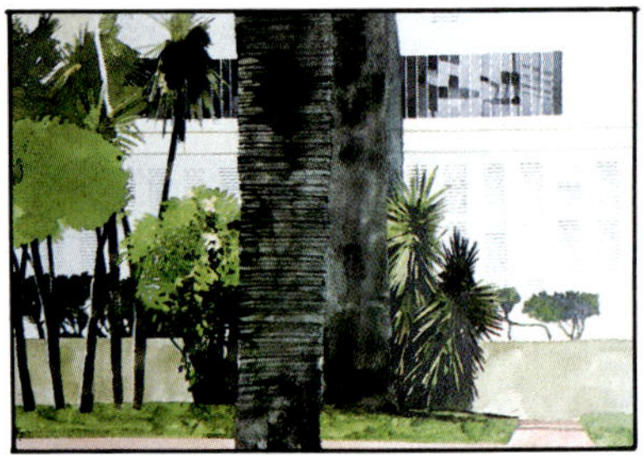

Auf diesen beiden Bildern überschneiden die Baumstämme jeweils den oberen und unteren Bildrahmen. Dies rückt die dargestellten Bäume näher an den Bildrahmen und läßt die Bereiche dahinter zurückweichen.

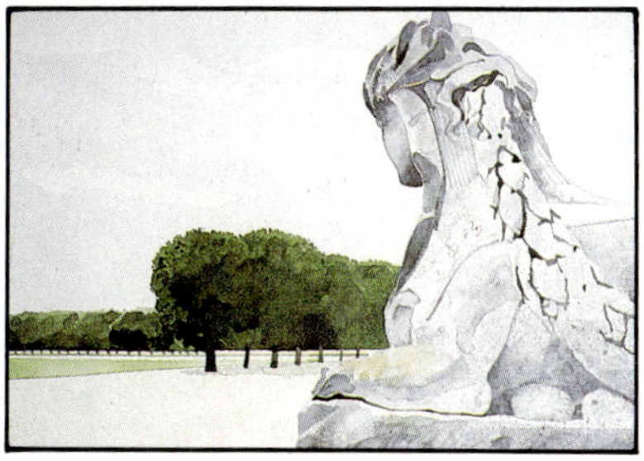

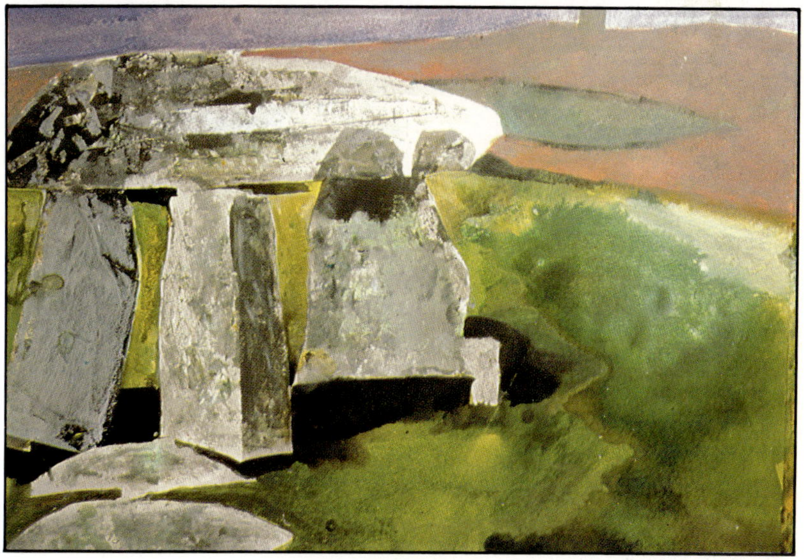

Hier wird die Wirkung von warmen und kalten Farben auf einem Bild deutlich. Das Gemälde oben ist hauptsächlich in kühlen Farben gehalten, während der Maler rechts einen Teil mit warmem Ziegelrot ausgemalt hat.

Man kann die Tonwerte eines Bildes feststellen, indem man eine Skizze mit den Hauptumrißlinien anfertigt und dann die Farbtöne einträgt, um zu sehen, ob sie dem zugrundeliegenden Raster entsprechen oder ihm entgegenwirken.

Farben und Farbeffekte

Die Beschäftigung mit der Farbe ist ein faszinierendes Gebiet, und eine Vielzahl von Psychologen, Physiologen, Physikern, Künstlern und Innenarchitekten hat sich jahrzehntelang damit auseinandergesetzt. Farben können Stimmungen oder Gefühle wecken, und in den verschiedenen Kulturen haben bestimmte Farben besondere Bedeutungen. Bei uns gilt Weiß zum Beispiel als Farbe der Reinheit, und man heiratet in Weiß, während für die Chinesen die weiße Farbe ein Todessymbol ist und als Trauerfarbe gilt. Man hat festgestellt, daß Farben großen Einfluß auf die Körperfunktionen haben.

Rot hat eine anregende Wirkung, es beschleunigt die Atmung, erhöht die Herzschlagfrequenz und den Blutdruck. Blau hingegen hat eine entgegengesetzte Wirkung, es verlangsamt Atmung und Herzschlag und die Temperatur. Farbe hat, so weiß man heute, auch einen Einfluß auf unser Temperaturempfinden. Bei einem Experiment stellte sich heraus, daß Menschen in einem blaugrün gestrichenen Raum die Temperatur von 15 Grad Celsius als kalt ›empfanden‹, während ihnen ein rotorange gestrichenes Zimmer erst bei elf bis zwölf Grad kühl erschien. Dieser Unterschied beruht auf dem Einfluß, den Farben auf Kreislauf und Atmung haben. Der Künstler setzt Farbe als Ausdrucksmittel ein, als Möglichkeit zu vermitteln, was er empfindet. Er kann eine gedämpfte Palette verwenden, auf der die Töne stumpf sind und strahlende Farben fehlen. Er kann eine solche zurückhaltende Palette bewußt wählen, um Frieden und Stille, einen wolkenverhangenen Himmel oder die Pastellfarben eines Winternachmittags wiederzugeben. Eine hellfarbene Palette paßt zu den strahlenden, vibrierenden Farben einer vom Sonnenlicht überfluteten Mittelmeerlandschaft.

Farbsysteme und -lehren mögen einem Künstler, der seine eigenen Farben und Ideen hat, bedeutungslos erscheinen, aber dennoch ist es für jeden noch so unerfahrenen Künstler wichtig, mit den verschiedenen Pigmenten und getönten Malgründen zu experimentieren, damit er lernt, wie man in der Praxis mit der Farbe umgehen muß. Man kann über Farben kaum objektive Aussagen machen, aber stetiges Ausprobieren und Analysieren der Ergebnisse helfen, sich Wissen und Geschick im Umgang mit Farben anzueignen. Von jedem Lernschritt wird man malerisch auf Dauer profitieren.

Wer fähig ist, Farben geschickt miteinander zu kombinieren, vermag auch die Sprache der Farbe einzusetzen; je mehr man weiß, um so größer wird das beherrschte Farbvokabular und um so freier kann man die visuellen Bilder auf der Leinwand in Farbe umsetzen. Es gibt keine ›richtigen‹ oder ›falschen‹ Farbkombinationen, aber wenn man weiß, warum einige Farben sich ›beißen‹, kann man diesen Effekt nach Belieben entweder einsetzen oder vermeiden. Farben harmonieren und beeinflussen sich gegenseitig auf viele verschiedene Weisen. So wirkt Gelb zum Beispiel vor einem weißen Hintergrund ganz anders als vor einem schwarzen.

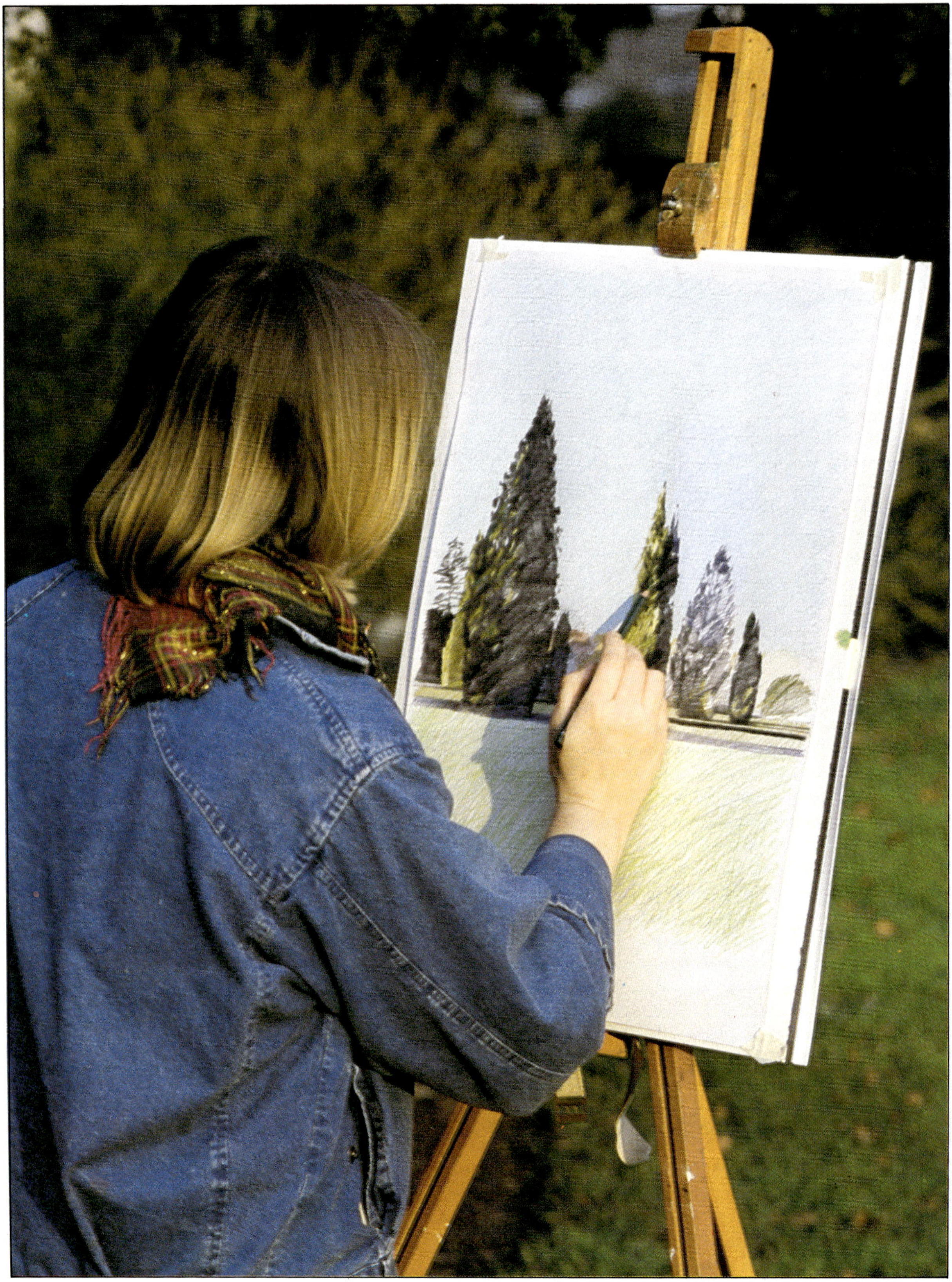

KAPITEL VIER

MOTIVWAHL

Wir alle sind unserer heimatlichen Landschaft aufs engste verbunden – sie hat großen Einfluß auf unsere Lebensweise und unsere Weltsicht. Der Künstler reagiert ganz natürlich auf diese Anhänglichkeit an einen bestimmten Ort. Indem er die Aufmerksamkeit auf die typischen Züge unserer gewohnten, alltäglichen Umgebung lenkt, regt er andere dazu an, die eigene Umwelt intensiver zu betrachten.

Jeder Künstler ist beim Malen mehr oder weniger von einem konkreten Motiv abhängig. Einige müssen ihr Thema ständig vor Augen haben, weil es ihnen hauptsächlich um den direkten visuellen Eindruck geht.

Die meisten Landschaftsmaler haben eine ausgeprägte Vorliebe für ländliche Gegenden. Die stimmungsvollen Effekte und das ständig wechselnde Licht in der freien Natur, die Bewegungen der Wolken am Himmel und das sich stets verändernde, unbeständige Wetter faszinieren sie. Ihnen bereitet das Arbeiten *en plein air* (im Freien) mit dem Bildgegenstand direkt vor Augen unendlich viel Vergnügen. Wer jedoch noch nie versucht hat, draußen zu arbeiten, sollte die Schwierigkeiten dabei nicht unterschätzen. Überall um uns herum gibt es freie Natur, und je nachdem, wo man sich gerade befindet und wie die Topographie beschaffen ist, schaut man viele Kilometer weit bis hin zum Horizont. Ausdehnung und Vielfalt sind verwirrend. Es gibt Bäume, Flüsse, Berge, Hügel, Häuser, Menschen, gepflügte Felder, Tiere, Wasser, Spiegelungen und über allem die große, wolkenbetupfte Kuppel des Himmels. Die Szene wird möglicherweise von strahlendem Sonnenlicht überflutet, das sich ständig ändern kann und Schatten und gleißendhelle Lichtflecke erzeugt. Darüber hinaus vollzieht sich eine stete Bewegung, die Wolken gleiten über den Himmel, der Wind fährt in die Baumkronen, die plötzlich nicht mehr dunkelgrün, sondern silbern scheinen. Wie soll man all das gleichzeitig im Griff behalten? Wo soll man anfangen? Und wie malt man ein ›gutes‹ Bild?

Die Art, wie Sie mit dem Problem umgehen, hängt von Ihrem Temperament ab. Sie werden es wahrscheinlich wie jede andere Schwierigkeit auch anfassen. Ein bedächtiger, vorsichtiger Mensch wird den ›idealen‹ Standort suchen, alle Möglichkeiten abwägen, Skizzen machen und die Kompositionsprobleme analysieren. Schließlich wird er oder sie die Staffelei aufbauen und systematisch und gezielt mit der Arbeit beginnen. Eine eher impulsive Person wird unbedingt anfangen wollen, sofort die Staffelei aufstellen und malen, was sie sieht, ohne sich viele Gedanken über Alternativen zu machen.

Wenn man einen bestimmten Ort ausgewählt hat, muß man entscheiden, was im Bild erscheinen und was weggelassen werden soll. Die Variationsbreite reicht von Detailzeichnungen der Gräser zu Ihren Füßen bis zu übergreifenden Panoramen, zu denen alles gehört, was man sehen kann, ohne sich zu bewegen. Dieses Abwägen ist ein wichtiger kreativer Prozeß; man könnte Dutzende von Malern in der freien Natur an dieselbe Stelle bringen, und nicht zwei von ihnen würden das gleiche Bild malen. Der eine malt die Szene vielleicht so, wie man sie durch ein Loch in einer Hecke sieht, und konzentriert sich auf die räumliche Tiefe, die durch Überschneidungen entsteht. Ein anderer Maler konzentriert sich möglicherweise auf den Himmel, ein dritter auf die Gräser und wilden Blumen und ein weiterer, den die Figurendarstellung besonders fasziniert, verwendet die übrigen Künstler vielleicht als Modelle für ein Landschaftsbild mit Personen. Einen anderen interessiert womöglich ein architektonisch interessantes Gebäude. Jeder Künstler hat persönliche Vorlieben und Interessen, die sich von Zeit zu Zeit ändern, und diese werden sich in seinem Werk widerspiegeln.

Ein recht brauchbares Mittel, um die Unübersichtlichkeit einer Landschaft auf ein annehmbares Maß zu reduzieren, ist ein Fenster, das man sich aus einem Stück Pappe selbst zurechtschneiden kann. Damit deckt man einen Teil des Panoramas ab. Hält man es dicht vor die Augen, rahmt es einen großen Teil des Blickfeldes ein, weiter entfernt umfaßt es nur einen kleinen Ausschnitt. Wenn man keinen Rahmen dabeihat, kann man die Hände als Abdeckung verwenden und sich mit einem geschlossenen Auge auf bestimmte Bereiche beschränken. Im Idealfall sollte das Fenster die gleichen Proportionen haben wie die Leinwand, und indem man es dreht, findet man heraus, welches Format das Bild am besten haben sollte.

Malgründe – Größe und Format

Das Format eines Bildes ist ein wichtiges, aber oft vernachlässigtes Element der endgültigen Komposition. Es gibt runde, halbkreisförmige und vieleckige Bilder, das gebräuchlichste Format ist jedoch das Rechteck. Es bietet sich hauptsächlich aus ökono-

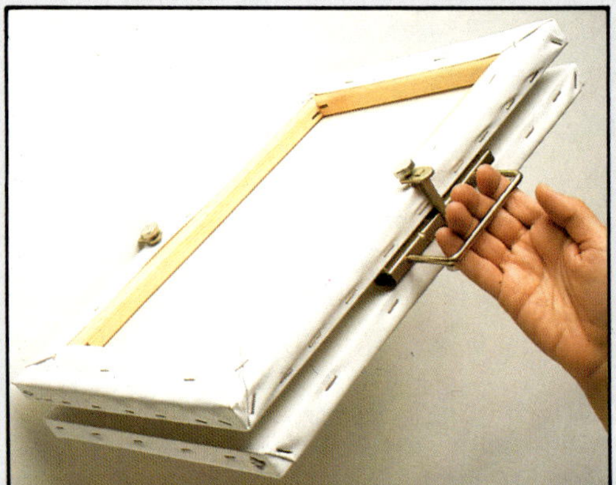

Ein Problem für den Landschaftsmaler ist der Transport noch feuchter Bilder. Diese Vorrichtung zum Tragen von Leinwänden verschraubt zwei Bilder Vorderseite gegen Vorderseite miteinander. Die Leinwände können sich nicht berühren, und der Griff erleichtert das Tragen. Nehmen Sie immer zwei gleich große Leinwände mit, auch wenn Sie nicht beide brauchen.

mischen und rationellen Gründen an und hat weniger mit unserer Sehweise zu tun. Im Grunde entspricht ein Kreis oder ein Halbkreis unserem Gesichtsfeld eher als ein Quadrat. Von dem Moment an, als Künstler begannen, auf Tafeln und nicht mehr auf Wände zu malen, war das Rechteck das bevorzugte Bildformat, denn man erkannte schnell, daß nebeneinander hängende Bilder irgendwie aufeinander abgestimmt werden müssen, und so entdeckte man das Rechteck als die ideale Form. Das aufrecht stehende Rechteck wird auch als Porträtformat, das querliegende als Landschaftsformat bezeichnet. Diese Begriffe sollten aber nicht mit Themenbereichen verwechselt werden; John Constable (1776–1837) etwa hat viele Landschaften im Hochformat gemalt, und Edgar Degas (1834–1917) schuf Porträts auf querformatigen Leinwänden.

Der Betrachter reagiert auf unterschiedliche Formate und Größen verschieden. Man sagt, das Querformat vermittle ein Gefühl von Ruhe und Stabilität, während ein Quadrat sicher und robust erscheint. Auch die Größe eines Bildes ist von Bedeutung. Ein kleines Werk etwa wirkt intim und häuslich. Ein großes, wie Turners *Schneesturm: Hannibal und seine Armee beim Überqueren der Alpen* in der Tate Gallery in London, das 133 mal 236 Zentimeter mißt, betont nicht den zarten, lyrischen Aspekt der Landschaft, sondern Größe und Erhabenheit der Natur. Das Format Ihrer Arbeit ist letztlich eine Frage der Gewohnheit, des Themas und des Malmediums. Einige Künstler arbeiten grundsätzlich großformatig, während andere stets kleine Bilder anfertigen und eine dritte Gruppe so flexibel ist, sich den Gegebenheiten des Themas anzupassen.

Freilichtmalerei contra Atelierarbeit

Abgesehen von dem offensichtlichen Vergnügen, in frischer Luft an einem besonders reizvollen Fleckchen Erde zu sein, gibt es viele Aspekte der Freilichtmalerei, die das Atelier nicht bieten kann. Wenn Sie *en plein air* malen, sind Sie ein Teil der Szene und befinden sich mitten in Ihrem Thema. Sie arbeiten nicht mit Abstand, sondern direkt am Geschehen und können die Stimmung des Augenblicks festhalten. Sie können zwischen winzigstem und überdimensionalem Maßstab, zwischen den Dingen direkt vor Ihren Füßen und dem Panorama des fernen Horizonts wählen. Sie erleben Gerüche und Bewegungen und erkennen die subtilen Farbveränderungen, wenn Wolken vorbeiziehen und die Sonne abwechselnd bedecken und enthüllen. Maßstabs-, Größen- und Raumverhältnisse werden Ihnen besonders bewußt, denn Sie können sie sehen und fühlen. Fotografien dagegen können verflachen und verzerren, aber wenn man tatsächlich am Ort ist, erinnert man sich, wie beeindruckend man bestimmte Hügel

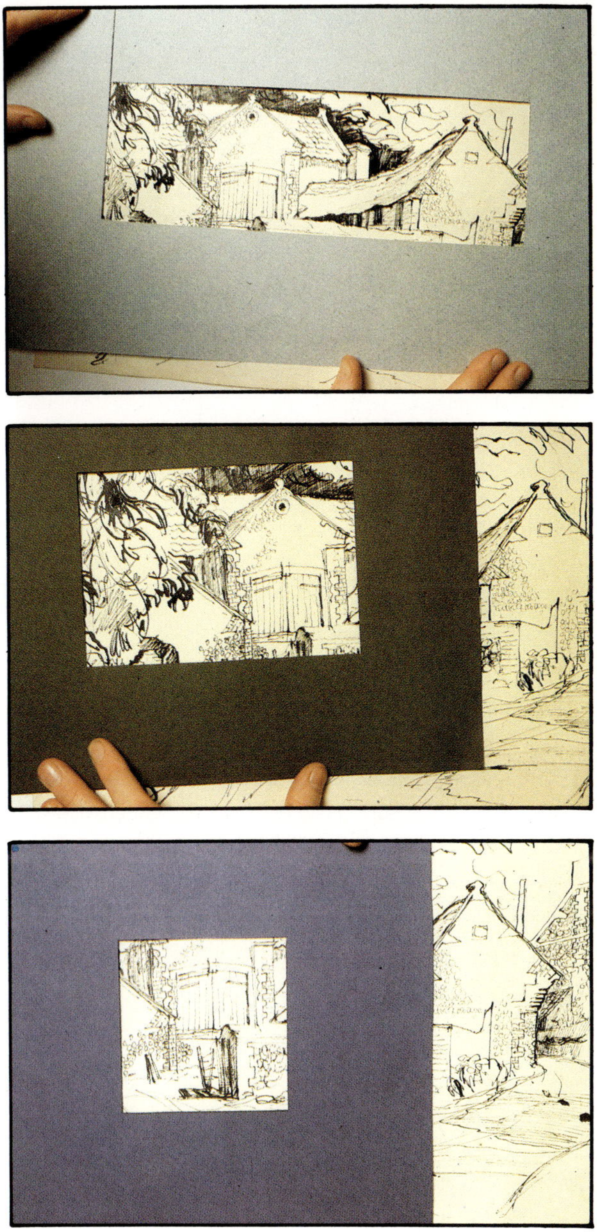

Es kann schwierig sein, das richtige Motiv zu finden, besonders, wenn man vor einem weiten Landschaftspanorama steht. Ein Fenster hilft, Teile der Szenerie isoliert zu betrachten. Hier umrahmt der Künstler verschiedene Teile einer Skizze, um zu sehen, wie sie als Gemälde wirken würden.

bei der Aufnahme gefunden hat. Mit Farbe und einfühlsamer Pinselführung läßt sich dieser Eindruck von Höhe, den das Foto nicht mehr vermittelt, wiedergeben. Das Licht wird von verschiedensten Oberflächen reflektiert und macht so Strukturen deutlich. Daher ist es ein wichtiger Aspekt jedes Bildes. Er wird besonders im Freien betont, wo die wechselnden Lichtverhältnisse unterschiedlichste Texturen hervorheben. Man bekommt ein sicheres Gefühl für Oberflächenstrukturen und Materialien, für den Unterschied zwischen Ziegel und Stein, der Glätte von Glas und der Rauheit von Baumrinde und erkennt, wie jedes einzelne Element zum Gesamteindruck der Szene beiträgt. Bei der Arbeit im Atelier geht diese Unmittelbarkeit verloren, und das Bild wirkt möglicherweise steriler. Ein anderer großer Vorteil ist, daß man so lange suchen kann, bis man den idealen Blickwinkel gefunden hat. Man kann sich um 360 Grad drehen und seine Position so verändern, daß bestimmte Dinge aus dem Blickfeld verschwinden oder andere eingeschlossen werden. Es gibt natürlich auch einige Nachteile. Nicht jeder kann einfach aufs Land oder auch nur an einen besonders reizvollen Ort in der Stadt fahren. Die Anfahrt kann problematisch werden, und wenn man kein Fahrzeug besitzt, ist es sehr schwierig, zum Beispiel die gesamte Ausrüstung für die Ölmalerei zu transportieren. Das Wetter kann schlecht sein, und besonders in unseren Breiten kann es über viele Monate im Jahr ein großes gesundheitliches Risiko sein, längere Zeit bewegungslos im Freien zu verbringen.

Ein Atelier ist da von großem Vorteil. Es ist gemütlich und bequem und schützt vor den Unbilden der Witterung. Alles, was man braucht, ist zur Hand, und die schwere Staffelei sowie die Ausrüstung müssen nicht verpackt und herumgetragen werden. Im eigenen Atelier steht man gewöhnlich nicht so unter Zeitdruck, und es läßt sich langsamer und sorgfältiger arbeiten. Man kann es sich leisten, verschiedene Ideen und Kompositionsarten auszuprobieren. Wenn als Ausgangspunkt Vorlagen aus der Natur verwendet werden, kann man diese bewußt verfremden oder verschönern. Hat man einigen Abstand von der Szene, fühlt man sich vielleicht freier, die Vorlage zu bearbeiten, auszuwählen oder wegzulassen. Wenn Sie sich vom Thema lösen, schaffen Sie sich Freiräume zum Experimentieren. Sie können Ihrer Kreativität freien Lauf lassen und etwas sehr Persönliches und Einmaliges entwickeln.

Das ›ideale‹ Motiv

Das beste Thema ist im allgemeinen das nächstliegende. Die Suche nach dem ›idealen‹ Motiv kann zu einer Art Beschäftigungstherapie werden, weil man unbewußt den Augenblick, an dem man tatsächlich mit dem Malen beginnt, hinauszögern möchte. Sehen Sie sich am besten zu Hause um, und versuchen Sie es einmal mit dem Blick aus einem Ihrer Fenster. Gibt es dort etwas Malenswertes? Es muß nicht unbedingt ›schön‹ sein. Man braucht ein Motiv, das anspricht und dessen Züge sich ins Bild umsetzen lassen. Gibt

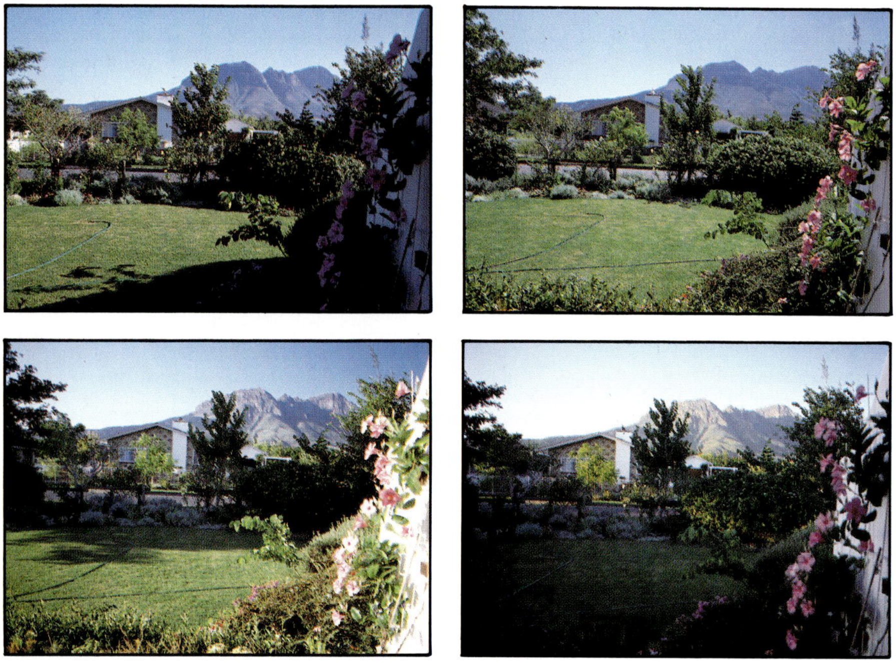

Diese vier Fotos wurden am selben Tag von der gleichen Stelle aus aufgenommen. Das erste, *oben links*, entstand morgens um 8.30 Uhr, das zweite, *oben rechts*, um 13.00 Uhr, das dritte, *unten links*, um 18.20 und das letzte, *unten rechts*, um 19.00 Uhr. Im Verlauf des Tages werden verschiedene Teile des Gartens beleuchtet. Besonders gut zu sehen ist, wie die Blumen im Mittagslicht an Farbe gewinnen und wie auf dem letzten Bild der dunkle Vordergrund mit den noch im Sonnenlicht liegenden Bergen kontrastiert. Diese Lichtveränderung im Verlauf eines Tages muß man beim Malen im Freien berücksichtigen.

es ungewöhnliche Farbverteilungen, zum Beispiel ein verzwicktes perspektivisches Problem oder einen umschlossenen Raum, der sich zu einem weiten Panorama öffnet? Achten Sie auf Oberflächenstrukturen, Licht und Schatten. Das Interessante an dem Bild wird nicht das Motiv sein, sondern das, was Sie daraus machen. So betrachtet kann wirklich alles zum Bildthema werden.

Wenn der Blick aus dem Fenster jedoch absolut keine Quelle der Inspiration ist, findet sich vielleicht ein Garten, eine Terrasse oder ein Hof, die man malen könnte. Gibt es in der Nähe möglicherweise einen Park, einen Fluß oder ein Stückchen unbebautes Land? Am Anfang fühlt man sich unbehaglich, wenn man beim Arbeiten beobachtet werden könnte, aber es läßt sich immer ein Eckchen ohne Zuschauer finden, in das man sich zurückziehen kann.

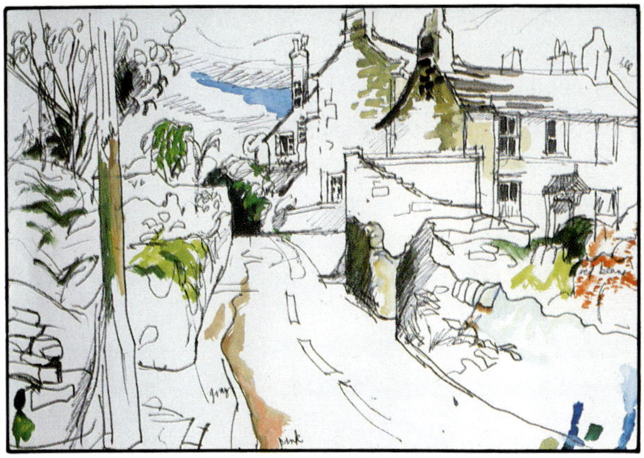

Auf dieser Skizze hat der Künstler mit Strichen und Tupfern die verschiedenen Farbtöne notiert. Ergänzt werden diese Angaben durch handschriftliche Notizen.

Ein ›visuelles Tagebuch‹

Eine andere Arbeitsmethode ist das Sammeln von Motiven für ein Gemälde in einem Skizzenbuch. Am besten eignen sich hierfür Wasserfarben, Buntstifte oder Pastellkreiden – jedes Medium, das Ihnen liegt und mit dem man schnell arbeiten kann. Fertigen Sie eine Reihe von Skizzen an. Einige können grob bleiben, aber wenn man sie für ein Gemälde verwenden will, sollten auch einige detaillierte Zeichnungen oder Bilder darunter sein. Dies erfüllt zwei Zwecke: Zum einen kann man sicher sein, daß man alle notwendigen Informationen für die Arbeit im Atelier hat, aber noch wichtiger ist, daß man sich dabei konzentrieren und genau aufpassen muß, wie das Motiv aussieht. Ganz ähnlich geht es Zuhörern, die sich bei einem Vortrag Notizen machen und diese ab und zu noch einmal durchlesen, obwohl oft das Niederschreiben der Stichpunkte ausreicht, um sie ins Gedächtnis einzuprägen, und man die Notizen dann gar nicht mehr braucht.

Das Skizzenbuch ist wohl das wichtigste Hilfsmittel für einen Künstler, und man sollte es stets bei sich haben, gleichgültig, wie klein es ist. Man kann es für viele Zwecke nutzen. Es ist wie ein visuelles Tagebuch, eine Aufzeichnung der Tagesereignisse. Man kann in ihm auch verschiedene Ideen ausprobieren. Wenn Ihnen ein Ausblick besonders gut gefällt, können Sie schnell ein paar Skizzen machen, auf denen Sie mit verschiedenen Formaten und Kompositionsarten experimentieren. Man kann umhergehen und festhalten, wie die Kompositionselemente bei einem bestimmten Format wirken, wenn man sie von verschiedenen Standpunkten aus betrachtet. Möchten Sie einen bestimmten Baum am rechten oder linken Bildrand wiedergeben? Wie würde es wirken, wenn Sie zurückträten, damit die Komposition von zwei Bäumen eingerahmt wird? Diese Skizzen müssen nicht groß sein und können recht grob bleiben.

Mit Wasserfarben oder Buntstiften können Sie die Farbtöne der einzelnen Bildelemente festhalten. Wenn Sie jedoch Bleistift oder schwarzen Filzstift verwenden, ist es hilfreich, die Zeichnung mit Notizen zu Farben und Lichteinfall zu versehen. Man kann auch kleine Farbtupfer als Gedächtnisstütze in die Skizze setzen.

Das so gesammelte Material läßt sich zusätzlich mit Fotos ergänzen. Wenn Sie kein geübter Fotograf sind, werden Sie vielleicht überrascht sein, wie sehr ein Schnappschuß ein Motiv verflachen kann. Eine Szene, die man als äußerst imposant in Erinnerung hat, wirkt plötzlich langweilig und öde. Die Skizzen werden die Maßverhältnisse festhalten und die Züge betonen, die interessant waren, während die Kamera relativ wahllos jedes Element der Landschaft mit der gleichen Aufmerksamkeit behandelt.

Arbeiten nach Fotografien

Fotos, Zeitungs-, Kalender- und Zeitschriftenbilder können Ausgangsmaterial für sehr reizvolle Kompositionen sein. Kopieren Sie sie nicht sklavisch genau, damit das fertige Bild nicht die gleichen Fehler hat wie die Vorlage und wie ein langweiliges Plagiat wirkt. Statt dessen sollten Sie Gesehenes karikieren, hervorheben und verändern, um Ihr eigenes Bild zu kreieren.

Wenn Sie Fotos für die spätere Arbeit im Atelier machen, sollten Sie eine ganze Serie mit einigen Detailaufnahmen anfertigen.

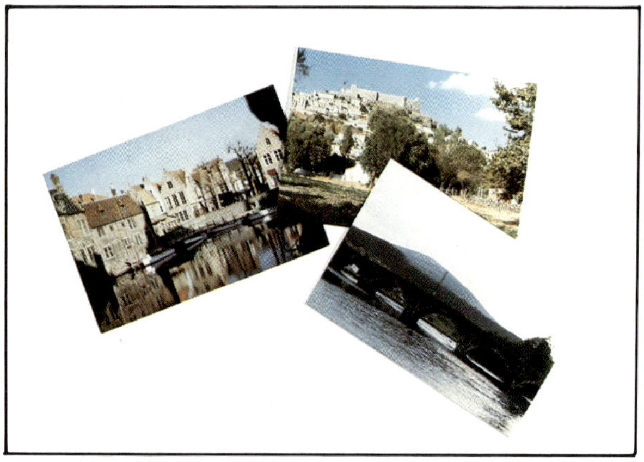

Fotos können ein Skizzenbuch vervollständigen und als Erinnerungshilfe dienen. Man kann sie auch gut als Ausgangspunkt für ein Bild verwenden. Zeitschriftenbilder sind oft sehr anregend, sollten jedoch nicht zu genau kopiert werden.

Legen Sie ein Sammelalbum an, in dem Sie alles aufbewahren, was Ihre Phantasie anregt – Fotos, Zeitungsartikel usw. So werden Ihnen die Themen nie ausgehen. Selbst die weniger perfekten Stücke dieser Sammlung können verwendbar sein und neue Wege erschließen.

Wenn Sie Schwierigkeiten haben, bei dieser Methode frei zu arbeiten, versuchen Sie, sich schrittweise von der Fotovorlage zu lösen. Man kann zum Beispiel damit beginnen, eine Collage des Themas anzufertigen. Diese malt man anschließend ab und vermeidet so die Gefahr des übergenauen Kopierens.

Schwarzweiße Zeitungsfotos sind eine weitere faszinierende Quelle der Inspiration. Der körnige, grobe Effekt, der bei der Rasterung des Bildes für die Reproduktion entsteht, und die Saugfähigkeit des Papiers lassen das Bild wie eine vorläufige Kohleskizze wirken.

Motive

Der Begriff Landschaft umfaßt sehr viele Themen und Methoden. Man kann sich zum Beispiel darum bemühen, eine Gegend, die einem gefällt oder mit der man sich verbunden fühlt, genau wiederzugeben. Andererseits ist man an einer bestimmten Landschaft vielleicht nur deshalb interessiert, weil sich bei ihr Licht- und Farbeffekte, Stimmungen, Muster oder Raum besonders gut darstellen lassen. Das Themenspektrum ist unendlich weit, und man kann zu demselben Motiv immer wieder zurückkehren, um andere Blickwinkel auszuprobieren oder neue Probleme in Angriff zu nehmen. Monet faszinierte das Licht und die Art, wie es die Farbharmonien eines Gegenstandes beeinflußte. Er fertigte mehrere Bilderserien an, in denen er dasselbe Thema bei unterschiedlicher Beleuchtung und zu verschiedenen Jahreszeiten malte. Die bekanntesten dieser Serien sind *Pappeln, Heuhaufen* und die *Kathedrale von Rouen*. Monet malte die Pappeln am Ufer der Epte bei verschiedenen Lichtverhältnissen und zu verschiedenen Tageszeiten. Die *Heuhaufen* zeigen, wie sich das Licht mit den Jahreszeiten verändert. Für seine Arbeit im Freien nahm er bis zu 30 Leinwände mit und begann, wenn das Licht sich verändert hatte, jeweils ein neues Bild.

Man kann einer Landschaft auch über die Menschen in ihr näherkommen, oder vielleicht ist man auch daran interessiert, wie Gebäude oder von Menschenhand geschaffene Strukturen das Bild einer Gegend verändern. Diese Details müssen nicht viel Raum einnehmen, aber sie können innerhalb der Landschaft, die die Stimmung vermittelt und den Rahmen abgibt, als Brennpunkt dienen. So mag zum Beispiel ein Haus innerhalb einer Landschaft für einen reizvollen Farb- und Formwechsel sorgen, ein strenges Rechteck, das von weichen, natürlichen Rundungen umgeben ist. Der Kontrast zu den scharfen Kanten eines Gebäudes betont die sanft gewellten Linien der Natur eher, als daß er von ihnen ablenkt.

Eine Stadtlandschaft versorgt den Maler mit einer Vielzahl von interessanten Motiven. Architektonische Ensembles inspirieren zu einfachen, fast abstrakten Kompositionen. Betrachten Sie zum Beispiel einmal die strengen Linien und glatten, schlichten Oberflächen moderner Bauwerke. In der Stadt finden sich komplexe und spannungsvolle Beziehungen zwischen Mustern und Farbtönen, die hier genauso subtil sind wie in der Natur.

Wege zur Abstraktion

Besonders faszinierend an der Malerei ist, das man aus einem Motiv machen kann, was man gerne möchte. Für viele Künstler ist die Gestalt, die Landschaft oder das Stilleben nur ein Ausgangspunkt für ihre Arbeit, und wenn sie ein Bild vollendet haben, läßt sich der Ursprung der Idee kaum noch oder gar nicht mehr ausfindig machen. Die Grenze zwischen figürlicher und abstrakter Malerei ist manchmal recht fein, vor allem, weil es für uns sehr schwierig ist, ein Bild zu betrachten, ohne es zu ›interpretieren‹, ohne die Dinge zu benennen, die wir wiederzuerkennen glauben. Es ist so einfach, Tiere in den Formen der

Wolken, ein Gesicht auf dem Mond oder bestimmte Dinge in Klecksen und Flecken an der Wand zu sehen. Selbst sehr gegenständliche Bilder sind bis zu einem gewissen Grade selektiv. Man malt nicht alles, was man sieht; man verschiebt und verändert, um eine bewegte, dreidimensionale Welt der starren, zweidimensionalen Bildfläche anzupassen. Die unzähligen Farben der sichtbaren Welt müssen mit einer begrenzten Skala von Pigmenten wiedergegeben werden. Diese unbewußte Abstraktion ist jeder Malerei eigen, und bewußte Abstraktion führt diesen Prozeß lediglich einen Schritt weiter. Ein abstraktes Bild verzichtet auf den Schleier der Oberflächendekoration und legt das ›Skelett‹ des Motivs frei, die zugrundeliegende Struktur und Geometrie, die unser ästhetisches und intellektuelles Empfinden ansprechen. Die Entwicklung der abstrakten Kunst im 20. Jahrhundert läßt sich bis zur Erfindung der Kamera zurückverfolgen, denn sie befreite den Künstler von seiner Rolle als Chronist und gesellschaftlichem Berichterstatter. Die abstrakte Malerei war zugleich eine Gegenreaktion auf den vom Naturalismus besessenen Impressionismus. Die Maler begannen, sich auf die formalen Aspekte ihrer Bilder zu konzentrieren – auf Struktur, Komposition und Farbe. Dies führte zum Kubismus, zum Konstruktivismus und anderen, immer stärker abstrahierenden Kunstformen. Schließlich lösten sich einige Künstler völlig von der Wiedergabe der realen Welt. In wirklich abstrakten Gemälden gibt es nichts, was irgend etwas Reales darstellt oder symbolisiert.

Viele sehr reizvolle Landschaftsbilder tendieren zur Abstraktion, wenn die Begeisterung des Malers für Farbe und Form das Bild schrittweise zergliedert und der Betrachter von den ständigen Überschneidungen und der Auflösung der natürlichen Formen verwirrt wird.

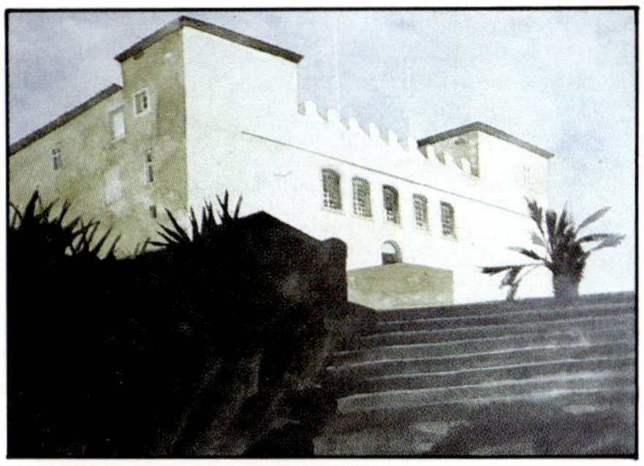

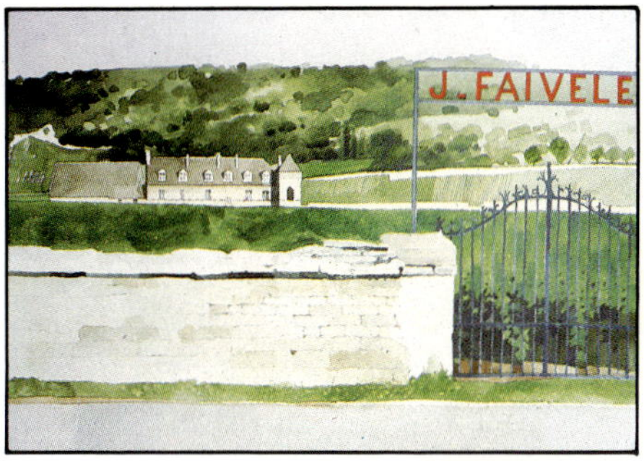

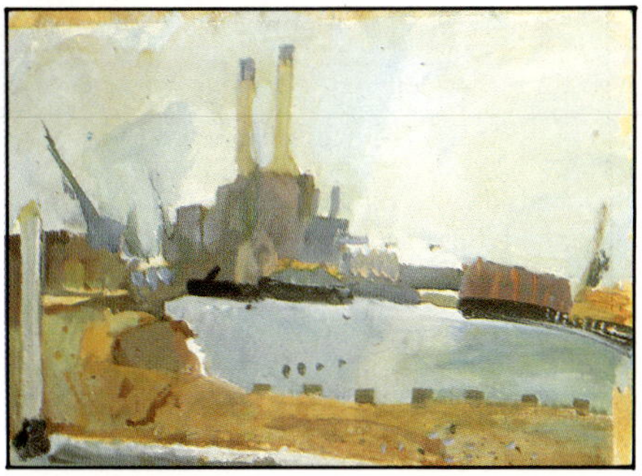

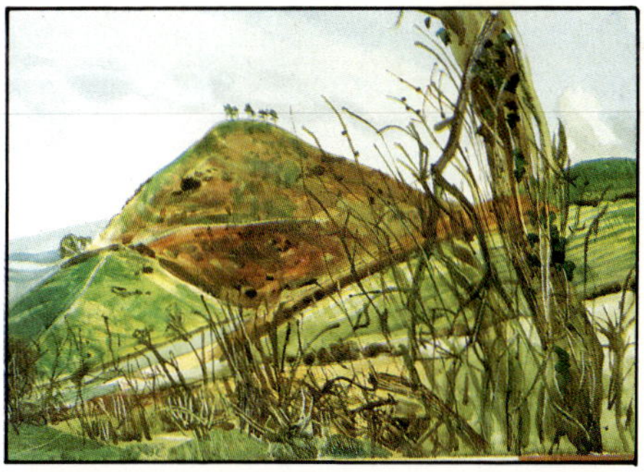

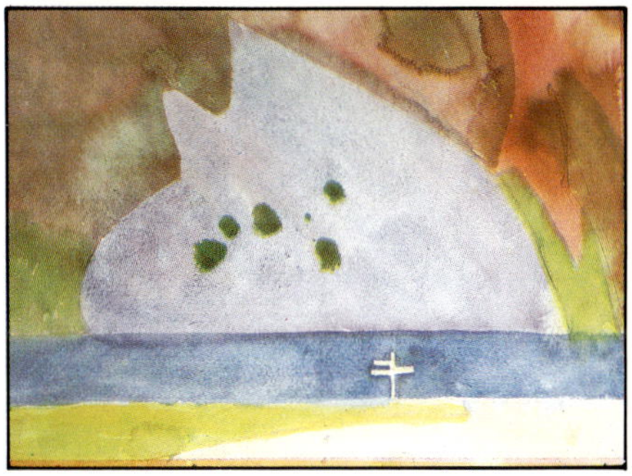

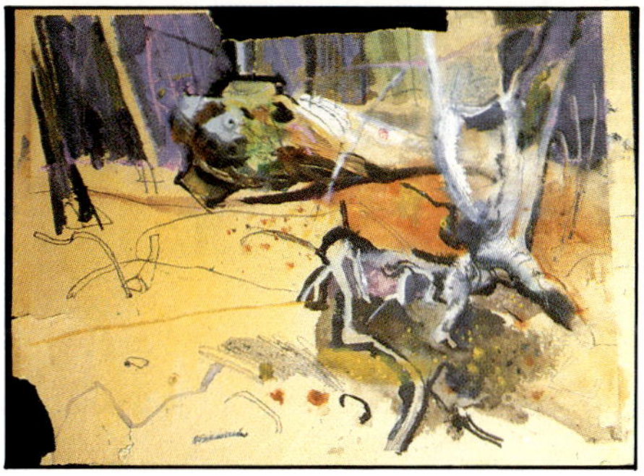

Diese Bilder zeigen eine Auswahl möglicher Themen für den Landschaftsmaler und verschiedene Interpretationsmöglichkeiten. Auf dem ersten Bild, *oben links*, beherrscht ein einzelnes Gebäude die Szene. Auf dem zweiten, *oben rechts*, ist wiederum ein Haus abgebildet, das jedoch in seine landschaftliche Umgebung eingebettet ist. Die Darstellung in der *Mitte links* zeigt ein städtisches Thema, das einen starken Kontrast zu der ländlichen Szene, *Mitte rechts*, bildet. Die beiden Bilder *unten links* und *rechts* sind abstrahierende Landschaftsdarstellungen.

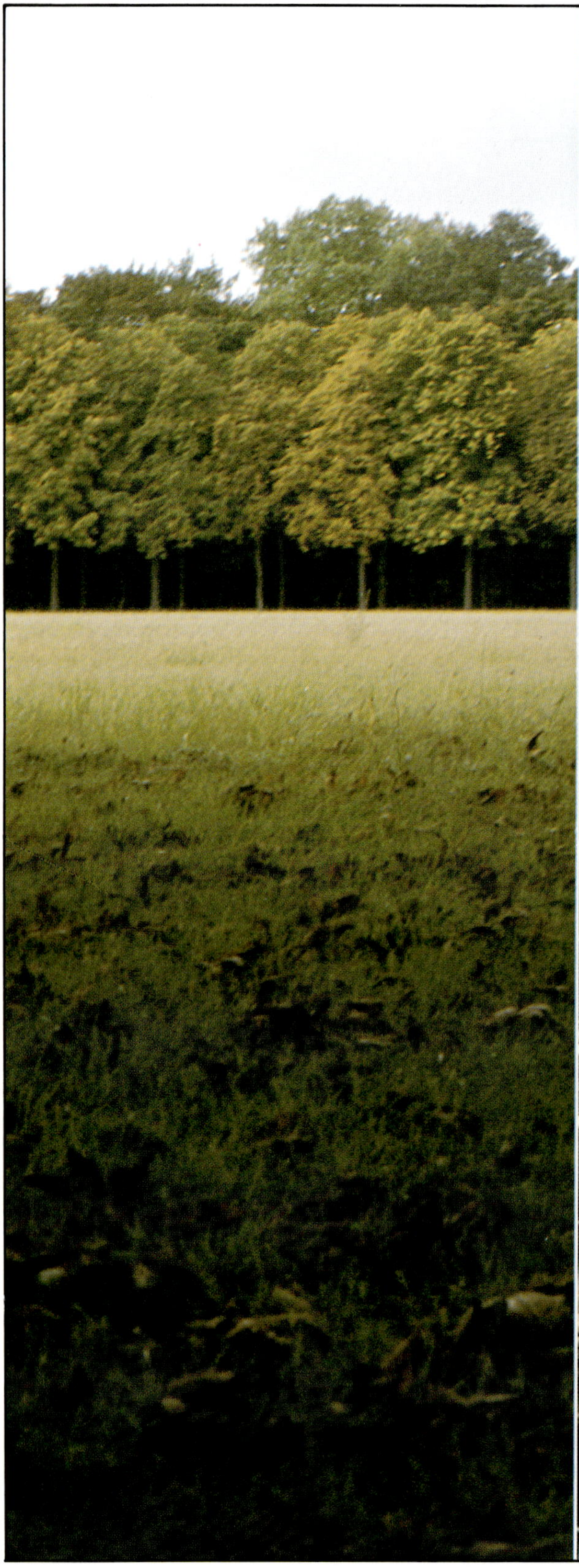

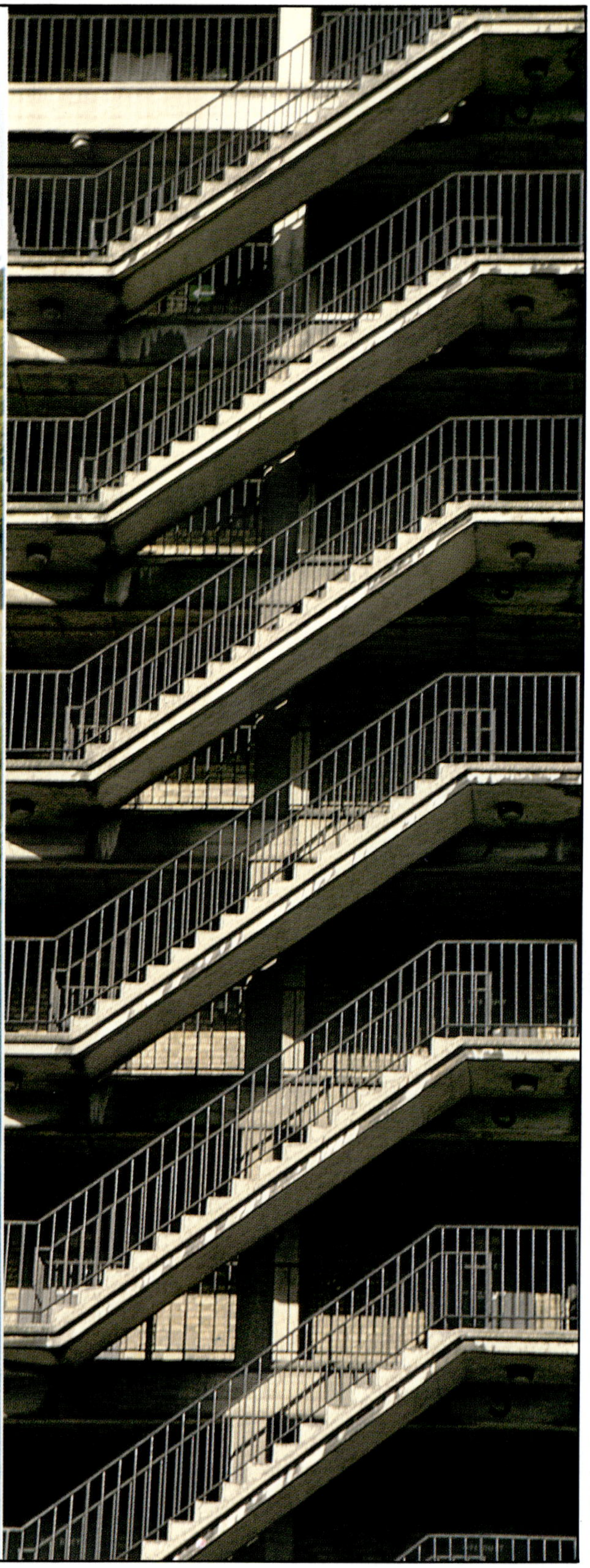

KAPITEL FÜNF

VERSCHIEDENE LANDSCHAFTEN

Daß die Landschaft als eigenständiges Thema betrachtet wird, ist eine relativ moderne Entwicklung in der Kunstgeschichte; vor dem späten 18. Jahrhundert gab es so etwas praktisch nicht. Seit den Anfängen der Malerei gehörte die Landschaft als eher zufälliger Bildteil zum Hintergrund, und sie wurde nicht als einheitliches Ganzes, sondern als Ansammlung einzelner Elemente betrachtet. Erst als die Künstler gelernt hatten, diese isolierten Teile als Szenerie zu ›sehen‹, wurde Landschaft als Bildsujet möglich. Dieses Kapitel bietet einen visuellen Überblick über die Elemente, aus denen eine Landschaft besteht.

Die Stadt ist heute ein wichtiger Teil unserer visuellen Umgebung, und die Landschaftsmaler wenden sich auf der Suche nach Inspiration verstärkt dem Stadtbild zu.

Verschiedene Landschaften

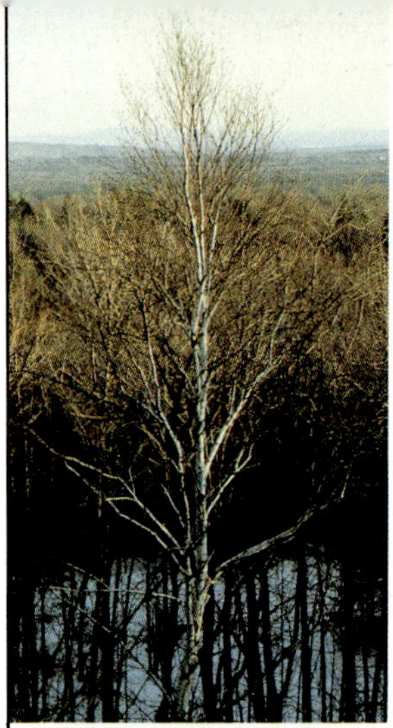

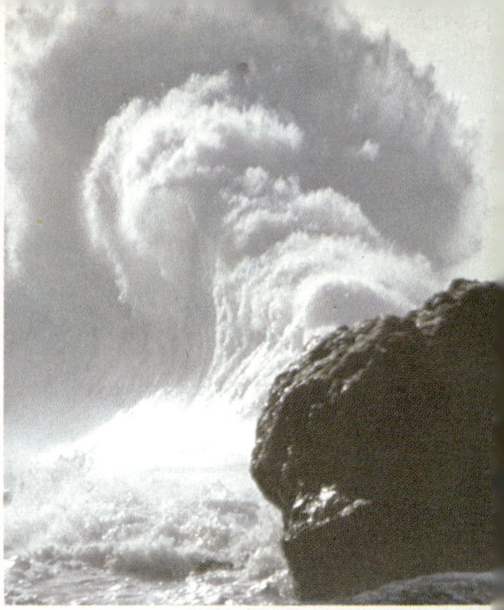

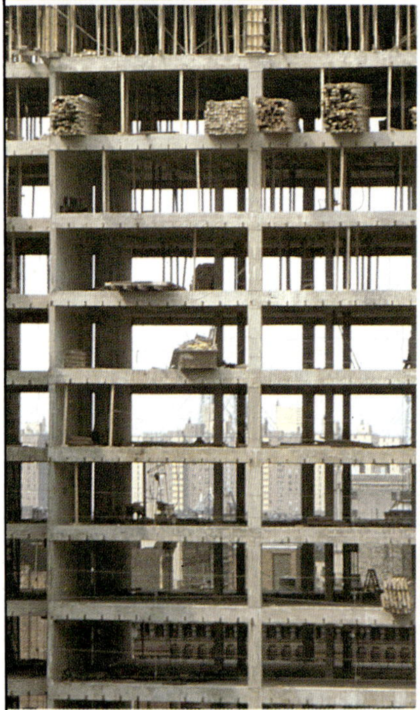

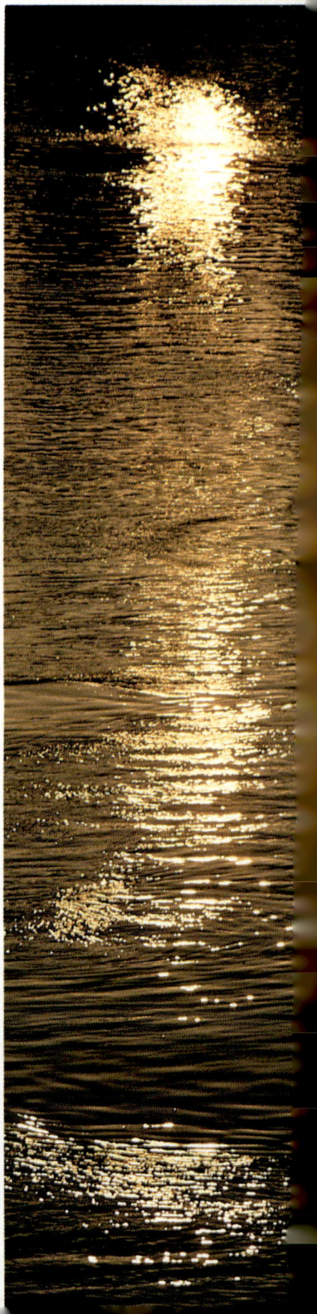

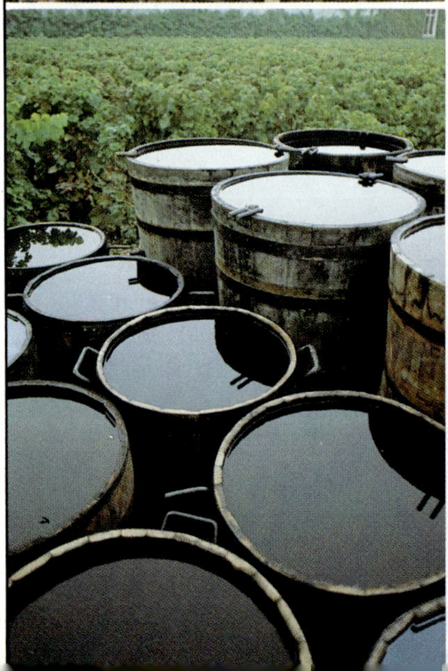

Hier sehen wir einige der unzähligen Elemente, die Landschaft ausmachen. Sie ist ein reiches, vielfältiges Thema, das sowohl die verschiedenen Gesichter der Erdoberfläche als auch die des Himmels darüber umfaßt. Es ist wichtig, daß man zu Beginn seiner Arbeit alle vorgefaßten Meinungen vergißt und jede Szene als etwas Neues, Unbekanntes begreift. So wird jedes Bild einzigartig, und man lernt stets etwas dazu. Versuchen Sie, sich von Ihrem Thema inspirieren zu lassen, anstatt ihm eine starre, vorgefaßte Idee aufzuzwingen.

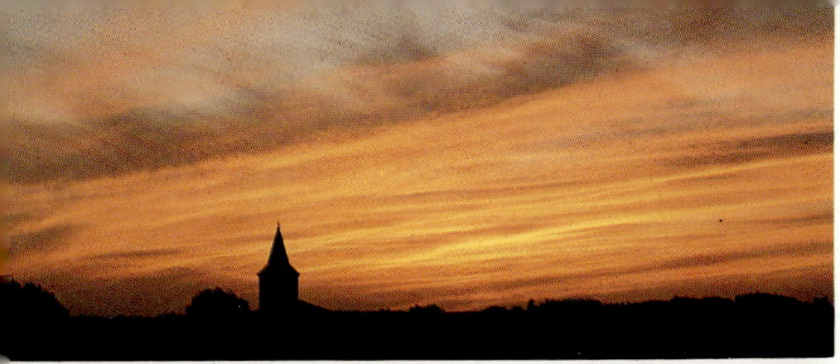
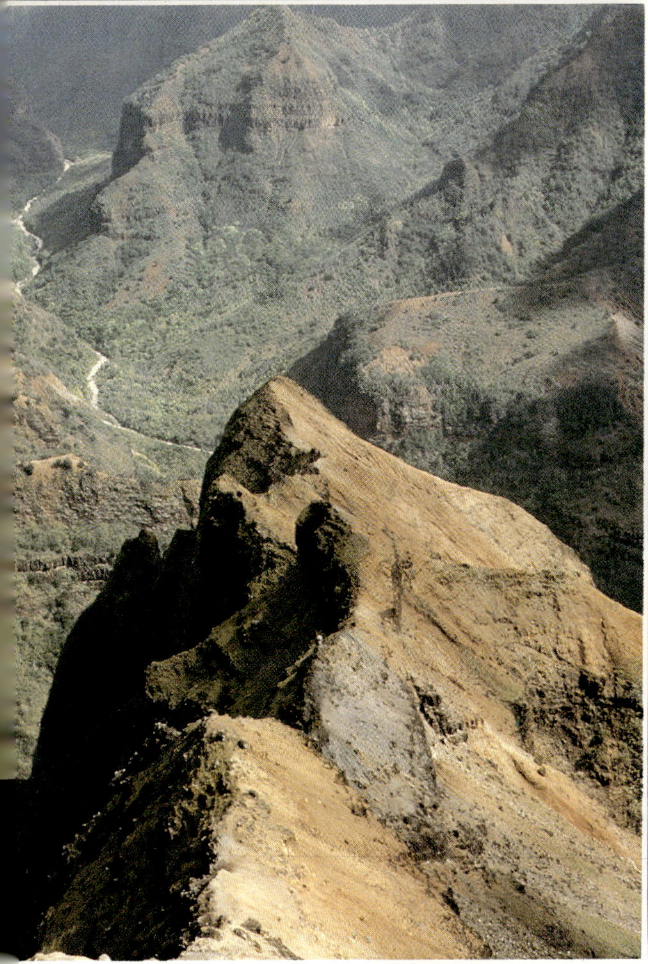
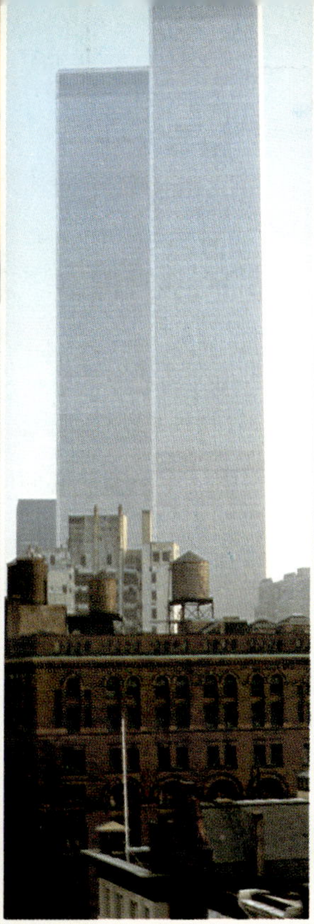
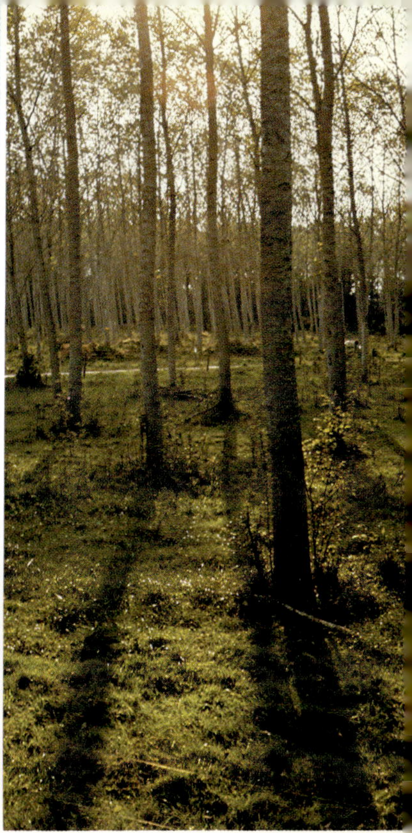
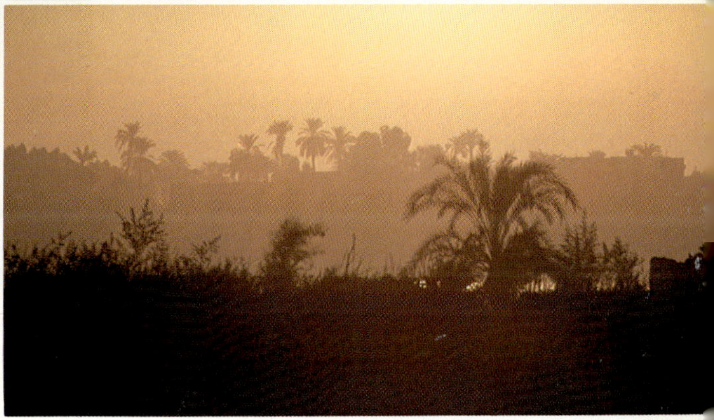
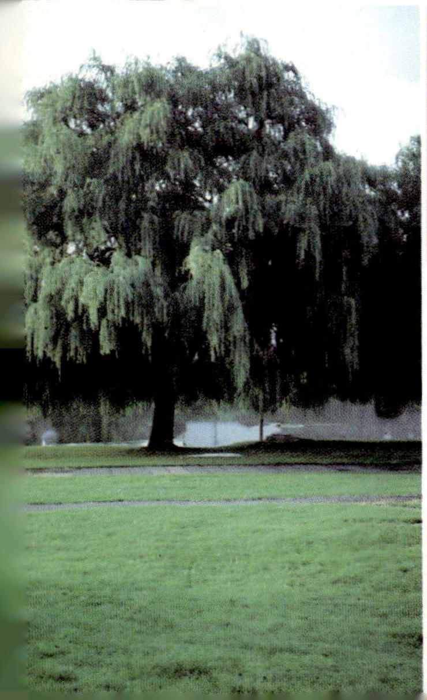
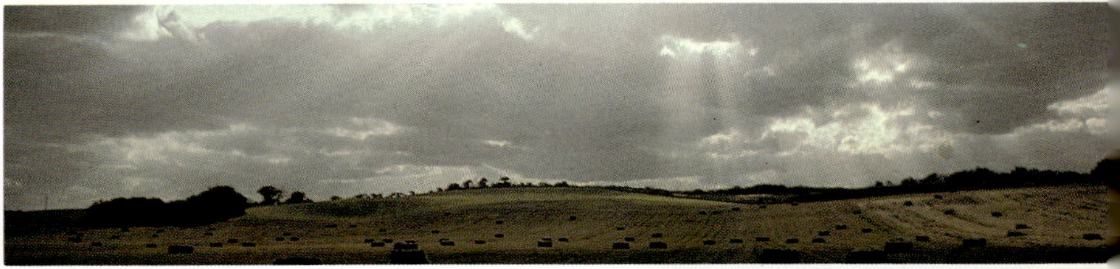
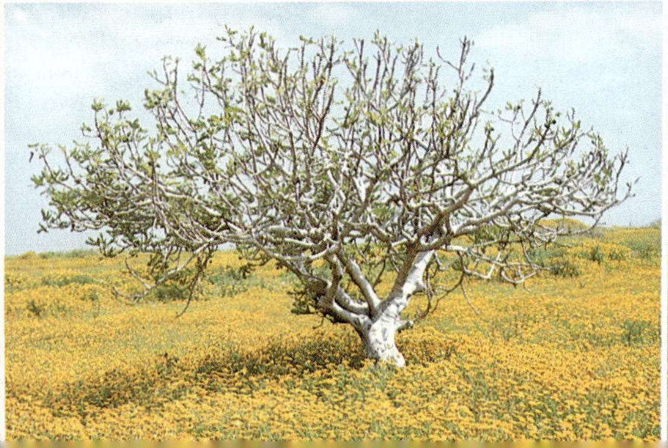
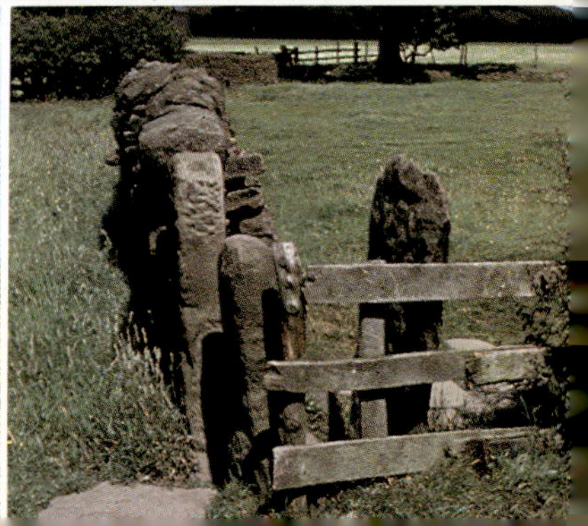

Verschiedene Landschaften

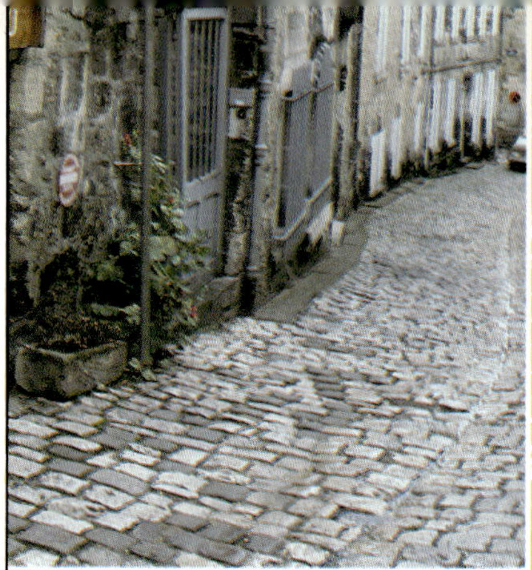

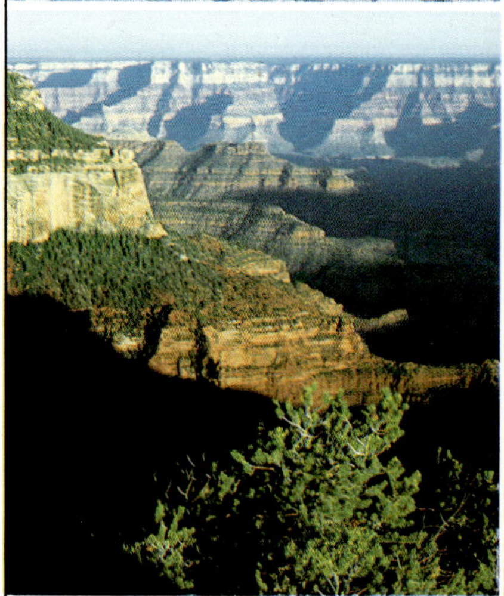

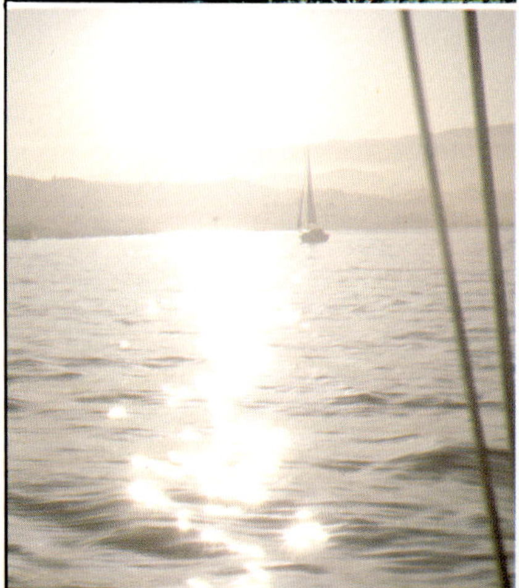

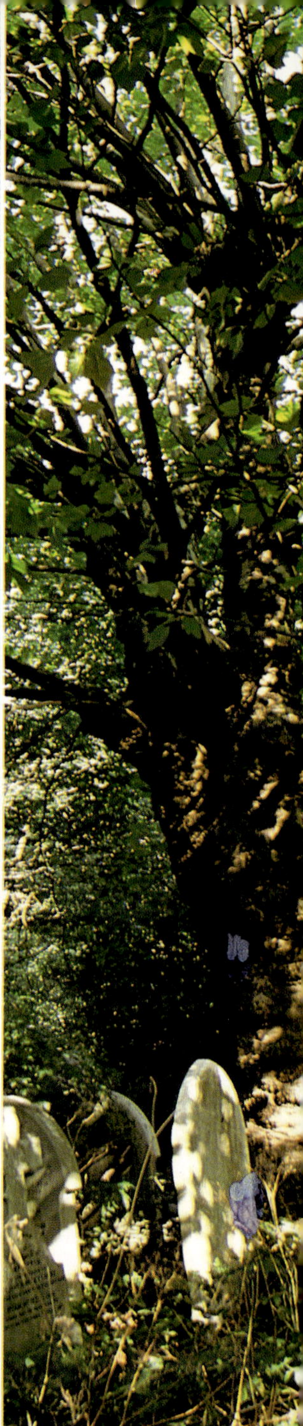

Eine Landschaft besteht aus verschiedenen Elementen: der Grundstruktur (dem Gerüst), dem Himmel und den Wolken, Bäumen und manchmal auch Wasser. Die Topographie einer Landschaft hängt von der jeweiligen geologischen Beschaffenheit ab. Felsen unter der Oberfläche sind das ›Skelett‹, über das sich die Oberflächendetails legen. Der Himmel ist ein wichtiger Teil jeder Landschaft, und er bestimmt oft die Atmosphäre eines Bildes. Er kann klar und blau, mit dunklen Wolken verhangen, dunstverschleiert oder düster und stürmisch sein. Wenn man einmal einen Baum mit den wachen Augen eines Künstlers betrachtet hat, erkennt man, wie unterschiedlich die einzelnen Baumarten sind und wie sehr sie sich mit den Jahreszeiten verändern. Wasser läßt sich manchmal schwer wiedergeben, weil es keine feste Struktur hat. Oft ist es auch heller als der Himmel, weil große Wasserflächen den Himmel widerspiegeln. Schiffe, Inseln oder Landzungen können im Bild Räumlichkeit suggerieren. Landschaft ist ein spannendes und lohnendes Thema. Um damit umgehen zu können, sollte man sie bei jeder Gelegenheit studieren, um ›sehen‹ zu lernen.

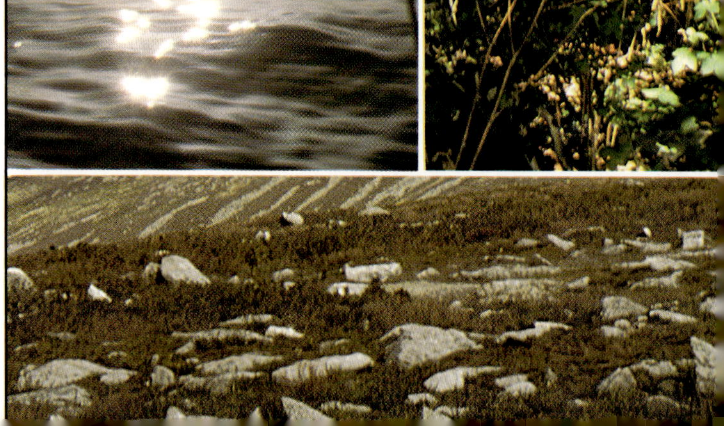

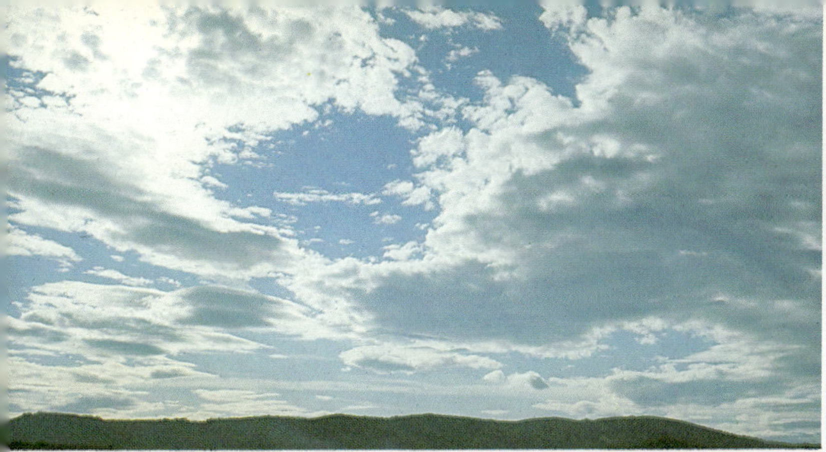
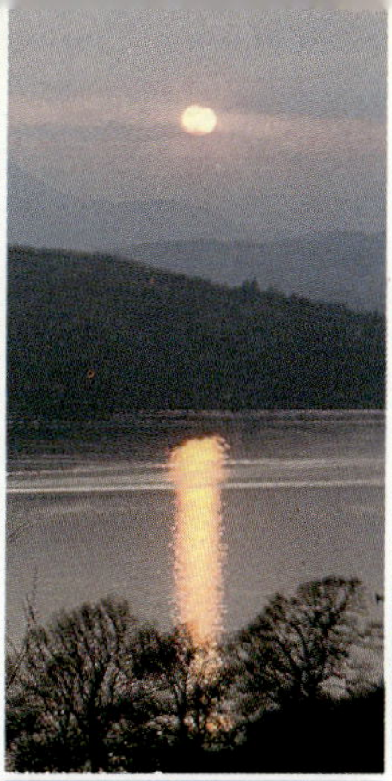
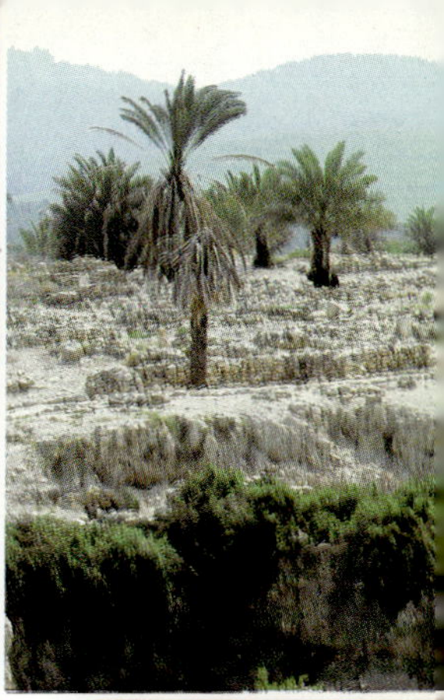
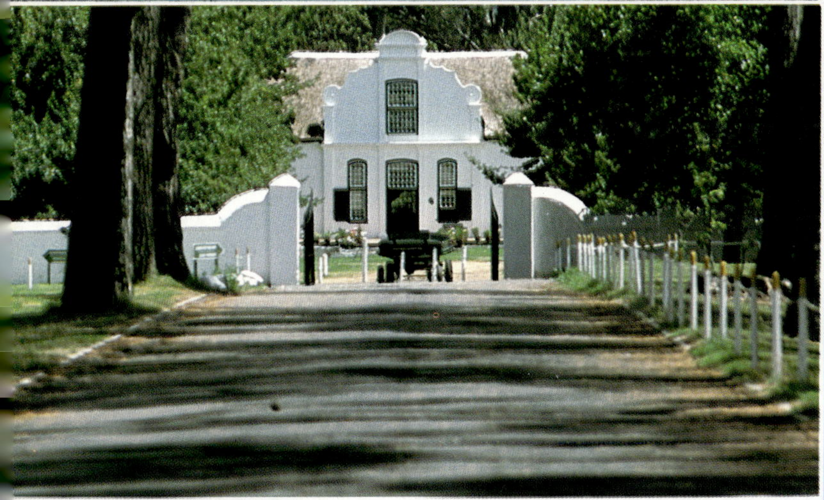
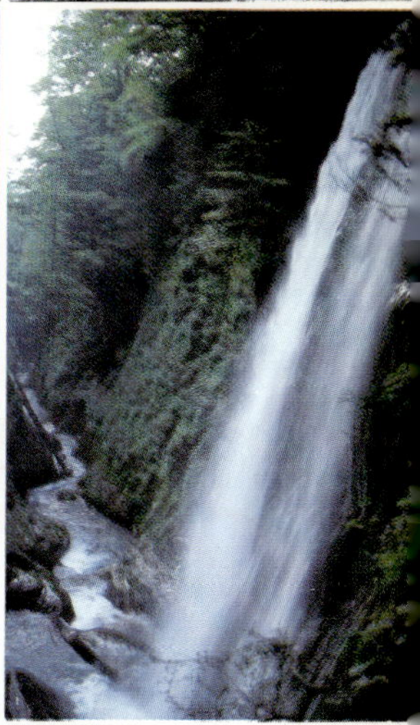
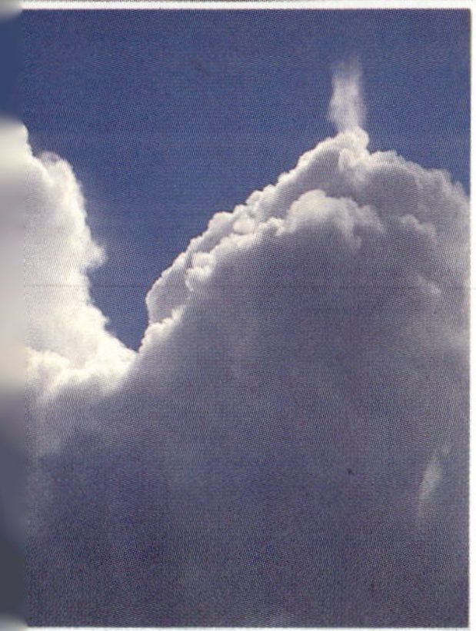
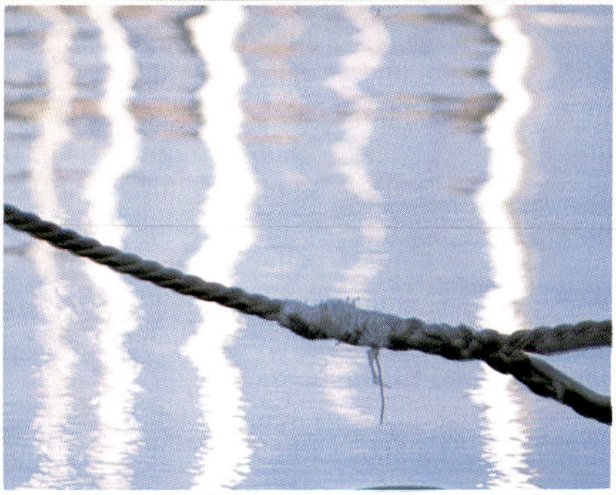
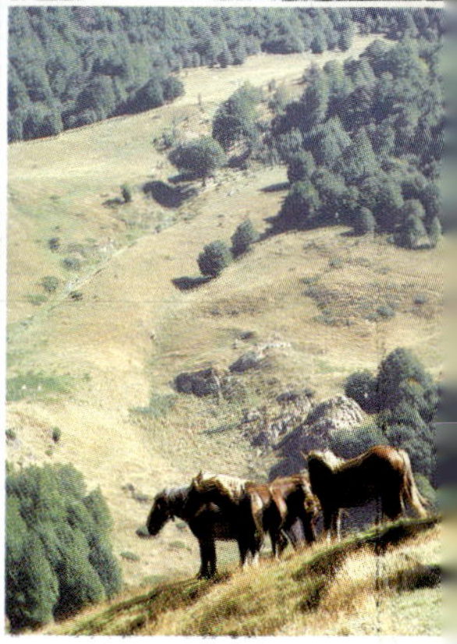
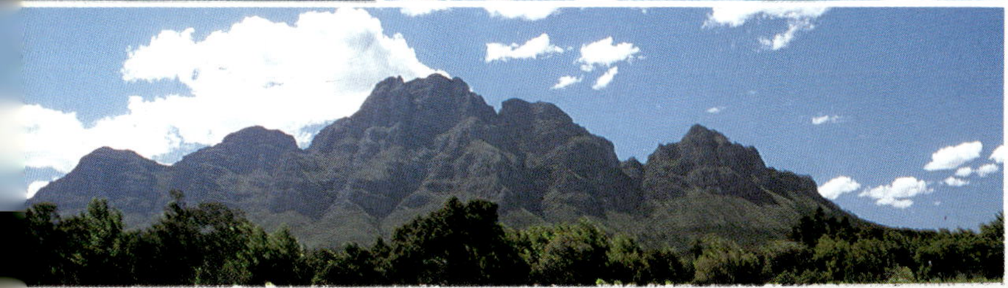

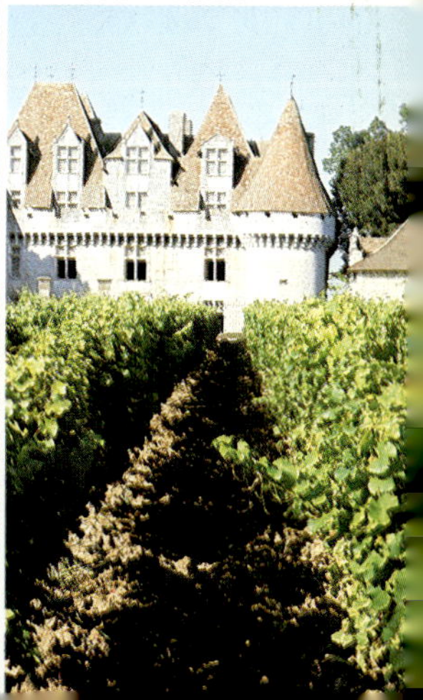

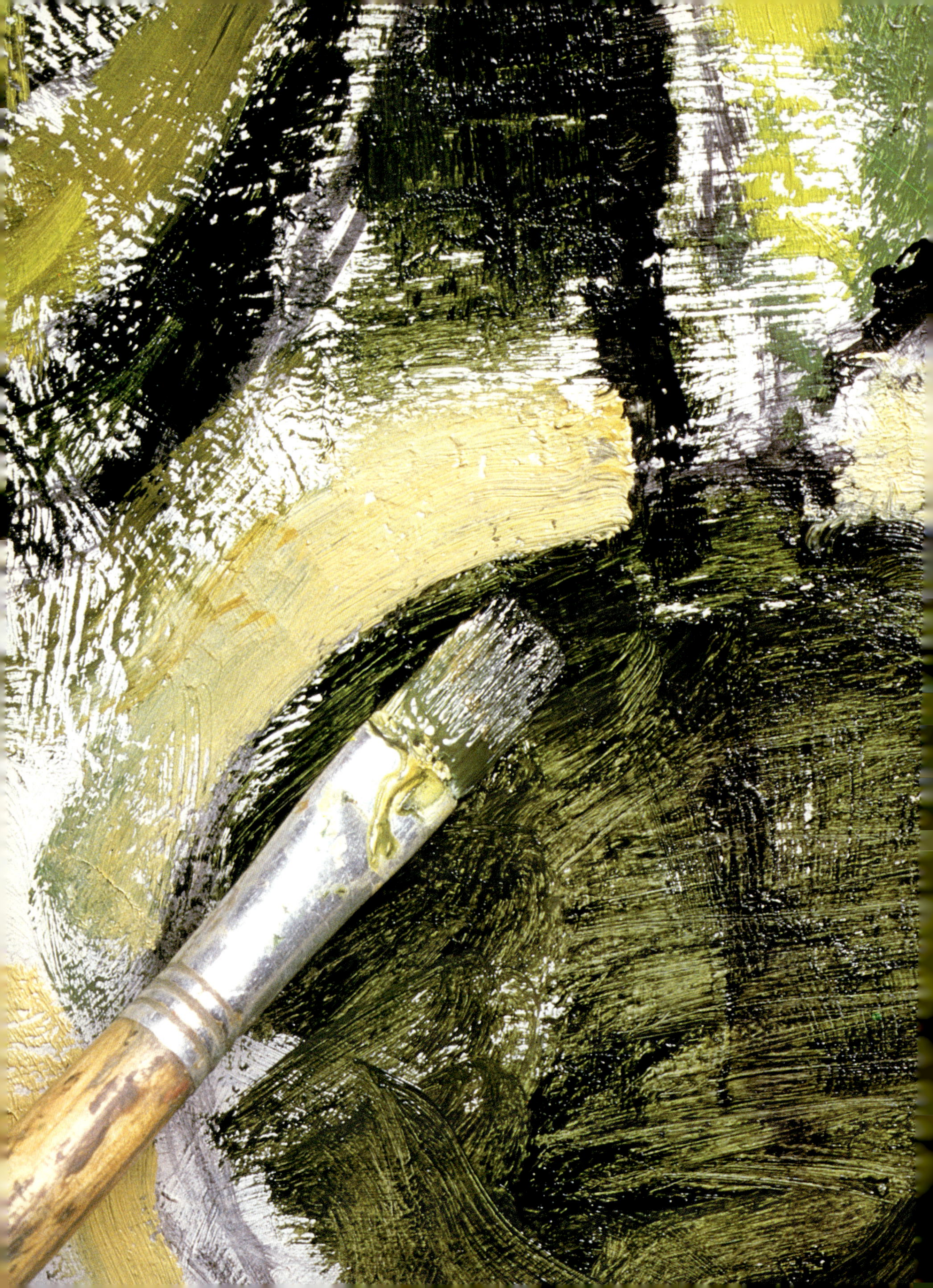

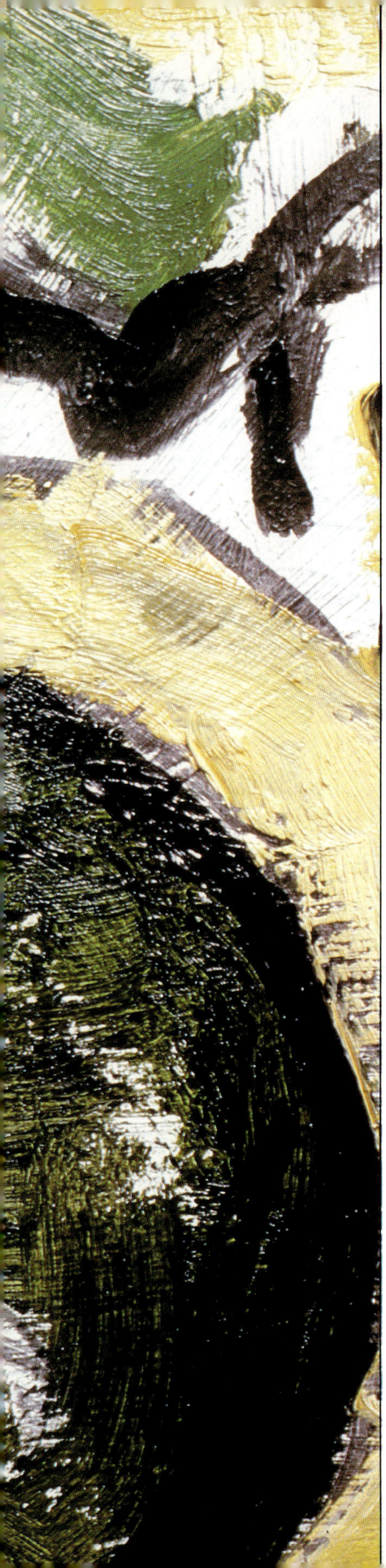

KAPITEL SECHS

ÖLFARBE

»Eine ganz wunderbare Erfindung und eine große Bereicherung für die Malkunst« – so beschrieb der italienische Maler Giorgio Vasari (1511 bis 1574) die Entdeckung des ›Malens in Öl‹. Im allgemeinen hält man den flämischen Maler Jan van Eyck für den Urheber dieser Technik, der sie zu Anfang des 15. Jahrhunderts erfunden haben soll. Doch obwohl er zweifellos für einige Neuerungen auf dem Gebiet der Malerei verantwortlich ist, war die Ölmalerei schon lange vor seiner Zeit, nämlich bereits im Mittelalter, bekannt. Wie auch immer die genaueren Umstände gewesen sein mögen, es ist unbestritten, daß sich die Ölmalerei vom 15. Jahrhundert an sehr schnell entwickelte. Das neue Medium befreite die Künstler von den beschränkten Möglichkeiten der Temperafarben. Nun konnten sie intensive, stark gesättigte und von innen strahlende Farben herstellen, und mit ihrer größeren Skala heller und dunkler Töne ließen sich die Formen leichter und natürlicher modellieren als jemals zuvor. Diese Eigenschaften haben dafür gesorgt, daß die Ölfarbe in den letzten 400 Jahren das bevorzugte künstlerische Medium gewesen ist. Sie ist vielseitig, gut zu verarbeiten und kann daher für viele Techniken verwendet werden. Verdünnt läßt sie sich in feinen, zartgetönten Lasurschichten auftragen. Direkt aus der Tube gedrückt, entstehen leuchtende, dicke Farbschichten, bei denen die Konsistenz der Farbe und die Pinselspuren zu einem wichtigen Element des fertigen Bildes werden.

ECKKEIL

LEISTE

SPERRHOLZ

Materialien

Malgründe
Als Malgrund bezeichnet man jede Unterlage, die zum Malen oder Zeichnen verwendet wird. Papier ist der billigste und – wenn er gut präpariert ist – ein sehr zufriedenstellender Malgrund. Hartfaserplatten sind populär, billig und besitzen zwei verschiedene Oberflächen – eine glatte und eine rauhe, mit einem Gewebe überzogene Seite. Man kann auch Holz verwenden, wie es bis zum 15. Jahrhundert üblich war, aber es ist sehr teuer, schwer und kann sich verziehen oder schrumpfen.

Der mit Abstand beliebteste Malgrund für die Ölmalerei ist ›Leinwand‹; damit bezeichnet man jeden über einen Rahmen gespannten Stoff. Künstlerleinwände werden aus Baumwolle, Leinen oder Synthetikfasern hergestellt. Viele Maler halten Leinwand für den besten Malgrund, da der aufgespannte Stoff wie kein anderes Material problemlosen Farbauftrag ermöglicht und durch seine natürliche Rauheit dem Medium guten Halt bietet. Der Handel führt eine große Auswahl an Stoffarten und -qualitäten. Man kann bereits präparierte und aufgespannte Leinwände bekommen, aber es ist preiswerter, den Stoff meterweise zu kaufen und selbst aufzuspannen.

Alle saugfähigen Malgründe müssen vor dem Auftragen von Ölfarbe versiegelt werden, damit das Öl nicht vom Stoff aus der Farbe gesogen und diese dann trocken und brüchig wird. Im allgemeinen verwendet man Knochenleim, um den Malgrund zu imprägnieren. Hierzu wird Leimtrockenpulver in Wasser aufgelöst, erhitzt und warm auf den Malgrund aufgetragen. Eine derart behandelte Oberfläche ist glatt und glän-

HARTFASERPLATTE, RAUHE SEITE

PALETTEN- UND MALMESSER

HARTFASERPLATTE, GLATTE SEITE

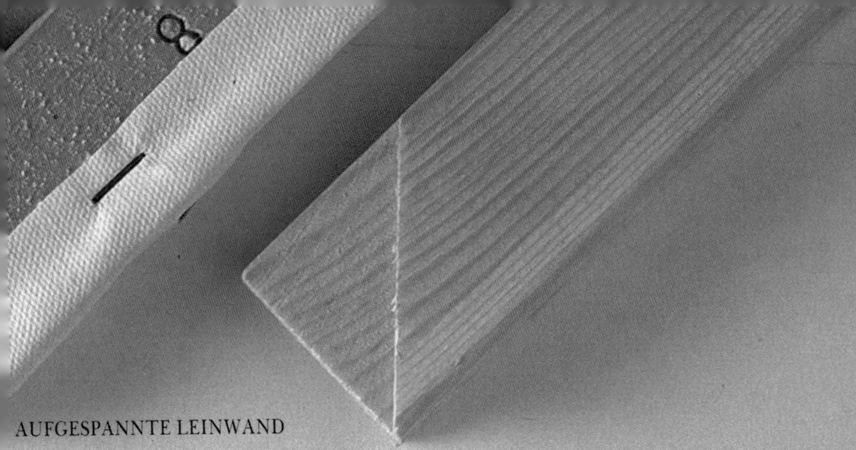

AUFGESPANNTE LEINWAND

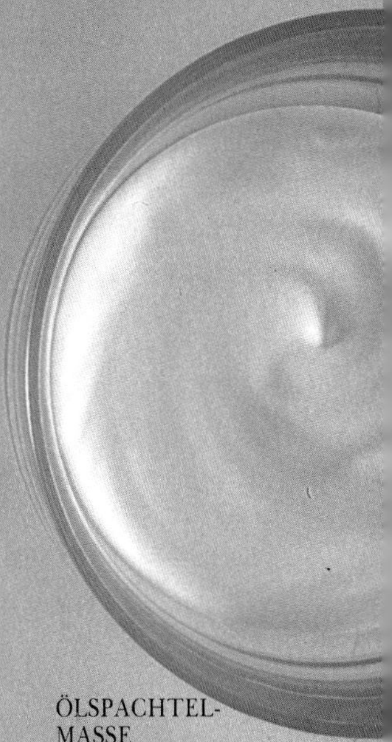

zend, so daß Farbe auf ihr nicht haftet. Deshalb wird über dem Leim eine weiße Grundierung aufgetragen. Weiße Vorstreichfarbe eignet sich vorzüglich für diesen Zweck. Die Vorbereitung des Malgrundes läßt sich noch weiter vereinfachen, indem man statt Leim Acrylspachtelmasse benutzt, die im Künstlerfachhandel erhältlich ist. Sie kann als Grundierung für Acryl- und Ölfarbe dienen, Grundierungen auf Ölbasis eignen sich jedoch nicht für Acrylfarbe. Auch Hartfaserplatten, Holz und Papier müssen für die Ölmalerei auf diese Weise vorbehandelt werden.

Der Fachhändler führt auch bereits imprägnierte Papier- und Kartonbögen. Ölmalpapier ist das billigste – man kann es als Block oder in großen Einzelbögen kaufen. Einige Firmen bieten vorbehandelten Karton in vielen Größen und Ausführungen von rauh bis glatt an.

ÖLSPACHTEL-MASSE

Farben

Ölfarbe wird gebrauchsfertig in Tuben verkauft. Es gibt zwei Sorten: Künstlerfarben sind qualitativ besser, haltbarer und in vielen verschiedenen Tönen erhältlich. Sie sind teurer, und der Preis variiert je nach Pigment. Studienfarben sind preiswerter, weil sie billigere Pigmente enthalten. Für die meisten Zwecke lassen sich mit ihnen jedoch durchaus befriedigende Ergebnisse erzielen, und die zusätzliche Ausgabe für Künstlerfarben kann man sich eigentlich sparen. Einige Farbtöne, wie zum Beispiel Indischgelb, gibt es allerdings nur in der höheren Preisklasse.

Bindemittel und Verdünner

Ölfarbe besteht aus Pigmenten oder Farbstoffen, die mit einem Bindemittel wie Lein- oder Mohnöl vermischt sind. Man kann die Farbe direkt aus der Tube auf die Leinwand drücken, aber in diesem Stadium ist sie dickflüssig, zäh und schwer zu verarbeiten. Wenn Sie eine Leinwand

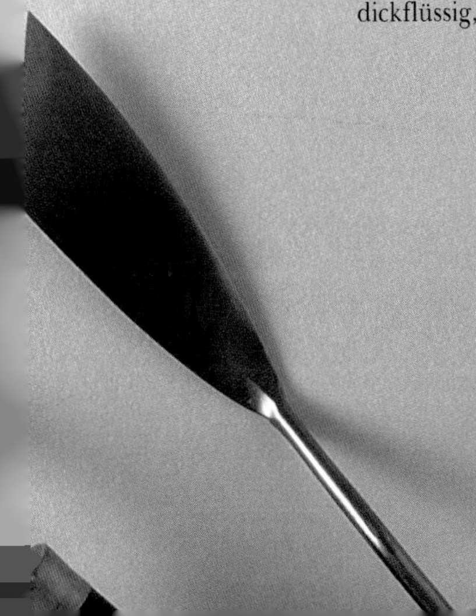

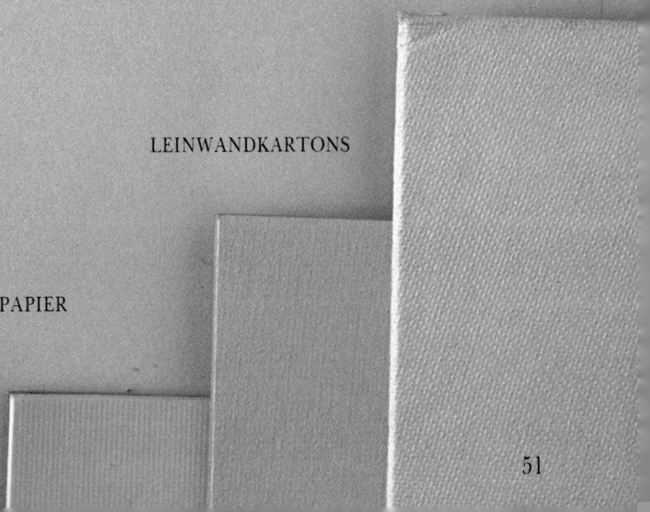

LEINWANDKARTONS

ÖLMALPAPIER

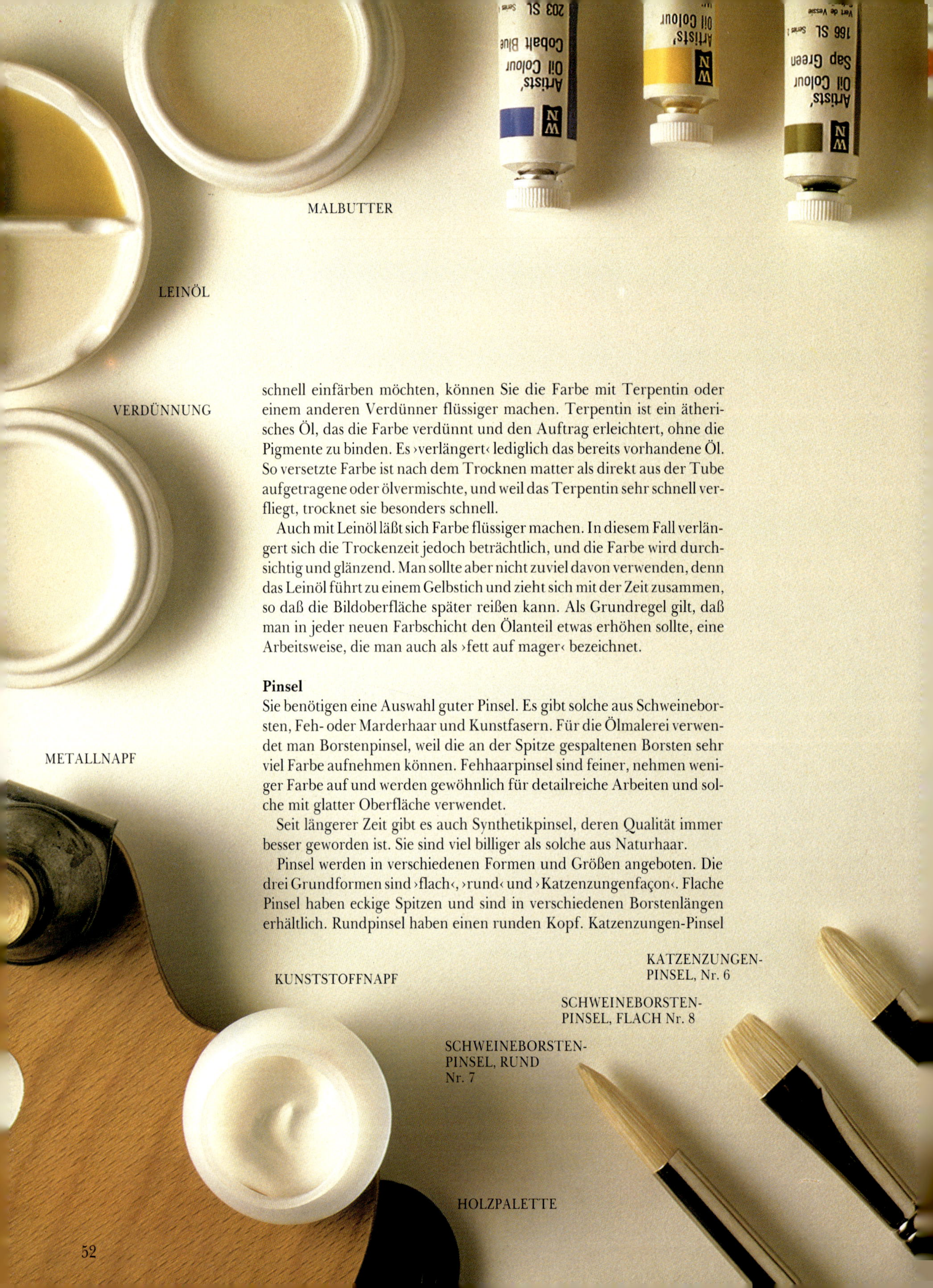

schnell einfärben möchten, können Sie die Farbe mit Terpentin oder einem anderen Verdünner flüssiger machen. Terpentin ist ein ätherisches Öl, das die Farbe verdünnt und den Auftrag erleichtert, ohne die Pigmente zu binden. Es ›verlängert‹ lediglich das bereits vorhandene Öl. So versetzte Farbe ist nach dem Trocknen matter als direkt aus der Tube aufgetragene oder ölvermischte, und weil das Terpentin sehr schnell verfliegt, trocknet sie besonders schnell.

Auch mit Leinöl läßt sich Farbe flüssiger machen. In diesem Fall verlängert sich die Trockenzeit jedoch beträchtlich, und die Farbe wird durchsichtig und glänzend. Man sollte aber nicht zuviel davon verwenden, denn das Leinöl führt zu einem Gelbstich und zieht sich mit der Zeit zusammen, so daß die Bildoberfläche später reißen kann. Als Grundregel gilt, daß man in jeder neuen Farbschicht den Ölanteil etwas erhöhen sollte, eine Arbeitsweise, die man auch als ›fett auf mager‹ bezeichnet.

Pinsel

Sie benötigen eine Auswahl guter Pinsel. Es gibt solche aus Schweineborsten, Feh- oder Marderhaar und Kunstfasern. Für die Ölmalerei verwendet man Borstenpinsel, weil die an der Spitze gespaltenen Borsten sehr viel Farbe aufnehmen können. Fehhaarpinsel sind feiner, nehmen weniger Farbe auf und werden gewöhnlich für detailreiche Arbeiten und solche mit glatter Oberfläche verwendet.

Seit längerer Zeit gibt es auch Synthetikpinsel, deren Qualität immer besser geworden ist. Sie sind viel billiger als solche aus Naturhaar.

Pinsel werden in verschiedenen Formen und Größen angeboten. Die drei Grundformen sind ›flach‹, ›rund‹ und ›Katzenzungenfaçon‹. Flache Pinsel haben eckige Spitzen und sind in verschiedenen Borstenlängen erhältlich. Rundpinsel haben einen runden Kopf. Katzenzungen-Pinsel

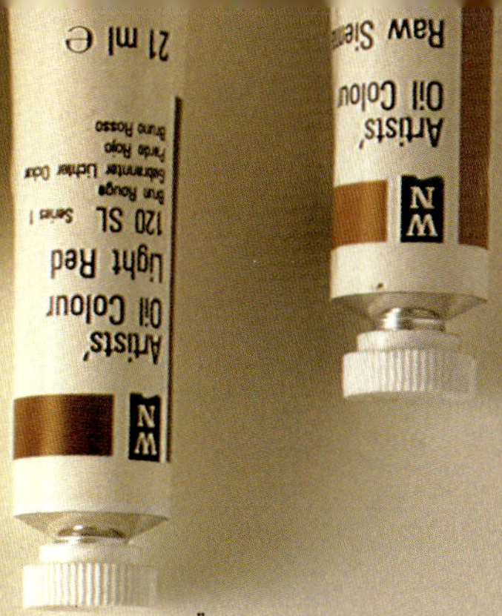

KÜNSTLERFARBEN

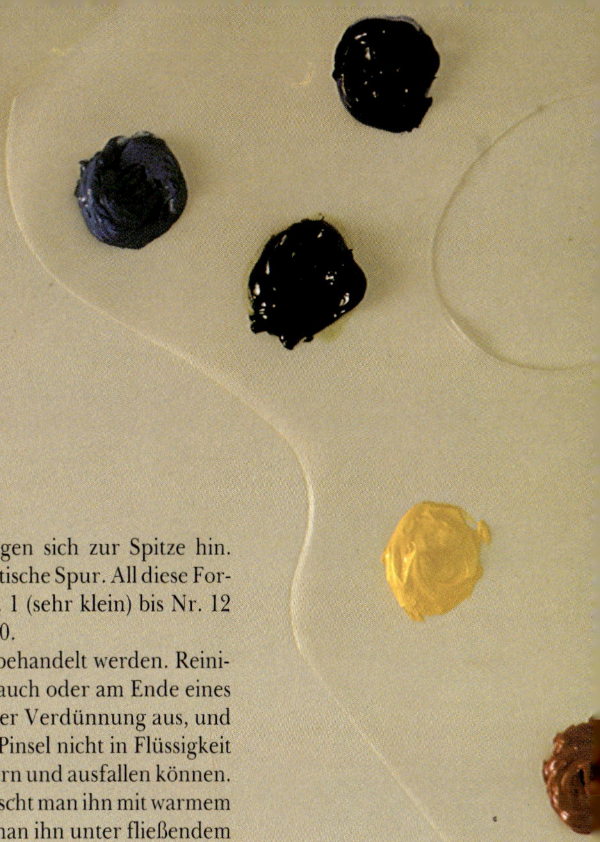

PAPP-PALETTE

ähneln flachen, sind aber dicker und verjüngen sich zur Spitze hin. Jeder Pinsel hinterläßt seine eigene, charakteristische Spur. All diese Formen gibt es in verschiedenen Größen, von Nr. 1 (sehr klein) bis Nr. 12 (sehr dick). Extra große Pinsel gibt es bis Nr. 30.

Gute Pinsel sind teuer und sollten pfleglich behandelt werden. Reinigen Sie Ihr ›Werkzeug‹ daher nach dem Gebrauch oder am Ende eines Maltages. Spülen Sie es dazu mit Terpentin oder Verdünnung aus, und trocknen Sie es mit einem Lappen. Man sollte Pinsel nicht in Flüssigkeit stehen lassen, weil sich dadurch die Haare lockern und ausfallen können. Wenn die Farbe gut aus dem Pinsel gelöst ist, wäscht man ihn mit warmem Wasser und Haushaltsseife aus. Danach spült man ihn unter fließendem Wasser gründlich ab, trocknet ihn und drückt die Borsten in Form. Bewahren Sie Ihre Pinsel mit den Borsten nach oben in einem Gefäß auf.

Andere Hilfsmittel

Farbe wird auf der Palette gemischt, die es in unterschiedlichen Größen und Formen zu kaufen gibt. Gewöhnlich ist sie aus Holz. Zum Reinigen der Palette, zum Mischen oder auch zum Auftragen der Farbe verwendet man Palettenmesser aus glattem, flexiblem Stahl. Malmesser haben schmale, feine Klingen und lange, gekröpfte Griffe, damit man mit den Fingern nicht in die Farbe auf dem Bild gerät. Man benötigt Gefäße für Öl und Terpentin. Es gibt Metallnäpfchen, die man an den Rand der Palette klemmen kann, darüber hinaus braucht man auch ein großes Glas für Terpentin oder Verdünnung. Ein Malerstock ist ein Stab mit einem sämischlederüberzogenen Knauf. Rechtshänder halten ihn in der linken Hand und lassen die Spitze auf der trockenen Leinwand oder auf der Kante des Rahmens ruhen. So läßt sich der Malarm mit dem Stock unterstützen. Diese Liste von Ausrüstungsgegenständen mag entmutigend wirken, aber bedenken Sie, daß alles, was Sie wirklich brauchen, Malgrund, Farbtuben, ein paar Pinsel, etwas Verdünnung und ein Motiv sind.

SYNTHETIKPINSEL, FLACH Nr. 14

SYNTHETIK-FÄCHER-PINSEL, Nr. 6

MARDERHAARPINSEL, FLACH Nr. 8

MARDERHAARPINSEL, RUND Nr. 4

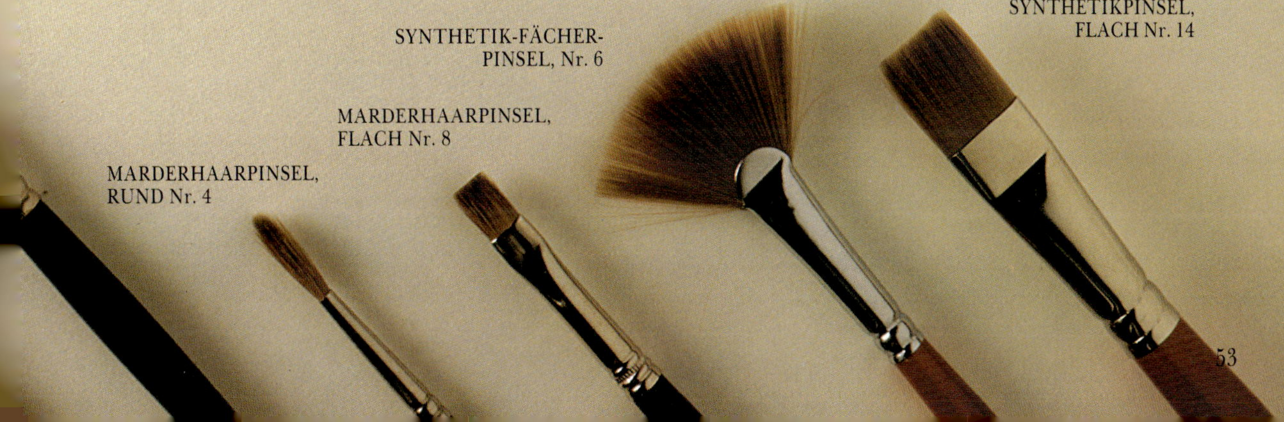

Ein Dorf in Derbyshire

Derbyshire ist ein Kalksteinhochland am südlichen Ende der Pennines, der Hügelkette, die das ›Rückgrat‹ Englands bildet. Überall in dieser Gegend gibt es die für Kalksteingebirge typischen Höhlen und Quellen, und die höchsten Erhebungen werden von Gritgestein bekrönt, das die Landschaft mit ihren bizarren, felsigen Steinabbrüchen noch rauher erscheinen läßt. Hier sieht man, daß die Geologie das äußere Erscheinungsbild einer Landschaft prägt wie die Knochenstruktur des Schädels die Gesichtszüge eines Menschen.

Der Künstler ist in dieser Region aufgewachsen und fühlt sich der Landschaft, die in seinem Werk immer wieder auftaucht, aufs engste verbunden. Er liebt den beständigen Höhenwechsel zwischen Gipfeln und Tälern, die wellige Oberfläche und die sich stets verschiebenden Winkel. Besonders fasziniert ihn die graue Farbe des Grit- und Kalksteins, die in diesem Gebiet als Baumaterial für Häuser und Mauern dienen. Selbst die Dächer sind oft mit Natursteinplatten statt mit Ziegeln gedeckt.

Dieses Ölbild ist nach einer Serie von Skizzen, die bei zahlreichen Ausflügen entstanden, im Atelier gemalt worden. Besonders wichtig waren dem Künstler die ausgewogene Anordnung der Bildelemente und das Gefühl von Bewegung in den Bildraum hinein. In dieser Komposition gibt es daher einen ständigen Richtungswechsel: Der Blick folgt der Straße abwärts, geht an den Häusern vorbei und ruht schließlich auf der Hügellandschaft im Hintergrund.

Mit Hilfe seiner Skizzen hat der Künstler zunächst eine detaillierte Zeichnung auf vorbehandeltem Karton angefertigt. Er möchte seinen Kompositionen stets eine feste Struktur und die Atmosphäre von mit Bedacht angeordneten Bildgegenständen verleihen. Er bevorzugt darüber hinaus die Linearität von Zeichnungen und setzt in seinen Bildern manchmal sehr auffällige Linien ein, die oft über den Gegenstand hinausreichen und so ein Gefühl von Kontinuität vermitteln. Seine Pinselführung ist deskriptiv; auf der Straße folgt sie den Reifenspuren der Autos, und beim Verputz der Hauswände trägt der Maler die Farbe mit kurzen, stoßartigen Strichen auf, die die Richtung wechseln, um die Lichtreflexe auf der rauhen Oberfläche zu imitieren. An den Stellen, die detailreicher werden sollen, läßt er die Farbe zunächst trocknen und arbeitet dann mit einem feinen Pinsel weiter.

1 Diese Skizzen entstanden bei Ausflügen. Der Maler hat hierfür einen Filzstift, sein bevorzugtes Skizziermedium, benutzt. Notizen zu den Farben waren für die Arbeit im Atelier sehr hilfreich.

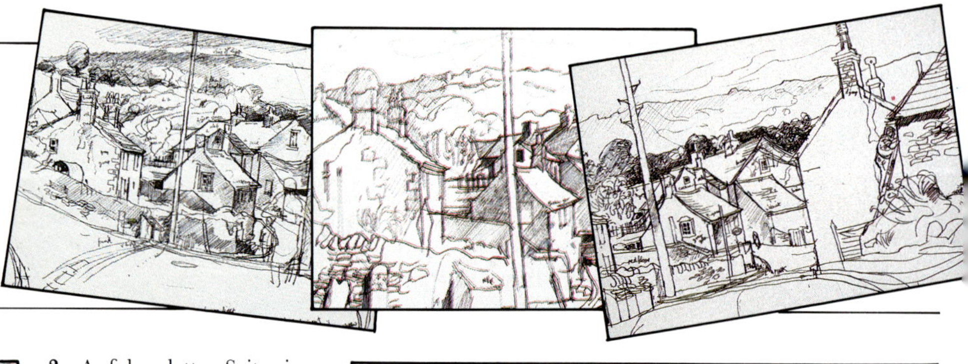

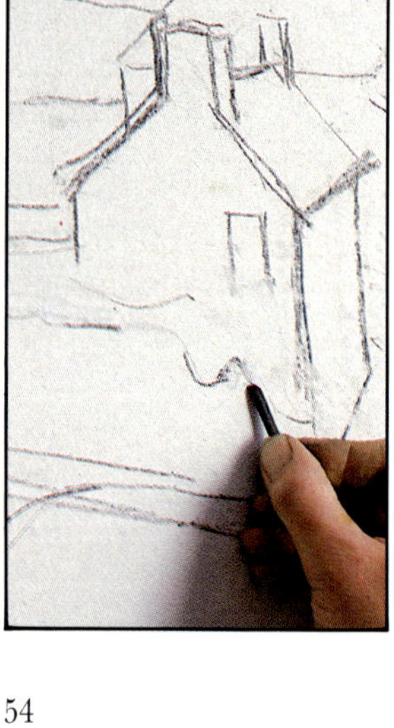

2 Auf der glatten Seite eines vorbehandelten Kartons (*links*) legt der Künstler zunächst die groben Kompositionslinien an. Er arbeitet mit Kohle, einem sehr vielseitigen Medium, das sich leicht korrigieren läßt.

3 In diesem Stadium (*rechts*) analysiert der Maler noch einmal die verschiedenen Kompositionselemente und führt die notwendigen Korrekturen aus. Wenn die Vorzeichnung fertig ist, ›dämpft‹ er sie, indem er sie mit einem Staubtuch abtupft.

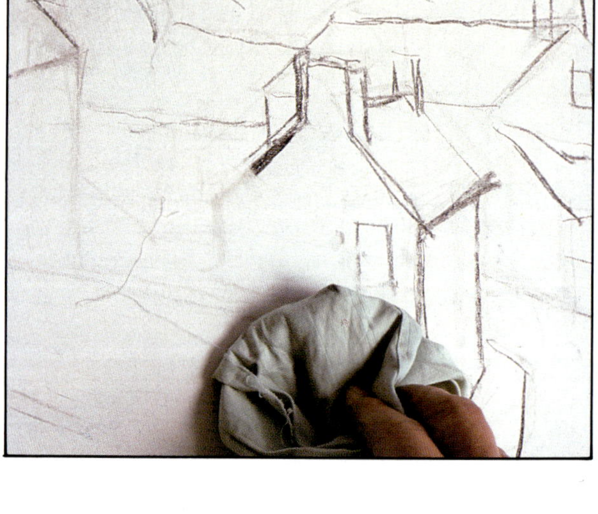

PINSELSPUREN

Jeder Pinsel hinterläßt eine charakteristische Spur, die von seiner Form und Größe abhängig ist. Ab und zu sollten Sie mit dem Pinsel kleine Experimente machen, um zu sehen, wie viele verschiedene Striche möglich sind. Hier sind sechs Pinselspuren abgebildet, die einen mit einem Flachpinsel Nr. 7 und die anderen mit einem Rundpinsel Nr. 7 gemalt. Einige der Striche ähneln einander. Die Geraden und die Stakkatostriche hätte man mit demselben Pinsel zeichnen können, obwohl die mit dem Rundpinsel gemalten zarter sind. Andere Pinselstriche unterscheiden sich deutlich.

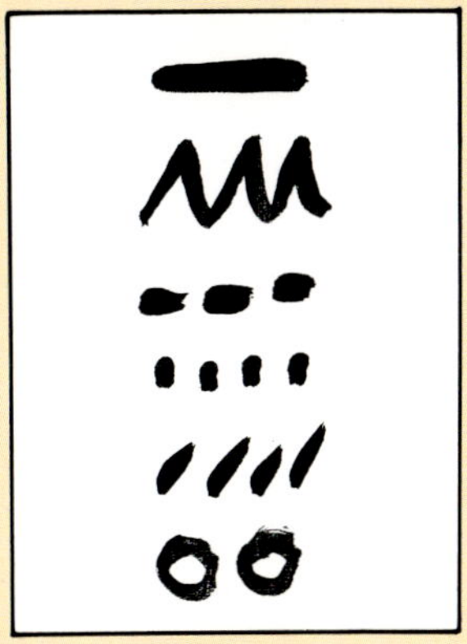

FLACHPINSEL Nr. 7

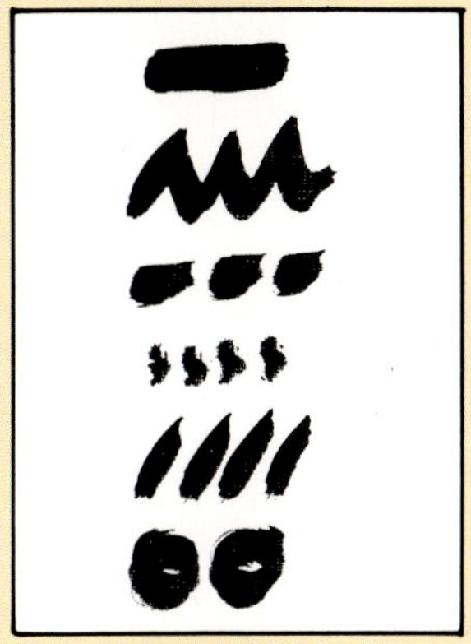

RUNDPINSEL Nr. 7

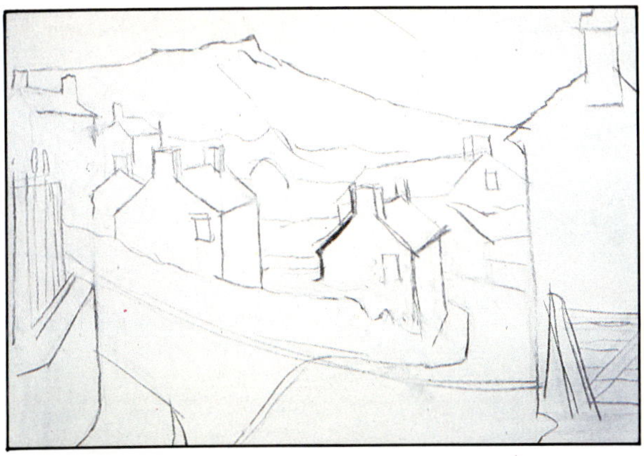

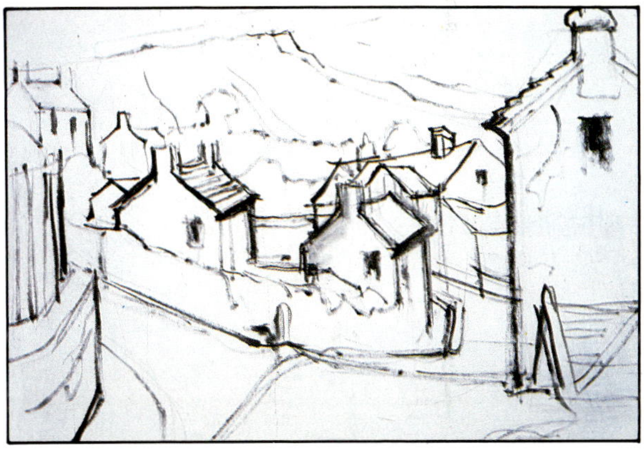

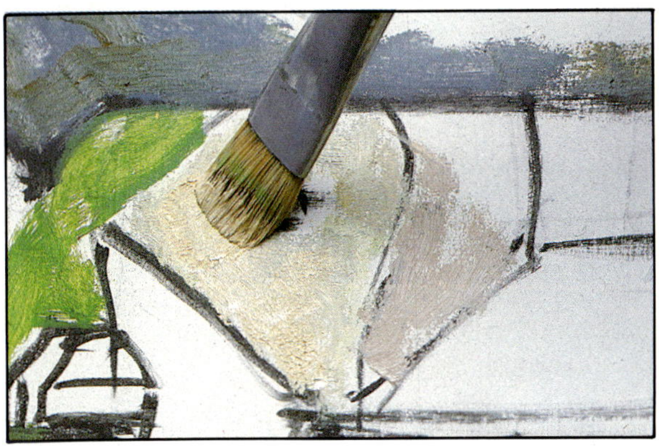

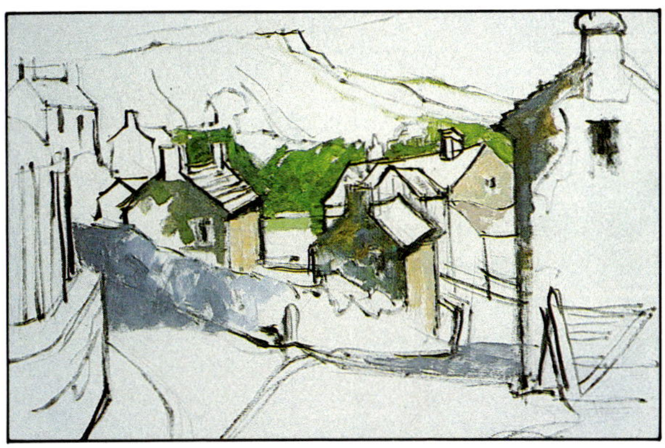

4 *Oben links* sehen wir die schwachen Umrißlinien der Vorzeichnung. Man erkennt deutlich, wie der Blick von der Straße, die vom Vordergrund nach hinten führt, ins Bild gezogen wird.

5 Hier (*oben rechts*) verstärkt der Maler die Linien der Vorzeichnung mit einem feinen Pinsel und mit terpentinverdünnter schwarzer Farbe.

6 *Unten links* werden die ersten Farbschichten mit kurzen Pinselstrichen und farbgetränktem Pinsel auf der gesamten Bildfläche aufgetragen.

7 Der Künstler kann jetzt die Wirkung der einzelnen Farben im Vergleich zu ihren Nachbarfarben beurteilen (*unten rechts*).

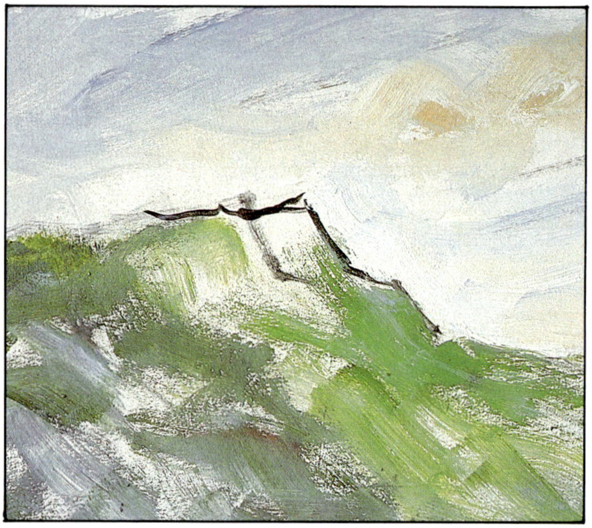

8 Nun (*links*) beginnt der Maler mit einer Mischung aus Weiß und Ultramarinblau mit dem Himmel. In den dunklen Bereichen ist Schwarz zugemischt, in den helleren malt er mit Weiß und Ockergelb. Der Bereich, in dem sich Hügel und Himmel berühren, ist ein wichtiger Schnittpunkt, an dem das Bild räumliche Tiefe gewinnt.

9 *Rechts* sehen wir, wie die durchscheinenden unteren Farbschichten die darüberliegenden leuchten lassen. Auf der Sonnenseite des Häuschens liegt über warmem Ockergelb kühles Grau.

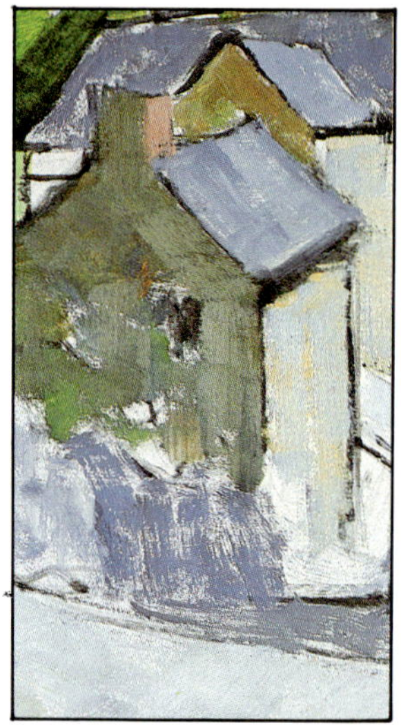

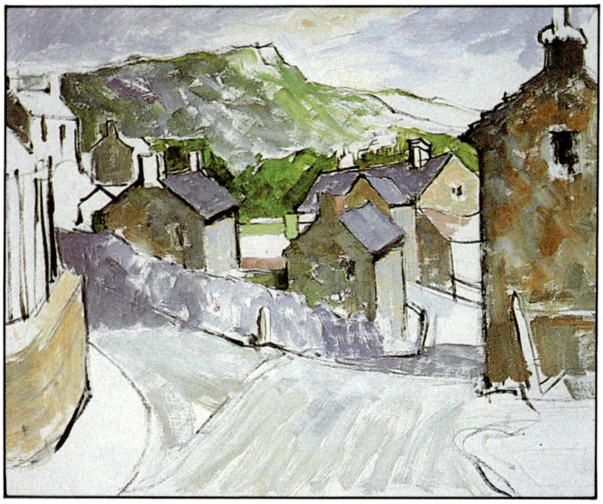

10 Die Pinselspuren (*links*) sind ein wichtiger Teil des Bildes. Sie verändern sich mit den Bildgegenständen – kurze, kantige Striche für die Hauswände, lange, gleitende für die Straße.

11 Mit einem feinen Pinsel und verdünnter schwarzer Farbe malt der Künstler die Details der schweren, steinernen Dachziegel (*unten*). Diese werden später noch ›gedämpft‹.

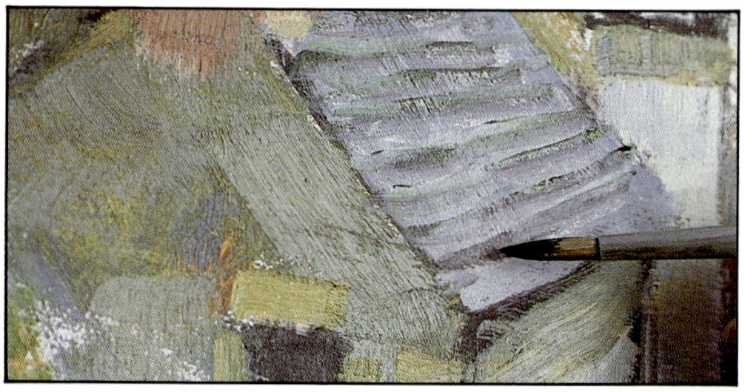

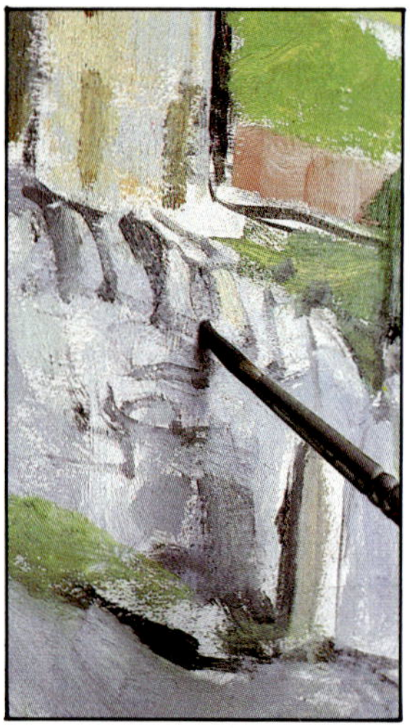

12 Die Formen der Steine auf der Wand (*links*) werden mit einem feinen Pinsel vorsichtig angedeutet. Hier variiert der Maler Strichrichtung und Farben, damit die Bereiche nicht flach erscheinen und die Lichtreflexe auf den Wänden wiedergegeben werden.

13 Das Bild ist nun fast fertig (*rechts*). Beachten Sie, wie die Pinselstriche im Vordergrund der Richtung der Reifenspuren folgen. Das Rot der Schornsteine ist nun ein wichtiges Element der Farbharmonie.

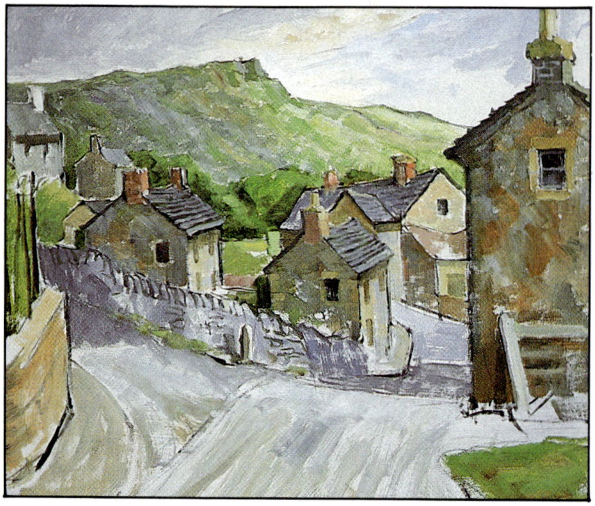

Was man benötigt

Der Künstler verwendete einen Karton von 61 × 91,5 cm. Er arbeitete auf der glatten Seite, die vor der Grundierung mit Acrylvorstreichfarbe leicht mit Sandpapier aufgerauht wurde. Die Vorzeichnung wurde mit Kohle angefertigt, der überflüssige Staub mit einem Lappen entfernt und die Linien schließlich mit terpentinverdünntem Elfenbeinschwarz und einem Synthetikpinsel Nr. 6 nachgezogen. Der Maler benutzte verschiedene flache Borstenpinsel der Stärke 3 bis 11 und arbeitete mit einer großen nierenförmigen Holzpalette.

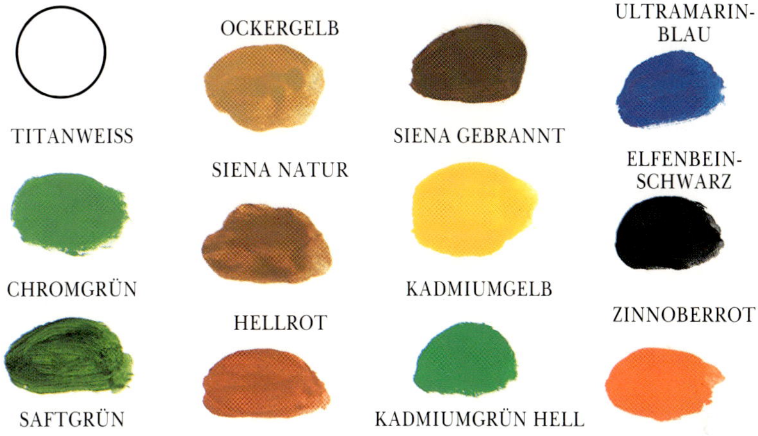

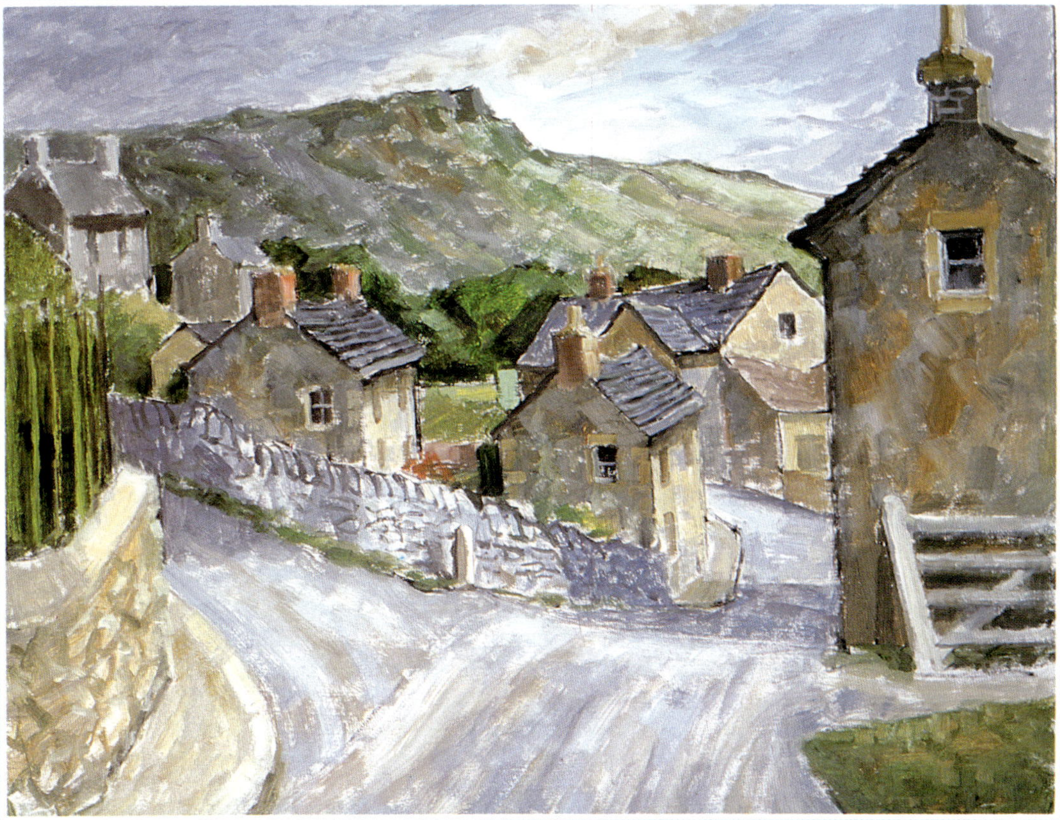

Ein Dorf in Derbyshire

Herbstnebel

Diese Landschaft entstand an einem bedeckten Tag im Herbst. Dem Künstler ist es gelungen, den verhangenen Himmel und das besondere, die Formen verflachende Licht einzufangen. Die gesamte Szenerie wird gleichmäßig ohne harte Helldunkelkontraste und Schatten beleuchtet. Das matte Licht verwischt den Unterschied zwischen Vorder- und Hintergrund. Dieser Unterschied ist jedoch die Grundlage für die Luftperspektive, und der Künstler mußte darauf achten, daß der Hintergrund nicht zu sehr nach vorn rückte. Er hat dies verhindert, indem er nahe am Motiv begann, die Wagenspuren bis zum Vordergrund zog und seine Pinselstriche bewußt variierte – für den Vordergrund feste, klar umrissene Striche, für die Bäume und das Haus im Hintergrund zartere und glattere.

Die Komposition beruht auf der ausgeprägten horizontalen Grundlinie am Fuß der Bäume. Von ihr erheben sich die Vertikalen der Bäume in den Himmel. Das Gegengewicht zu diesen Vertikalen und Horizontalen bilden die geschwungenen Diagonalen des Pfades, die den Vordergrund in mehrere Dreiecke aufteilen.

Der Maler begann mit einer einfachen Skizze in verdünntem Kobaltblau. Er arbeitete schnell und großflächig; Hellgrau wurde für den Himmel, Ockertöne für das Feld im Vordergrund verwendet. Bei einem so komplexen Motiv wie diesem, kommt man leicht in Versuchung, sich zu sehr mit Details zu beschäftigen, etwa jeden einzelnen Baum genau nachzuzeichnen. Versuchen Sie, die größeren Flächen zu strukturieren und das Thema als eine Reihe von verschränkten Farbfeldern zu betrachten. Sobald diese vorhanden sind, haben Sie eine Skala, an der Sie die folgenden Töne orientieren können. Wenn wir ein Farbmuster betrachten, vollzieht sich ein sehr komplizierter visueller Prozeß. Die verschiedenen Farben sind daher keine unabhängigen Teilbereiche. Was auf der Palette völlig ›richtig‹ aussieht, kann auf der Leinwand neben anderen Farben stumpf und ›falsch‹ wirken. Wenn der Entwurf fertig ist, sollten Sie die Farbharmonie noch einmal überprüfen, jede Farbe im Vergleich zu ihrem Nachbarton beurteilen und ihre Rolle im Gesamtbild bewerten. Überlegen Sie, ob ihr Farbschema die Stimmung des Themas wiedergibt, und korrigieren Sie es, wenn nötig.

1 Der Künstler beginnt, indem er mit sehr dünnflüssigem Kobaltblau und einem Marderhaarpinsel Nr. 4 die groben Umrißlinien des Motivs vorzeichnet.

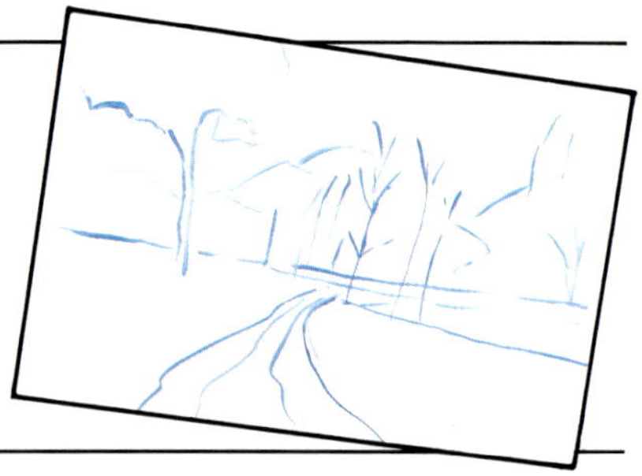

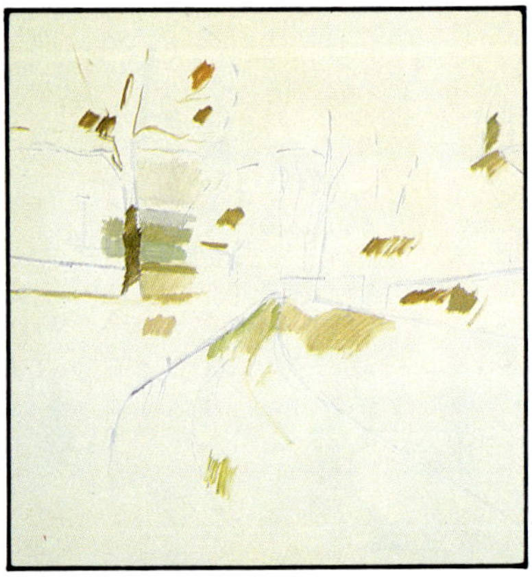

2 Die Wirkung dieses Bildes beruht auf Farben und Flächen, deshalb fertigt der Maler keine detaillierte Vorzeichnung an, sondern trägt von Anfang an Farbfelder ein. Diese direkte Methode erfordert einige Sicherheit und liegt daher nicht jedem.

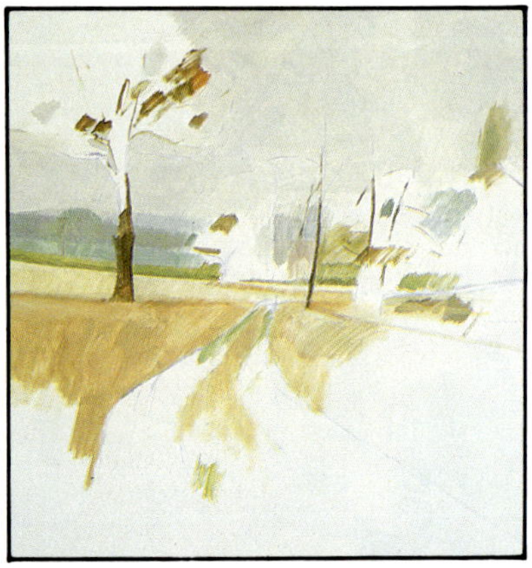

3 Hier legt der Maler große Flächen in warmen und kühlen Farben an: Braun-, Ocker-, Blau- und Grautöne. Diese locker aufgetragenen Bereiche bilden eine Skala, an der er die Schattierungen und Detailfarben ausrichten kann, was ohne diese Hilfe sehr schwierig wäre.

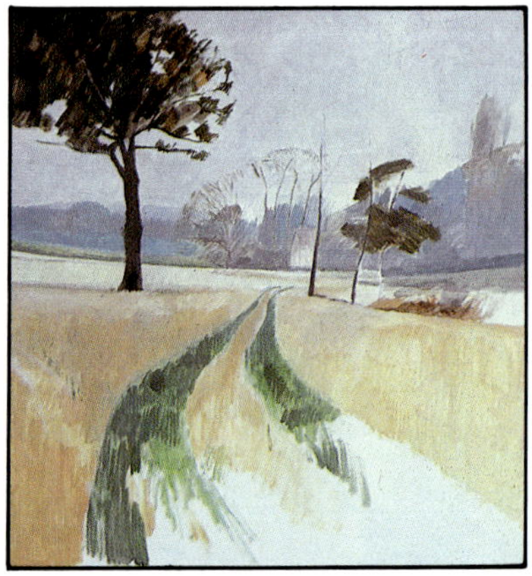

4 Nun werden die Detailfarben aufgebracht: das Grün des Weges und die dunkelbraune Masse des Baumes, der den Mittelgrund beherrscht. Um Räumlichkeit anzudeuten, verwendet der Künstler für den Bereich am Horizont blasse Blau-, Grau- und Lilatöne.

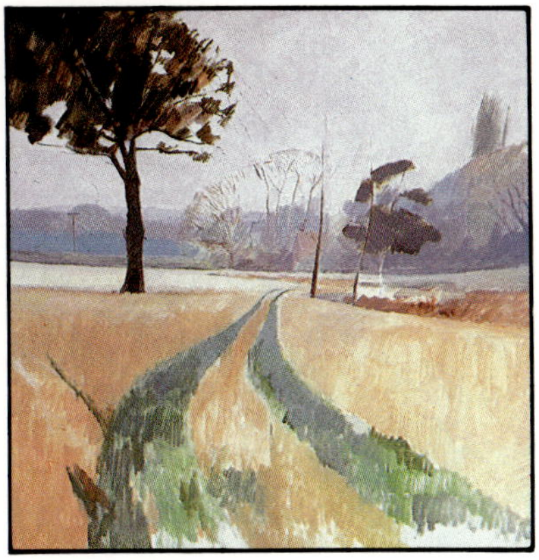

5 Hier (*unten rechts*) sieht man, wie der Raumeindruck durch warme Farben und Pinselstriche im Vordergrund betont wird. Die Details der Bäume im Hintergrund wurden mit einem feinen Marderhaarpinsel gezeichnet.

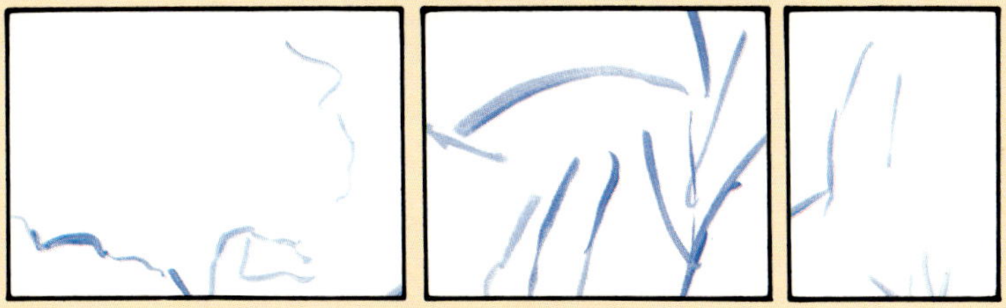

BÄUME: VERSCHIEDENE METHODEN

Diese Ausschnitte zeigen einige der Techniken, die der Künstler angewendet hat. Der schlanke Baum im Vordergrund ist mit frei gesetzter, flüssiger Farbe und schnellen, spitzen Pinselstrichen gemalt worden, die kahlen Äste der Ulmen, die sich von dem grauen Himmel abheben, mit einem feinen Pinsel und verdünnter Farbe. Die undeutlichen Formen der Pappel und der Esche zeichnete der Künstler mit lockeren, gleichmäßig ausgerichteten Pinselstrichen. Im ganzen ist das Bild sehr farbig, da auch die entferntesten Bäume in besonderen Grau- und Blautönen dargestellt sind.

Was man benötigt

Der Künstler arbeitete auf einer feinkörnigen Leinwand von 76 × 76 cm, die mit Knochenleim und Ölgrund vorbehandelt wurde. Er benutzte verschiedene runde und flache Borstenpinsel Nr. 2 bis Nr. 8, Terpentin, Leinöl, eine große Holzpalette und einen Marderhaarpinsel Nr. 4 für die Vorzeichnung.

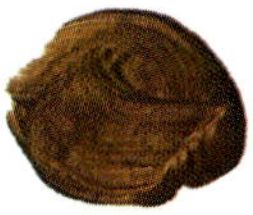

UMBRA NATUR

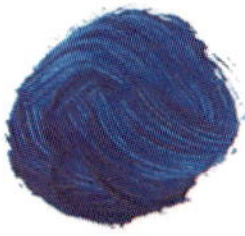

KOBALTBLAU

ZITRONENGELB

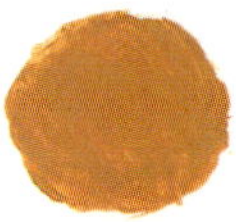

OCKERGELB

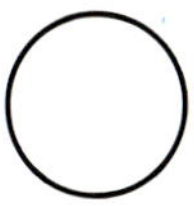

ZINKWEISS

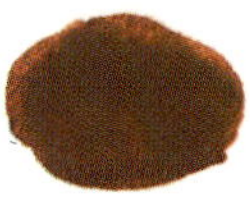

SIENA GEBRANNT

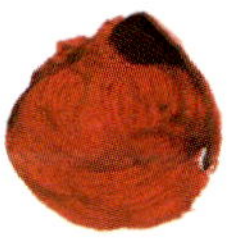

KARMINROT

CHROMOXIDGRÜN

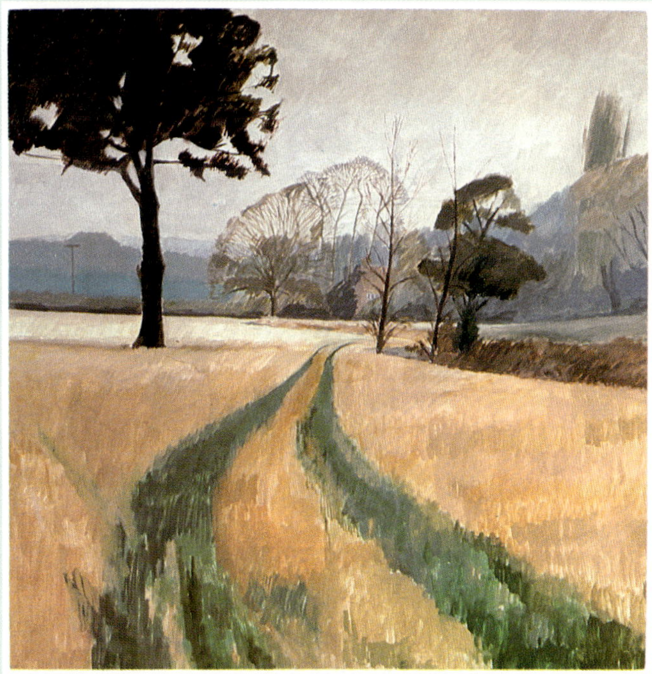

Herbstnebel

Landschaft mit Palmen

Dieses Motiv war für den Maler aus mehreren Gründen interessant. Ihm gefielen die strengen, einfachen Formen, der Kontrast zwischen den vertikalen Stämmen der Zypressen und den fächerartigen Palmblättern sowie die räumliche Tiefe des Bildes. Letztere steigerte er noch, indem er die Bildelemente des Vordergrundes betonte – die strengen Vertikalen überschneiden oben und unten den Bildrahmen, so daß die Bäume der Bildebene sehr nahe rücken. Im Vordergrund setzte er kräftige, strukturierte Pinselstriche ein, während die Hügel am Horizont mit dünn aufgetragenen Pastelltönen nur angedeutet sind. Der so entstehende Eindruck des Zurückweichens wird auch als Luftperspektive bezeichnet. Sie nutzt die Tatsache, daß Dinge in der Entfernung verschwommener und blauer wirken als von nahem gesehen und daß der Kontrast zwischen hell und dunkel, Licht und Schatten mit zunehmender Entfernung geringer wird.

Der Maler hat die Farbe frei und phantasievoll eingesetzt. Hierfür gibt es beinahe so viele Möglichkeiten, wie es Künstler gibt. Die großen flämischen Meister etwa trugen die Farbe in dünnen Schichten auf, um detailreiche und realistische Kompositionen mit glatten, unstrukturierten Oberflächen zu schaffen. Heute nutzen jedoch viele Künstler die relative Formbarkeit der Ölfarbe, um texturierte Oberflächen zu erzielen. Sie drücken die Farbe direkt aus der Tube auf die Leinwand, damit die Spuren des Pinsels oder des Malmessers in der zähen Farbe sichtbar bleiben. Die unebene Farbschicht wirft Schatten und bricht das Licht, wie es in der Natur auch geschieht. Mit leichten, schnellen Pinselstrichen entsteht eine rauhe, gebrochene Struktur, die die darunterliegenden Farben durchscheinen läßt. So entsteht eine lebendige Oberfläche, die das flimmernde Licht in der Natur nachahmt. Man kann die Farbe in einem bestimmten Bildbereich dicker als in anderen auftragen und so einen reizvollen Kontrast erzielen, der zusätzlich die Beschaffenheit der verschiedenen Substanzen betont, indem man zum Beispiel einen dünnen, transparenten Farbfilm für den Himmel und dicke Farbtupfer für das Laub aufträgt. Wenn die Farbe ›impasto‹ aufgetragen wird, läßt sie sich mit einem beliebigen Werkzeug – dem Pinselende, der Kante des Malmessers oder den Fingern – formen.

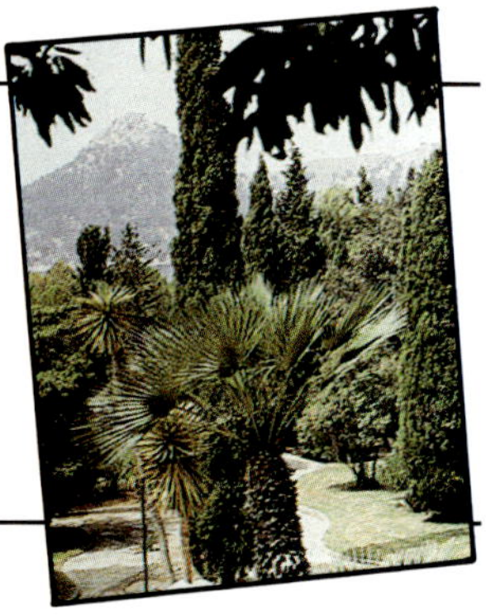

1 Für einen Künstler ist kein Motiv uninteressant, jedes hat seine eigenen Reize und Schwierigkeiten. Dieser Ausblick vereinigt eine Reihe einfacher Formen mit einem Gefühl von Räumlichkeit und Tiefe.

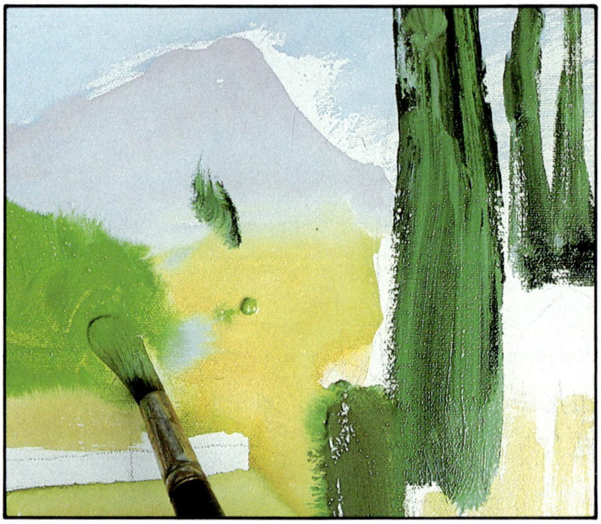

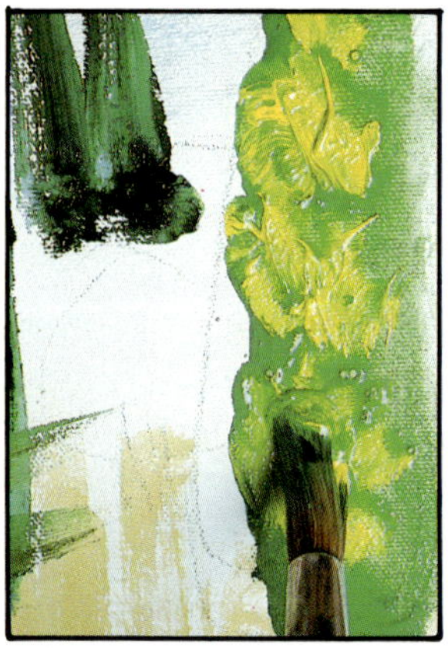

2 Der Künstler beginnt mit einer einfachen Bleistiftskizze direkt auf dem vorbehandelten Leinwandkarton (*oben*). Die ersten Farbschichten werden flüssig und schwungvoll auf der gesamten Bildfläche angelegt. Die Begeisterung des Malers wird an seinem Farbauftrag deutlich.

3 Hier wird die Farbe im Gegensatz dazu recht dick aufgetragen (*links*). Der Umriß der Zypresse ist mit dünnflüssigem Grün gezeichnet, und auf die noch feuchte Farbe gibt der Maler unverdünntes Gelb, so daß sich die Farben auf der Leinwand mischen und mit dem Pinsel ineinandergezogen werden.

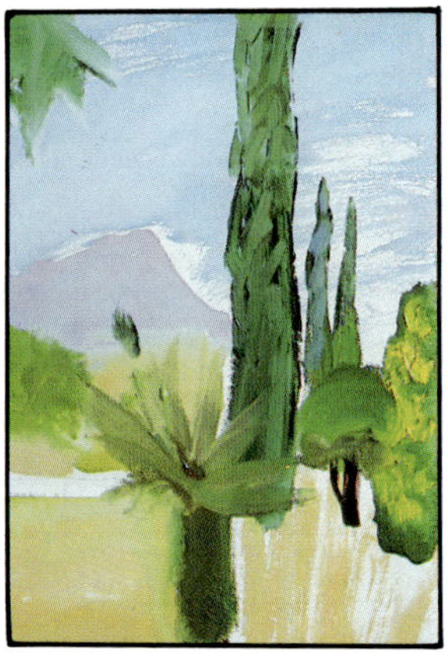

4 Indem er die Farbe mit einer Mischung aus Terpentin und Leinöl stark verdünnt, kann der Künstler schnell und frei arbeiten (*links*). Dies ist besonders wichtig, wenn man im Freien malt und das Wetter oder das Licht sich relativ schnell ändern können.

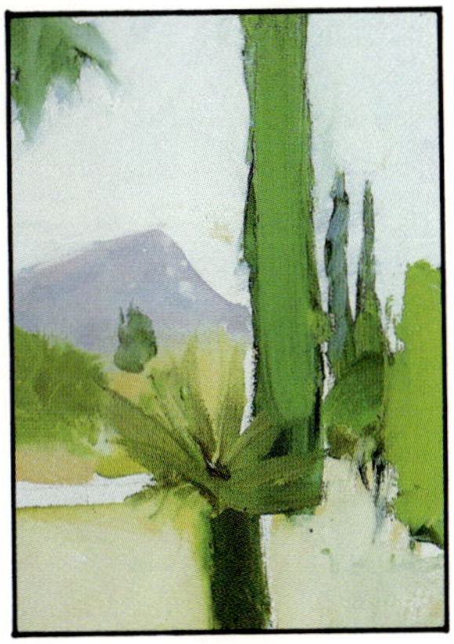

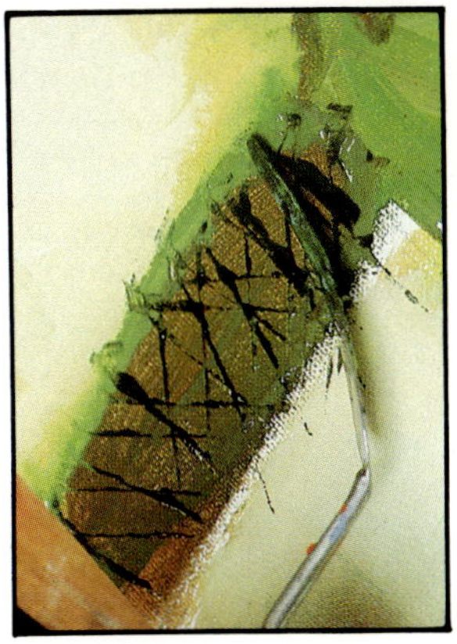

5 Wenn man so schnell und direkt arbeitet, lassen sich die ersten Umrißlinien sehr flott zu Papier bringen. In einem vierten Schritt wurden die Hauptfarbflächen angelegt. Hier sehen wir, daß der Maler nun den Himmel, den Vordergrund und sogar die Zypresse überarbeitet hat.

6 Auf diesem Bild sind die Farbe und die Farboberfläche sehr wichtig. Mit der Kante eines Malmessers kratzt der Künstler ein rindenartiges Muster in den Baumstamm, das gleichzeitig sehr dekorativ wirkt.

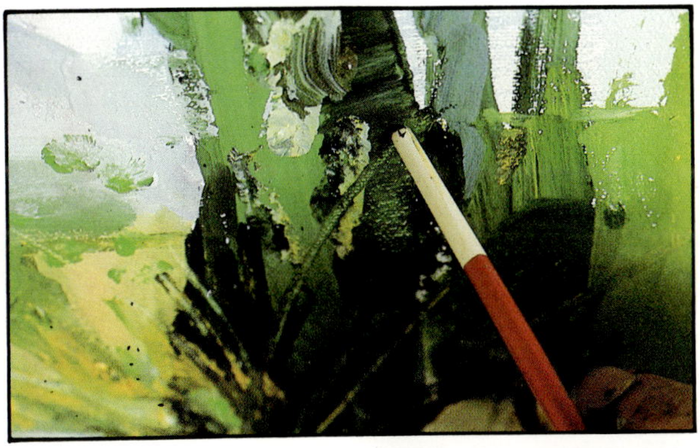

7 Dieser Ausschnitt (*oben*) zeigt, wie spannend Malen sein kann. Die Farben werden dick oder dünn in getrennten Schichten aufgetragen oder ineinandergemischt. Hier benutzt der Maler den Pinselstiel, um Muster in die feuchte Farbe zu kratzen.

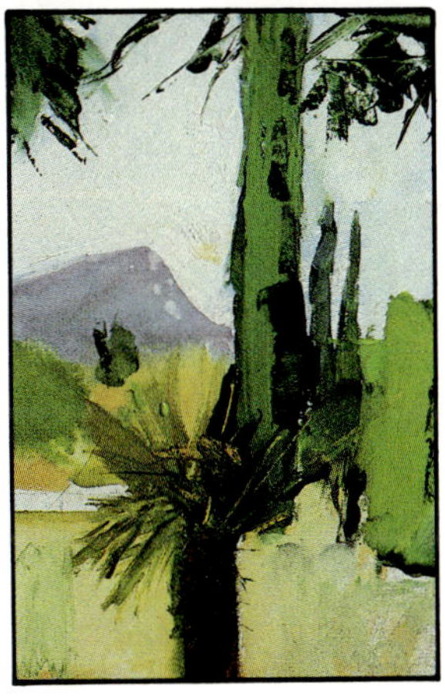

8 Die Blätter im oberen Bildbereich sind flüchtig, aber effektiv wiedergegeben (*rechts*). Mit einem Malmesser wurde Farbe auf den trockenen, strukturierten Himmel gegeben.

STRUKTUREN AUF DER BILDOBERFLÄCHE

Ölfarbe läßt dem Maler, auch dem Anfänger, viel Freiheit. Man kann sie in dicken Impasto- oder zarten, transparenten Schichten auftragen. Dickflüssige Farbe hält die Pinselspuren fest, daher läßt sich mit verschiedenen Größen und Formen zum Beispiel die Beschaffenheit von Blättern, Gräsern, Stielen oder Baumstämmen imitieren. Auf dem ersten Bild malt der Künstler mit dem Finger einen verschmierten Farbfleck, auf dem zweiten kratzt er mit einem Messer in die nasse Farbe, eine Technik, die man auch als ›Graffito‹ bezeichnet.

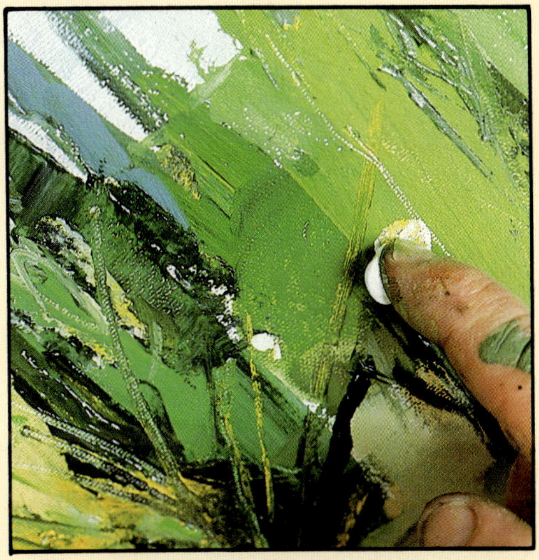

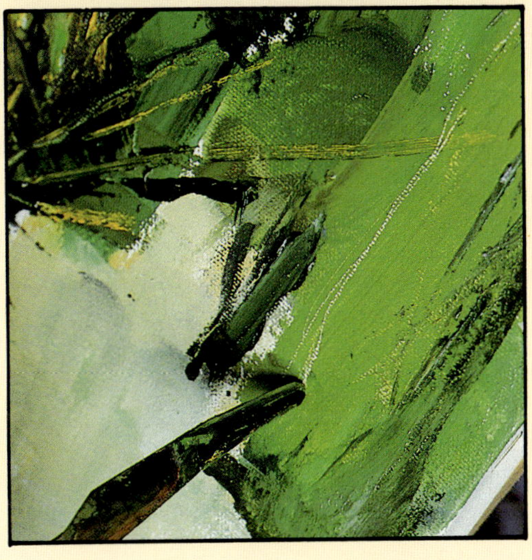

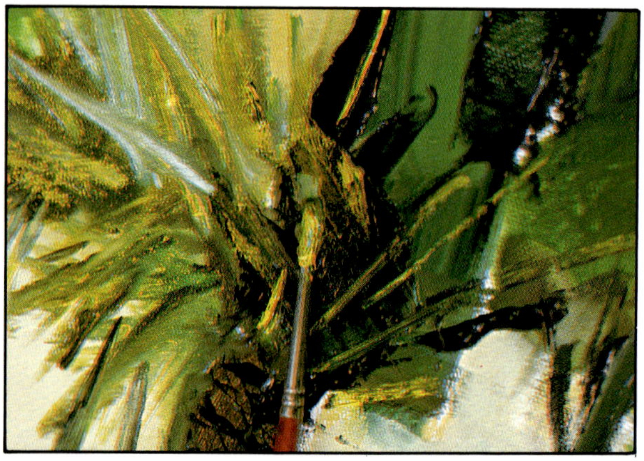

9 Mit einem farbgetränkten Pinsel überarbeitet der Maler die Baumkrone im Vordergrund (*links*). Hierbei werden zufällig aufgenommene Farbpartikel über die Baumkrone weiterverteilt und geben der Fläche so Zusammenhalt.

10 *Rechts* zeichnet der Maler mit einem feinen Marderhaarpinsel die Details auf den Stamm der Palme. So entsteht ein interessanter Kontrast zu den großflächiger angelegten Bereichen.

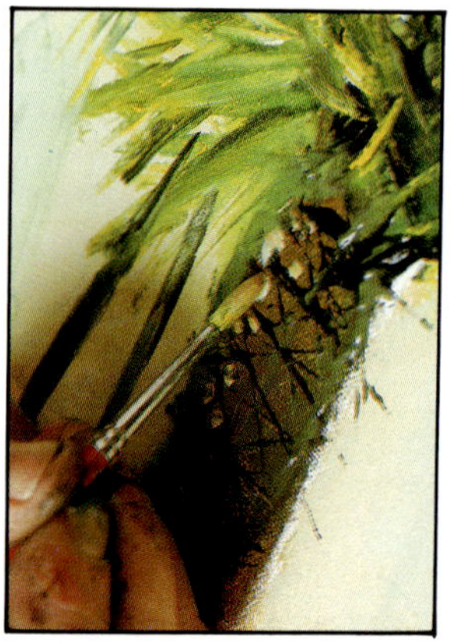

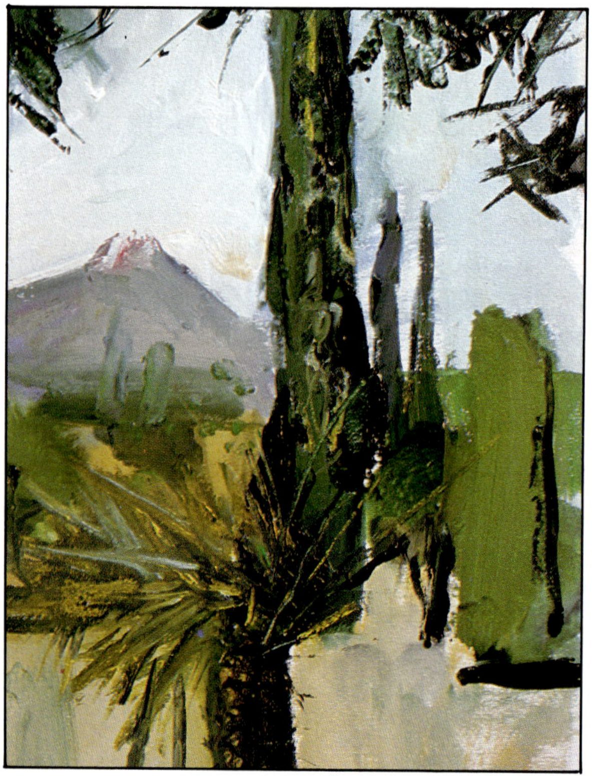

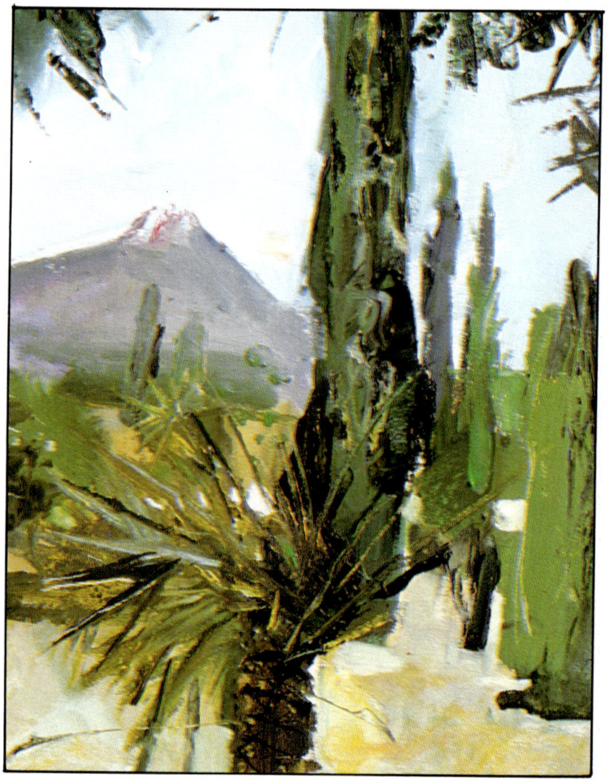

11 Der Künstler strukturiert nun den hohen Baum, der das Bild beherrscht (*oben*) und überarbeitet den Berg am Horizont mit blassen, gebrochenen Grautönen. Dies steigert den Eindruck von Räumlichkeit, denn blasse, kühle Farben verlagern den Horizont nach hinten und lassen die strukturierten Partien nach vorn treten.

12 *Oben rechts* fügt der Künstler dem Mittelgrund weitere Details zu. Dies und die sichtbaren Pinselspuren im Vordergrund bringen diesen Bildteil näher an die Bildebene heran. Der nach hinten gerückte Horizont und der an die Bildebene gerückte Vordergrund lassen einen sanft abfallenden Bildraum entstehen.

13 Durch zusätzlich aufgetragene Details gibt der Maler den Bäumen ganz rechts ein eigenes Gewicht und festigt gleichzeitig den Mittelgrund (*rechts*). Auf dem fertigen Bild sieht man, wie die strengen Vertikalen durch ein breites horizontales Band ausgeglichen werden. Die beiden mittleren Baumstämme überschneiden den Bildrahmen.

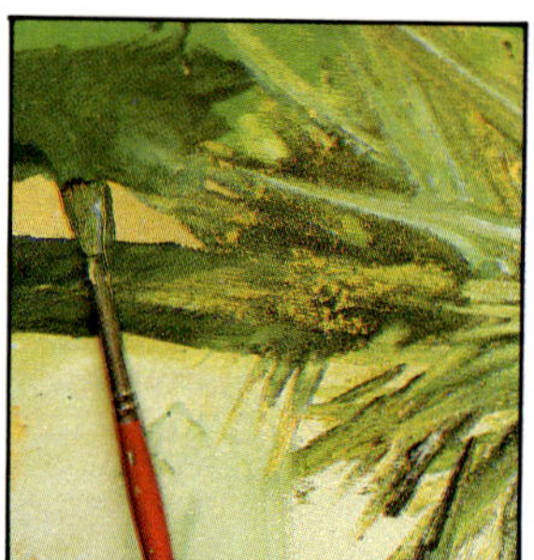

Was man benötigt

Der Künstler verwendete einen Markenleinwandkarton von 76 × 61 cm. Diese vorbehandelten Kartons kann man in vielen Standardgrößen, mit rauher oder feiner Oberfläche kaufen. Der Maler arbeitete mit verschiedenen runden und flachen Borstenpinseln Nr. 6 bis Nr. 12. Darüber hinaus verwendete er einige weiche Synthetikpinsel, die ideal für das Malen mit verdünnter Ölfarbe sind, und ein mittelgroßes Malmesser. Dieses hat einen gekröpften Griff, damit man nicht mit der Hand an die feuchte Farbe gerät. Zum Verdünnen brauchte der Künstler Leinöl und Terpentin.

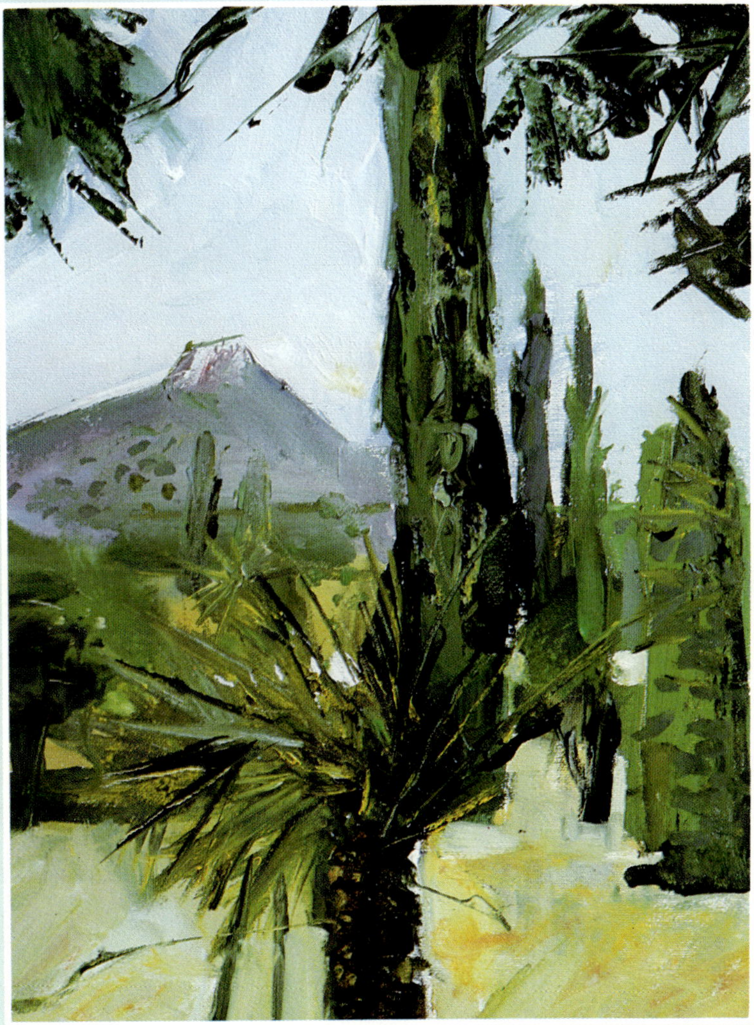

Landschaft mit Palmen

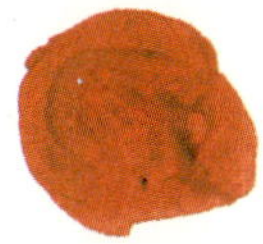

KRAPPROT

SCHWARZ

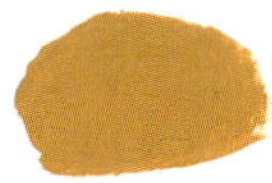

OCKERGELB

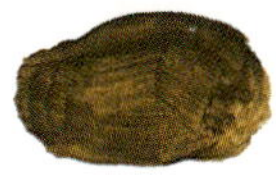

UMBRA NATUR

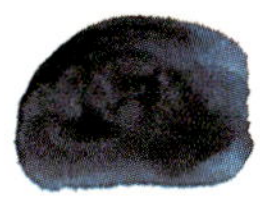

PREUSSISCHBLAU

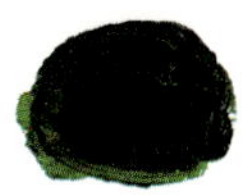

GRÜNE ERDE

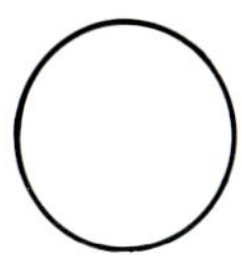

WEISS

Griechisches Dorf

Dies ist ein Atelierbild, aber dem Künstler ist es gelungen, die Atmosphäre des Ortes, die Wärme der Mittelmeersonne und die für diesen Teil der Welt typische Klarheit des Lichtes einzufangen. Er fährt oft nach Griechenland und verbrachte in einem Sommer mehrere Wochen damit, in seinem Dorf und der Umgebung Skizzen anzufertigen. Der Blick aus dem Fenster seines Ferienhauses schien ihm besonders interessant. Er fertigte eine Reihe von Skizzen an und machte dazu Notizen über Farben und Lichteffekte. Ergänzend zu diesen Angaben schoß er Fotos, so daß er mehrere Monate später, als er mit der Arbeit begann, genug Material zur Verfügung hatte. Diese Methode, Informationen zu sammeln und sie dann für eine Komposition im Atelier zu verwenden, hat mehrere Vorteile. Man hat Zeit, das Bild zu planen und langsam zu entwickeln, und kann, bevor man sich endgültig entscheidet, verschiedene Lösungswege ausprobieren. Darüber hinaus hat man noch während der dunklen Wintermonate, wenn das Wetter und die Lichtverhältnisse das Arbeiten im Freien unmöglich machen, viele Themen für neue Bilder zur Auswahl.

Der Künstler arbeitete schnell und frei; größere Formen und Farbflächen wurden mit flüssiger, terpentinverdünnter Farbe angelegt. Terpentin verdunstet rasch, so daß die untere Farbschicht schnell trocken war und der Künstler mit dicken, pastosen Farbschichten weiterarbeiten konnte. Beim Malen mit zähflüssiger Farbe werden die Pinselspuren besonders wichtig, denn sie umschreiben und konturieren die Formen und geben die Struktur einzelner Bildelemente wieder. Achten Sie einmal darauf, wie die Pinselspuren eingesetzt wurden, um die Nadelbüschel an dem Baum im Vordergrund oder die Pflanzen auf dem Gemüsebeet in der unteren rechten Ecke wiederzugeben.

Der Künstler schenkte allen Teilen seines Bildes die gleiche Aufmerksamkeit und arbeitete sich Stück für Stück vor. So tauchen bestimmte Farben zwangsläufig in verschiedenen Bildbereichen auf und verbinden sie zu einem harmonischen Ganzen.

Obwohl der Maler in zwei Etappen arbeitete – über eine dünne Grundierung wurde eine pastose Farbschicht gelegt – war das Bild in einem Tag fertig. Das schnelle und direkte Arbeiten wirkt der Tendenz der Ateliermalerei, gekünstelt und steif zu werden, entgegen. Dieses Werk strahlt die Vitalität und Spontaneität eines im Freien direkt vor dem Motiv gemalten Bildes aus.

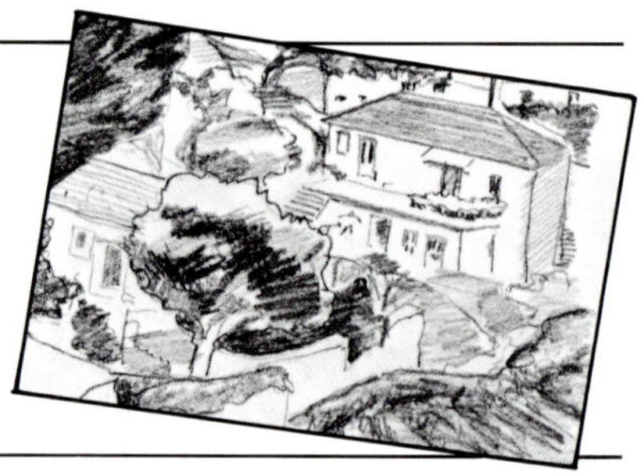

1 Diese Skizze entstammt einer größeren Serie. Benutzt wurden 3B-Bleistift und kleines Skizzenbuch aus hochwertigem Malkarton.

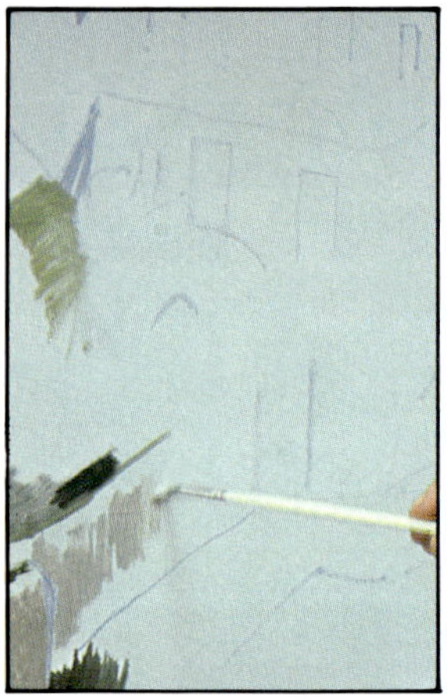

2 Der Künstler zeichnet mit einem feinen Pinsel und flüssigem, terpentinverdünnten Kobaltblau die groben Umrißlinien auf den Malgrund. Dann skizziert er die mittleren Töne.

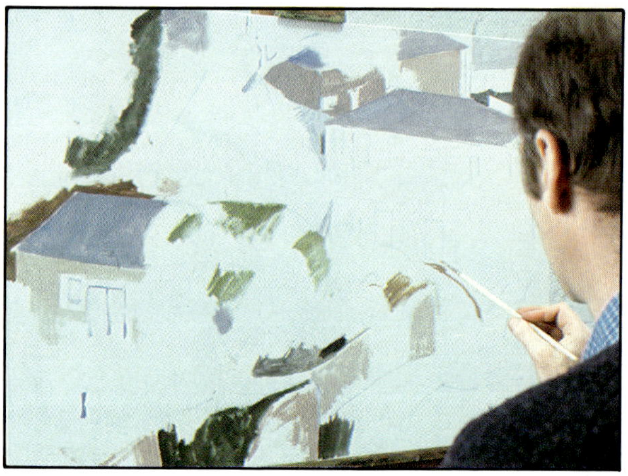

3 Das Motiv ist ein kompliziertes Durcheinander von Architektur und Blattwerk, Schattenpartien und sonnenbeschienenen Flächen. Nun werden die mitteltonigen Farbflächen angelegt: Dächer, Bäume und verschattete Wände. Von hier aus kann der Künstler dann die helleren und dunkleren Töne entwickeln.

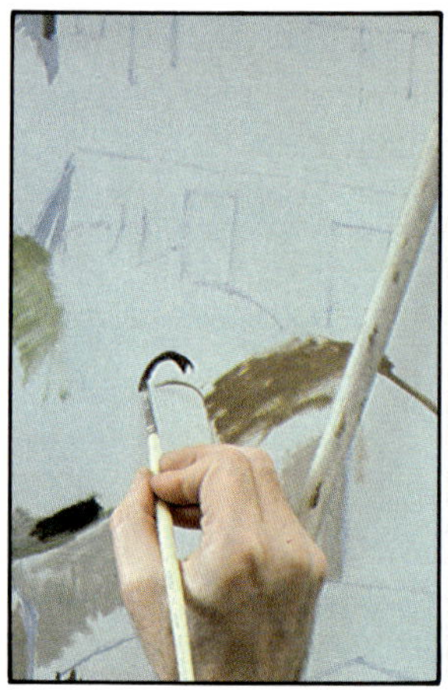

4 Hier wird der Bogen einer kleinen Brücke eingezeichnet. Damit seine Malhand ruhig bleibt, stützt der Künstler sie auf einen Malerstock, den er in der linken Hand hält.

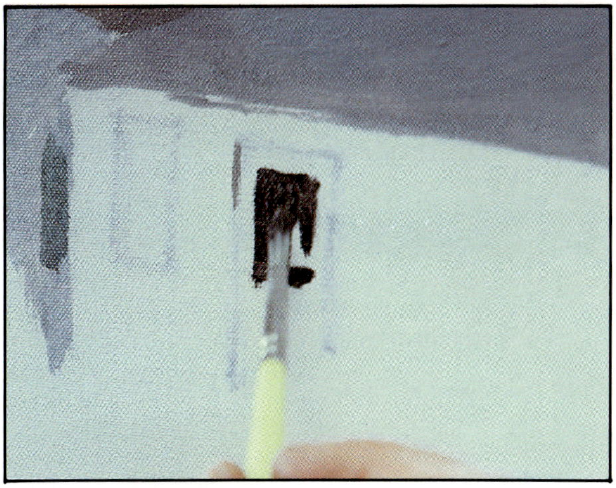

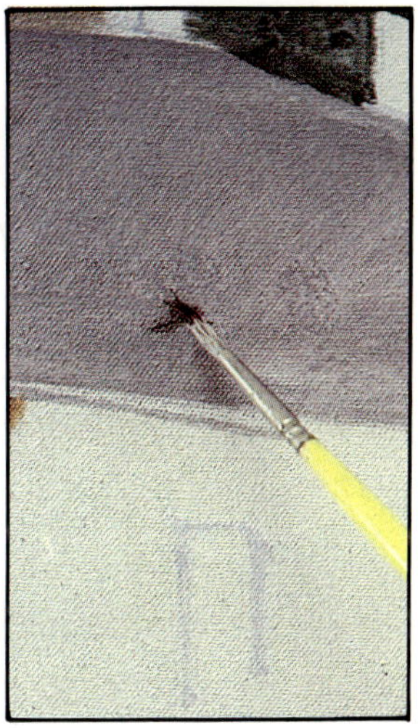

5 Nach dem Auftragen der mittleren Töne mit flüssiger, locker verteilter Farbe werden nun architektonische Details angebracht.

6 *Links* sehen wir, wie dünn die Farbe zunächst aufgetragen wurde. Hier zeichnet der Künstler mit einem feinen Borstenpinsel Einzelheiten des Daches.

7 Nun lassen sich schon die Umrißlinien des fertigen Bildes erkennen (*unten*). Der Künstler überprüft seine Komposition noch einmal mit halb geschlossenen Augen.

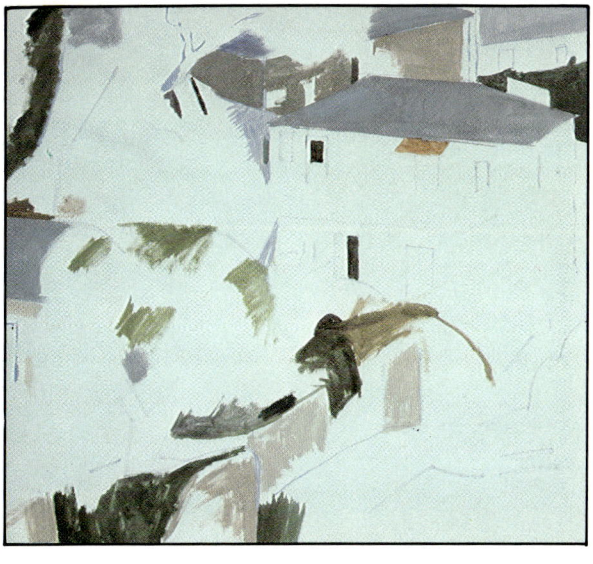

Die Struktur der Leinwand

Die Gewebestruktur des Malgrundes kann ein sehr wichtiges Bildelement sein. Unten sehen Sie drei verschiedene Arten und Qualitäten von Leinwand. Hier hat der Künstler eine feingewebte Qualität gewählt, und unten sieht man, wie die Leinwand auf dickflüssige oder stark verdünnte Farbe reagiert. Wenn man auf groberem Stoff malt, setzt sich die Farbe auf den erhöhten Gewebepartien ab.

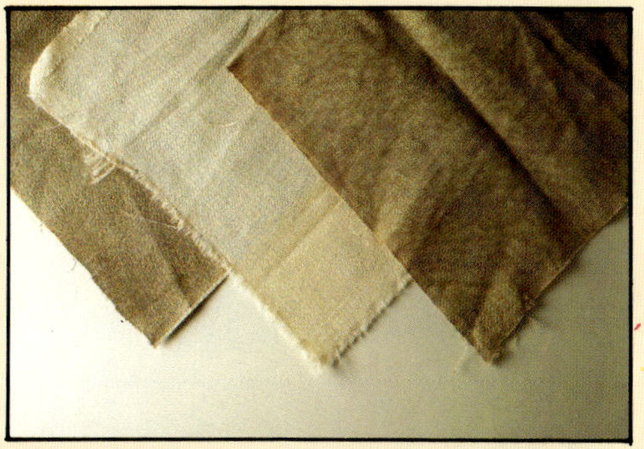

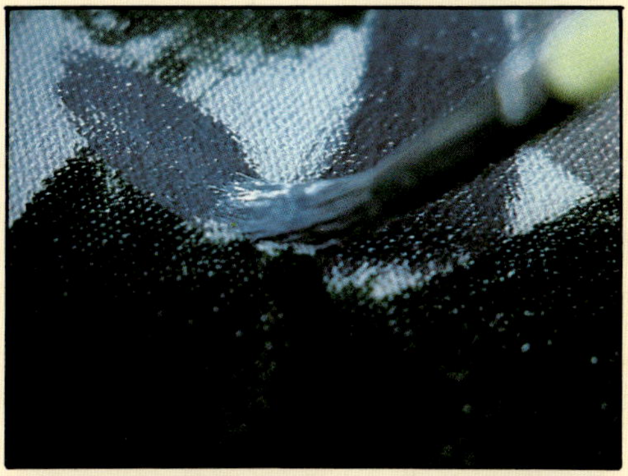

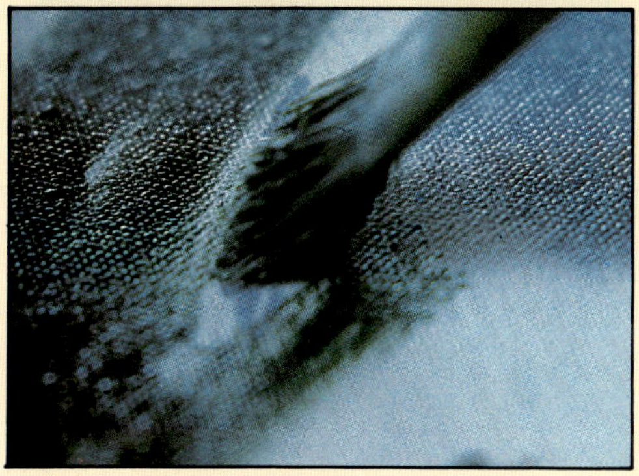

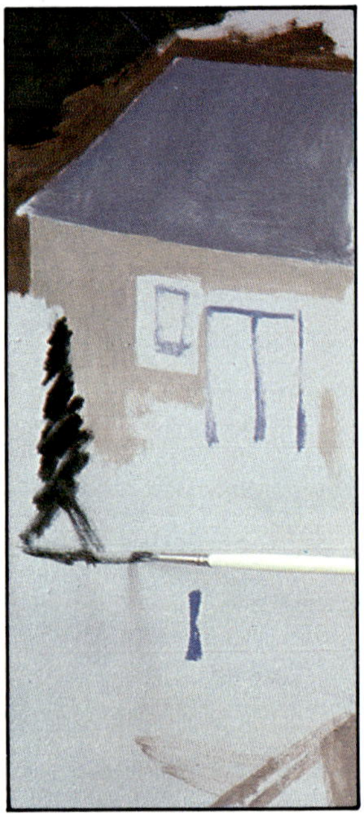

8 Jetzt beginnt er Farbkontraste aufzubauen (*links*). Mit einer Mischung aus Chromoxidgrün und Umbra zeichnet er die dunkelsten Bereiche der Büsche am äußersten Bildrand. Dabei dreht er das gesamte Bild.

9 Mit einem langstieligen mittelgroßen, runden Borstenpinsel wird die kleine Gestalt nahe der Mitte des Bildes gemalt (*rechts*). So kann der Maler ins Detail gehen, ohne Gefahr zu laufen, zu kleinteilig zu werden. Durch den langen Griff gerät er nicht in Kontakt mit der feuchten Farbe, während die steifen Borsten die Farbe gut halten und die Farboberfläche strukturieren.

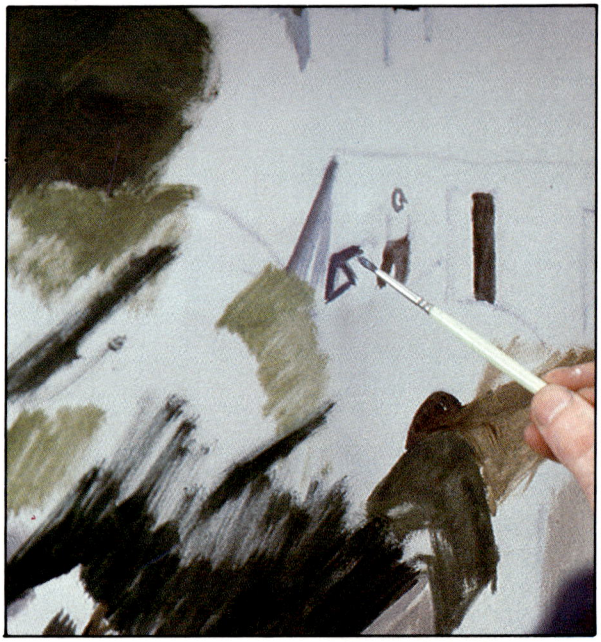

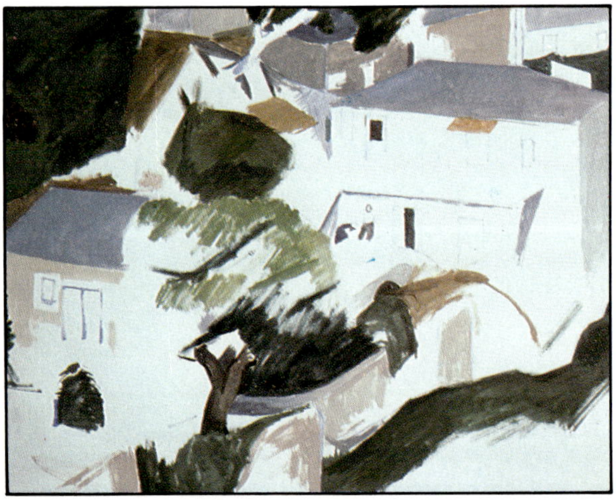

10 Mit Chromoxidgrün und Umbra für die dunkleren und Kobaltblau und Zitronengelb für die helleren Töne zeichnet der Maler das Blattwerk der Bäume mit schnellen, wischenden Bewegungen (*links*).

11 *Rechts* strukturiert der Künstler die Baumkrone, indem er sie auf eine Reihe einfacher Formen reduziert. Wenn Sie Bäume als Kombination von Zweigen, Ästen und Blättern sehen, verzetteln Sie sich schnell. Suchen Sie die einfachen Formen.

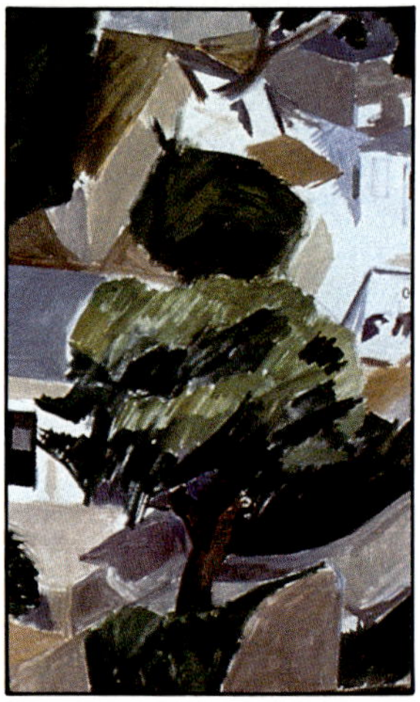

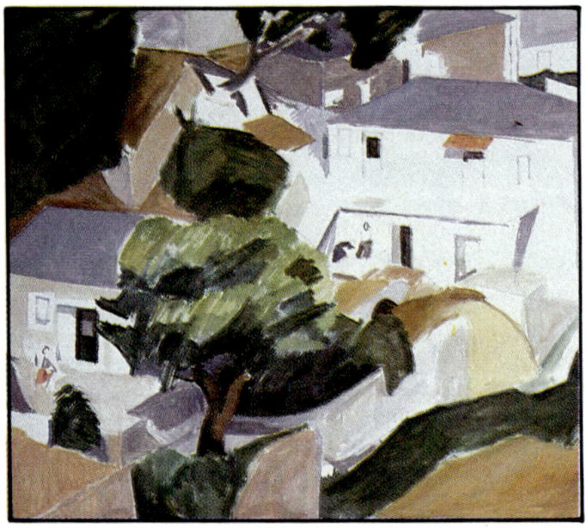

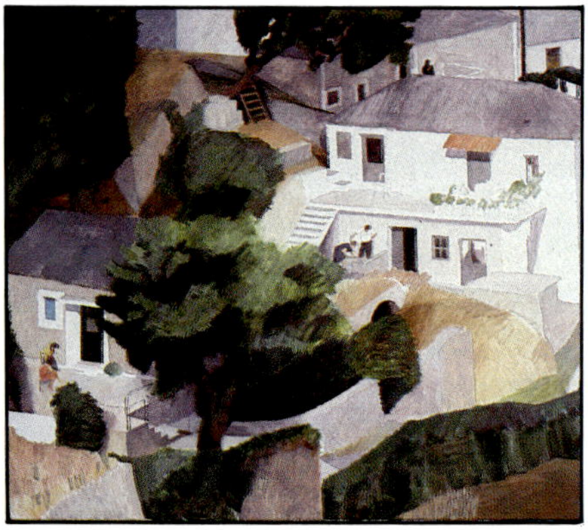

12 Die warmen Töne von Ockergelb, Weiß, Neapelgelb und Siena gebrannt spiegeln die warme, helle Atmosphäre (*links außen*). Auch die blaugrauen Schattenpartien werden durch Zugabe von Karminrot wärmer.

13 Dieses Bild hat sich zu Anfang recht langsam entwickelt, aber nun wirken alle Elemente zusammen und werden lebendig (*links*).

Was man benötigt

Der Künstler verwendete feingewebte, imprägnierte Leinwand, die er am Stück gekauft und selbst aufgespannt hat. Leisten und Eckkeile sind in Standardgrößen im Fachgeschäft erhältlich. Gemalt wurde mit runden Borstenpinseln Nr. 6 bis Nr. 10, bei der Vorzeichnung mit 3B-Bleistift und bei der Farbskizze mit einem Marderhaarpinsel Nr.4. Darüber hinaus verwendete der Maler Terpentin, etwas Leinöl und eine große Holzpalette.

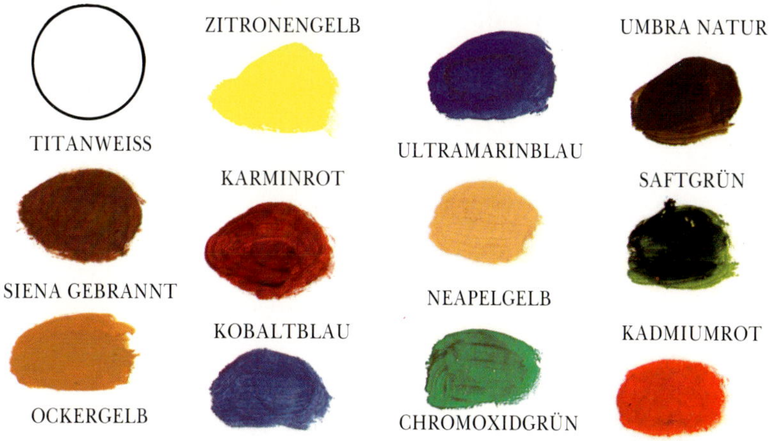

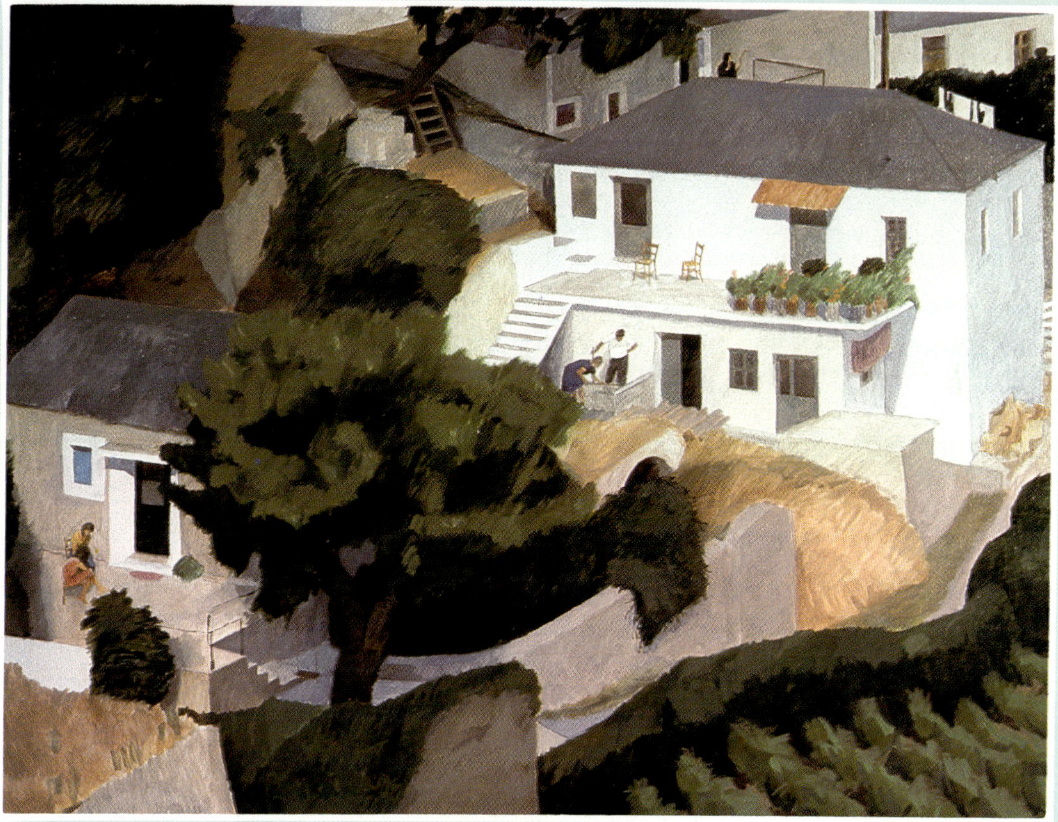

Griechisches Dorf

Flußlandschaft mit Spiegelbild

Dieses Bild gehört zu einer Reihe von Arbeiten, in denen sich der Künstler mit der Darstellung von Reflexionen auseinandersetzte – wie man sie wiedergibt und was sie zur Komposition beitragen könnten. Künstler konzentrieren sich oft auf ein bestimmtes Thema und bearbeiten es über Monate oder Jahre hinweg immer wieder. Dies ist eine ausgezeichnete Lernmethode, denn sie zwingt dazu, sich wirklich in ein Problem zu vertiefen und es beständig zu analysieren. Hierbei entsteht eine Serie von Bildern, die jeden Fortschritt dokumentieren und sowohl aufschlußreich als auch motivierend sind.

Der Malgrund ist in diesem Fall eine Hartfaserplatte, die der Künstler mit Acrylspachtelmasse vorbehandelt hat. Die Spachtelmasse versiegelt den Malgrund und verhindert, daß das Öl aufgesogen wird. Darüber hinaus sorgt sie für eine ebene, farblich neutrale Malfläche. Dieses Bild ist auf die glatte Seite der Platte gemalt, die vor der Grundierung mit Sandpapier aufgerauht wurde. Man kann auch die rauhe Seite verwenden, muß sie dann aber mehrfach mit Spachtelmasse versiegeln.

Bei der Arbeit zog der Maler sein Skizzenbuch zu Rate, in dem er mehrere Studien zum Thema festgehalten hatte. Zunächst entwarf er mit Zeichenkohle eine einfache Vorzeichnung auf der Platte. Dann wischte er den überflüssigen Staub ab und zog die Linien mit Farbe nach. Das Wasser wurde wie ein Spiegelbild des Motivs behandelt. Die Spiegelperspektive läßt sich problemlos einsetzen, denn die reflektierende Fläche, das Wasser, ist immer horizontal. Alle Reflexe liegen vertikal unter dem jeweiligen Gegenstand, und die Fluchtlinien von Gegenstand und Spiegelbild treffen sich im selben Punkt. Lassen Sie sich bei einem Motiv wie diesem nicht von den Details verwirren. Gehen Sie mit Selbstvertrauen ans Werk, und malen Sie, was Sie sehen – für die genaue Beobachtung gibt es keinen Ersatz. Auf diesem Bild sind die Reflexe sehr konkret mit festen, präzisen Pinselstrichen und in reinen Farben wiedergegeben. Beachten Sie, wie der Maler seine Strichführung variiert hat; lange horizontale Striche deuten die Wasseroberfläche an, vertikale die Spiegelungen. Wenn das Wasser bewegt ist, wird der Gegenstand nicht mehr klar reflektiert, und deshalb hat der Maler die Reflexe in einer Kombination aus eckigen Formen, breiten Strichen und verschwommenen Farben dargestellt, um so die gekräuselte Wasserfläche anzudeuten.

Dieses Bild ist aus einfachen Formen aufgebaut: Der Halbkreis der Brücke schließt sich mit seiner Spiegelung zu einem vollen Kreis, das Quadrat des Hauses wird zu einem langgezogenen Rechteck. Der locker getupfte Hintergrund mildert die Strenge der kühlen geometrischen Formen.

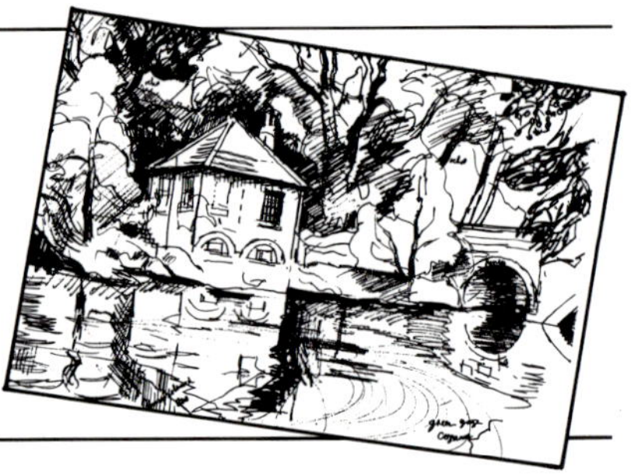

1 Diesen romantischen Ort kennt der Maler bereits seit seiner Kindheit. Die Zeichnung wurde mit einem abgenutzten Filzstift angefertigt.

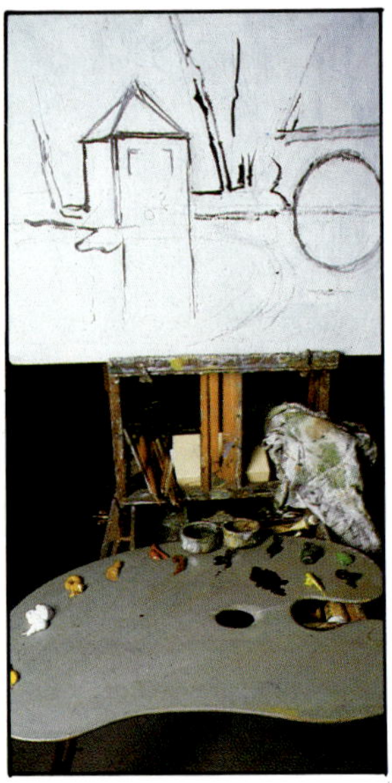

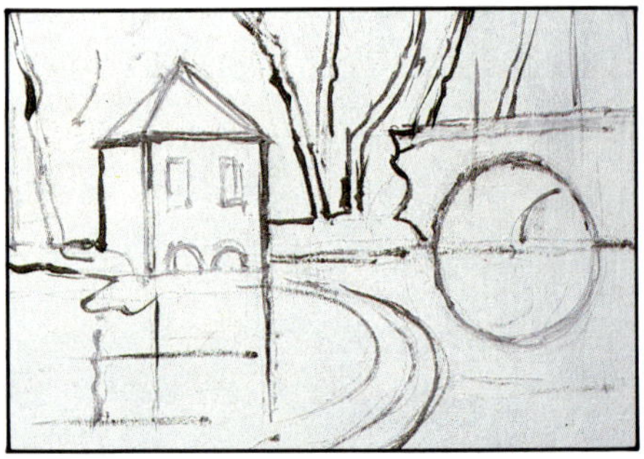

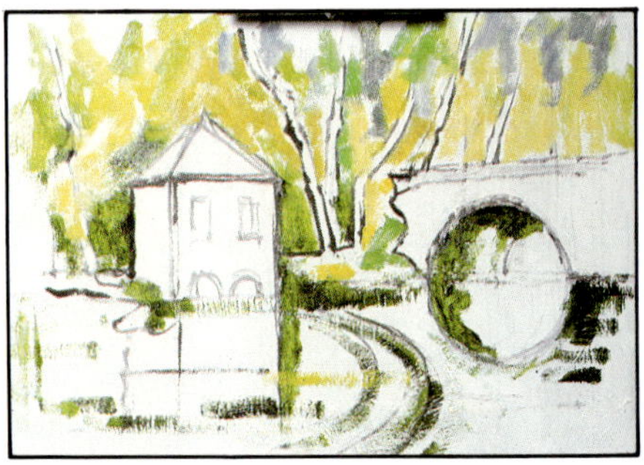

2 Der Künstler malte dieses Bild mit Hilfe seines Skizzenbuches im Atelier. Diese Arbeitsweise hat ihre Vorteile, denn man kann das Thema frei variieren. Am Anfang steht eine Kohlezeichnung, die mit dünner Farbe nachgezogen wird (*links*).

3 Der Künstler hält die Vorzeichnung so einfach wie möglich (*oben links*) und deutet nur grobe Konturen an. In gleicher Weise gibt er die wichtigsten Formen als Spiegelbilder wieder.

4 Die Vorzeichnung ist nun fertig, und der Maler skizziert mit freien Pinselstrichen die großen Farbflächen (*oben*). Er arbeitet an allen Bereichen gleichzeitig. Mit Saftgrün malt er Blätter und Gras, mit Ockergelb das Mauerwerk.

DER MALGRUND ALS BILDELEMENT

Auch bei Ölgemälden ist es nicht notwendig, den Malgrund völlig mit Farbe zuzudecken. Das Weiß der Grundierung kann durchaus ein Teil des fertigen Bildes werden. Hier ließ der Künstler die weiße Grundierung bewußt an mehreren Stellen durch die Farbe schimmern. Der weiße Grund läßt die Farben noch stärker leuchten und zeigt zugleich, wie schnell und direkt sie aufgetragen wurden. Auf dem Fluß verdeutlicht die zwischen den Farbstrichen durchschimmernde Grundierung die Bewegung und die Lichtbrechung an der Wasseroberfläche.

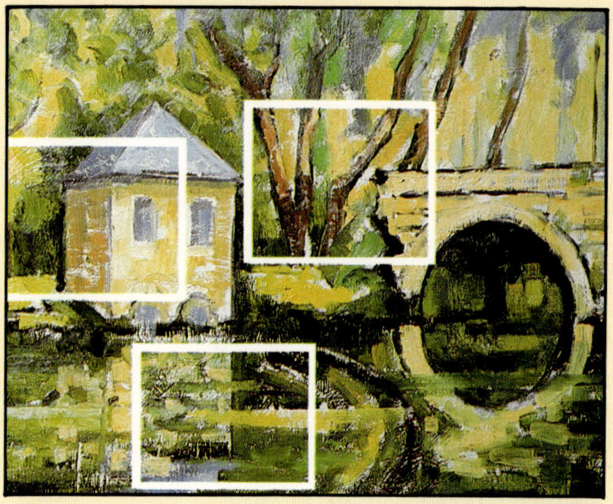

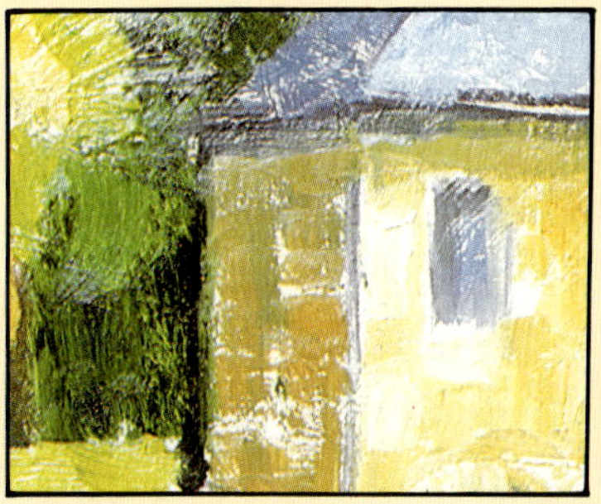

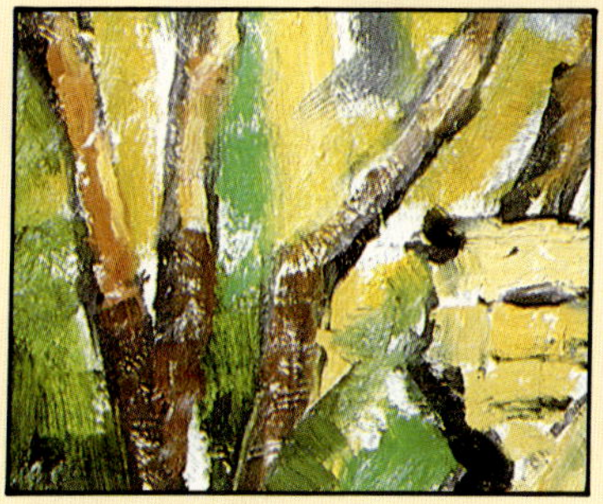

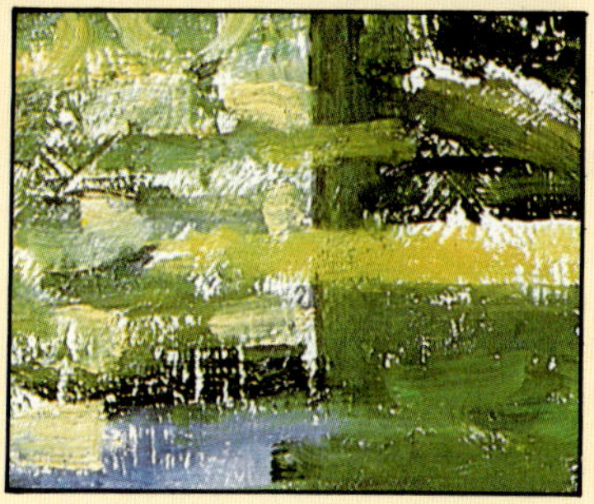

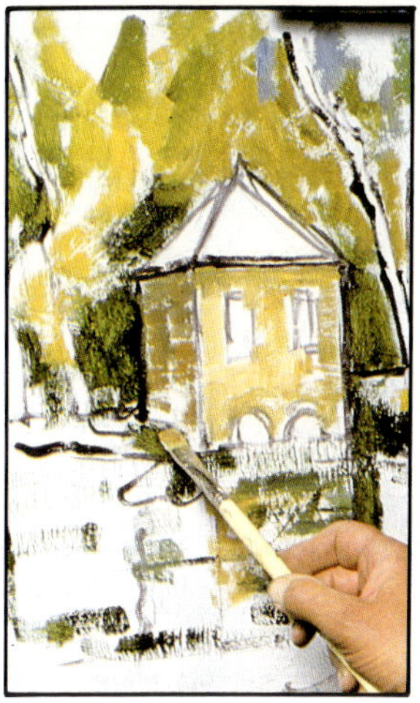

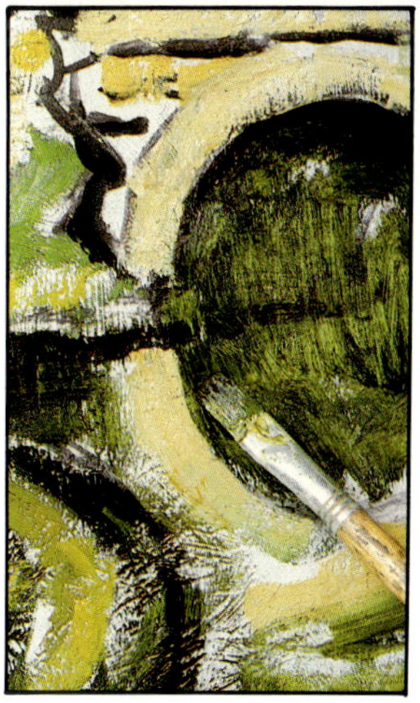

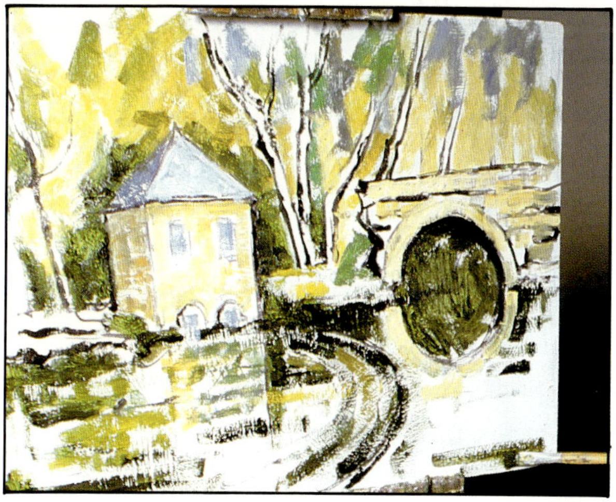

5 Mit einem flachen Borstenpinsel Nr. 6 wird weitere Farbe aufgetragen. Die Steine zeichnet der Maler mit kurzen, kantigen Strichen, die Pflanzen mit lang ausgezogenen.

6 Hier entstehen die Spiegelungen unter der Brücke. Der Künstler behandelt sie wie positive Bilder.

7 Mit wenigen Farben und einem recht großen Pinsel (Nr. 6) werden die wichtigsten Bereiche des Bildes mit schnellen Strichen überarbeitet. Hierzu verwendet man verdünnte Farbe, die im Verlauf des Malprozesses immer wieder übermalt werden kann. Vertikale Striche geben die Spiegelungen, horizontale das Wasser wieder.

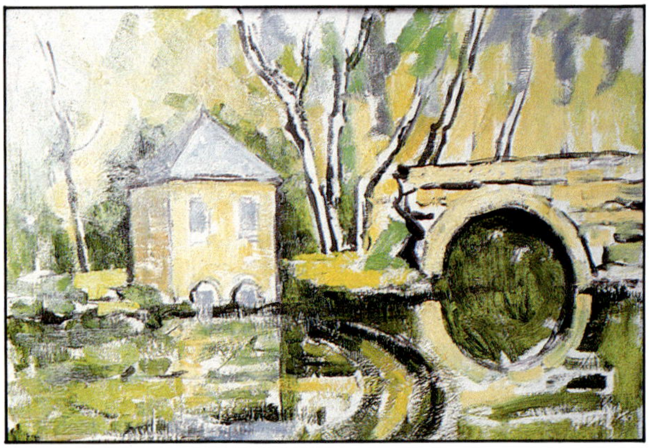

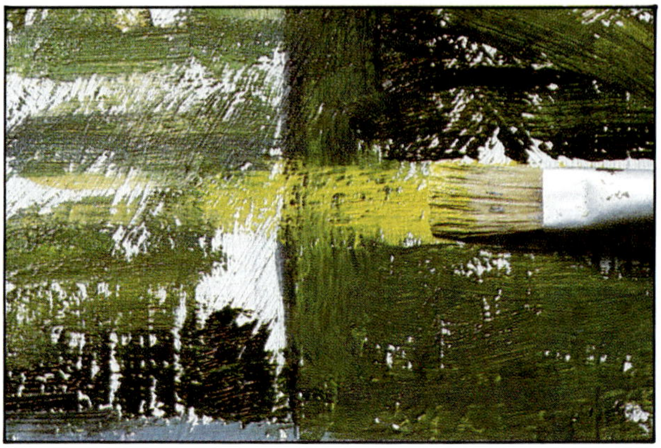

8 Indem er seine Farbtöne nur aus einer begrenzten Skala entwickelt, sorgt der Künstler dafür, daß sein Bild harmonisch wirkt (*oben*). Er arbeitet an allen Bildbereichen gleichzeitig und konzentriert sich nicht auf eine Stelle.

9 *Oben rechts* sehen wir Farbauftrag und Pinselspuren. Die erste Schicht wurde mit sehr flüssiger Farbe aufgetragen, aber nun benutzt der Maler schrittweise immer dickere, die den Pinselstrich festhält und so das Bild strukturiert.

10 Mit einem weichen Synthetikpinsel Nr. 6 übermalt der Künstler die Baumstämme (*unten links*). Dies läßt sie näher erscheinen und das Unterholz in den Hintergrund rücken, so daß nun jeder Gegenstand seinen festen Platz im Bildraum hat.

11 Hier strukturiert der Maler die Bäume, indem er den Raum zwischen den Stämmen kurz über dem Erdboden dunkler tönt (*unten rechts*). Dies erhöht den Eindruck von Entfernung, steigert die Farbkontraste und gibt den Formen mehr Volumen.

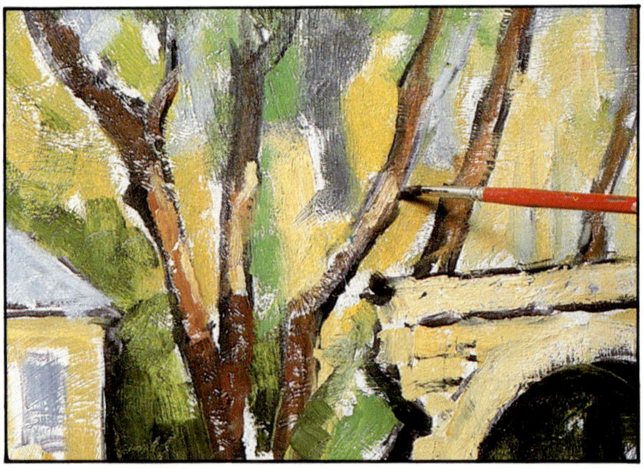

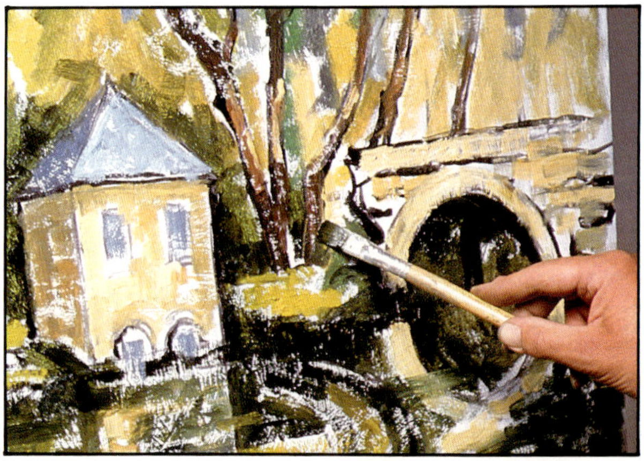

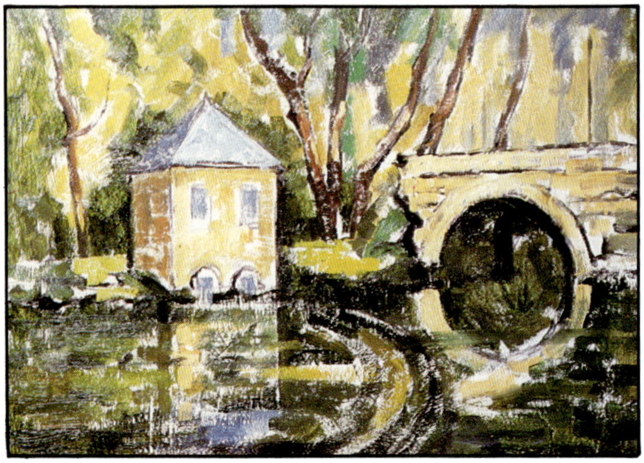

12 Die Farbe des Wassers hängt von der Farbe der umgebenden Landschaft ab. *Links* zeichnet der Maler die Farben des Wassers etwas dunkler, um so seine Tiefe anzudeuten.

13 Mit leichten Pinselstrichen und unverdünnter Farbe werden die Bildoberfläche überarbeitet und schimmernde Glanzlichter auf die Wasseroberfläche gesetzt (*rechts*). Diese und das Weiß der Grundierung wirken wie Lichtreflexe auf dem Wasser.

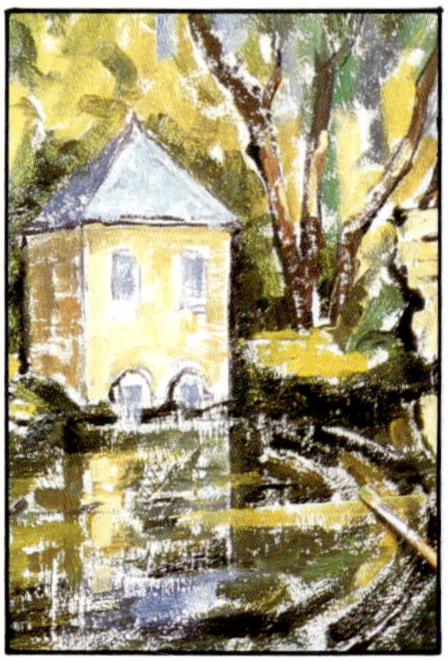

Was man benötigt

Der Maler verwendete eine Hartfaserplatte 61 × 76 cm. Sie wurde mit Sandpapier aufgerauht und mit Acrylspachtelmasse grundiert. Die Kohle-Vorzeichnung wurde mit einem Synthetikpinsel Nr. 6 nachgezogen. Gemalt wurde mit Flachpinseln Nr. 3 bis Nr. 12 und Qualitätsstudienfarben. Zusätzlich benötigte man Terpentin, Leinöl und eine große Holzpalette.

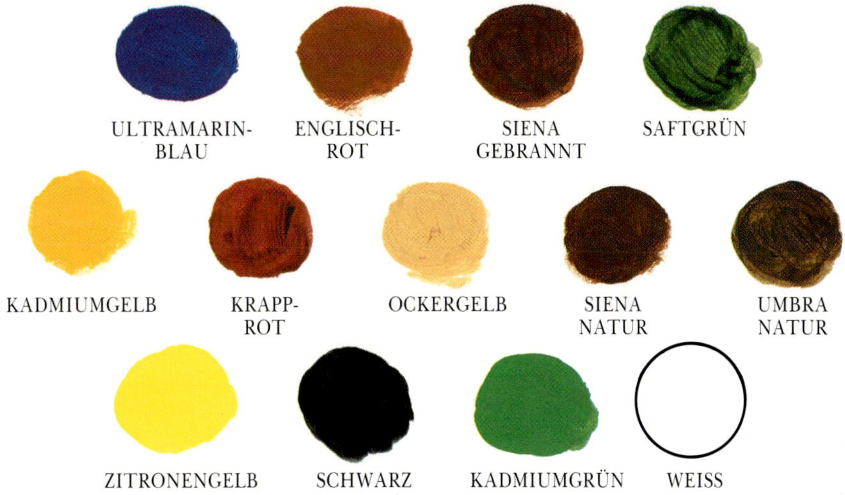

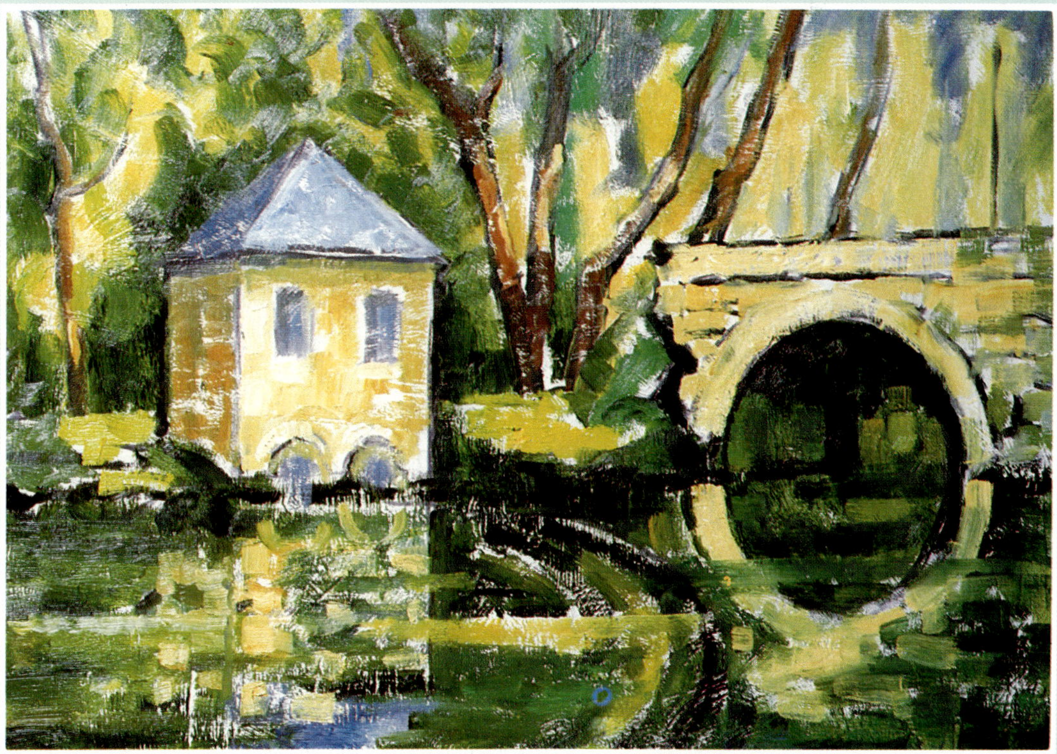

Flußlandschaft mit Spiegelbild

Winterlandschaft mit Schatten

Diese eisige Winterlandschaft wurde direkt vor dem Motiv gemalt, aber der Künstler mußte glücklicherweise nicht im Freien arbeiten, sondern konnte die interessante Szene, die sich draußen vor seinem Fenster präsentierte, von innen betrachten. Ihn faszinierte dieses Thema besonders, weil er hier die Möglichkeit hatte, mit einer sehr begrenzten Farbpalette zu malen. Daneben reizten ihn die einfachen Formen: die strenge Baumsilhouette vor dem Winterhimmel und das Spiel der langen Schatten auf dem Schnee. Der Maler arbeitete langsam und methodisch mehrere Tage lang daran, wobei er jede Farbschicht trocknen ließ, bevor er die nächste auftrug.

Gemalt wurde auf verhältnismäßig billiger Baumwolleinwand, die aufgespannt und mit einer Lasuremulsion, gemischt mit Emulsionsfarbe, vorbehandelt wurde. Dies ergab eine schnelltrocknende, glatte Grundierung. Zunächst fertigte der Künstler eine detaillierte Bleistiftskizze an. Beim Zeichnen überdachte er sein Konzept und entschied, welche Partien er zuerst in Angriff nehmen würde. Er arbeitete mit recht flüssiger, terpentinverdünnter Farbe. Die meisten Bildteile sind nur mit einer einzigen zarten Farbschicht bedeckt, so daß die Struktur der Leinwand eine wichtige Rolle für das Aussehen des fertigen Bildes spielt.

Die Besonderheit dieses Werkes ist, daß die Bildgegenstände als Negativ gezeichnet und von ihrer Umgebung strukturiert wurden. Dies ist besonders deutlich an dem Baum zu sehen. Seine Form wurde bereits in einem sehr frühen Stadium als weißer Schattenriß festgelegt; die Farbe trug der Maler erst sehr viel später auf. Die Schatten auf dem Schnee behandelte er ähnlich, indem er sie zunächst als positive Formen mit einer Mischung aus Coelinblau und Weiß malte und sie später, als er die weiße Farbe für den Schnee auftrug, noch einmal überarbeitete, ihre Konturen veränderte und die Zeichnung korrigierte.

Dieses Bild wurde sorgfältig geplant, die Farbschichten als getrennte Elemente behandelt und das ganze Werk wie ein Glasfenster aus einzelnen Farbfeldern zusammengesetzt. Doch trotz der streng systematischen Vorgehensweise besitzt es Brillanz und Unmittelbarkeit, was die Freude des Künstlers an diesem Thema widerspiegelt. Durch die zurückhaltende Farbgebung werden die einfache, aber effektvolle Komposition und die filigranen Formen der Äste vor dem Winterhimmel hervorgehoben.

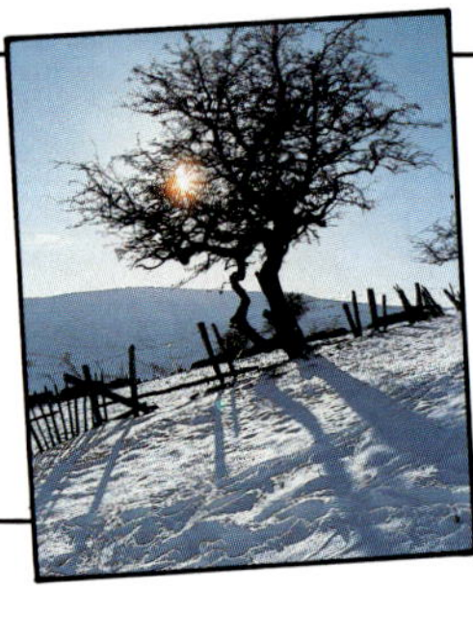

1 Wann immer möglich, sollten Sie nach der Natur arbeiten. Das heißt nicht, daß Sie bei jedem Wetter draußen stehen müssen. Dieses Bild wurde von einem Fenster aus gemalt.

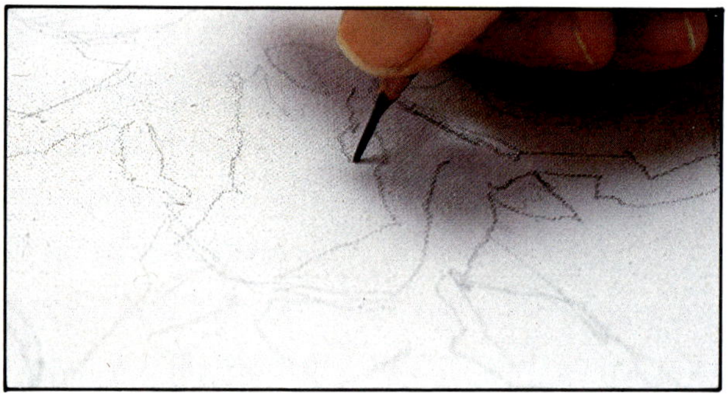

2 Zunächst fertigte der Künstler eine detaillierte Skizze an. Er zeichnete mit einem 2B-Bleistift direkt auf die Leinwand. *Oben* können wir die Struktur des Malgrunds erkennen – billiges, normales Baumwollsegeltuch. Dieses wurde mit Acrylglasur, gemischt mit Emulsionsfarbe, versiegelt.

3 Mit einfachen klaren Linien wurden die größeren Bildbereiche umrissen, wobei Baum, Zaunpfähle und Schattenwurf die gleiche Aufmerksamkeit erfahren *(unten)*. Konzentrieren Sie sich beim Malen vor dem Motiv auf das, was Sie sehen, und nicht auf Dinge, von denen Sie wissen, daß sie da sein müssen.

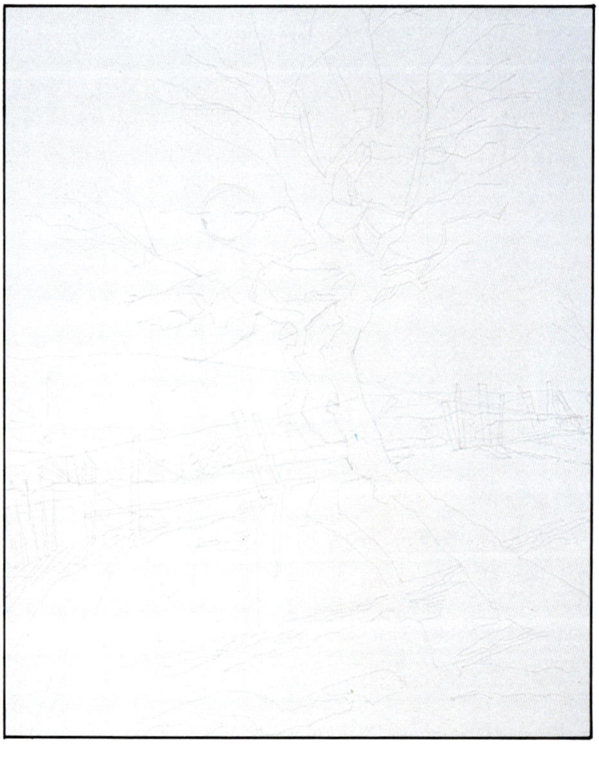

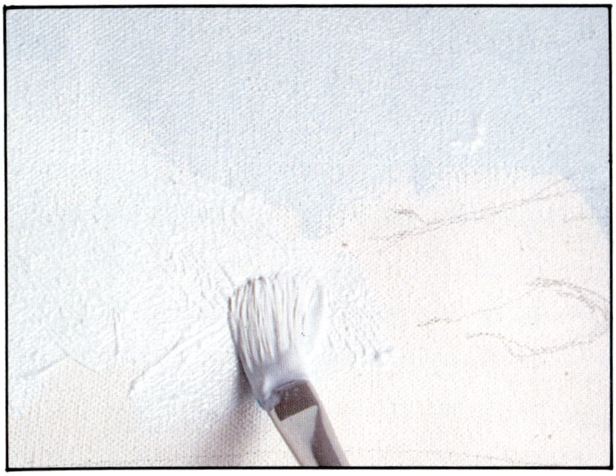

4 Der Maler beginnt mit dem Hintergrund (*oben*). Mit einer Mischung aus Coelinblau und etwas Weiß skizziert er den Himmel. Die Farbe ist verdünnt, damit die Farboberfläche glatt und die Leinwandstruktur sichtbar wird. Für den helleren Teil des Himmels gibt der Künstler mehr Weiß in die Mischung.

5 Die Hügel in der Ferne werden mit einer blaueren Mischung, der ein wenig Kadmiumgelb zugesetzt ist, gemalt. Beachten Sie, wie der Künstler um die Bäume herum malt (*rechts*), so daß sie als Negativformen stehenbleiben. Die Betrachtung von Silhouetten und Hintergrundräumen schärft die Beobachtungsgabe.

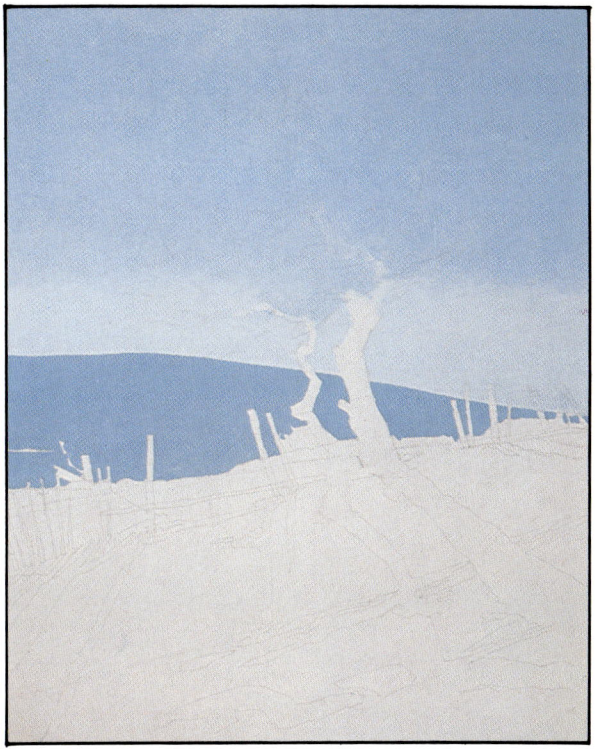

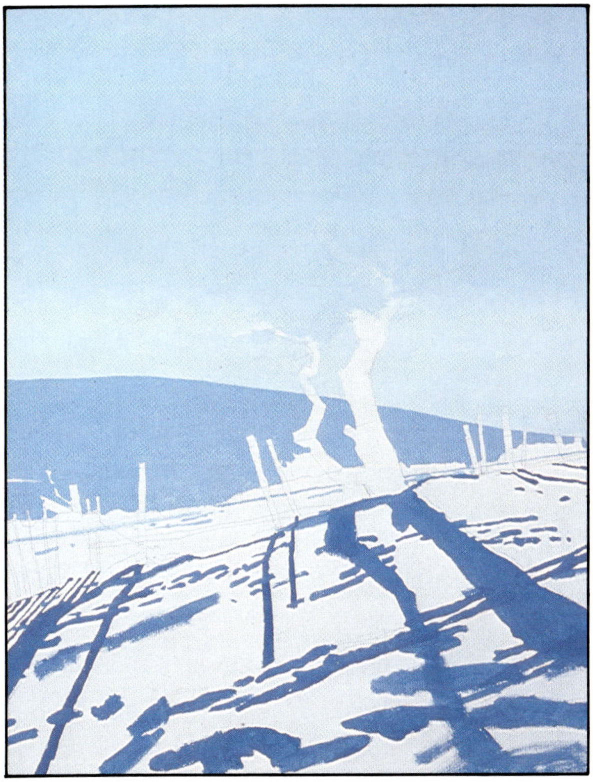

6 Im Gegensatz hierzu behandelt der Maler die Schatten als Positivformen (*links*) und malt sie sorgfältig in einer Mischung aus Coelinblau mit wenig Weiß und Schwarz. Das Bild nimmt bereits Form an, obwohl bisher nur vier Farben verwendet worden sind. Auch mit einer beschränkten Palette läßt sich also ein ›farbiges‹ Bild erstellen.

7 Nun läßt der Künstler die Schattenpartien trocknen. Dies dauert mehrere Stunden, weil die Farbe mit nur wenig Terpentin verdünnt wurde. Der Grund hierfür war, daß sonst ihre Deckkraft nachgelassen hätte. Wenn die Farbe trocken ist, zeichnet er mit einer sehr blaßblauen Mischung die mittleren Töne der Schattenpartien (*unten*).

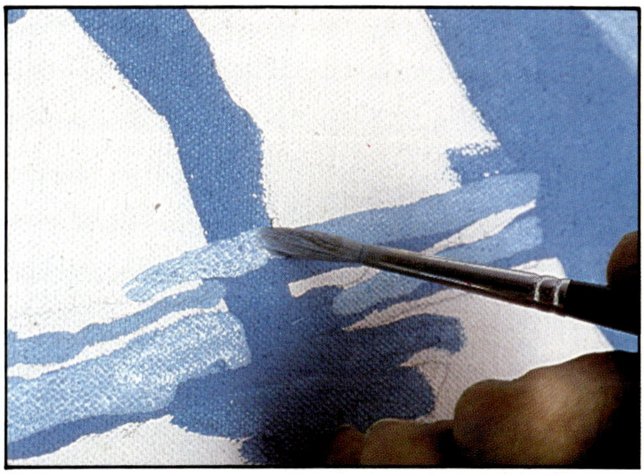

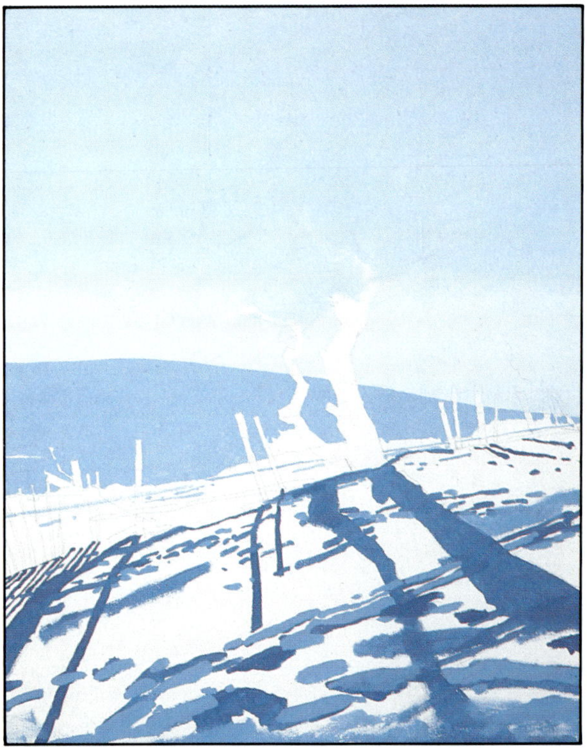

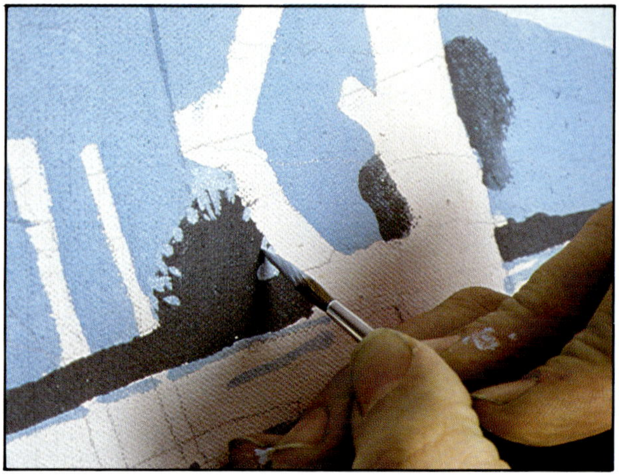

8 Das Spiel der Wintersonne auf dem glitzernden Schnee ist sehr überzeugend eingefangen worden (*links*). Coelinblau eignet sich sehr gut für dieses Thema, denn mit seinem leichten Grünstich betont es das Gefühl von Kälte, das die Landschaft ausstrahlt.

9 *Oben* zeichnet der Künstler die Büsche am Ende des Feldes mit einer Mischung aus Schwarz, Umbra natur, Coelinblau und Weiß und einem kleinen Marderhaarpinsel Nr. 4. Er arbeitet dabei sehr sorgfältig und dicht am Malgrund. Die dünne Farbschicht läßt das Leinwandgewebe durchschimmern.

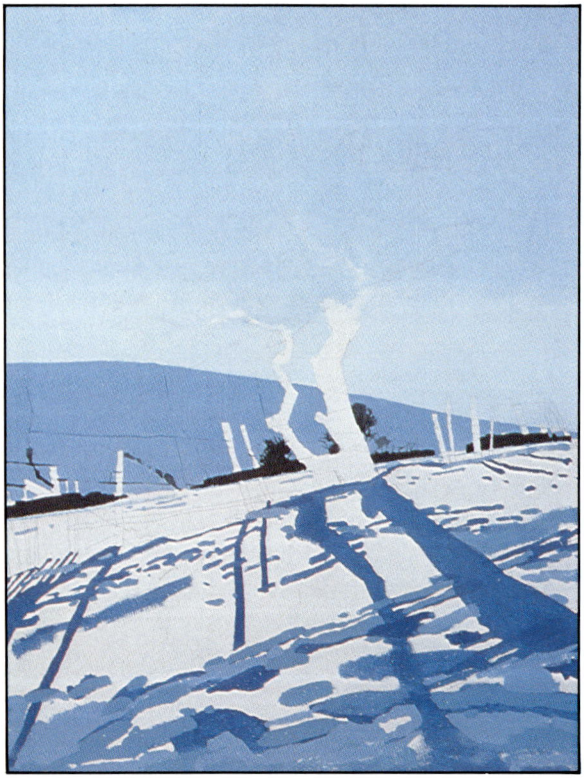

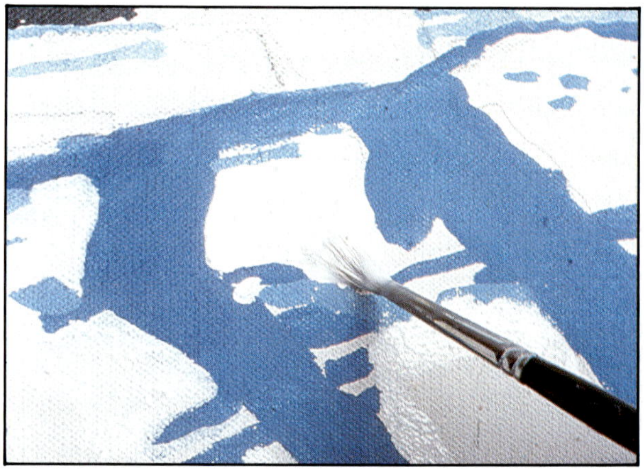

10 Mit der gleichen begrenzten Farbpalette überarbeitet der Künstler nun den Vordergrund (*links*). Mit einem feinen, farbgetränkten Marderhaarpinsel zeichnet er zudem ›kalligraphische‹ Linien, die den Zaun andeuten, und mit der äußersten Pinselspitze setzt er die Felder von dem Hügel ab.

11 Mit reinem Weiß überarbeitet der Maler die Schatten auf dem Schnee (*oben*), konturiert die Schattenlinien und korrigiert die Zeichnung. Wie bei den Bäumen achtet er auch hier auf den Raum zwischen den Formen. Die harten Kanten vermitteln den Eindruck von Licht auf dem Schnee.

12 Die Wintersonne, die hinter den Ästen der Bäume steht, ist ein wichtiges Element in diesem Bild (*rechts*). Der Künstler legt ihre Grundform an, bevor er mit dem Baum beginnt. Für das Zentrum verwendet er reines Weiß, für den Strahlenkranz Kadmiumorange mit etwas Weiß. Dieses methodische Vorgehen erfordert sorgfältige Planung der Arbeitsschritte.

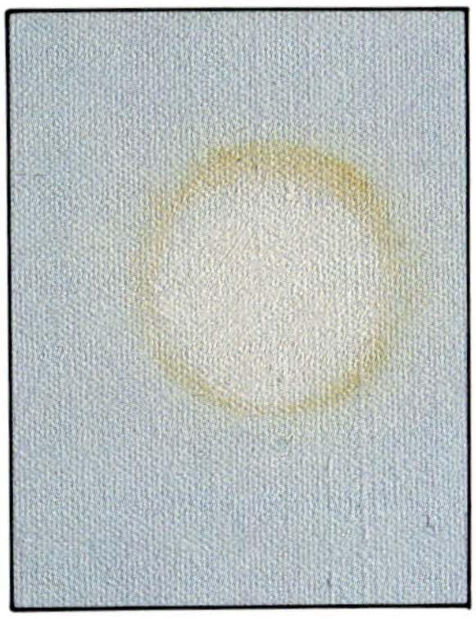

ARBEITEN MIT DEM MALERSTOCK

Ein Malerstock ist ein Stab mit einem gepolsterten Knauf aus Sämischleder. Er soll bei Detailarbeiten den Malarm unterstützen. Man kann sich einen Malerstock selbst herstellen, indem man ein mit Watte gestopftes Säckchen an der Spitze eines Stabes gut festbindet. Beim Malen legt man das gepolsterte Ende auf die Leinwand oder die Kante der Rahmenleiste, so daß die Malhand sich auf den Stock stützen kann.

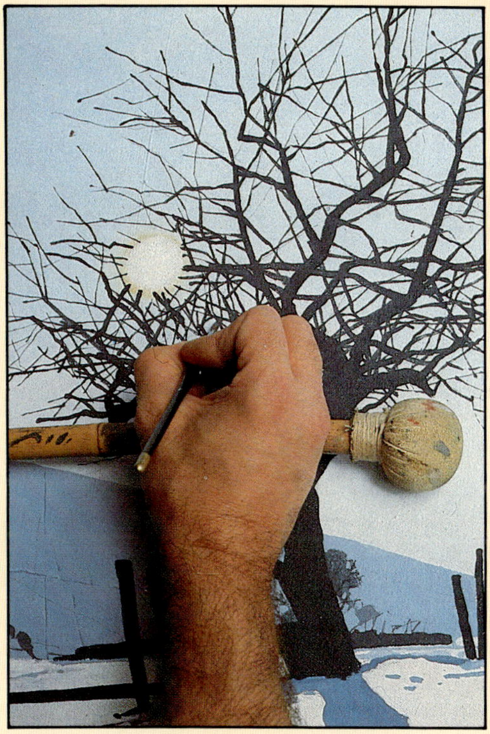

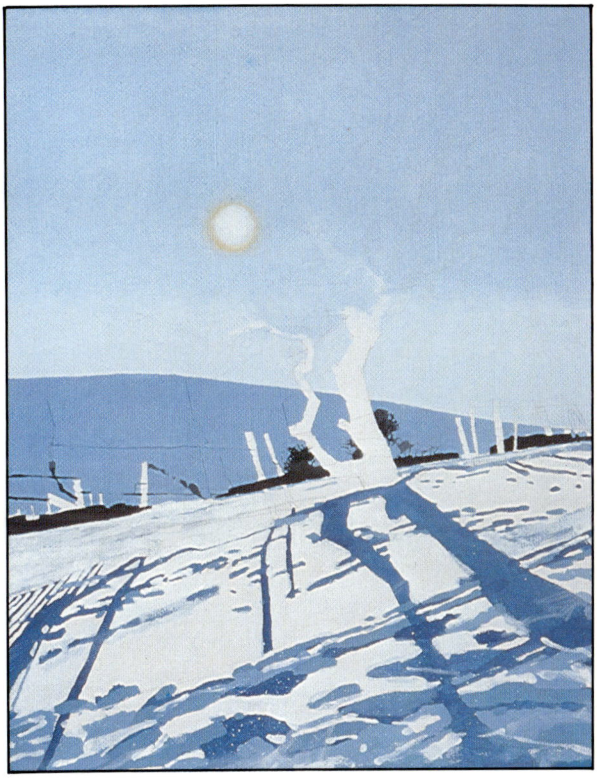

13 Die Sonne ist ein wichtiger Blickfang dieses Bildes, denn das Orange bringt einen neuen, warmen Farbton ins Bild, der die Kälte der anderen Bereiche noch betont (*oben*). Der Künstler beschließt diese Arbeitsetappe, indem er weiße Farbe über den Vordergrund spritzt, was die strenge, kalte Darstellung des Schnees mildert und gleichzeitig an Schneeflocken erinnert.

14 Mit einem Marderhaarpinsel Nr. 4 zeichnet der Künstler die Grundformen von Baum und Zaunpfählen (*rechts*). Hierfür wird mit etwas Coelinblau vermischtes Schwarz verwendet. Er arbeitet wiederum langsam und sorgfältig, um gerade, saubere Linien zu erhalten, die den Effekt der von der tiefstehenden Sonne von hinten angestrahlten Stämme und Zweige noch steigern.

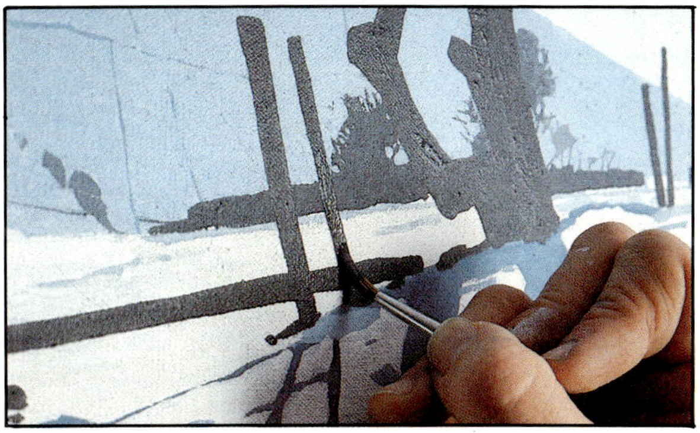

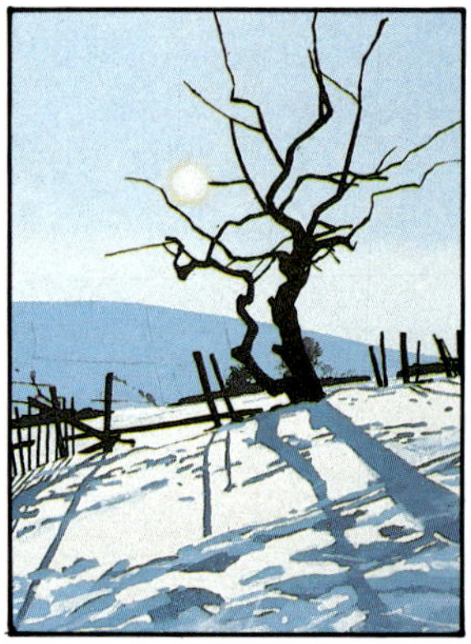

15 Sobald das ›Skelett‹ des Baumes vorhanden ist, wird das Bild lebendig (*links*). Der Baum mit der Sonne in den Zweigen ist das Zentrum, welches das Bild zusammenhält.

16 *Rechts* sehen wir die ›kalligraphische‹ Feinarbeit, mit der die kleineren Äste des Baumes gezeichnet wurden. Die Zweige vor der Sonne wurden mit reinem Kadmiumrot und -orange wiedergegeben.

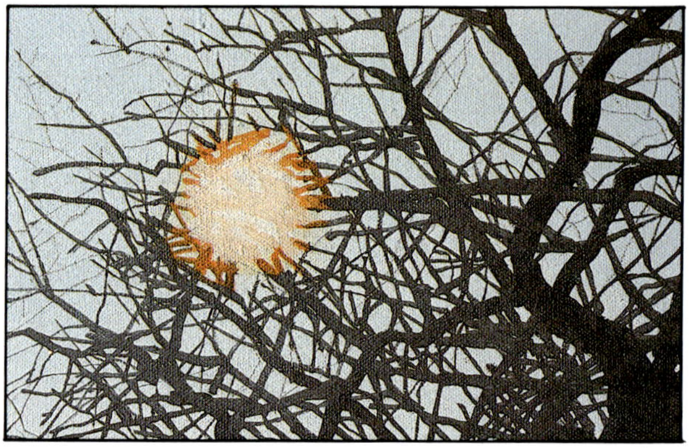

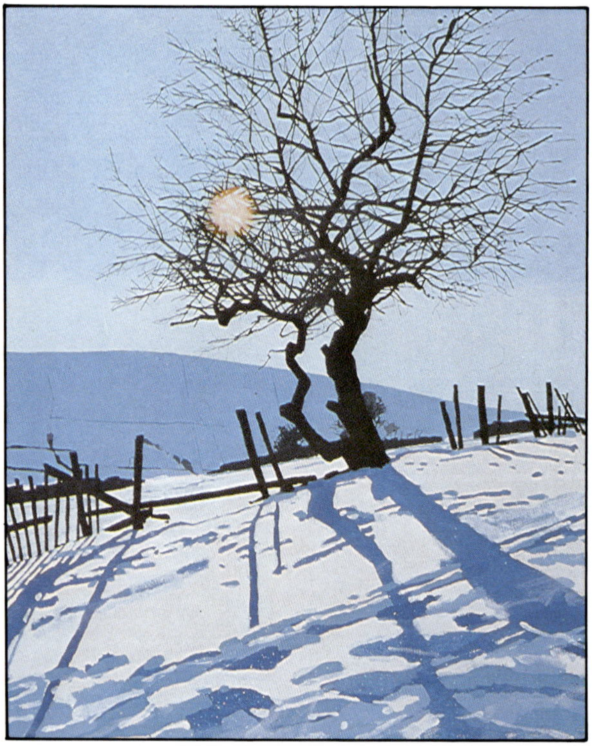

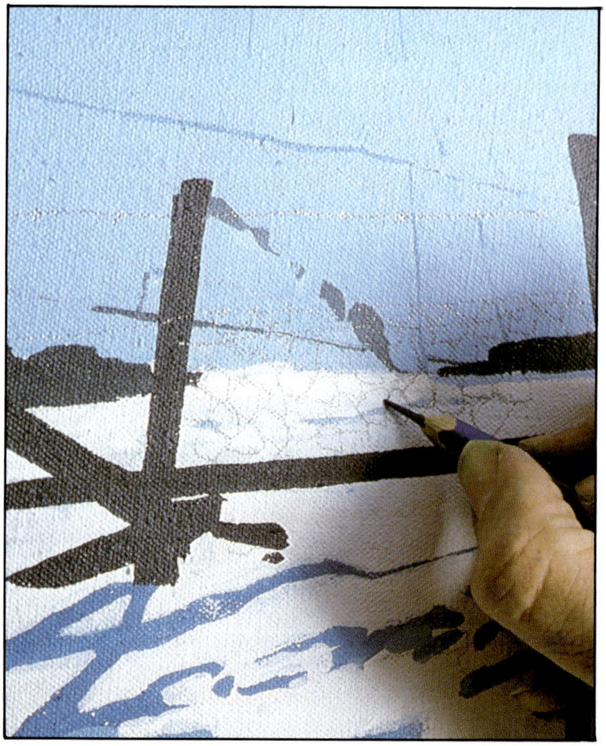

17 Nun tritt der Maler ein wenig zurück, um das Bild sorgfältig zu betrachten, es mit dem Originalmotiv zu vergleichen und die Effektivität seiner Technik zu überprüfen (*oben*). Zu den schwierigsten Entscheidungen gehört es, aufzuhören und das Werk für vollendet zu erklären. Viele Bilder haben schon durch zu eingehende Überarbeitung Originalität und Spannung verloren.

18 *Oben rechts* zeichnet der Künstler mit einem Bleistift den Maschendraht des Zaunes. Für diesen Zweck ist ein Bleistift mit seiner feinen Spitze und der weichen, bleigrauen Farbe ideal. Diese Technik ist sehr unkonventionell, zeigt jedoch, wie frei man arbeiten kann. Wenn sich mit einer Methode der Effekt erzielen läßt, den man sich wünscht, ist sie auch für Sie und das Bild die richtige.

19 Nachdem er das Bild noch einmal sorgfältig betrachtet hat, zeichnet der Maler einige dunklere Bereiche in die Baumkrone, um die Zweige dichter erscheinen zu lassen. Er überarbeitet das Geäst mit der Mischung aus Coelinblau und Weiß, die er für den Himmel benutzt hat (*rechts*). Er steigert also die Klarheit des Werks, indem er sich auf die Umgebung des Bildgegenstands konzentriert.

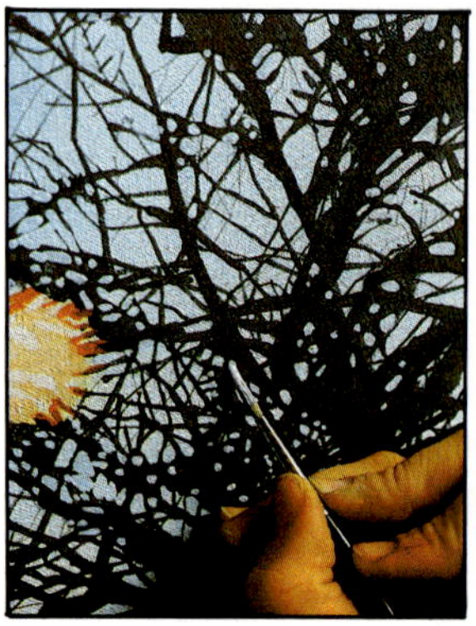

Was man benötigt

Der Maler arbeitete auf preiswerter Baumwolleinwand aus Segeltuch, die er im Künstlerfachhandel ›von der Rolle‹ kaufte. Er spannte sie selbst zu einem Format von 72 × 61 cm auf und imprägnierte sie mit Acryllasur, gemischt mit Emulsionsfarbe. Diese Mischung wurde dünn und gleichmäßig mit einem Anstreicherpinsel aufgetragen und eingerieben. Nur zwei Pinsel wurden gebraucht: ein flacher Borstenpinsel Nr. 7 und ein Marderhaarpinsel Nr. 4 für die Details. Um seinen Arm bei den späteren Feinarbeiten über nasser Farbe abzustützen, benutzte er einen Malerstock. Für die Vorzeichnung und den Maschendrahtzaun brauchte er einen 2B-Bleistift. Gearbeitet wurde mit Künstlerfarbe, weil Coelinblau als Studienfarbe praktisch nicht hergestellt wird. Hinzu kam eine große Holzpalette.

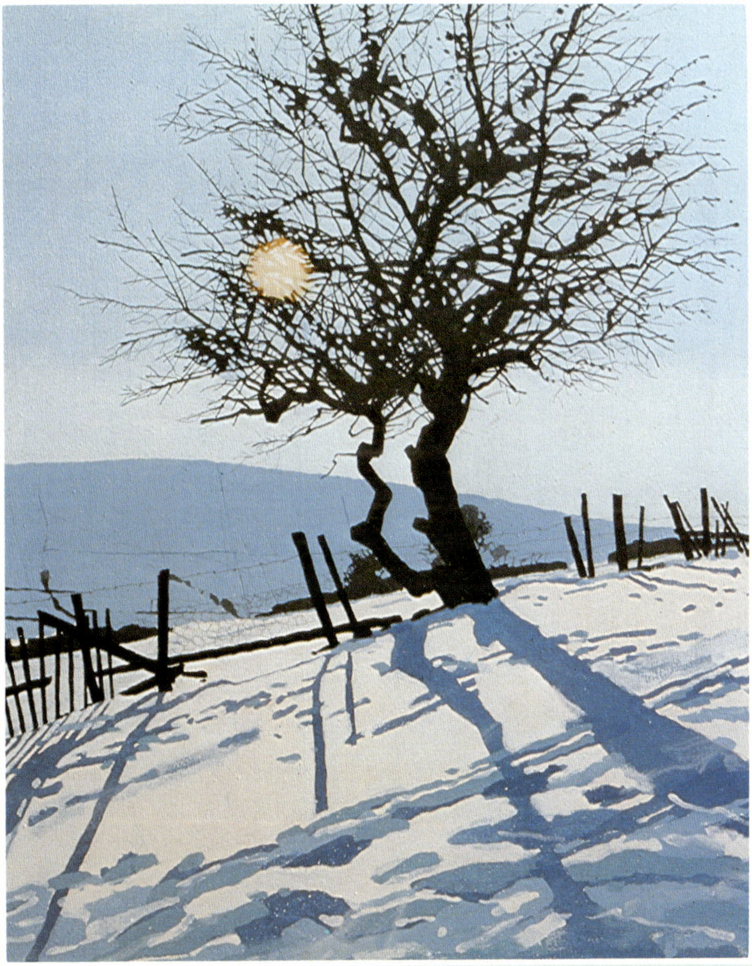

Winterlandschaft mit Schatten

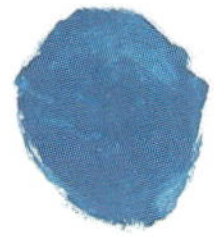

COELINBLAU

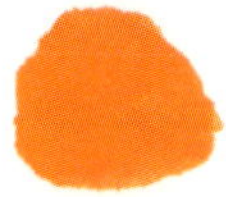

KADMIUMORANGE

KADMIUMGELB

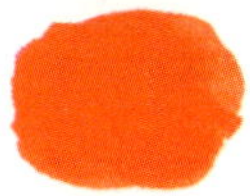

KADMIUMROT

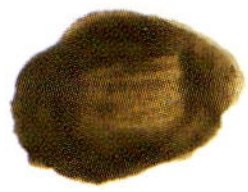

UMBRA NATUR

SCHWARZ

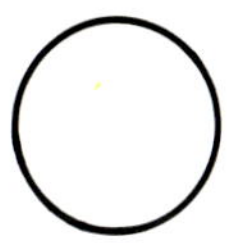

WEISS

KAPITEL SIEBEN

ACRYL-FARBE

Als die Acrylfarbe zu Anfang unseres Jahrhunderts erfunden wurde, stellte dies den ersten großen Fortschritt auf dem Gebiet der Malmedien seit mehr als 500 Jahren dar. Der Begriff ›Acryl‹ bezieht sich auf polymere Harze, mit denen die Pigmente gebunden werden. Die Pigmente selbst sind genau die gleichen wie in anderen Farben auch. Acrylfarben lassen sich mit beliebig viel Wasser, jedoch nicht mit Leinöl oder Terpentin mischen. Sie sind widerstandsfähig, haltbar und farbecht. Anders als Ölfarben vergilben sie auch nicht mit der Zeit. Ihr besonderes Kennzeichen ist die Schnelligkeit, mit der sie trocknen. Dies ist vorteilhaft und nachteilig zugleich. Der Vorteil ist, daß der Künstler schnell arbeiten und die Farbe rasch in transparenten oder opaken Schichten auftragen kann, ohne daß sich die unteren Farben mit den darüberliegenden vermischen. Andererseits läßt sich Acrylfarbe nicht bewegen, verändern oder abkratzen. Sie ist jedoch sehr flexibel und kann in zarten Lasuren oder pastos auf die Leinwand gegeben werden. Ihre Möglichkeiten lassen sich darüber hinaus noch durch die Kombination mit anderen Medien erweitern. Acrylfarbe hat seit den fünfziger Jahren sehr weite Verbreitung gefunden, und zu den ersten Malern, die mit ihr arbeiteten, gehörten Jackson Pollock (1912–1956), Mark Rothko (1903–1970) und Robert Motherwell (*1915). Oft ist dieses Medium einfach nur dazu verwendet worden, andere Medien nachzuahmen, aber die Acrylfarbe hat durchaus eigene Qualitäten und sollte nicht als schlechter Ersatz für ›das einzig Wahre‹ betrachtet werden.

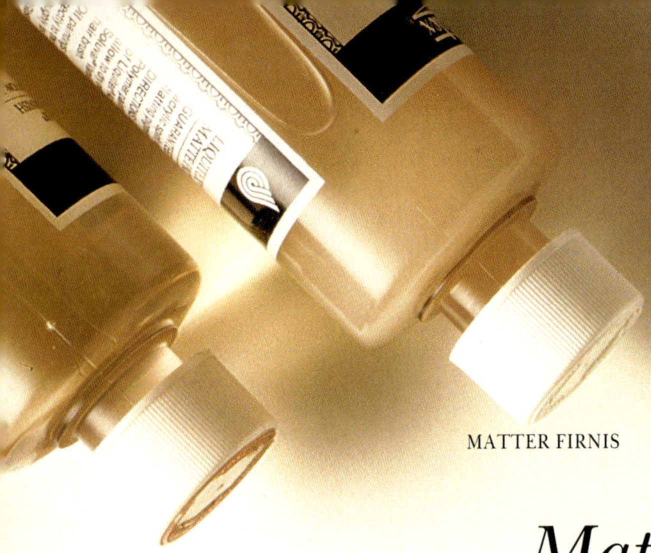

MATTER FIRNIS

GLÄNZENDER FIRNIS

Materialien

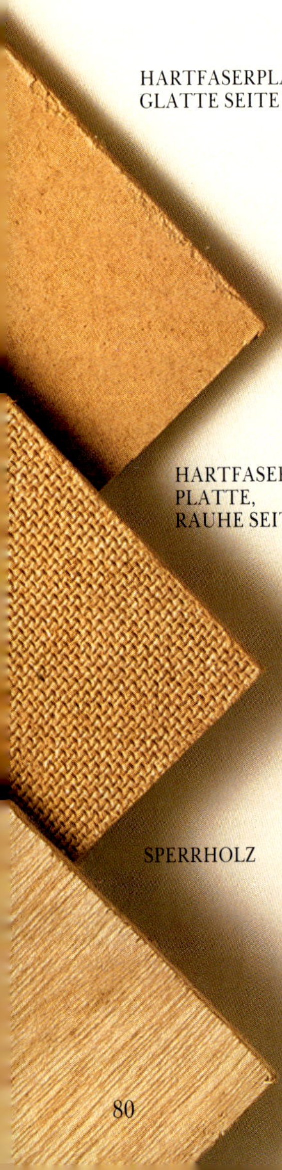

HARTFASERPLATTE, GLATTE SEITE

HARTFASER-PLATTE, RAUHE SEITE

SPERRHOLZ

Malgründe
Für Acrylfarbe eignet sich fast jeder Malgrund. Neben Hartfaserplatten, Leinwand, Holz und Papier, die man auch für die Ölmalerei benutzt, kann man sie auch auf Stuck oder glatte Wände auftragen. Tatsächlich wurde sie als Außenfarbe entwickelt, weil Künstler, die auf Außenwänden malten, eine haltbare Farbe benötigten, die man das ganze Jahr über der Witterung aussetzen konnte, ohne daß sie Schaden nahm. Mit Acrylfarbe kann auf präparierten und unbehandelten Flächen gemalt werden. Sobald sie trocken ist, verändert sie sich nicht mehr, deshalb ist es, anders als bei der Ölfarbe, nicht notwendig, den Malgrund vorher zu versiegeln. Wenn Sie eine weiße Grundierung bevorzugen, verwenden Sie Acrylspachtelmasse, und denken Sie daran, daß sich Acrylfarbe nicht mit Grundierungen auf Ölbasis verträgt. Wenn Ihnen die weiße Farbe des Untergrundes nicht so wichtig ist, Sie jedoch eine versiegelte und keine saugende Malfläche haben möchten, benutzen Sie Acrylbindemittel, das eine ausgezeichnete farblose Grundierung ergibt. Ob Sie sich für eine imprägnierte oder unbehandelte Oberfläche entscheiden, hängt von dem gewünschten Effekt ab. Wenn Sie zum Beispiel Fleckentechniken anwenden wollen, benötigen Sie unbehandelte Leinwand. Allgemein läßt sich sagen, daß Acrylfarbe auf unpräpariertem Malgrund matter trocknet als auf vorbehandeltem, obwohl sich dies durch den Zusatz anderer Medien, die beim Fachhandel erhältlich sind, ausgleichen läßt. Wenn Sie mit Acrylfarbe Aquarelleffekte erzielen möchten, benötigen Sie aufgespanntes Aquarellpapier.

STRUKTURPASTE, GROB

ACRYL-SPACHTELMASSE

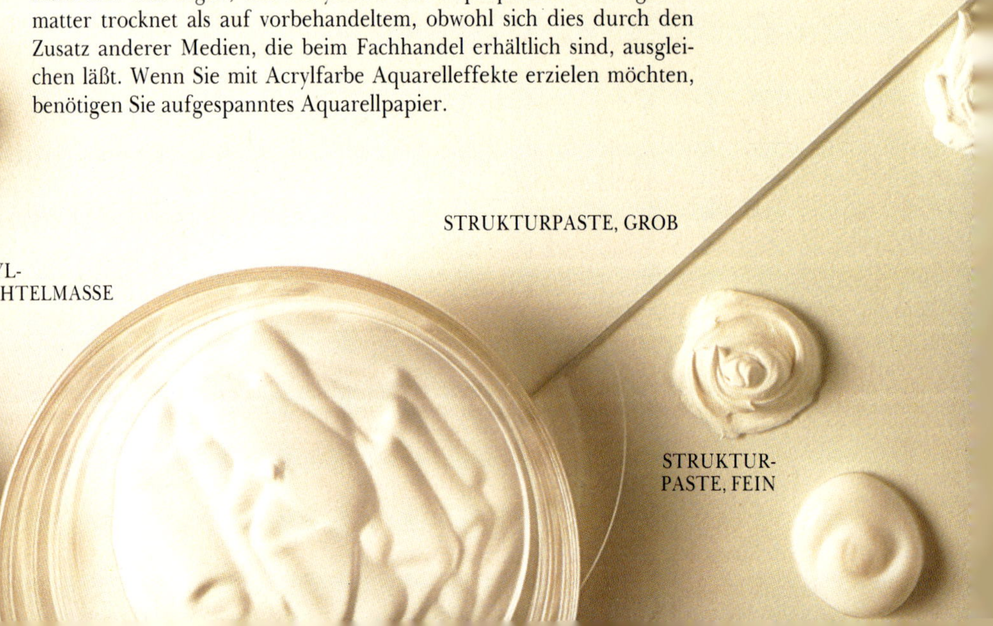

STRUKTUR-PASTE, FEIN

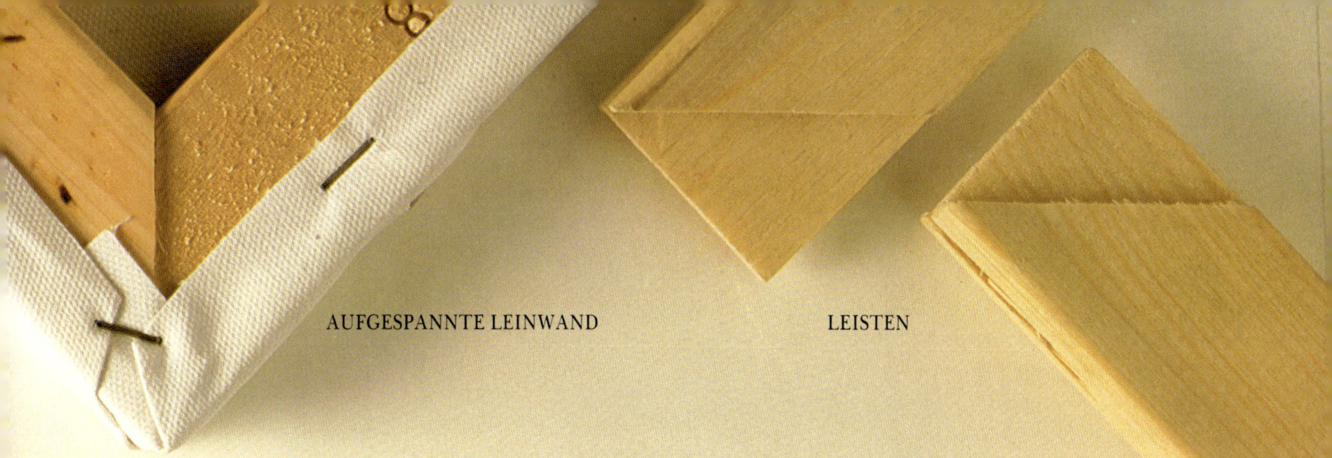

Farben

Es gibt eine große Auswahl an Acrylfarben auf dem Markt, und zwischen den einzelnen Marken bestehen feine Unterschiede. Welches Produkt Sie bevorzugen, ist eine Geschmacksfrage. Die meisten Hersteller produzieren zwei Farbsorten: eine flüssige und eine festere. Die flüssige Variante wird im allgemeinen für großflächiges Arbeiten verwendet, während die Standardsorte cremige Konsistenz hat und sich für feste, strukturierte Farbschichten eignet. Die Farbpalette entspricht im großen und ganzen der der Ölfarben, so daß Ihnen viele Farbbezeichnungen bekannt vorkommen werden. Einige Töne sind jedoch neu und nur als Acrylfarbe zu haben.

Acrylfarbe gibt es in Tuben, kleinen Töpfchen und großen 2-Liter-Flaschen. Gehen Sie sorgsam mit Ihrer Acrylfarbe um – halten Sie die Öffnungen der Tuben und die Ränder der Töpfchen immer sauber, und schrauben Sie sie gut zu. Acrylfarbe trocknet sehr schnell und wird sofort hart und unbrauchbar, wenn man sie auch nur für kurze Zeit der Luft aussetzt.

Hilfsmittel

Für die Arbeit mit Acrylfarbe gibt es eine große Zahl von Zusatzstoffen, die die Einsatzmöglichkeiten dieses Mediums beträchtlich erweitern. Die Produkte variieren je nach Hersteller, aber die meisten stellen Glanzlack, Mattierer und Glasur her, die den Charakter des Bildes entsprechend verändern. Wenn Sie Glanzlack in die Farbe geben, wird sie nach dem Trocknen stärker schimmern. Man kann ihn auch als transparentes Imprägniermittel für Leinwand und andere Malgründe verwenden. Darüber hinaus macht er Papier fester und wasserabweisend. Glanzlack ist in der Flasche milchigweiß, trocknet aber als transparenter Film. Man sollte ihn vorsichtig auftragen. Wenn man den Lack zu schwungvoll aufträgt,

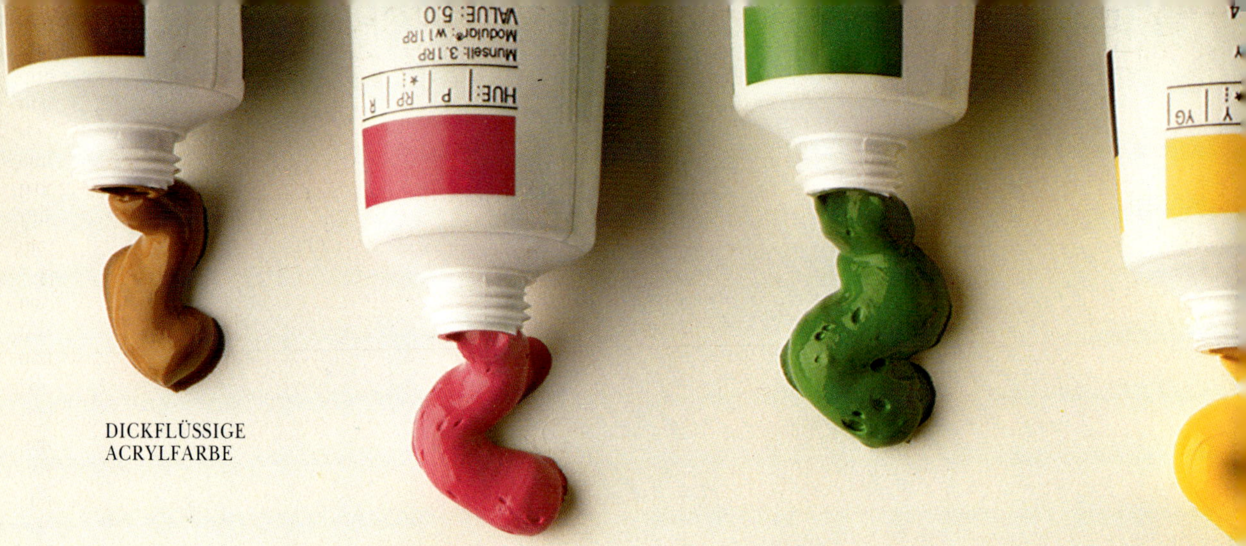

DICKFLÜSSIGE
ACRYLFARBE

PALETTENMESSER

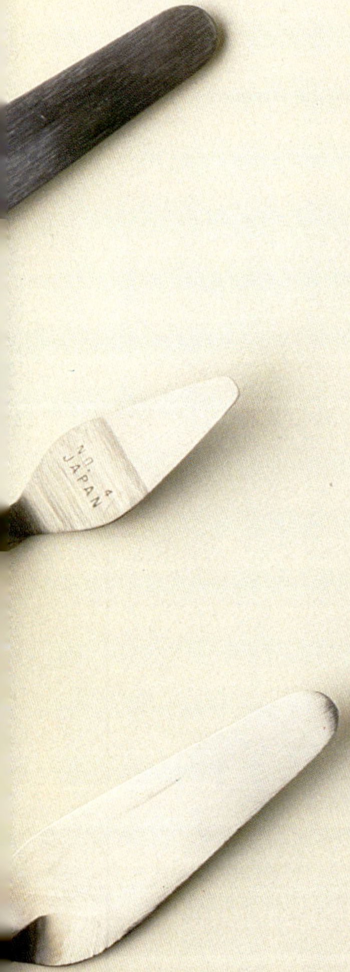

können sich kleine Luftbläschen bilden, die nach dem Trocknen als weiße Punkte sichtbar bleiben. Mattierer können auf die gleiche Weise verwendet werden, bringen jedoch keinen Glanz. Mit Glasuren entstehen seidenmatte, transparente Glanzschichten. Mit Wasserenthärter gemischte Farbe dringt besser in unbehandelte Leinwand ein, und er wird der Acrylfarbe auch zugesetzt, wenn man sehr dünne Farbschichten auftragen möchte. Die Farbe dringt in die unpräparierte Leinwand ein, und es entsteht eine matte, völlig gleichmäßige Farbfläche. Andere Mittel festigen die Farbe, so daß sich dicke Schichten aufbauen lassen; wieder andere steigern ihre Haftfähigkeit, so daß bei Mischtechniken und Collagen andere Materialien ins Bild eingefügt werden können. Verzögerer verlangsamen den Trocknungsprozeß, verändern jedoch auch den Farbcharakter. Keines dieser Hilfsmittel ist notwendig, und Acrylfarbe kann auch direkt aus der Tube oder dem Glas verwendet werden.

Pinsel

Alle gängigen Pinselarten, die für die Öl- und Aquarellmalerei verwendet werden, eignen sich auch für Acrylfarbe. Schweineborsten- und Synthetikpinsel lassen sich gut für das Auftragen unverdünnter oder eingedickter Farbe einsetzen. Rinder- und Marderhaarpinsel sowie weiche Synthetikpinsel benutzt man für stark verdünnte Farbe, transparente Farbschichten und Glasuren. Mit Mal- oder Palettenmessern kann man die Farbe auftragen, sie hin und her bewegen oder formen, wenn sie auf der Leinwand ist. Mit einem Messer lassen sich dicke Farbschichten aufbauen, Muster eindrücken oder Kratzspuren ziehen. Acrylfarbe eignet sich hierfür besonders gut, weil sie dabei ihre scharfen Kanten behält und sehr dick

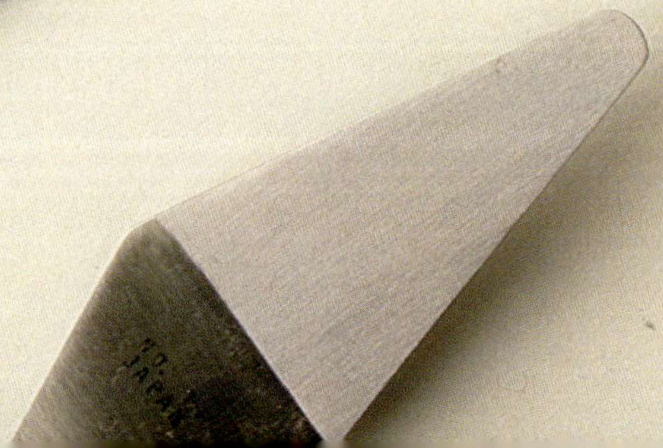

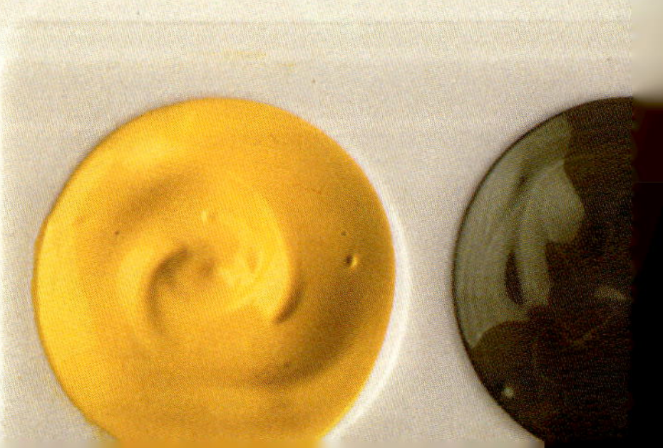

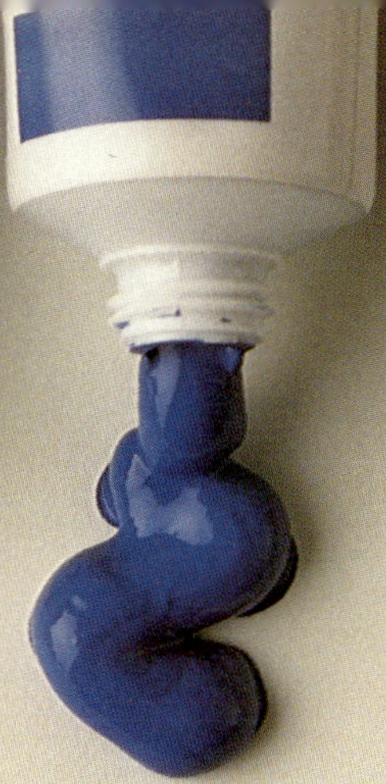

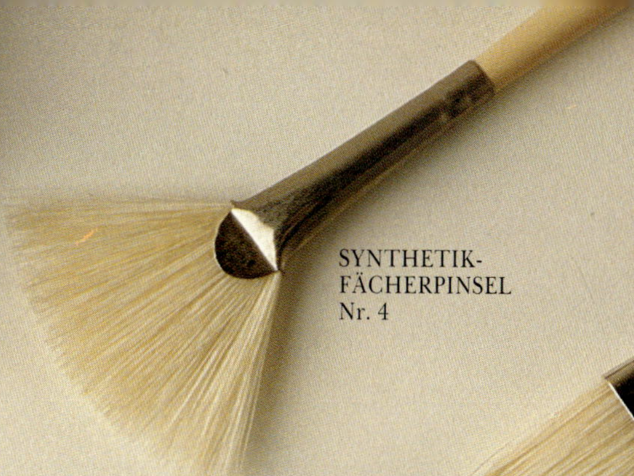

SYNTHETIK-
FÄCHERPINSEL
Nr. 4

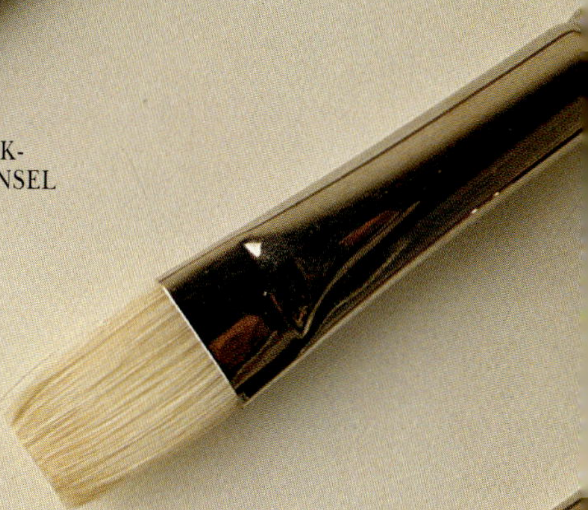

SCHWEINEBORSTEN-
PINSEL, FLACH Nr. 8

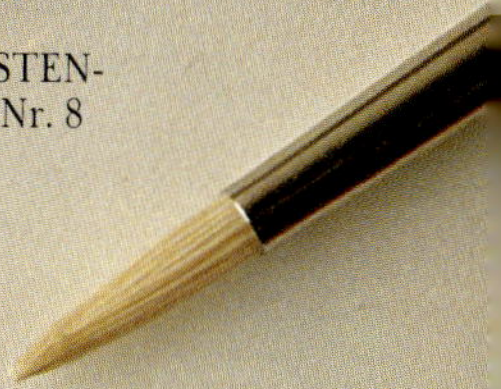

SCHWEINEBORSTEN-
PINSEL, RUND
Nr. 3

aufgetragen werden kann, ohne zu reißen. Malmesser gibt es in verschiedenen Formen und Größen, und mit jedem läßt sich eine Vielzahl von ›Spuren‹ von großen, verriebenen Farbflächen bis zu zierlichen, linearen Formen erzielen.

Reinigen der Pinsel
Wie beim Malen mit Ölfarbe ist es auch hier wichtig, die Pinsel pfleglich zu behandeln, das heißt, sie nach jedem Gebrauch gründlich zu reinigen. Bei Acrylfarbe ist dies sogar noch wichtiger, denn wenn sie im Pinsel trocknet, wird sie in kürzester Zeit steinhart und kann nur noch mit einem so radikalen Mittel wie Abbeizer entfernt werden. Ein hart gewordener Pinsel kann manchmal gerettet werden, wenn man ihn über Nacht in Brennspiritus stehen läßt und die Farbe dann durch Reiben der Borsten mit den Fingern löst. Danach sollte man den Pinsel mit warmem Wasser und Seife auswaschen.

Andere Ausrüstungsgegenstände
Für das Mischen der Farbe benötigen Sie eine Palette. Am besten eignet sich eine mit lackierter, nicht saugender Oberfläche, die gut zu reinigen ist. Glas- und Plastikpaletten werden sehr häufig verwendet, aber auch Wegwerf-Papp-Paletten sind sehr brauchbar. Wenn Sie gerade nichts anderes zur Hand haben, reicht auch ein großer weißer Teller. Wie die Pinsel sollten Sie auch Ihre Palette nach jedem Gebrauch reinigen, bevor die Farbe zu einer harten Kruste erstarrt. Bei der Arbeit hält man die Farbe feucht, indem man sie ab und zu mit Wasser bespritzt oder einen Wasserzerstäuber benutzt.

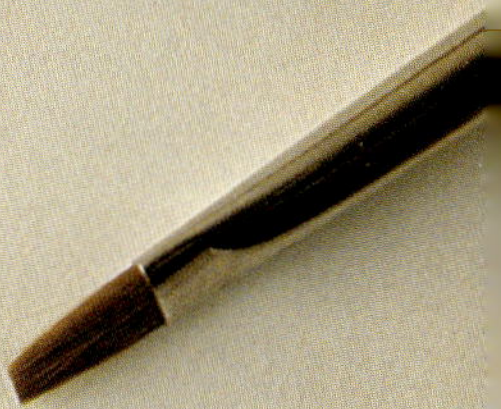

SYNTHETIKPINSEL,
FLACH Nr. 6

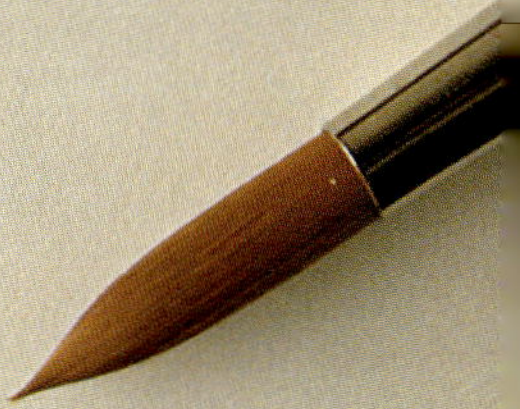

SYNTHETIKPINSEL,
RUND Nr. 11

DÜNNFLÜSSIGE ACRYLFARBE

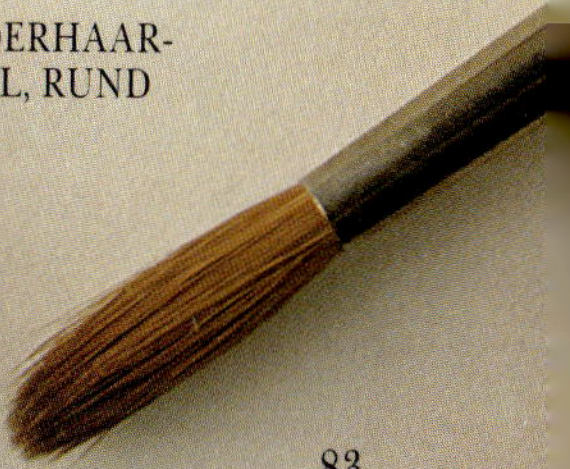

MARDERHAAR-
PINSEL, RUND
Nr. 8

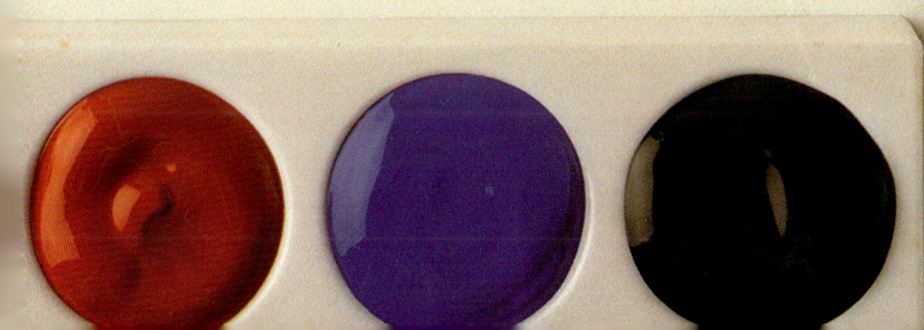

Friedhof mit Eiben

Vom Menschen geschaffene Formen, die zur Landschaft gehören, sind für den Künstler eine nie versiegende Quelle der Inspiration. Besonders Kirchen haben die Aufmerksamkeit der Maler seit jeher auf sich gezogen. In der Vergangenheit, vor der Erfindung der Stahlbetonbauweise, waren Kirchen nicht nur die größten, sondern auch die imposantesten und am üppigsten ausgestatteten Gebäude einer Region. Darüber hinaus waren sie der Mittelpunkt des Lebens eines Ortes und deshalb nicht nur optisch herausgehoben, sondern auch sozial von außerordentlicher Wichtigkeit. Kirchen sollten einen mächtigen Gott ehren, gleichzeitig aber auch die Gemeinde beeindrucken und im Glauben stärken. Den Künstler faszinieren besonders die architektonischen Details, ihre religiöse Bedeutung und die Art, in der ein schweres, kompaktes Material wie Stein der Schwerkraft zum Trotz zum Himmel aufstrebt.

Bei dieser Komposition hat der Maler die Kirche und den Friedhof in einen schmalen Rahmen gesetzt. Die dunkelgrünen Säulen der Eiben schaffen Atmosphäre und die passende Umgebung. Darüber hinaus wirken sie wie ein Rahmen, der den Blick des Betrachters in und durch das Bild zieht. Ein auf diese Weise betrachtetes Gebäude in einer Landschaft bietet Raum für reizvolle Ton- und Formwechsel. Die scharfen Kanten des Steins bilden einen Gegensatz zu den weichen, geschwungenen natürlichen Formen und betonen sie gleichzeitig. Die Vertikalen des Kirchturms und der Grabsteine schließlich nehmen die Senkrechten der dunkelgrünen Bäume und die geometrischen Formen der Steine wieder auf.

Der Maler arbeitet hier mit sehr dünn aufgetragener Acrylfarbe, eine Technik, die der Aquarell- oder Gouachemalerei ähnelt. Viele Leute halten das Malen mit Acrylfarbe für schwierig, dabei hat sie lediglich, wie jedes andere Medium auch, bestimmte Eigenschaften, die man kennenlernen sollte, wenn man Fehler vermeiden und all ihre Möglichkeiten ausschöpfen möchte. Acrylfarbe ähnelt der Gouache, denn auch sie verändert beim Trocknen ihre Farbe und wird stumpf. Dadurch ist es schwer, die Farbharmonien zu kontrollieren, aber mit etwas Erfahrung weiß man bald, wie die Farbe nach dem Trocknen aussehen wird. Wenn man nicht damit rechnet, kann die matte, recht stumpfe Oberfläche sehr enttäuschend sein, aber auch dies hat seine Reize, und durch verschiedene Zusätze läßt sich der Glanz der Farbe erhöhen. Acrylfarben sind oft sehr grell; letztlich ist dies eine Geschmacksfrage und läßt sich ausnutzen oder kontrollieren. Darüber hinaus trocknet sie sehr schnell, und deshalb hat man die Möglichkeit, ein Bild in seinen Grundzügen im Freien anzulegen und es dann zu Hause im Atelier mit Ölfarbe zu vollenden. Mit Öl läßt sich sehr gut auf Acrylfarbe arbeiten.

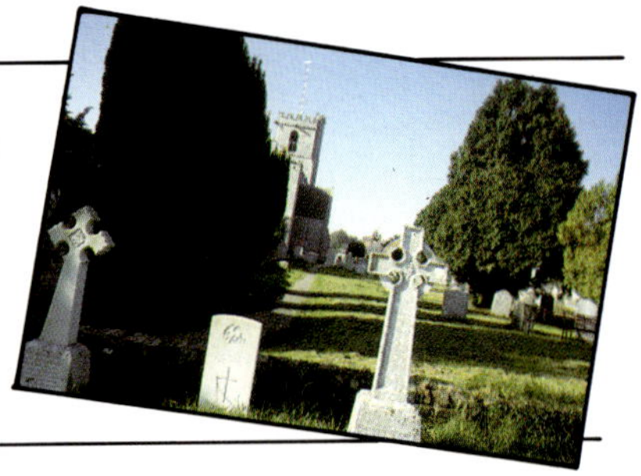

1 Dem Künstler gefiel die Art, in der die Bäume einen Rahmen für die Kirche im Hintergrund bilden. Er benutzte Acrylfarbe, weil sie schnell trocknet.

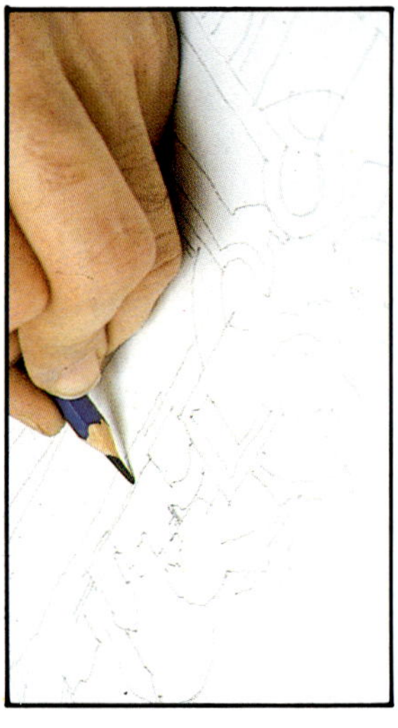

2 Zunächst wird auf der vorbehandelten Leinwand mit einem 2B-Bleistift eine sorgfältige Skizze angefertigt *(links)*. Das Zeichnen zwingt zur Konzentration und hilft, die eigenen Ideen im Kopf und auf der Leinwand zu ordnen.

3 Die fertige Vorzeichnung *(rechts)* läßt die grobe Verteilung der Bildgegenstände sowie einige detailliertere Bereiche erkennen, zum Beispiel die Gebäude und Bäume am Horizont. Zeichnungen für bestimmte Zwecke enthalten verschiedene Arten von Informationen.

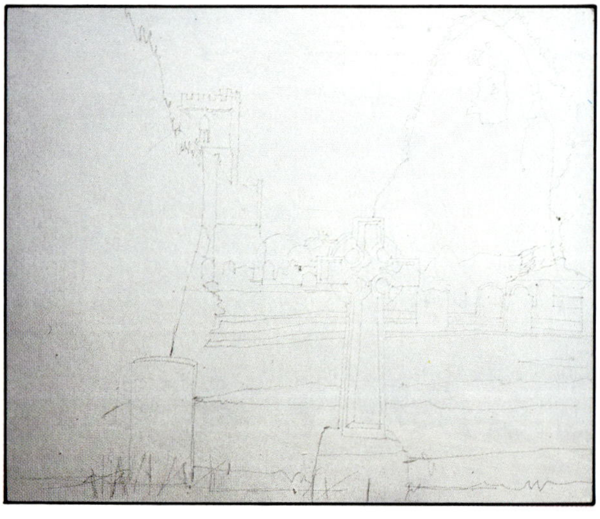

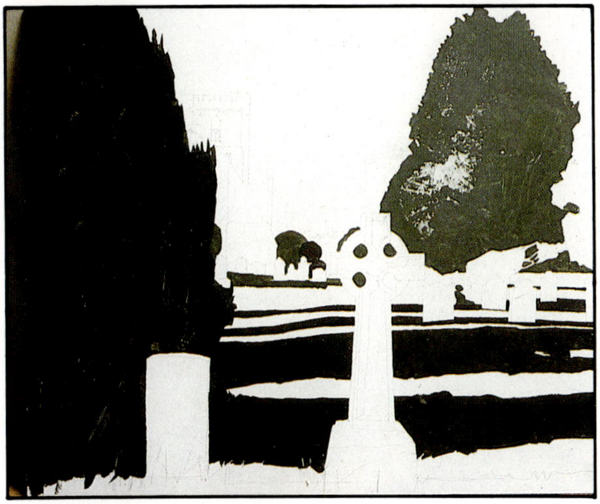

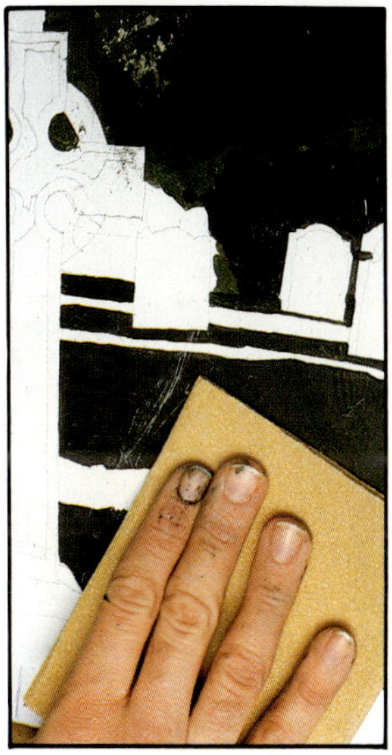

4 Mit einer Mischung aus Kadmiumgrün und Schwarz skizziert der Maler die dunkelsten Töne (*oben*), die Blätter der beiden großen Bäume und die langen Schatten auf dem Gras. Dann strukturiert er das Laub des hinteren Baumes.

5 Unverdünnte oder mit Wasser verdünnte Acrylfarbe trocknet zu einem stumpfen, matten Film. Der Maler gibt den Schatten auf dem Gras Textur (*links*), indem er sie mit grobem Schleifpapier abreibt.

6 Der Ausschnitt (*unten*) zeigt, wie matt und opak Acrylfarbe werden kann und wie sie nach der Behandlung mit Schleifpapier aussieht.

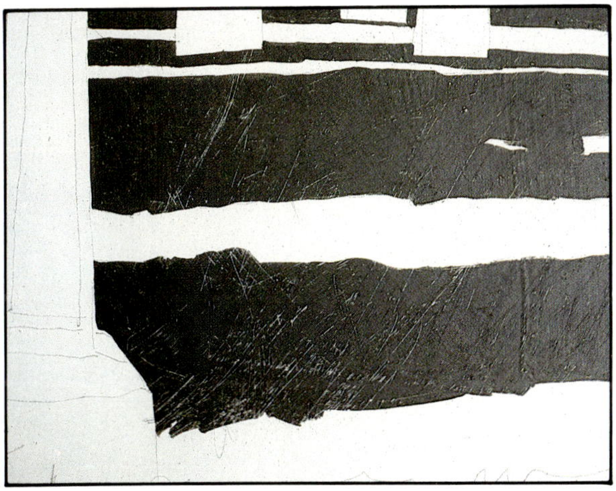

STRUKTUREN AUF ACRYLFARBE

Hier sehen wir, wie der Künstler die Krone der Eibe im Hintergrund strukturiert hat. Auf dem ersten Bild spritzt er feine Wassertröpfchen auf die grüne Farbe, die er dann mit einem feuchten Tuch wieder abtupft. So wird eine sehr lebendige Wirkung erzielt, und auf dem fertigen Bild sehen Sie das Ergebnis dieser Prozedur, die auch die folgenden Farbschichten verändert.

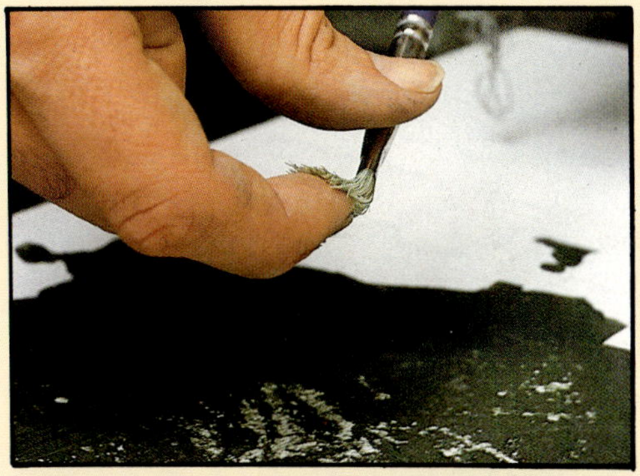

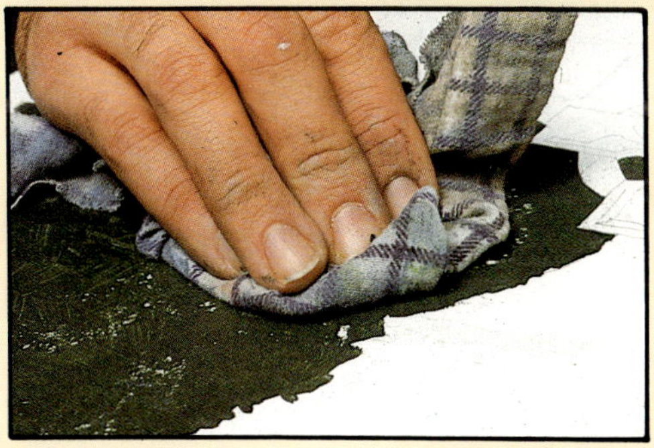

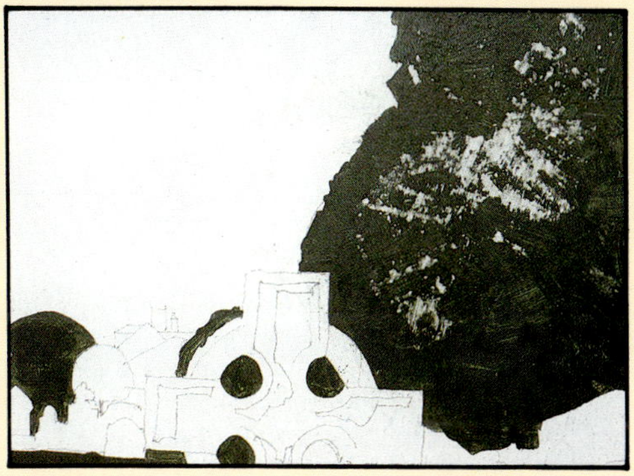

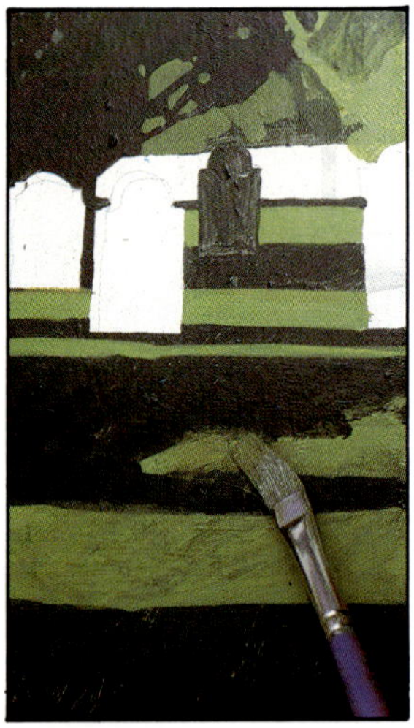

7 Mit einer Mischung aus Chromoxidgrün und etwas Kadmiumgelb zeichnet der Künstler die sonnenbeschienenen Bereiche auf dem Gras (*links*). Die Farbe ist mit Wasser verdünnt, und der Maler arbeitet schnell und sehr frei. Beim Malen ist Farbe auf das hohe Kreuz im Vordergrund gespritzt, und diese unbeabsichtigten Pünktchen werden in das Bild übernommen.

8 Mit einer Mischung aus Chromoxidgrün, Schwarz und Weiß überarbeitet der Künstler vorsichtig die eine Seite des rechten Baumes und spritzt Farbe über seine Krone (*rechts*).

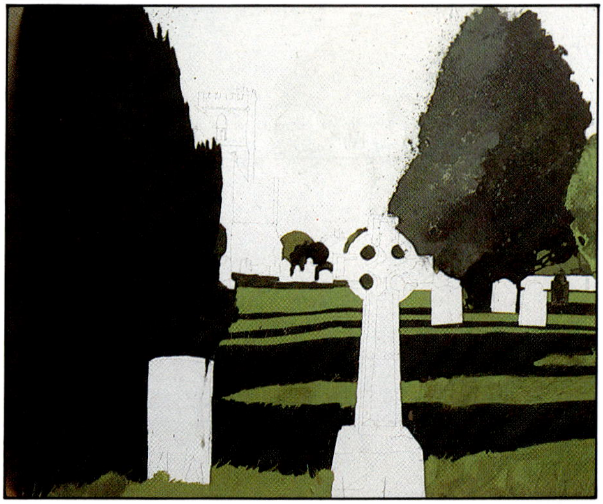

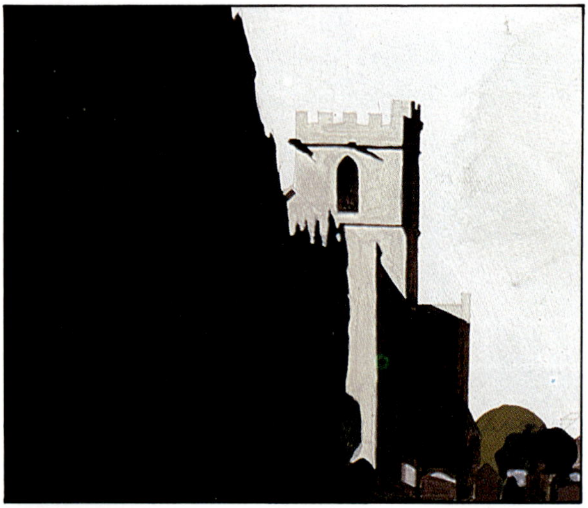

9 Der Kirchturm entsteht aus einer Mischung von Weiß, Schwarz und Umbra natur (*links*), und die schwarzen Schatten bekommen durch Umbra natur einen wärmeren Ton. Mit einem feinen Pinsel werden die architektonischen Details gezeichnet.

10 Nun werden die dunklen und mittleren Töne des Grabsteins entwickelt (*rechts*). Ist die Farbe trocken, kann der Maler diese verschatteten Bereiche übermalen. Hierfür mischt er Schwarz, Weiß und Umbra natur mit etwas Glanzlack und lasiert die dunklen und mittleren Töne damit.

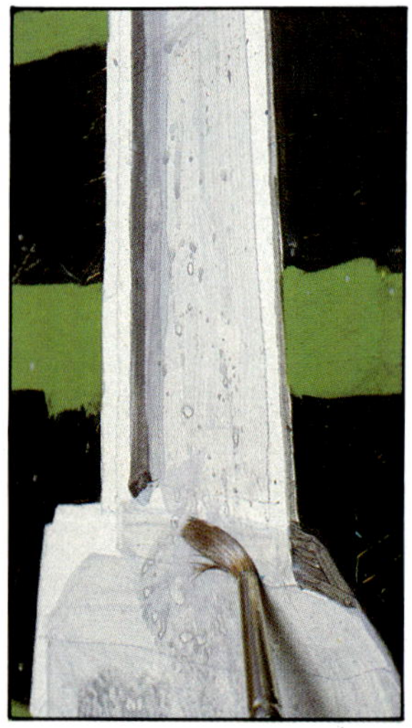

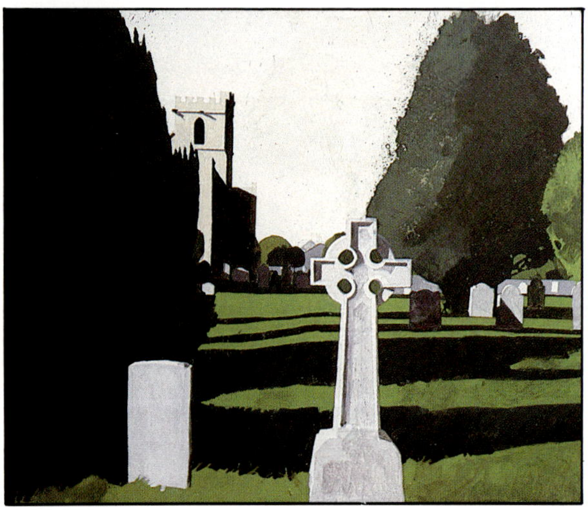

11 Auf diese Weise überarbeitet der Maler den ganzen Grabstein, um ihn so plastisch wie möglich erscheinen zu lassen (*links*). Mit Schleifpapier rauht er die Oberfläche auf und übermalt sie dann. So entsteht eine streifige Struktur.

12 Zum Schluß wird mit einer Mischung aus Kobaltblau und etwas Weiß der Himmel angelegt (*rechts*), wobei der Maler die Kanten des Kirchturms und die Baumkronen vorsichtig umschreibt. Beachten Sie, wie die Acrylfarbe die Farbspritzer, die auf den Himmel geraten sind, abdeckt.

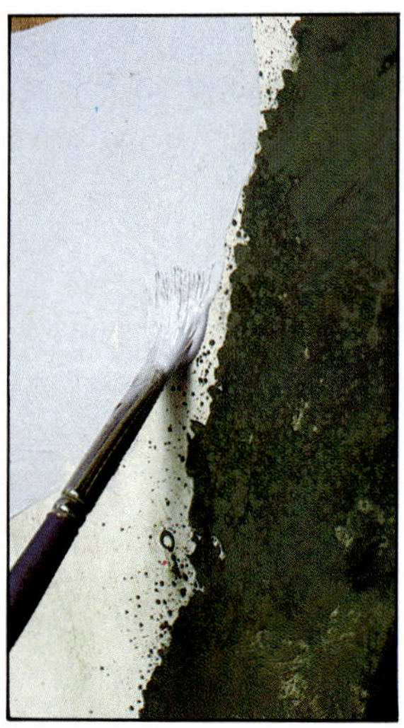

Was man benötigt

Der Maler verwendete eine Hartfaserplatte von 40,5 × 51 cm, die mit Emulsionsfarbe, 1 : 1 gemischt mit Glasuremulsion, grundiert wurde. Er benutzte Flachpinsel Nr. 3, Nr. 5 und Nr. 7, einen Marderhaarpinsel Nr. 4 und einen kleinen Tapezierpinsel. Die Farben wurden mit Wasser verdünnt und für mehr Transparenz mit Acrylglasur versetzt, einige Bildpartien mit Schleifpapier aufgerauht.

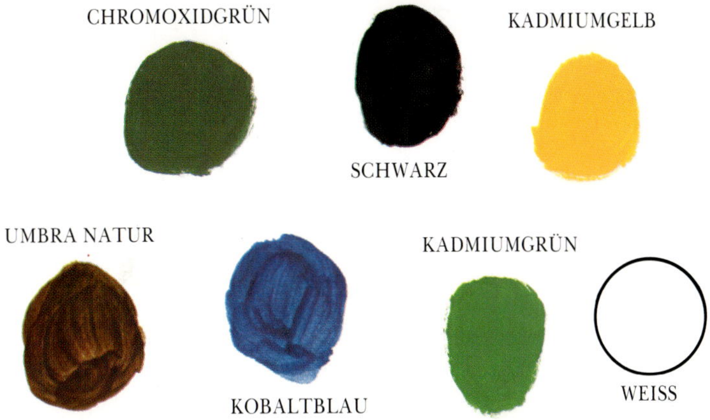

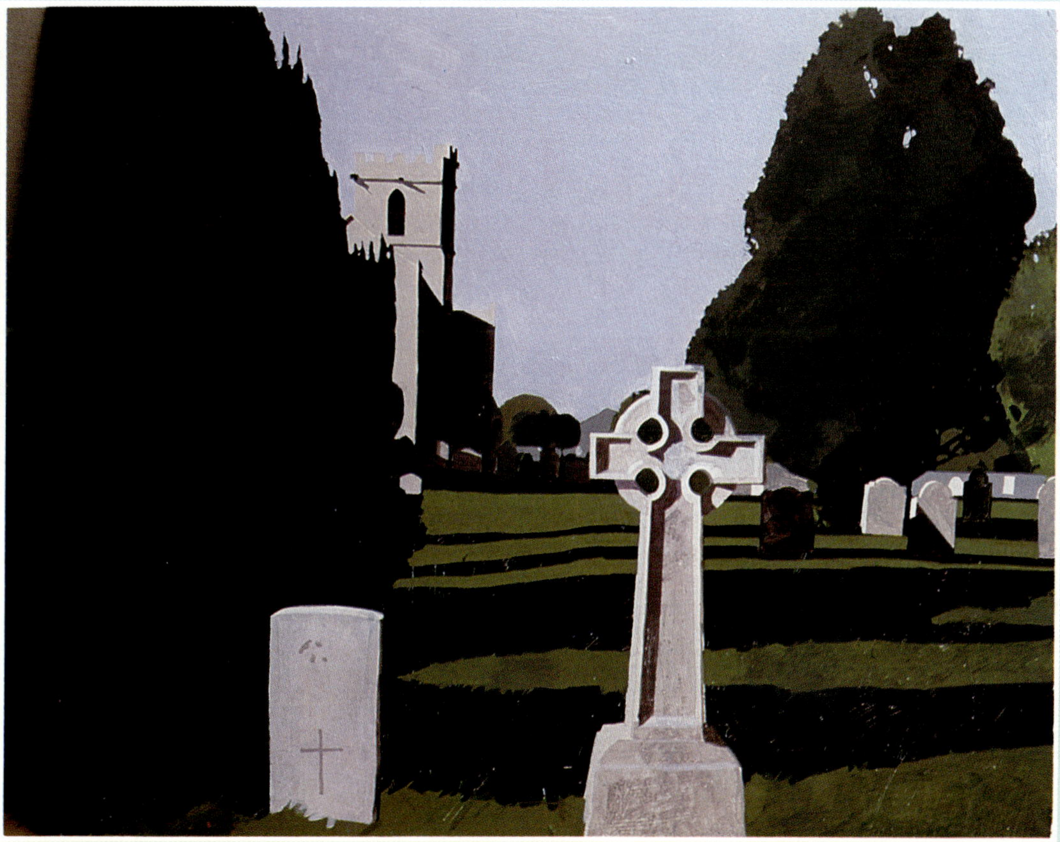

Friedhof mit Eiben

Ein Kornfeld im Sommer

Um alle Möglichkeiten der Acrylfarbe zu nutzen, sollten Sie sich mit möglichst vielen Verwendungsarten vertraut machen. Eine gute Methode ist hierbei die Anfertigung einer Reihe von Bildern, bei denen Sie versuchen, die Techniken anderer Medien zu kopieren. Auf diesem Bild hat der Maler unterschiedliche Maltechniken miteinander kombiniert. Zunächst trug er, wie bei der Ölmalerei, einen Grundton auf und entwikkelte das Bild mit einer Reihe von Techniken, die aus anderen Medien entlehnt sind, weiter. Die großflächigen Bereiche der ersten Farbschicht wurden in Aquarelltechnik mit verdünnter Farbe angelegt. Mit dickflüssiger Farbe und einem feinen Pinsel zeichnete der Maler dann die Details. Die erhabenen, strukturierten Bereiche wurden wie bei der Ölmalerei mit sehr dickflüssiger Farbe aufgetragen.

Der Künstler arbeitete im Atelier nach einer einfachen Skizze, die er im Freien angefertigt hatte. Diese hatte er mit Notizen zu Farben und Details ergänzt, zum Beispiel mit dem Vermerk, daß es sich bei den Blumen im Vordergrund um Gänseblümchen handelt. So eingesetzt ist ein Skizzenbuch ein sehr wertvolles Hilfsmittel. Wenn Sie wissen, daß Sie zu Hause im Atelier viele Informationen benötigen, sind Sie gezwungen, sich sehr intensiv auf das Motiv zu konzentrieren. Notieren Sie die Lokalfarben, die Lichtverteilung auf dem Motiv und die Beziehung der einzelnen Gegenstände zueinander. Man sollte auch die ersten Eindrücke von einem Motiv festhalten und beschreiben, warum man gerade diese Szenerie ausgewählt hat. Vielleicht beschäftigen Sie sich erst nach langer Zeit wieder mit dem Thema, und diese Aufzeichnungen können Ihre Erinnerung auffrischen.

Der Künstler entschied sich bei dieser Komposition aus verschiedenen Gründen für Acrylfarbe. Er hatte wenig Zeit, und die kurze Trockenzeit der Acrylfarbe erlaubte ihm, mehrere Farbschichten schnell hintereinander aufzutragen. Daneben reizte ihn ihre große Deckkraft, die es ermöglichte, Glanzlichter oder hellere Farben in jedem beliebigen Arbeitsstadium hinzuzufügen. So wurde ein großer Teil der Vordergrundfarbe erst sehr spät aufgetragen. Mit jedem Arbeitsschritt veränderte sich das Bild stark, und so hatte der Künstler die Freiheit, zu experimentieren oder seine Pläne zu ändern.

Die Malweise ist vielseitig und interessant. Der Vordergrundbereich besteht aus sorgfältig aufgetragenen, lebendigen Farben, die vertikalen grünen Striche werden durch das darunterliegende Rot, das durch die Gräser und Blumen schimmert, wärmer und auffälliger. Dicke weiße Farbtupfer deuten die Blüten der Gänseblümchen einfach, aber effektvoll an. Die gebrochene Farbstuktur des Vordergrundes kontrastiert mit dem flachen, cremigen Gelb des Mittelgrundes und der glatten, sehr dünn aufgetragenen Farbe der Hügel am Horizont.

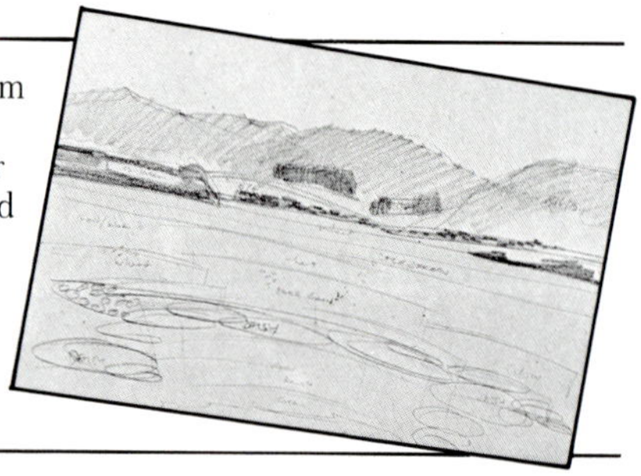

1 Der Maler hatte im Freien diese Skizze angefertigt, nach der er im Atelier sein Bild konzipierte. Die Zeichnung entstand nur zu diesem Zweck.

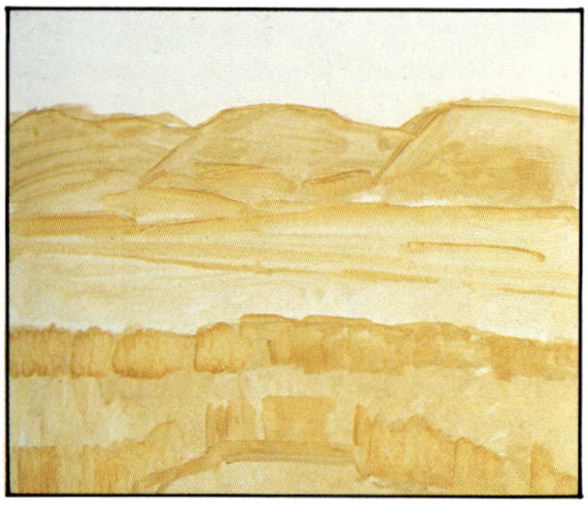

2 Der Künstler beginnt mit einer detaillierten Farbskizze. Mit einem Borstenpinsel Nr. 8 und einer Mischung aus Goldocker und Umbra natur entwirft er die Grundformen.

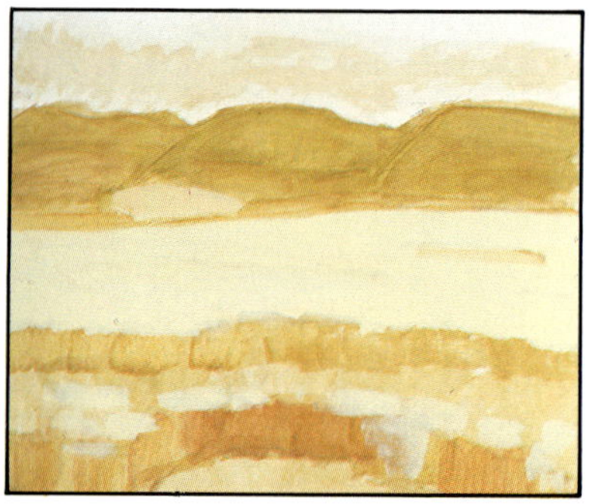

3 Der Vordergrund wird mit einer dünnen Schicht in warmem Orange, die Hügel mit Olivgrün überarbeitet. Der Mittelgrund erhält eine dicke Schicht Zitronengelb.

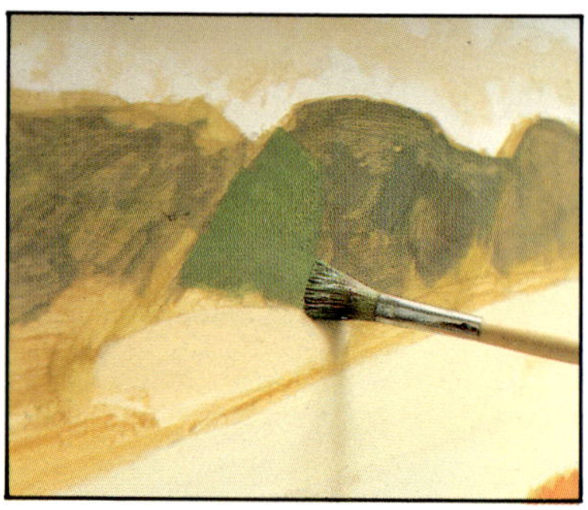

4 Nun zeichnet der Maler die Hügel mit einer recht dicken Mischung aus Kadmiumgrün und Ockergelb. Zinnoberrot und Gelb bilden das helle Orange des Vordergrundes.

FARBSCHICHTEN

Der Künstler nutzte die Deckkraft der Acrylfarbe, um komplexe Farbschichten aufzubauen. Für den Vordergrund verwendete er kräftiges Orange. Dieser Ton wurde mit anderen Farben übermalt, die ihn jedoch nicht vollständig abdecken, so daß winzige orangefarbene Fleckchen sichtbar bleiben und die folgenden Schichten warm und strahlend erscheinen lassen. Man kann Acrylfarbe auch als dünne Lasuren auftragen, die jede folgende Schicht verändern.

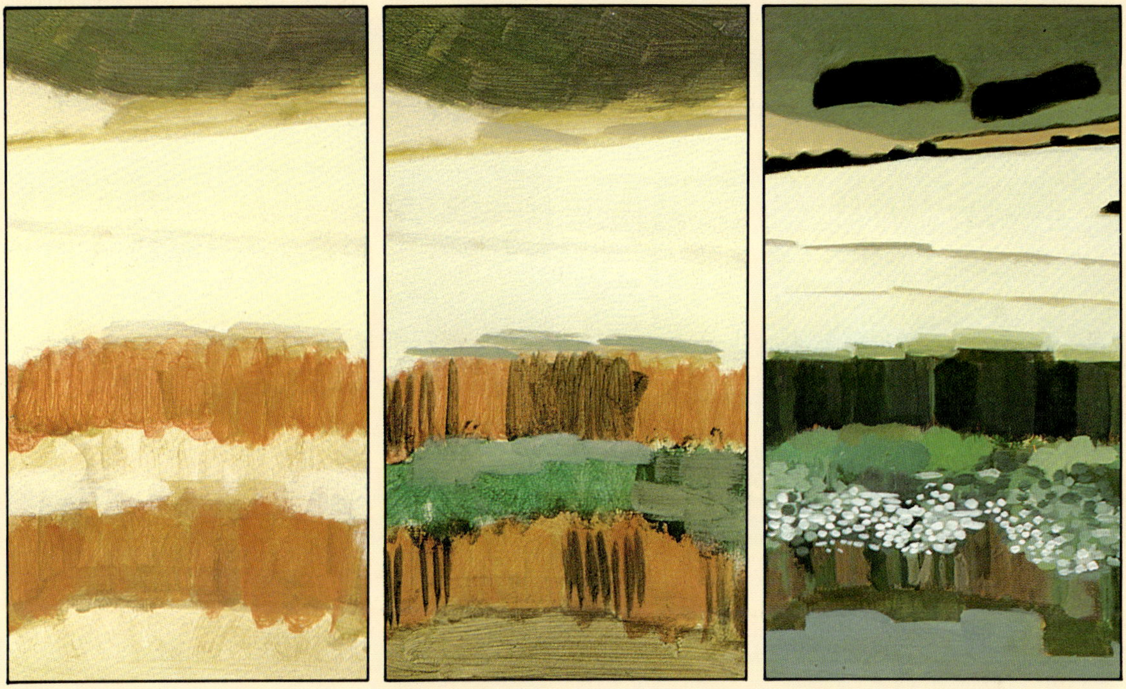

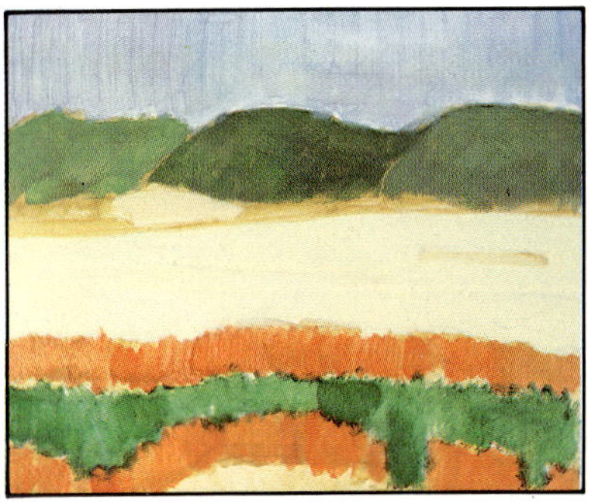

5 Mit stark verdünntem Kobaltblau wird der Himmel übermalt und ein strahlender Grünton aus Kadmiumgrün und Zitronengelb wird zwischen die hellorangefarbenen Streifen gelegt.

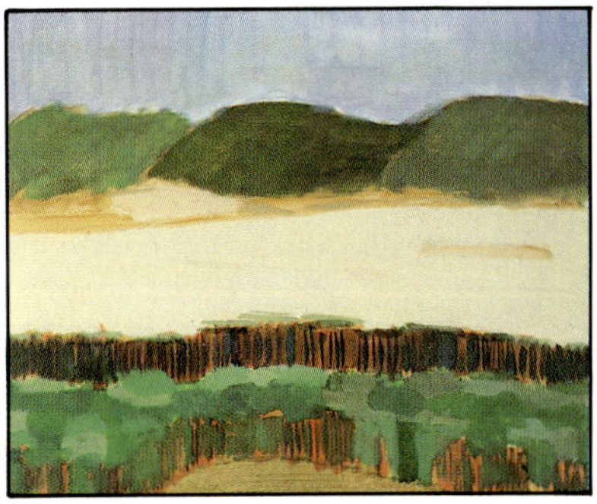

6 Der Künstler strukturiert nun den Vordergrund mit großen Farbtupfern und dünnen Schichten. Dazu verwendet er Grün- und Grautöne, die er aus denselben Grundfarben mischt.

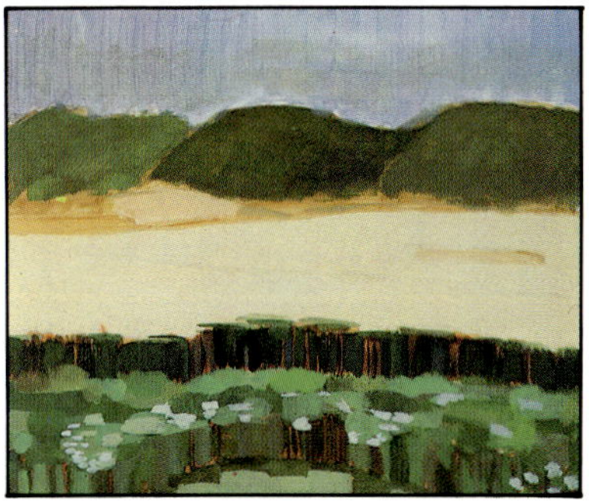

7 Durch Tupfer von Hellgrün und Weiß rückt der Vordergrund an die Bildebene. Die Farbe wird in horizontalen Strichen aufgetragen, die die oberste Schicht der Vegetation darstellen.

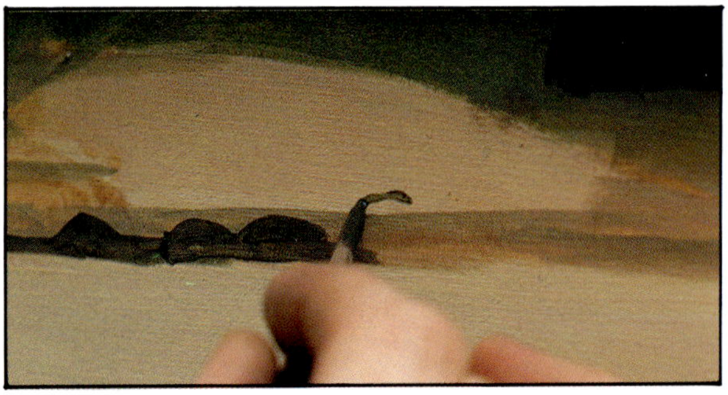

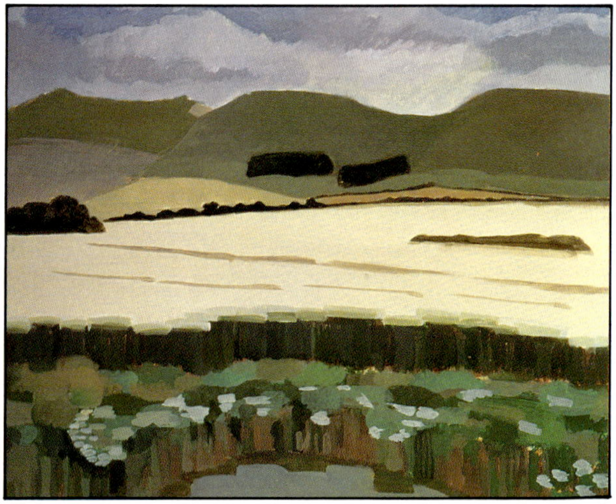

8 Nun entwickelt der Maler die dunkleren Teile der Vegetation mit dünnen Schichten aus Kadmiumgrün, gemischt mit Schwarz (*oben*). Diese Methode ist praktisch, weil Acrylfarbe schnell trocknet.

9 Nun konzentriert sich der Maler auf den Bereich am Fuß der Hügel (*rechts*). Mit einem feinen Pinsel und dickflüssiger, opaker Farbe zeichnet er Feldbegrenzungen und Wäldchen.

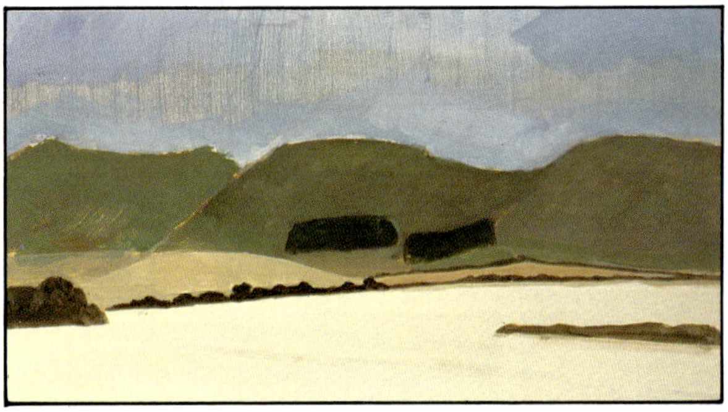

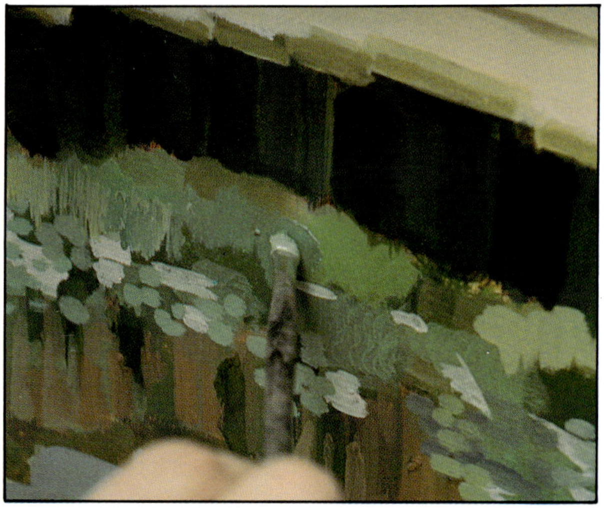

10 Mit einer Mischung aus Kobaltblau und Weiß überarbeitet der Künstler mit lockeren Strichen den Himmel (*oben*). Dabei achtet er darauf, daß die Kante der Hügelkette nicht übermalt wird.

11 Der Ausschnitt *rechts* zeigt, wie spannend der Umgang mit Farbe sein kann. Der Maler hat sowohl die Deckkraft als auch die Transparenz der Acrylfarbe für diesen Bereich genutzt.

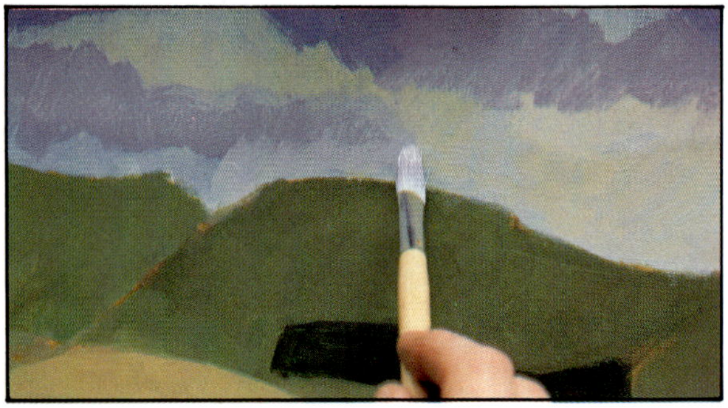

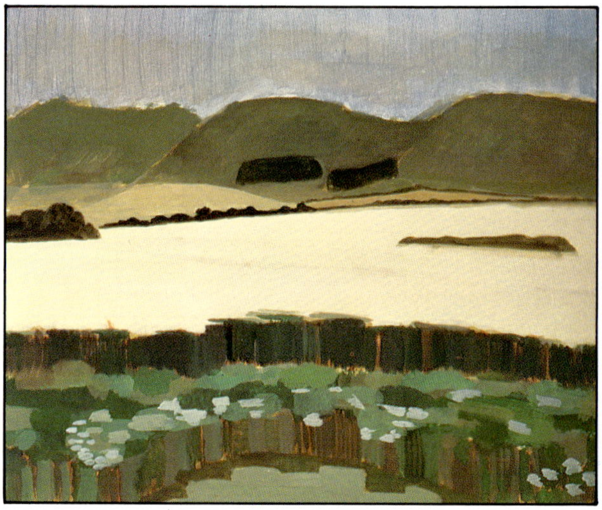

12 Aus bläulichen und lilastichigen Grautönen entsteht ein wolkiger Himmel (*oben*). Der Maler trägt die Schicht dünn auf, so daß sie jede folgende leicht verändert.

13 Nun kommen noch einige Details des Kornfelds hinzu (*rechts*). Auf dem fertigen Bild ist die Tonskala des Himmels durch eine einheitliche Lasurschicht erneut verändert.

Was man benötigt

Der Künstler verwendete einen für Acrylfarbe vorbehandelten Leinwandkarton von 50 × 61 cm. Er arbeitete mit flachen Borstenpinseln Nr. 3, Nr. 6 und Nr. 8 und bei den Details mit einem Marderhaarpinsel Nr. 4. Als Palette verwendete er einen Porzellanteller.

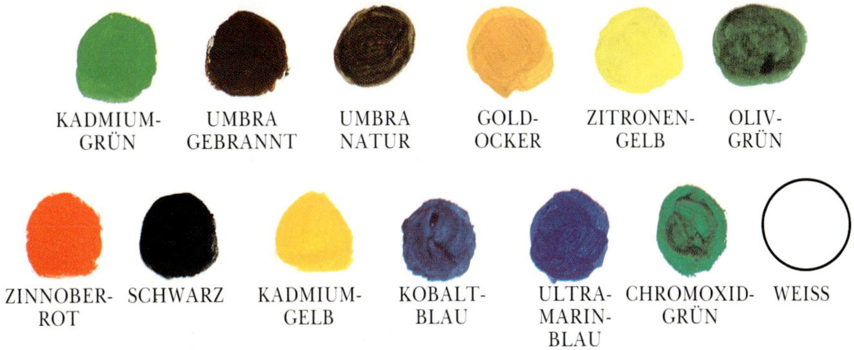

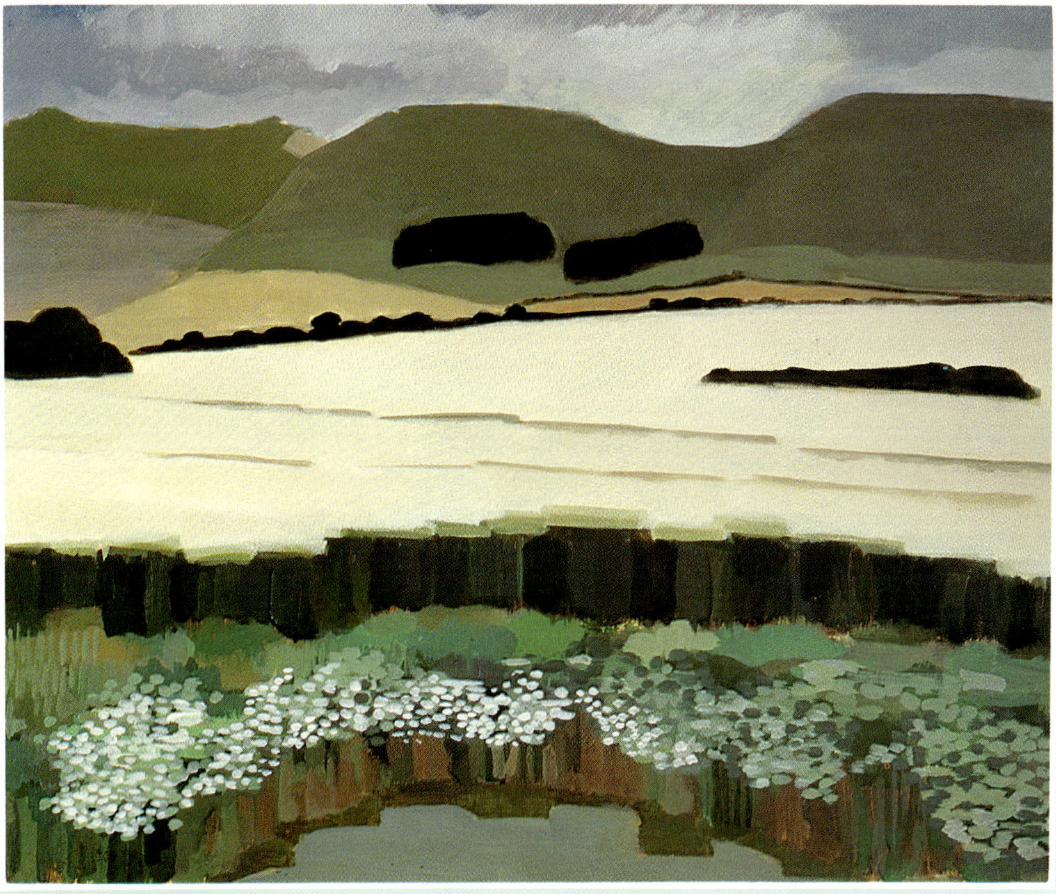

Ein Kornfeld im Sommer

Blick durch ein Gatter

Der Blick durch Öffnungen ist immer ein interessantes Motiv, und genau dieser Aspekt war es, der die Aufmerksamkeit des Künstlers erregte. Das Tor und die Hecke befinden sich nahe an der Bildebene, während die Hügel, deren Einfassung sie bilden, sehr weit entfernt zu liegen scheinen. Die strengen, geometrischen Formen des Tores bilden einen reizvollen Kontrast zu dem ungezügelten, üppigen Wachstum der Hecke und der restlichen Vegetation. Pfosten und Latten stehen in verschiedenen Winkeln zueinander, bilden so Formen innerhalb von Formen und Kreuzmuster, die das Auge über und durch das Bild leiten. Einer der Zaunpfähle zum Beispiel führt den Blick direkt zum Turm auf dem Hügel, der das Zentrum des Bildes darstellt – wohin das Auge auch wandert, es kehrt stets zu diesem Punkt zurück.

Der Künstler malte mit Acrylfarbe, weil er dieses Medium oft für schnelle Skizzen im Freien einsetzt. Ihm gefällt die Konsistenz des Mediums, und er findet es für die Arbeit draußen sehr zweckmäßig. Acrylfarbe trocknet schnell, läßt sich problemlos in mehreren Schichten übereinanderlegen und erlaubt deshalb, ein Bild in einer Sitzung fertigzustellen.

Hier arbeitete der Maler mit einem Palettenmesser, einem Werkzeug, das er sonst hauptsächlich bei der Ölmalerei und noch nie für Acryl verwendet hatte, weil er der Ansicht gewesen war, daß Acrylfarbe zu weich sei und die Messerspuren nicht richtig festhalten würde. Ab und zu sollten Sie ein neues Medium, eine neue Maltechnik, einen anderen Malgrund oder ein anderes Format ausprobieren. Jeder Künstler läuft Gefahr, in einen Trott zu verfallen, schematisch immer dasselbe zu wiederholen oder in Klischees steckenzubleiben. Bei einem neuen Werkzeug oder einem neuen Medium haben Sie keine Erfahrungen, an denen Sie sich festhalten können, und die Entdeckerfreude läßt Ihre Arbeiten spontan und unmittelbar wirken. Hier war die Kombination von Palettenmesser und Acrylfarbe sehr spannend und stimulierend für den Maler, und dies spiegelt sich in der Frische und Brillanz der Farboberfläche wider.

Der Künstler setzte das Messer sehr frei ein. Mit der flachen Seite der Klinge strukturierte er den Vordergrund; die großzügig aufgetragene Farbe ist ein Blickfang, und sie hilft gleichzeitig, räumliche Tiefe zu suggerieren. Weiter ›entfernte‹ Bildgegenstände weisen kaum noch Messerspuren auf. Mit der Breitseite der Klinge wurden die großen Farbflächen angelegt und mit der Messerspitze kurze vertikale Striche ausgeführt, um den Himmel darzustellen. Bei der Arbeit mit dem Malmesser, gleichgültig ob in Öl oder in Acryl, wird der Farbauftrag stets dick und pastos. Dabei braucht der Malgrund nicht völlig abgedeckt zu werden; freigebliebene weiße Fleckchen lassen das Bild strahlen und imitieren das schillernde Licht in der Natur oder die Bewegung von Blättern im Wind.

1 Den Maler faszinierte die Art, wie die Hecke die Landschaft einrahmt und gleichzeitig eine Blicköffnung bildet.

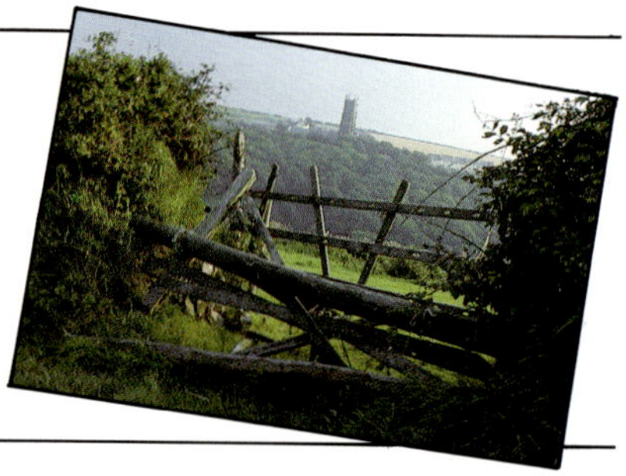

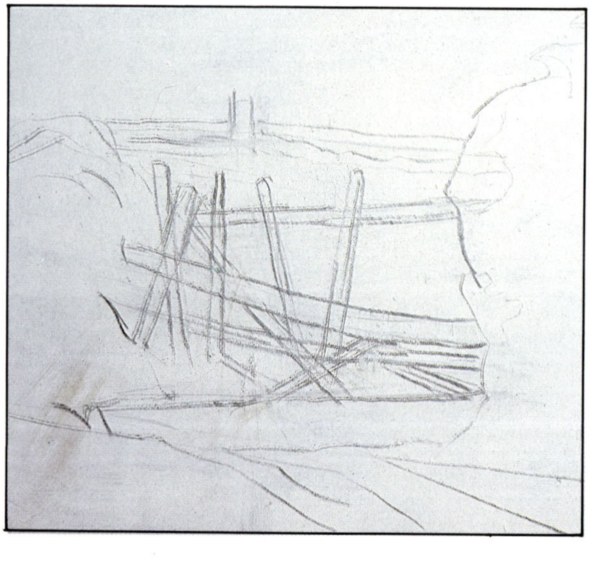

2 Der Künstler malt dieses Motiv im Freien. Selbst wenn Sie lieber im Atelier arbeiten, sollten Sie ab und zu auch nach der Natur malen, weil dies eine einzigartige Erfahrung ist. Die Kohleskizze entsteht direkt auf der Leinwand (*rechts*).

3 Kohle ist ein sehr vielseitiges Medium. Man kann sie leicht ausradieren und deshalb auch gut korrigieren, was ein großer Vorteil ist, wenn man direkt auf die Leinwand zeichnet. Nachdem der Maler die Umrißlinien der Komposition festgelegt hat, dämpft er die Kohlezeichnung mit einem Tuch (*rechts*).

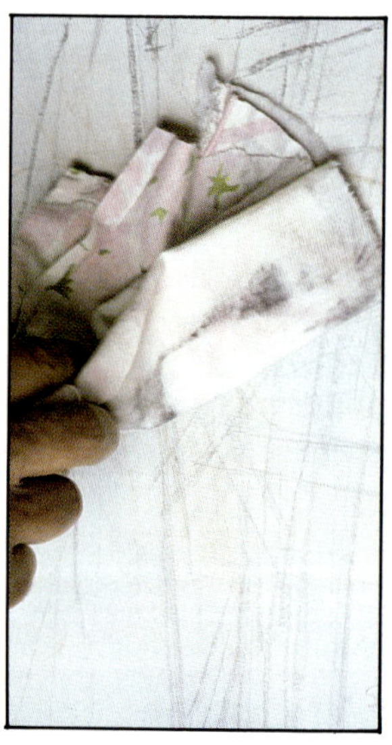

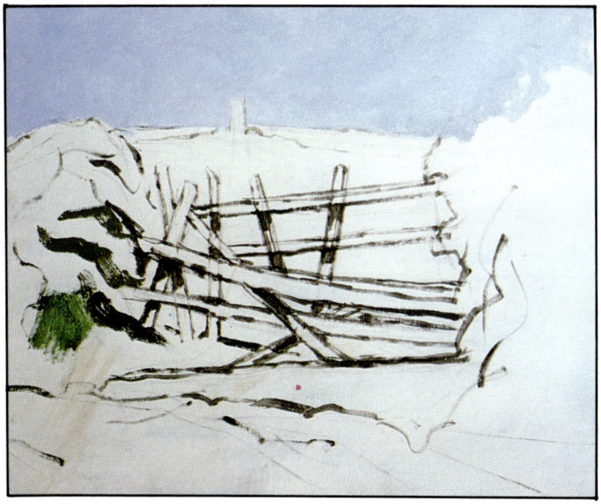

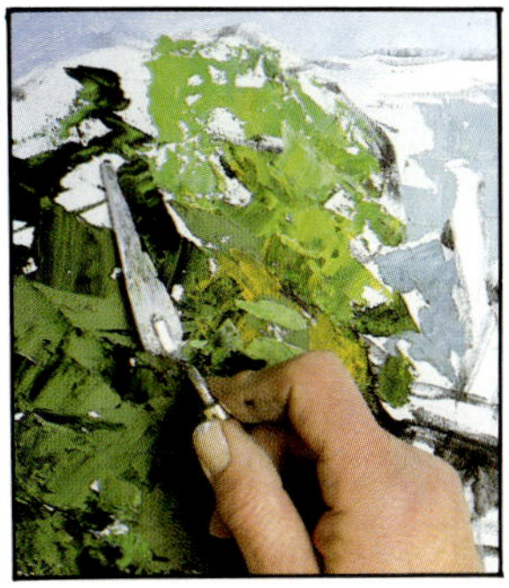

4 Nachdem der Kohlestaub weggewischt ist, werden die zarten Linien mit verdünnter schwarzer Farbe nachgezogen. Der Maler trägt nun die Farben auf (*oben*), beginnend mit dem Himmel in einer Mischung aus Kobaltblau und Weiß.

5 Weil er das Gemälde in einer Sitzung vollenden will, arbeitet der Künstler mit dem Messer. So läßt sich das Bild sehr schnell entwickeln. *Oben rechts* strukturiert er das Laub im Vordergrund und setzt dabei Flächen reiner Farbe nebeneinander. Die erhabenen Kanten jedes Farbfeldes brechen und verändern das Licht auf der Bildoberfläche.

6 Bei der Arbeit mit einem Malmesser geht man am besten *alla prima* zu Werke, das heißt, alle Pigmente werden in einer Sitzung und in einer Schicht aufgetragen. *Unten* sehen wir, wie schnell sich das Bild durch die freie Handhabung des Messers entwickelt.

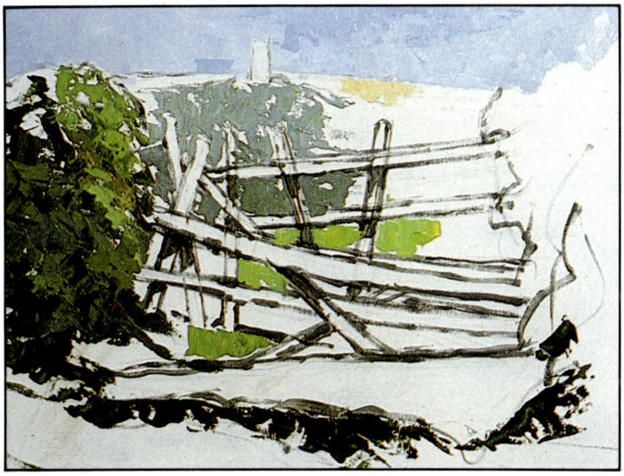

MESSERSPUREN

Hier sehen wir die verschiedenen Spuren, die man mit einem Messer hinterlassen kann. Auf dem ersten Bild trägt der Maler mit der Breitseite der Klinge die flachen, klar umrissenen Farbareale des Vordergrundes auf. Auf dem zweiten Bild benutzt er die Kante, um die Struktur des Blattwerks anzudeuten. Auf dem dritten Foto zieht er mit der Breitseite die Farbe für den Himmel über die Leinwand, um eine glatte, relativ unstrukturierte Farbfläche zu erzielen. Schließlich führt er mit der Spitze die Detailarbeiten aus und setzt Glanzlichter auf die senkrechten Pfosten des Tores.

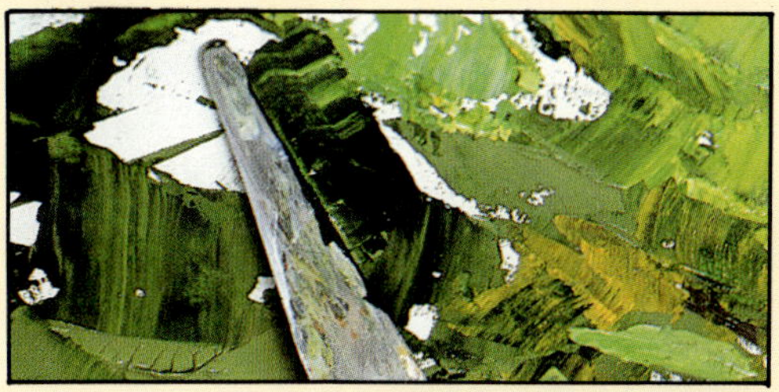

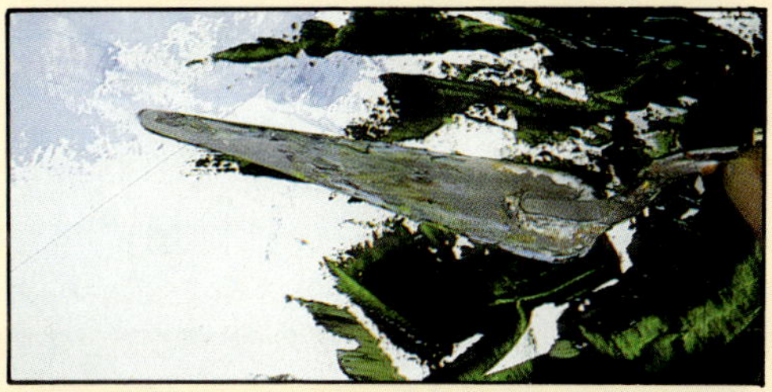

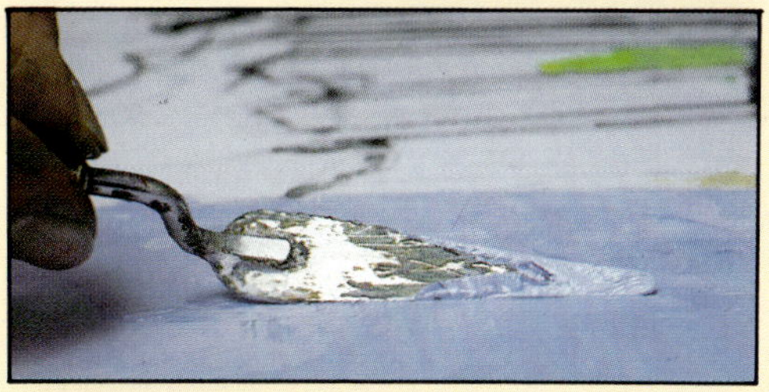

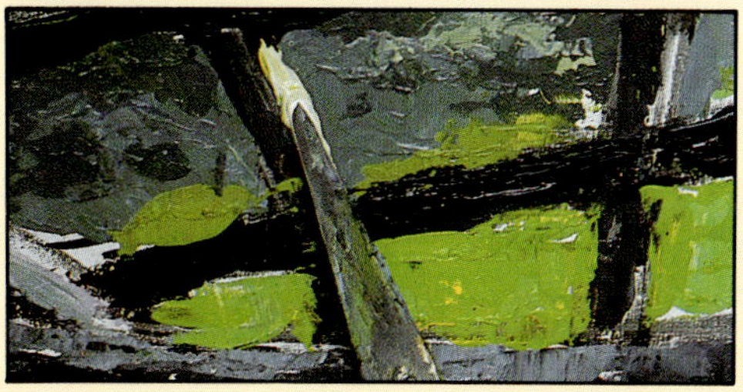

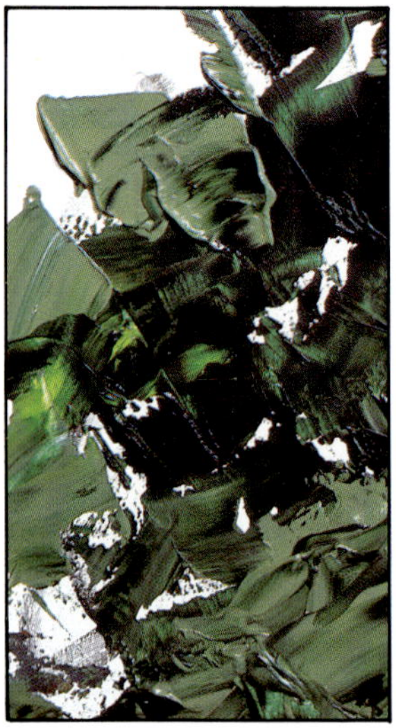

7 *Links* sieht man dicke, glänzende, *alla prima* aufgetragene Farbe. An einigen Stellen scheint die Leinwand durch das besonders transparente Chromoxidgrün; in anderen Bereichen sind die Grüntöne miteinander gemischt worden.

8 Man kann auch mit einem Malmesser verhältnismäßig präzise arbeiten; es ist nicht zwangsläufig ein grobes Instrument. *Rechts* trägt der Künstler mit der Spitze der Klinge die Farbe in kleinen Tupfern zwischen den Torpfosten auf. Selbst die recht schmalen Pfosten sind mit dem Messer gezeichnet.

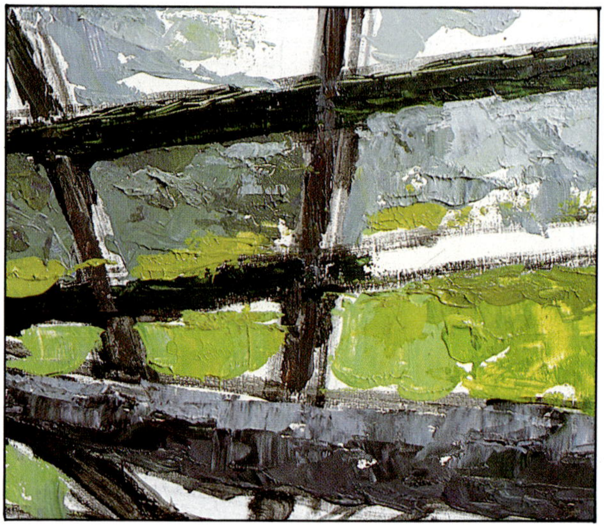

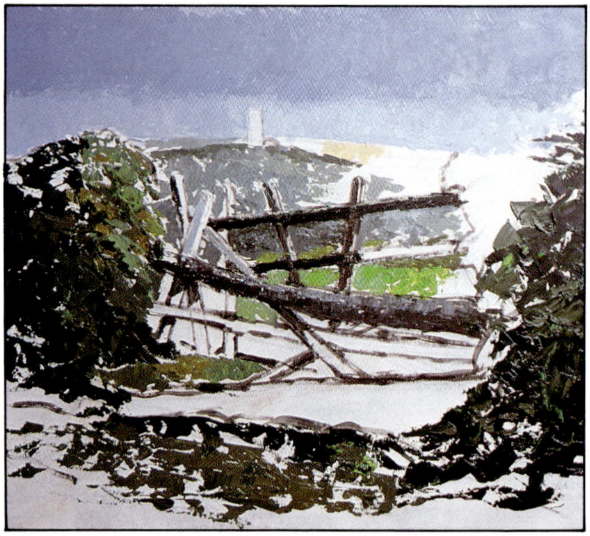

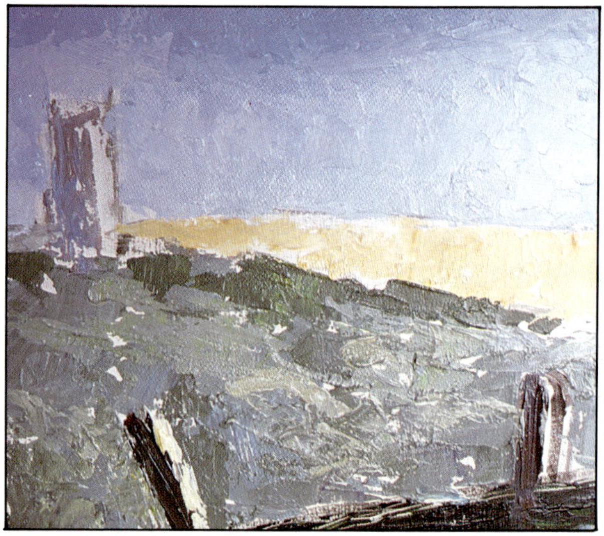

9 Die Details, die wir in Schritt 7 und 8 gesehen haben, erscheinen *oben* im Gesamtkontext des Bildes. Der Maler hat sich von einem Bildbereich zum nächsten vorgearbeitet, die Farbe so immer wieder aufgenommen und über die ganze Leinwand verteilt. Diese Farbspuren verbinden die verschiedenen Bildelemente. Die zarten, feinen Tonabstufungen des Himmels bilden einen wirkungsvollen Kontrast zu dem pastosen Farbauftrag bei den Blättern.

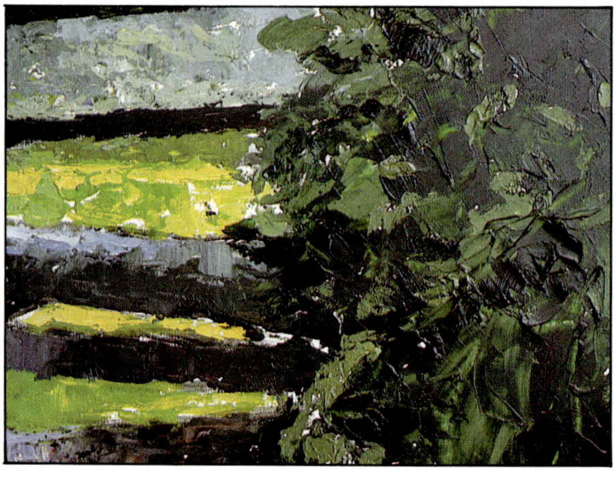

10 Mit einer Mischung aus Ockergelb, Weiß und Kadmiumgelb legt der Maler eine kleine Farbfläche auf den fernen Hügeln an (*oben*). Hierbei arbeitet er mit kurzen Messerstrichen. Durch den Kontrast zu den auffälligen Messerspuren im Vordergrund entsteht Räumlichkeit.

11 Der Künstler überarbeitet das Gebüsch im Vordergrund noch einmal (*links*) und zieht einige Farben ineinander, versucht jedoch meist, sie getrennt zu halten.

Was man benötigt

Der Künstler hat mit Acryl-Künstlerfarben gearbeitet. Sie sind von hoher Qualität und in vielen Tönen erhältlich. Gemalt wurde auf einer mit Acrylspachtelmasse vorbehandelten Hartfaserplatte von 61 × 76 cm. Zum Malen verwendete der Künstler verschiedene Malmesser.

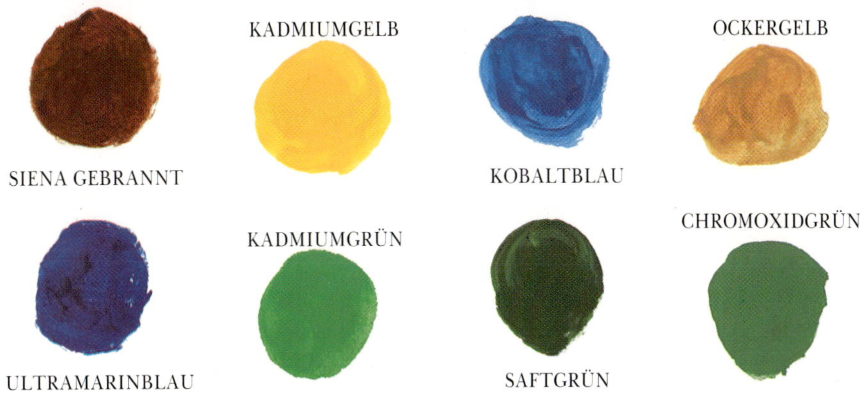

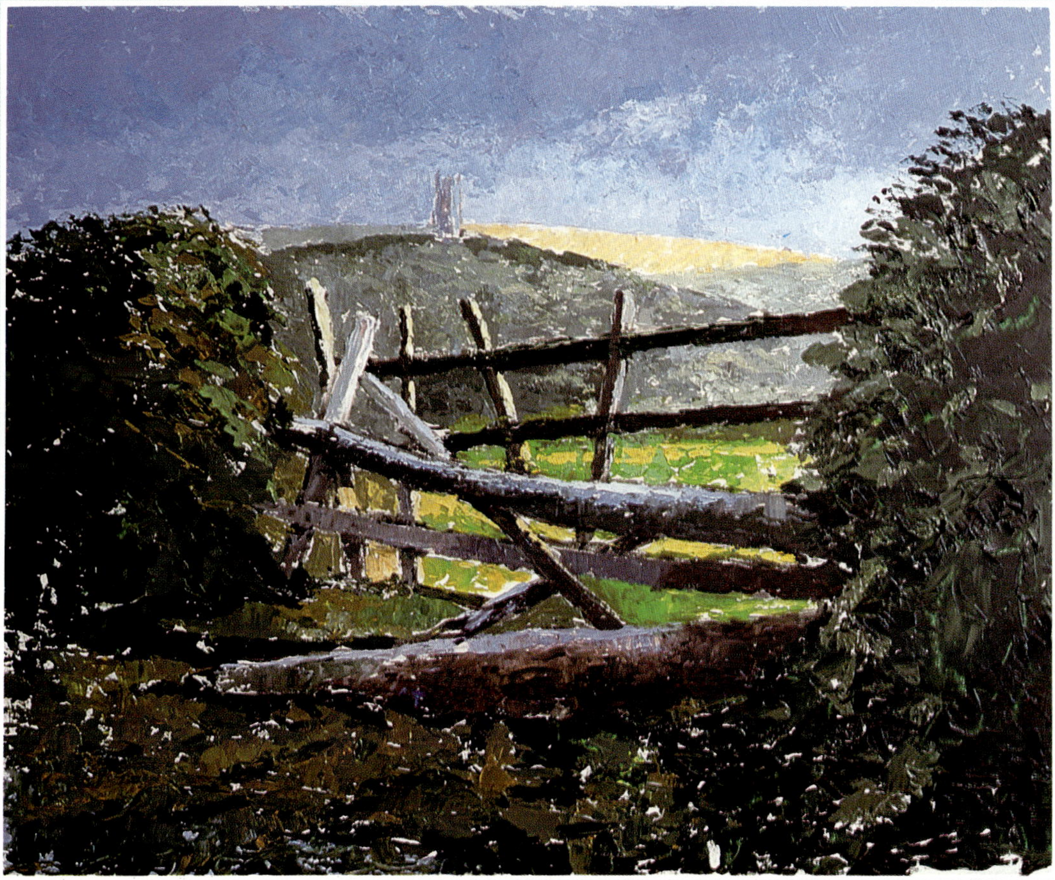

Blick durch ein Gatter

Ein Dorf am Meer

Collage und Acrylfarbe

Hier ist aus einer Kombination von Acrylfarbe und Collage ein interessantes und farbenfrohes Mischtechnik-Bild entstanden. Die Collage ist eine gute Möglichkeit, mit Farbe und Komposition zu experimentieren, denn sie zwingt den Künstler, Farben und Formen zu vereinfachen. Mit ihr kann man ein Bild außerdem schnell verändern, die einzelnen Elemente lassen sich wegnehmen oder verschieben, und ganze Bildteile verschwinden, wenn man sie mit neuen Papierschichten überklebt.

Mit der Collagetechnik lassen sich auch verschiedene Kantenformen erzielen – schneidet man das Papier mit Schere oder Messer, so entstehen scharfe, saubere Ränder, zerreißt man es, werden die Kanten unregelmäßig und mildern den harten Eindruck ausgeschnittener Formen. Nutzen Sie die vielfältigen Möglichkeiten der verschiedenen Papiersorten, ihre Stärke und Struktur sowie ihr Aussehen in zerknülltem oder gefaltetem Zustand. Bei einer Collage können Sie die Komposition direkt angehen, da alle Bildelemente vereinfacht sind und das Problem von Pinselführung und Farbqualität sekundär ist.

Zu diesem Bild wurde der Künstler durch eine Aufnahme in einem Reiseprospekt angeregt, was wieder einmal zeigt, daß die Inspiration aus vielen Quellen fließen kann. Viele Maler haben eine Abneigung gegen Fotos als Vorlagen für ein Bild, weil die Kamera bereits einen großen Teil der Kompositionsprobleme entschieden hat: Der Bildrahmen wird vom Sucher bestimmt und die Farbpalette durch die Filmsorte oder die chemischen Reaktionen bei der Entwicklung festgelegt. Wenn Sie sich dieser Fallstricke jedoch bewußt und bereit sind, sich von der Vorlage zu lösen und Elemente aus anderen Quellen hinzuzunehmen, sie hervorzuheben und zu verändern, wird Ihr Bild originell und kreativ sein. Die Collagetechnik an sich verhindert schon das sklavisch genaue Kopieren eines Bildes.

Acrylfarbe läßt sich gut mit Collagen kombinieren. Sie ist ebenso wie die anderen Medien, die man ihr zusetzen kann, ein starkes Klebemittel, und weil sie undurchsichtig ist, kann man bedrucktes Papier mit ihr völlig abdecken, während andere Farben in das Papier einziehen und der Untergrund am Ende durch die Farbe scheint. Acrylfarbe kann zähflüssig oder dünn, großflächig als Lasur oder mit einem trockenen Pinsel für Details verwendet werden. Sie bindet außerdem Sand, Sägemehl oder ähnliches, obwohl man davon nicht zuviel in die Farbe geben sollte. Man kann mit ihr sogar ›dreidimensionale‹ Bilder kreieren.

1 Der Künstler hat ein Bild aus einem Prospekt gewählt, weil ihm der Kontrast zwischen Häusern und Meer gefiel.

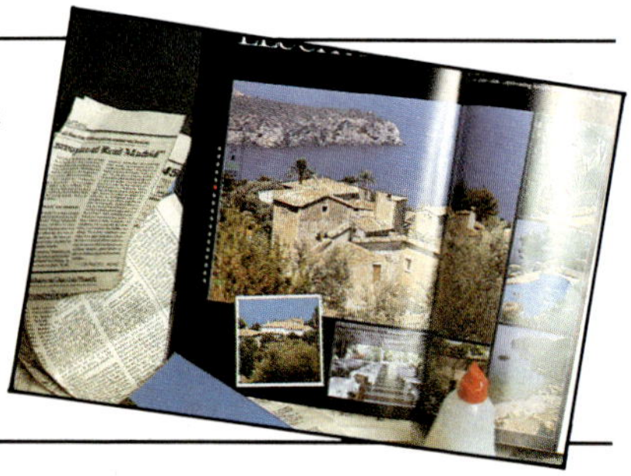

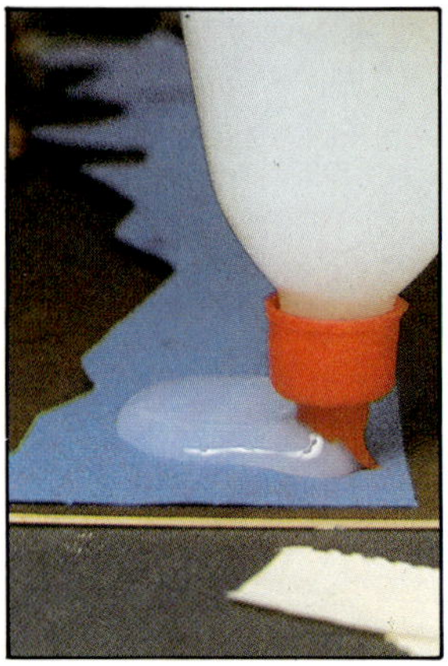

2 Nachdem er das passende Material zusammengesucht hat, schneidet der Maler große blaue Seidenpapierstücke für das Meer zurecht und streicht die Rückseite mit Klebstoff ein.

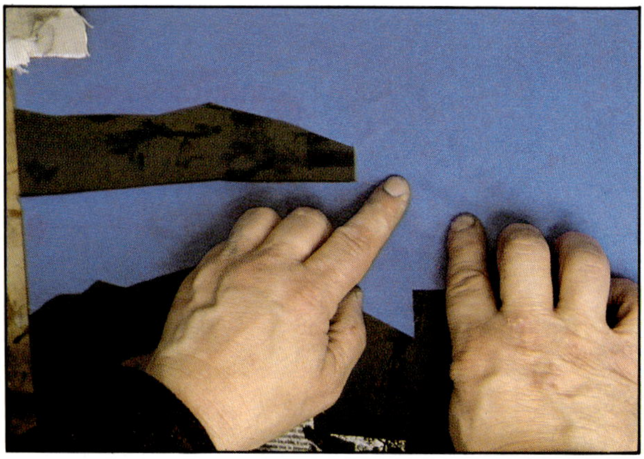

3 Sowohl Klebstoff als auch Farbe dienen hier als Haftmittel. *Oben* klebt er gerade ein großes Stück blaues Seidenpapier für das Meer fest. Es wird gut angedrückt, damit es flach und glatt aufliegt. Bei einer Collage muß man einfach und direkt arbeiten. Bis zu einem gewissen Grad bestimmt das verwendete Material den Arbeitsablauf.

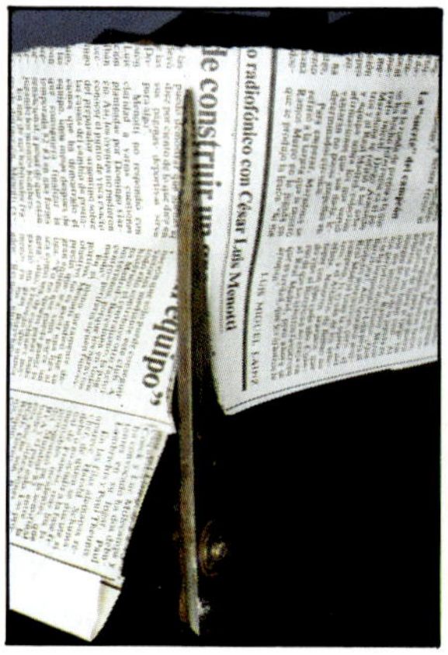

4 Mit Zeitungspapier lassen sich viele verschiedene Töne und Effekte erzielen. Ob man das Papier schneidet oder zerreißt, macht schon einen sehr großen Unterschied.

DIE DECKKRAFT VON ACRYLFARBE

Dieser Ausschnitt zeigt deutlich, wie viele Strukturen sich mit Acrylfarbe erzielen lassen und welch hohe Deckkraft sie besitzt. Die Farbe ist über verschiedene Materialien gegeben worden und hebt sich sehr gut von den harten, flachen Tönen des bedruckten Papiers ab. Obwohl das verwendete Papier saugfähig ist, ist die Acrylfarbe nicht eingezogen, sondern bildet einen deckenden Film auf der Oberfläche. Die Farbe kann mit Pinsel oder Palettenmesser aufgetragen werden. Dies und ihre kurze Trockenzeit machen sie zu einem idealen Medium für Collagen und Mischtechniken, wo verschiedene Farb- und Materialschichten miteinander kombiniert werden.

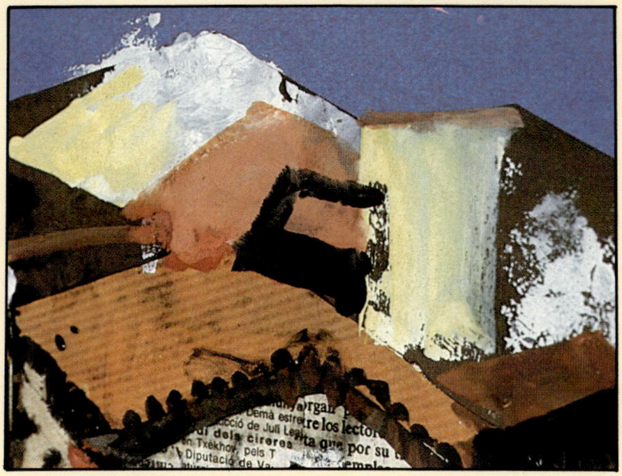

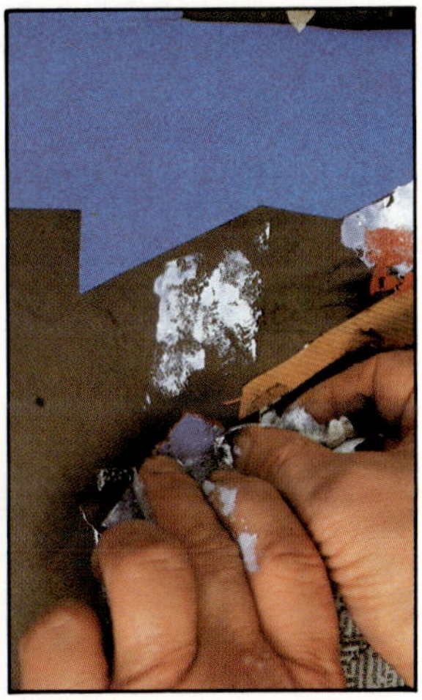

5 *Links* tupft der Maler mit etwas zerknülltem Papier Farbe auf die Collage. Das Seidenpapier dient gleichzeitig als Bildelement und als Werkzeug für den Farbauftrag.

6 Bei einer Collage kann man mit großen und kleinen Elementen schnell und sehr frei umgehen (*rechts*). Bis hierhin hat der Künstler farbiges Seidenpapier, Zeitungspapier, braunes Packpapier und Zeitschriftenfotos eingesetzt.

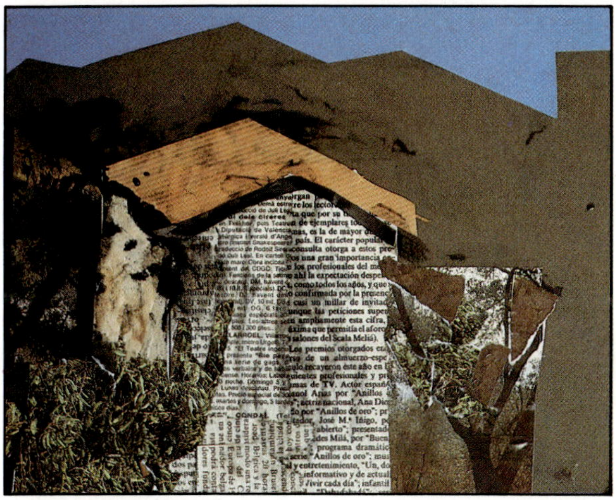

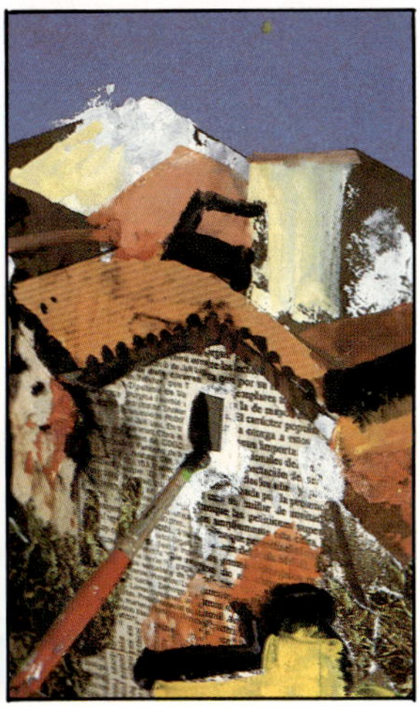

7 *Links* fügt der Künstler Farbe hinzu.

8 Bei dieser Collage geht es dem Maler um Raum und Strukturen, und er versucht beides durch ausgeschnittene Formen und Helldunkel-Kontraste zu vermitteln. Ihn interessiert jedoch das dekorative Element, und mit Hilfe von Farben, Mustern, Schrift und Texturen entwickelt er eine Gesamtkomposition (*rechts*).

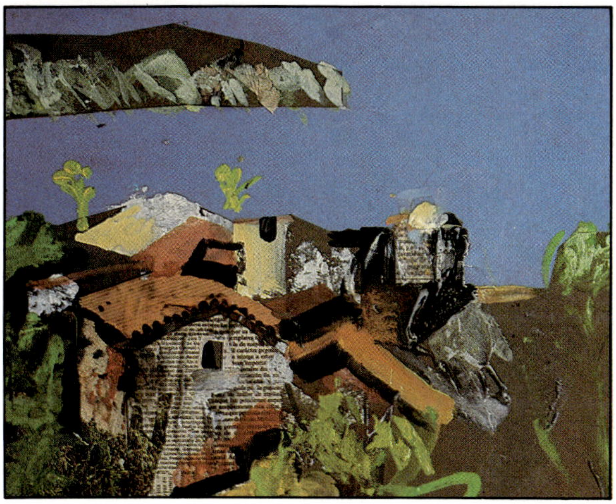

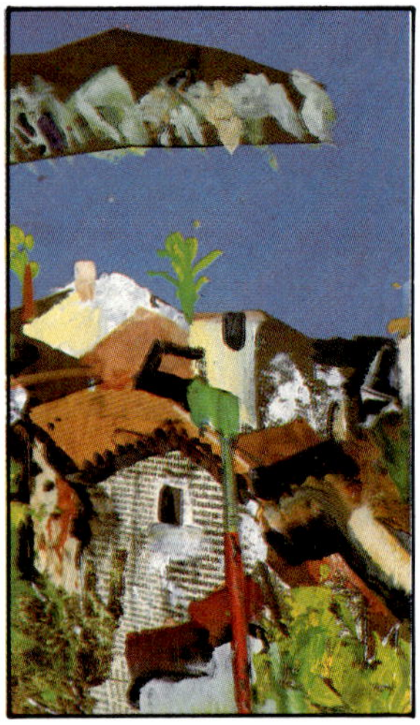

9 Der Künstler überarbeitet das Bild mit Acrylfarbe, wobei er in einigen Bereichen sehr großflächig und in anderen sehr detailliert vorgeht. Die Farbe reagiert unterschiedlich auf die verschiedenen Oberflächenstrukturen, was für den Maler eine weitere Herausforderung ist.

10 Er erzielt interessante Effekte, indem er den Farbauftrag variiert (*rechts*). Er läßt die Farbe tropfen, verspritzt sie oder setzt dicke Farbtupfer auf, wodurch eine sehr dekorative Bildoberfläche entsteht.

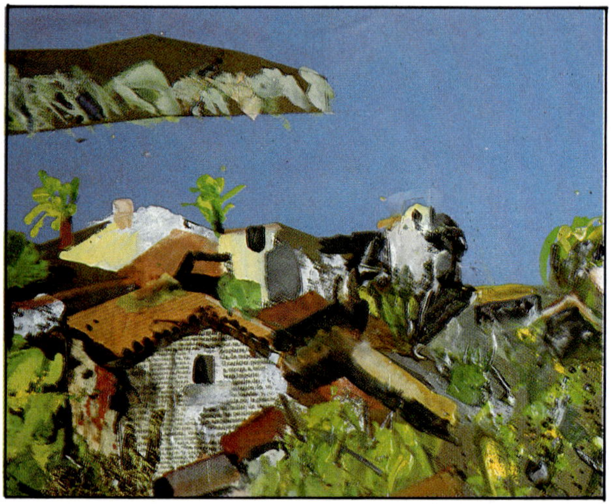

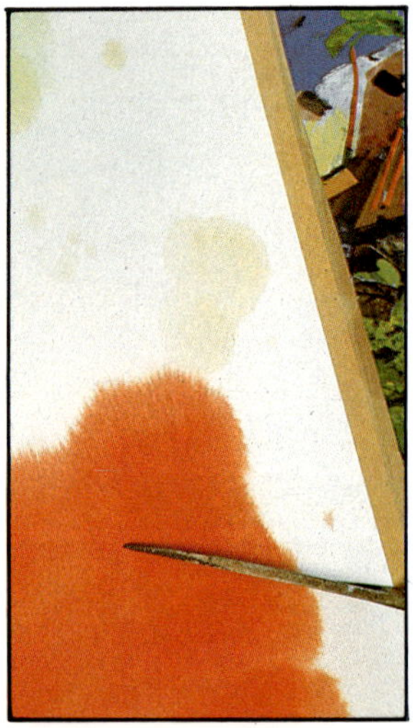

11 Der Künstler tönt ein Stück Aquarellpapier mit einer Lasur aus Acrylfarbe (*links*). Hierfür mischt er eine große Menge Farbe, befeuchtet das Papier und trägt sie dann mit langen, fließenden Strichen und farbgetränktem Pinsel auf.

12 Hier schneidet der Künstler ein Stück Leinwand zurecht, das er in das Bild einfügen möchte (*rechts*). Der Stoff bringt Struktur ins Bild und nimmt die Farbe ganz anders als Papier auf. Mit Stoff lassen sich auch verschiedene Kantenformen erzielen.

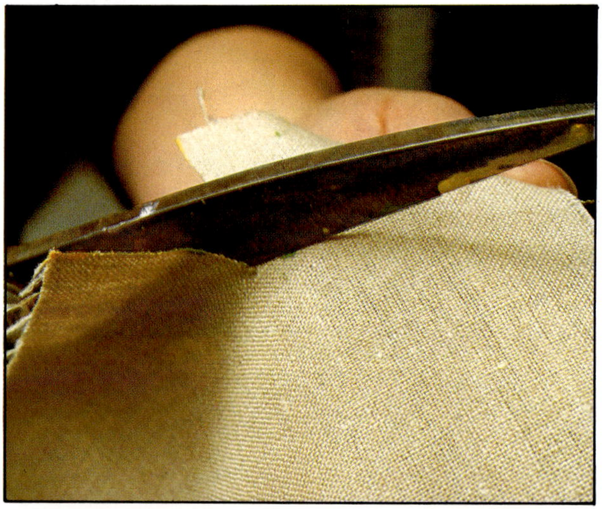

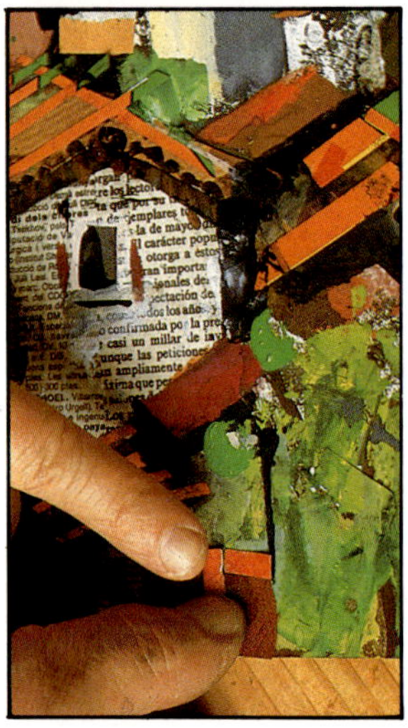

13 Das getönte Papier ist nun trocken. Der Maler schneidet es in Streifen und klebt diese auf das Bild. So entstehen strahlende, glitzernde Farbareale (*rechts*). In diesem Stadium entwickelt er auch die Kontraste mit schwarzer und weißer Farbe.

14 Die Bildoberfläche ist nun stark strukturiert und sehr lebendig, deshalb legt der Maler die letzten Farbschichten mit einem Malmesser auf. Das fertige Bild (*gegenüberliegende Seite*) zeigt, wie kreativ das Medium Collage ist und wie gekonnt der Maler ihm gerecht wurde.

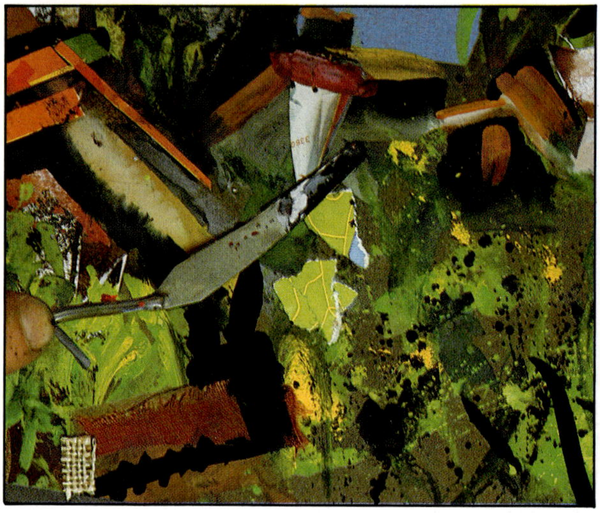

Was man benötigt

Der Künstler hat auf einem sehr starken Malkarton von 61 × 76 cm mit verschiedenen Materialien gearbeitet: Zeitungspapier, Seidenpapier, Zeitschriftenbildern, Stoff, Leinwand und mit verdünnter Acrylfarbe eingefärbtem Aquarellpapier. Als Klebstoff dienten Flüssigkleber und die Farbe selbst. Gemalt wurde mit verschiedenen Acryl-Künstlerfarben, einem Synthetikpinsel Nr. 6 und einem Malmesser.

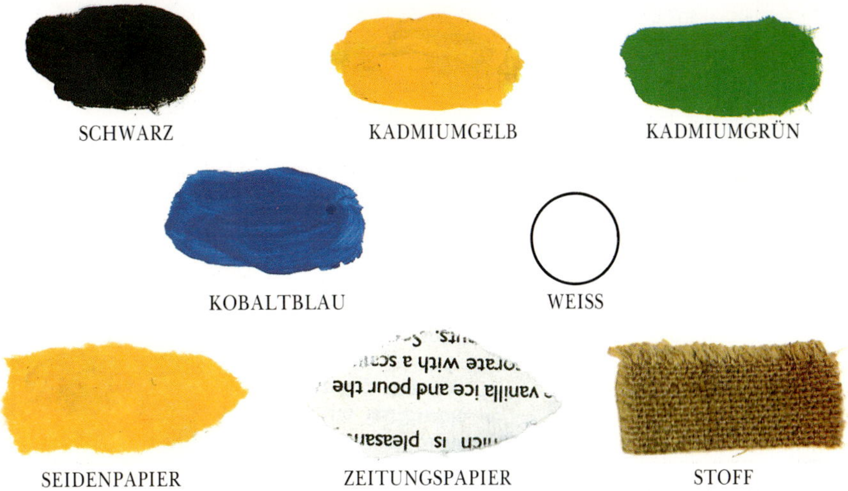

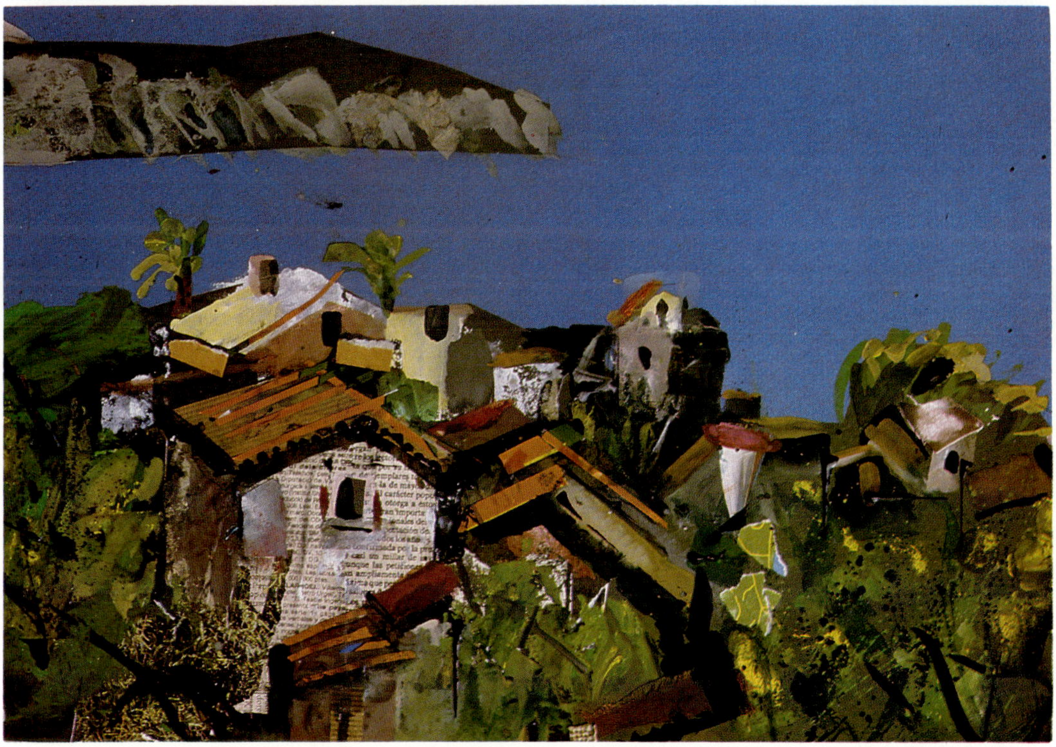

Ein Dorf am Meer

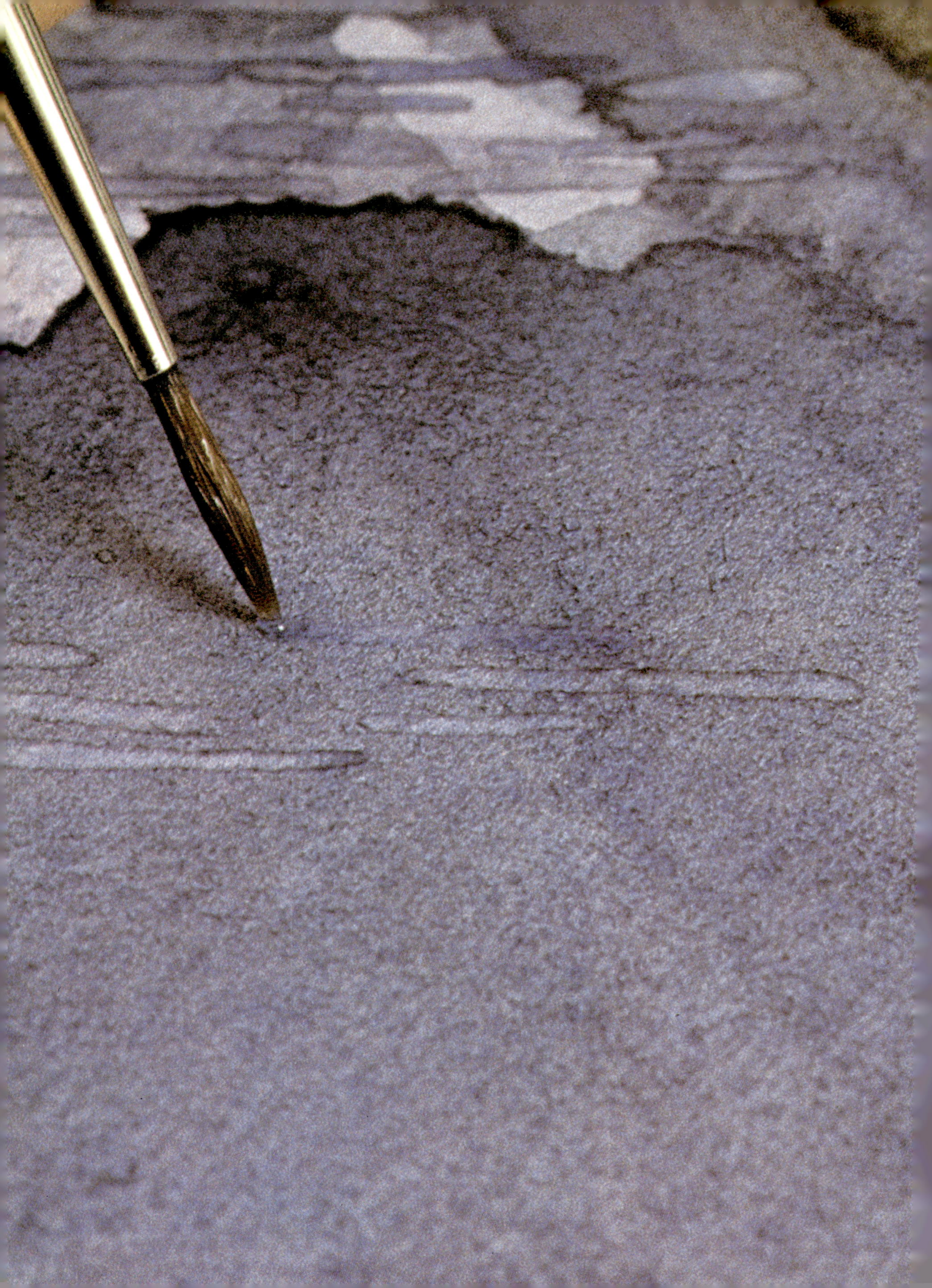

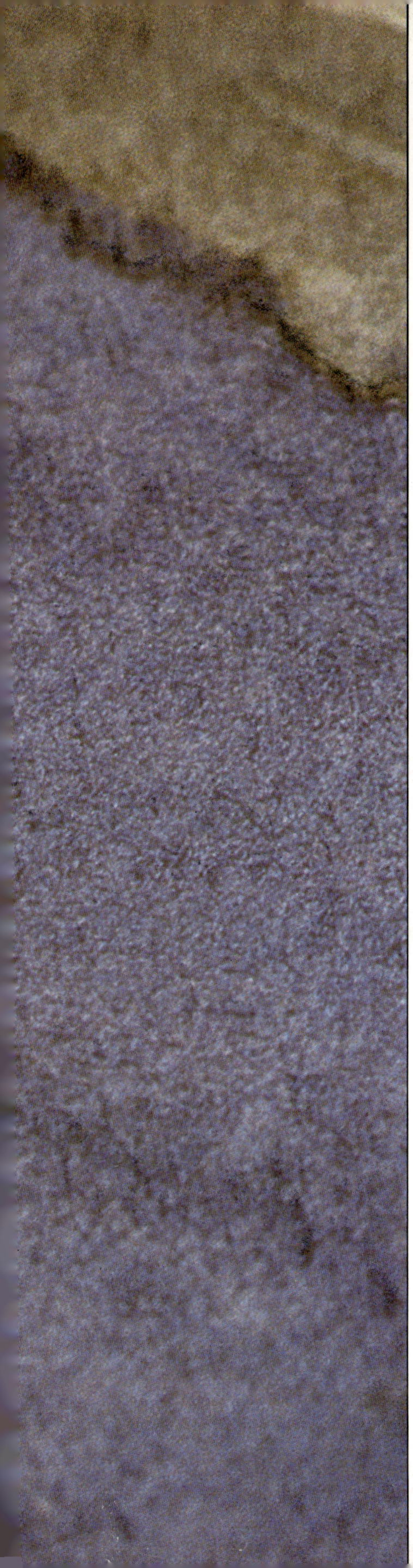

KAPITEL ACHT

WASSERFARBE UND GOUACHE

Wasserfarbe ist wunderschön anzusehen, unberechenbar und sehr interessant. Es gibt zwei verschiedene Sorten, die beide wasserlöslich sind und Gummiarabikum als Bindemittel enthalten. Reine Wasserfarbe ist transparent, und die Bilder werden aus Farbschichten aufgebaut, durch die das Weiß des Papiers wie Perlmutt hindurchschimmert. Gouache oder Deckfarbe ist dicker und opaker als reine Wasserfarbe und kann sowohl als flache, deckende Farbfläche als auch als zarte Lasur aufgetragen werden. Ihr fehlt die Transparenz, die die Puristen so lieben, aber dafür hat man mit ihr größere Gestaltungsfreiheit. Wasserfarben sind ein ideales Medium für die Landschaftsmalerei, denn sie lassen sich einfach transportieren, und die notwendige Ausrüstung ist klein und handlich. Weil sie mit Wasser verdünnt wird, läßt sich damit leichter und sauberer arbeiten als zum Beispiel mit Ölfarbe. Die beiden Arten der Wasserfarbe werden auf verschiedene, ihren Eigenschaften entsprechende Weise eingesetzt. Bei reiner Wasserfarbe malt man auf weißem Papier von hell nach dunkel. Es ist also wichtig, schon früh zu entscheiden, welche Bereiche ganz weiß bleiben sollen. Gouache dagegen wirkt auf farbigem Papier besser, weil die Farbe weiße Pigmente enthält und der Künstler korrigieren, übermalen und detailgenauer arbeiten kann. Reine Wasserfarbe und Gouache lassen sich auch sehr effektvoll kombinieren, und auf den Bildern, die so entstehen, zeigen sich beide Medien von ihrer besten Seite.

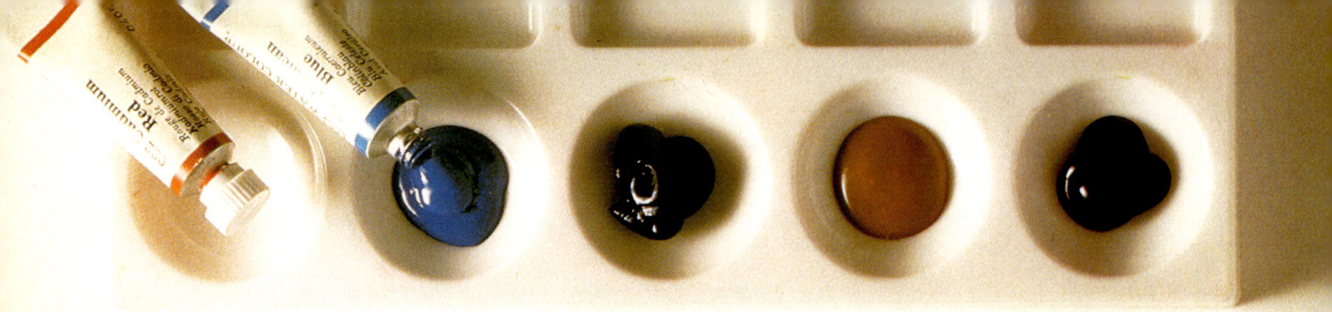

KÜNSTLERFARBE IN TUBEN

Materialien

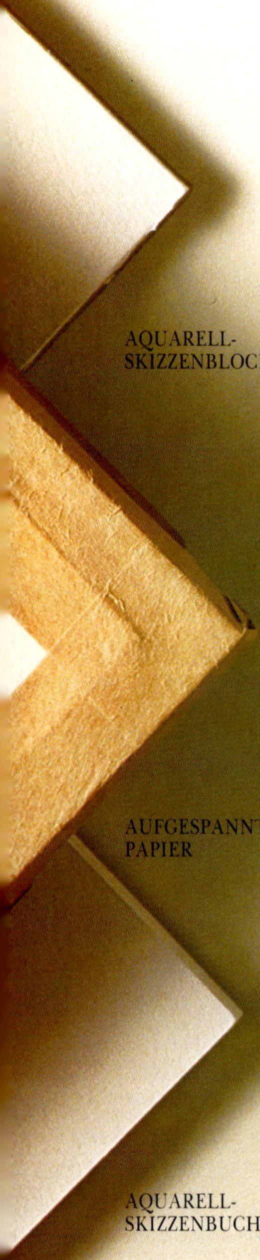

AQUARELL-SKIZZENBLOCK

AUFGESPANNTES PAPIER

AQUARELL-SKIZZENBUCH

Malgründe

Die Papierauswahl ist verwirrend. Gutes Aquarellpapier ist verhältnismäßig teuer, aber selbst als Anfänger, oder gerade als Anfänger, sollten Sie hochwertiges Papier kaufen, um keine Enttäuschungen zu erleben. Es wäre schade, wenn Sie die Aquarellmalerei nach einigen Mißerfolgen aufgäben, an denen nicht Ihr fehlendes Talent, sondern das schlechte Material schuld ist. Aquarellpapier ist in verschiedenen Gewichten, Größen, Qualitäten und Farben erhältlich. Für reine Wasserfarbe verwendet man gewöhnlich weißes oder nur leicht getöntes Papier, weil der Papierton selbst die hellste Farbe des Bildes darstellt. Gouache oder Deckfarbe hat eine stärkere Deckkraft, und da man für die Glanzlichter weiße Farbe verwenden kann, kann man mit ihr auch auf getöntem Papier arbeiten. Daneben enthält Gouache weiße Pigmente, und ihre Farben wirken auf getöntem Malgrund besser.

Aquarellpapiere sind in verschiedenen Gewichten im Handel. Die Bandbreite reicht von 16/17 Gramm leichten bis zu 165 Gramm schweren Bögen. Die meisten Papiersorten müssen aufgespannt werden, damit sie sich, wenn sie naß werden, nicht wellen. Je schwerer das Papier ist, um so besser nimmt es Wasser auf, deshalb müssen Bögen über 65 Gramm nicht aufgespannt werden, es sei denn, man möchte sie mit Wasser tränken.

Das Aufspannen ist sehr einfach. Zunächst müssen Sie die Vorderseite des Bogens erkennen. Halten Sie das Blatt gegen das Licht, und suchen Sie das Wasserzeichen, das, von der Vorderseite betrachtet, seitenrichtig

KONZENTRIERTE WASSERFARBE

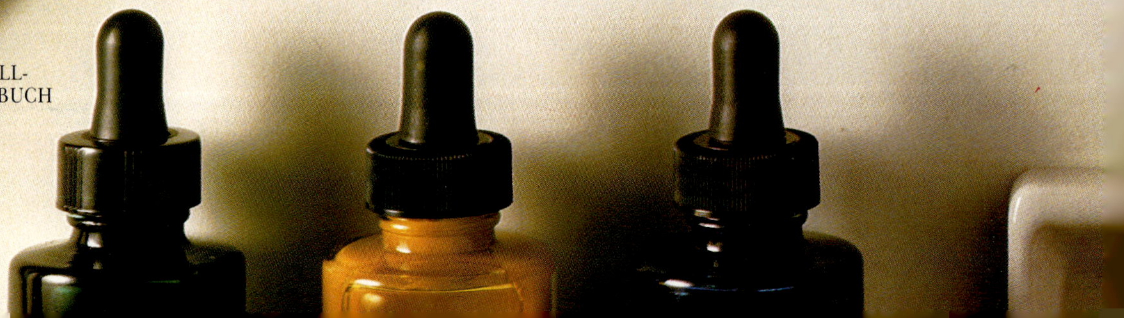

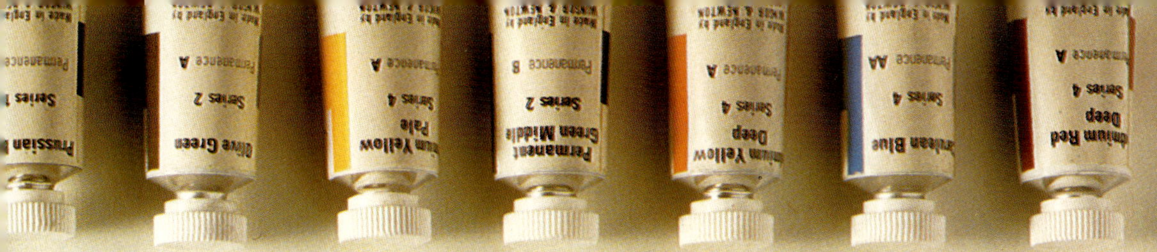

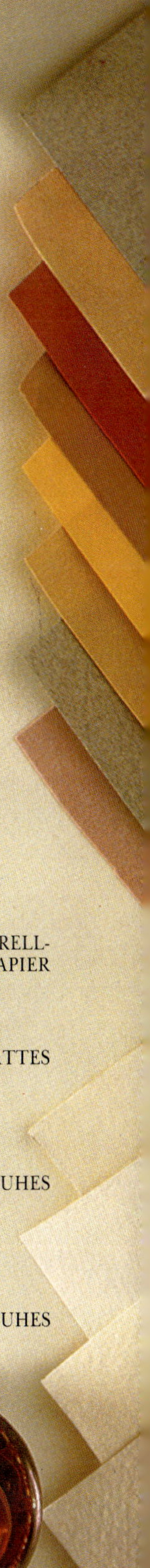

ist. Befeuchten Sie nun das Papier unter fließendem Wasser oder auf einem Tablett, bewegen Sie es hin und her, damit es wirklich ganz naß wird, und legen Sie es dann mit der Vorderseite nach oben auf ein Zeichenbrett. Schneiden Sie jetzt Klebebandstreifen in der passenden Länge zurecht, glätten Sie den Bogen vorsichtig mit der Hand und kleben Sie ihn mit den Klebstreifen auf dem Brett fest. Lassen Sie das Brett flach liegen, bis der Bogen völlig trocken ist.

Die Oberflächenstruktur ist bei der Wahl von Aquarellpapier sehr wichtig. Es gibt drei Grundsorten: mattes, rauhes und extra rauhes Papier. Mattes Papier ist das glatteste. Es eignet sich am besten für Zeichnungen, aber einige Künstler bevorzugen auch beim Malen eine glatte Oberfläche. Rauhes Papier hat eine sehr feine Textur und ist wohl der am weitesten verbreitete Malgrund, extra rauhes hat eine deutlich strukturierte Oberfläche. Viele Künstler verwenden es, weil man damit sehr reizvolle Effekte erzielen kann. Wenn man Farbe zum Beispiel auf extra rauhes Papier gibt, dringt sie ungleichmäßig ein, und die Pigmente setzen sich auf den erhabenen Stellen ab, während die Bereiche dazwischen weiß bleiben. So entsteht eine schimmernde, bewegte Farboberfläche.

Papier wird aus verschiedenen Grundstoffen hergestellt. Das beste Papier ist aus reinem Lumpenbrei handgeschöpft. Gewöhnlich reicht jedoch maschinell hergestelltes Papier aus einer Mischung von Lumpen- und Holzbrei völlig aus, besonders, wenn man nur herumprobieren möchte oder Anfänger ist.

Farben

Der Aquarellmaler muß beim Kauf von Farben mehrere Entscheidungen fällen. Zunächst muß er zwischen reiner Wasserfarbe und Gouache wählen, dann zwischen Studien- und Künstlerfarbe. Wenn man mit reiner

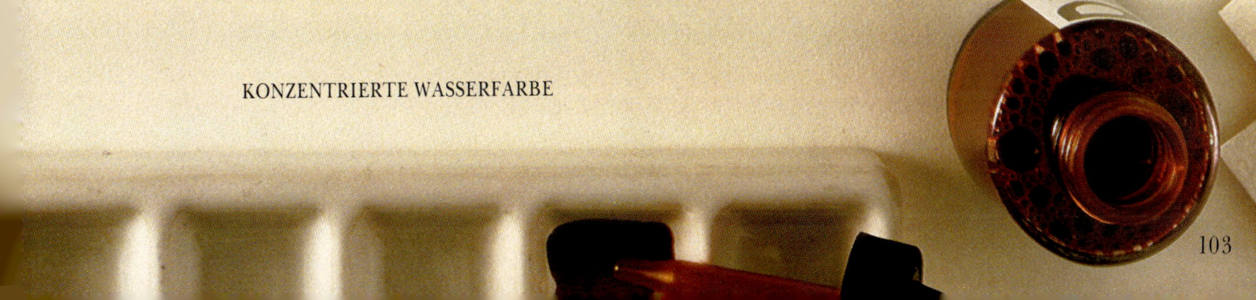

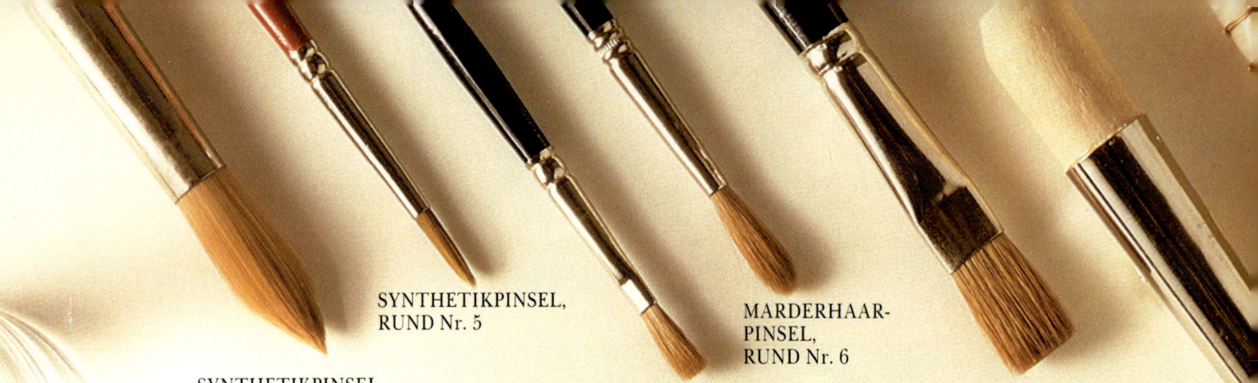

SYNTHETIKPINSEL, RUND Nr. 5

MARDERHAAR-PINSEL, RUND Nr. 6

SYNTHETIKPINSEL, RUND Nr. 18

FEINER MARDERHAARPINSEL

MARDERHAARPINSEL, FLACH

WASSERGLAS

MALKASTEN

Wasserfarbe arbeiten möchte, sollte man von Anfang an nur gute Pigmente kaufen. Sie sind teuer, aber die Leuchtkraft, Haltbarkeit und Sättigung guter Künstlerfarbe ist durch nichts zu übertreffen. Bei der Wasserfarbe richtet sich der Preis mehr als bei jedem anderen Medium nach der Qualität.

Wasserfarbe ist in verschiedenen Formen erhältlich: als trockene Tabletten, in kleinen Tuben mit flüssiger Farbe, in halbtrockenen großen und kleinen Näpfchen oder in konzentrierter Form in Flaschen. Die Wahl hängt vom persönlichen Geschmack und der gewünschten Bequemlichkeit ab. Farbe aus der Tube oder der Flasche eignet sich am besten für großflächiges Arbeiten. Ein Malkasten mit Näpfchen ist besonders beim Skizzieren und bei der Arbeit im Freien zu empfehlen: Man kann den Deckel als Palette verwenden, die Farbe ist leicht greifbar und muß nicht erst aus der Tube gedrückt werden. Farbnäpfchen sind kompakt und können im Gegensatz zur Farbe in der Flasche nicht verschüttet werden. Trockene Tabletten sind die reinste Form der Aquarellfarbe; die halbtrockene Farbe in Näpfchen enthält Glyzerin oder Honig, damit sie feucht bleibt.

Pinsel

Sie benötigen verschiedene gute Pinsel: große, flache für dünne, gleichmäßige Farbschichten, Rundpinsel für satte Farbstriche und kleine Pinsel für Detailzeichnungen. Größe und Typ des verwendeten Pinsels hängt von dem jeweiligen Projekt und dem Format ab, in dem man arbeitet. Die besten Aquarellpinsel sind Marderhaarpinsel aus den Schwanzhaaren des sibirischen Rotmarders. Sie sind recht teuer, aber wenn man sie gut behandelt, halten sie sehr lange und sind ihr Geld wert. Darüber hinaus stellt man Pinsel aus Eichhörnchenhaar (die auch als Fehhaarpinsel be-

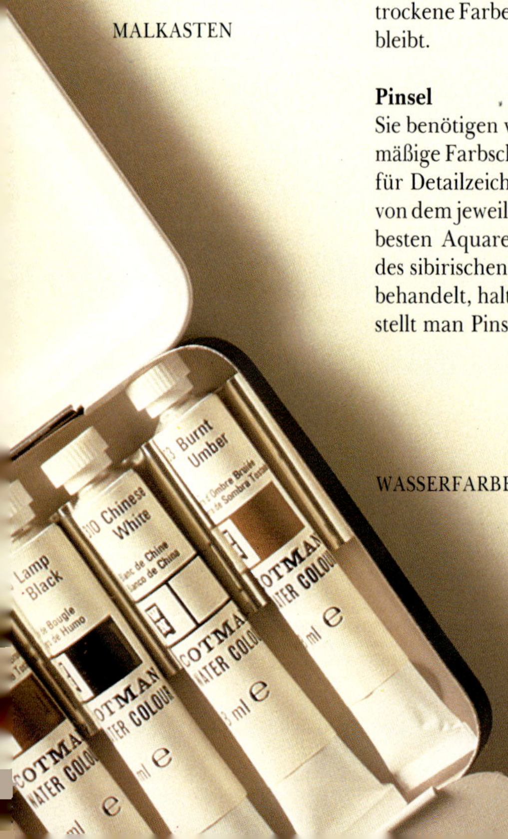

WASSERFARBE IN TUBEN

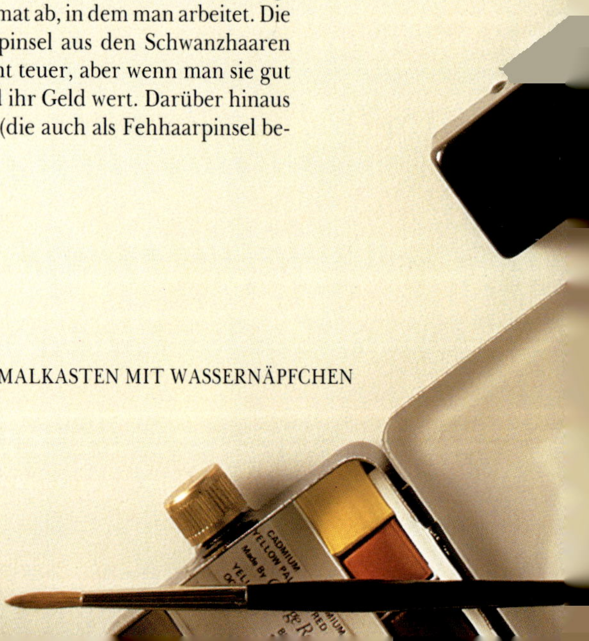

FREILICHTMALKASTEN MIT WASSERNÄPFCHEN

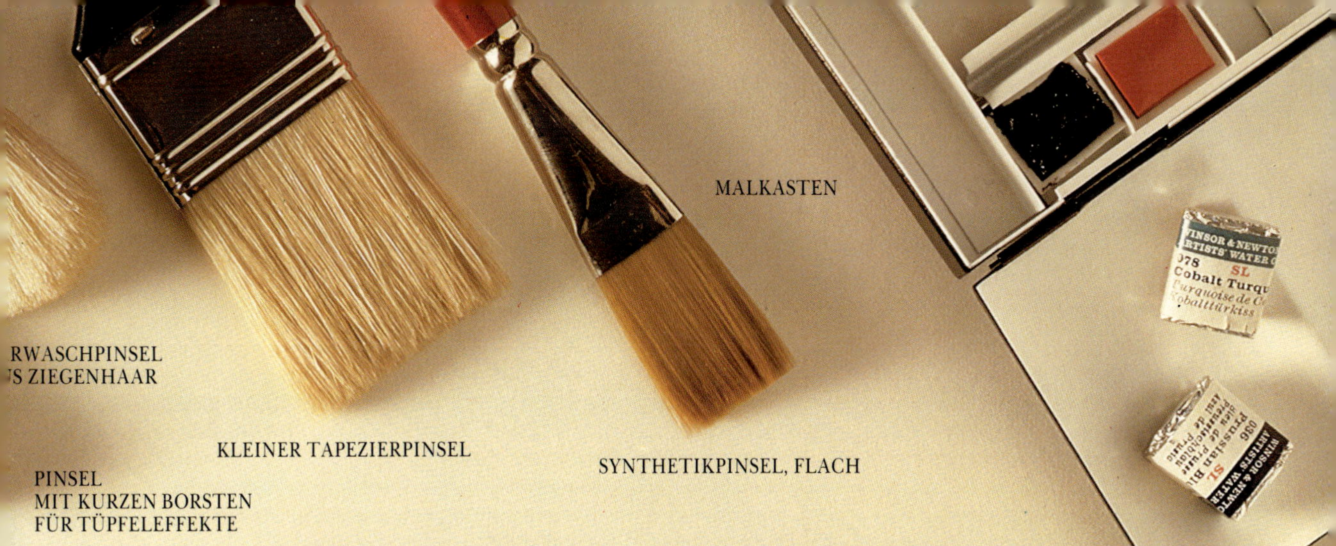

zeichnet werden), Rinderhaar oder Synthetikfasern her. Obwohl die Synthetikpinsel mit der Zeit immer besser geworden sind, erreichen sie bei weitem nicht die Qualität von Naturhaar.

Denken Sie bitte immer daran, daß Pinsel ein teures und wichtiges Werkzeug sind und deshalb gut behandelt werden sollten. Waschen Sie sie nach dem Malen immer gründlich mit Wasser aus, lassen Sie sie nie im Wasser oder auf den Borsten stehen, sonst verlieren sie schnell ihre Form. Drücken Sie die Pinsel nach dem Reinigen vorsichtig in Form, und bewahren Sie sie mit den Borsten nach oben in einem Gefäß auf.

Andere Hilfsmittel
Sie benötigen eine gute Palette. Es gibt verschiedene Arten; ideal sind jedoch solche mit kleinen Vertiefungen, in denen man die Farbe mischen kann. So kann beliebig viel Wasser zugefügt werden, ohne daß nebeneinanderliegende Farben ineinander verlaufen. Wenn Sie Wasserfarbe in Näpfchen bevorzugen, brauchen Sie eine Palette mit großen Vertiefungen, damit Sie große Mengen flüssiger Farbe mischen können. Für Tubenfarbe empfiehlt sich eine Palette mit einer Reihe großer und einer Reihe kleiner Mulden. In die kleinen wird die Farbe gegeben, während in den größeren Vertiefungen die Farben gemischt oder verdünnt werden. Wenn Sie im Atelier arbeiten, können Sie in kleinen Töpfchen individuelle Farbtöne mischen. Für das Malen im Freien benötigen Sie eine herkömmliche nierenförmige Palette mit einem Daumenloch. Wenn Sie einen Malkasten besitzen, können Sie auch den Deckel zur Palette umfunktionieren.

Bei vielen Aquarelltechniken müssen Sie das Blatt bewegen, um den Verlauf der Farbe zu kontrollieren, deshalb sollten Sie auf einem Zeichenbrett arbeiten. Sie benötigen es auch für das Aufspannen des Papiers.

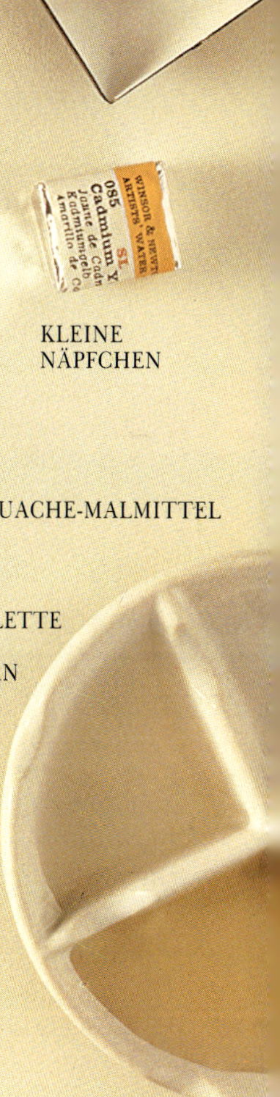

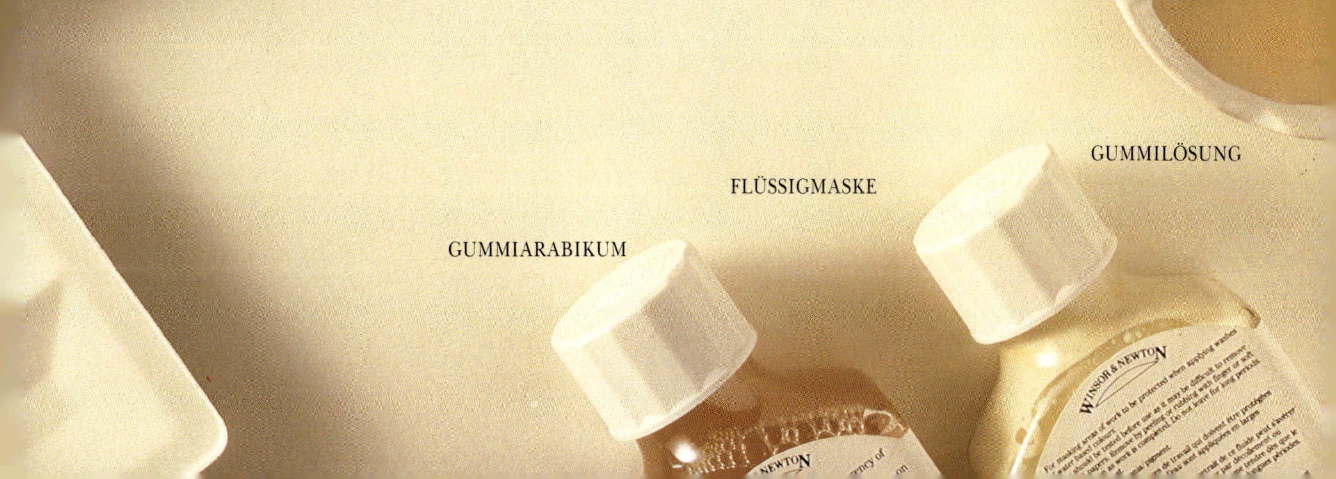

Ein Weinberg in Italien

Dieses einfache, aber stimmungsvolle Aquarell wurde im Freien gemalt, aber um das Motiv besser kennenzulernen, fertigte der Künstler zunächst eine rasche Skizze an. Wie man sieht, hat er die Komposition im Vergleich zur Skizze leicht verändert. Er vereinfachte und vergrößerte den Hügel im Vordergrund, wodurch die gleichmäßigen Reihen der Weinstöcke noch stärker betont wurden, und verlagerte das Dorf weiter nach oben, so daß man den Himmel fast nicht mehr sieht. Die geschwungenen Linien der Weinstockreihen ziehen den Blick zwangsläufig durch das Bild zu der Häusergruppe am Fuß des Hügels. Der Künstler muß bereit sein, das Unerwartete an einem Thema zu nutzen, zu sehen und es bewußt oder unbewußt zu verändern, denn dies macht den kreativen Prozeß aus. Jedes Kunstwerk besteht aus kleinen Einzelteilen, die für sich genommen nicht viel bedeuten, zusammen jedoch eine einzigartige Einheit bilden. Der Maler muß auch nicht jede Linie rechtfertigen; hierin unterscheidet sich das Werk eines bildenden Künstlers von dem eines technischen Zeichners. Das einmalige Zusandekommen von Idee, Motiv und Farbe macht ein bestimmtes Bild schön, befriedigend und unwiderstehlich.

Wenn Sie ein Bild komponieren, sollten Sie in Kategorien wie Ausgewogenheit, Harmonie und Dynamik denken. Hier hat der Maler sich auf ein Merkmal der Szene vor seinen Augen konzentriert und mit ihm gespielt, es überzeichnet und so etwas Neues geschaffen. Er hat die parallelen Reihen der Weinstöcke zum Gerüst gemacht; sie ziehen sich als Muster aus abwechselnd grünen und blaßgelben Streifen über die untere Bildhälfte, laufen entlang der Fluchtlinien zusammen, strukturieren so den Vordergrundraum und lenken den Blick zum Hintergrund. Dabei entsteht ein Rhythmus, der unterschwellig das ganze Bild durchzieht. In einem Bild entwickelt sich Rhythmus durch Hervorhebung der Kompositionslinien, durch die Art der gewählten Betonung und natürlich durch die Komposition selbst – die Anordnung der Bildelemente auf der Bildfläche und ihr Verhältnis zueinander und zum Bildrahmen. Das einfache, regelmäßige, sich wiederholende Muster des Vordergrundes steht im Kontrast zu dem leuchtenden, lebendigen, kleinteiligen Bereich des Dorfes im Hintergrund mit seinem bunten Durcheinander von Formen und Farben. Diese Gegensätze, Betonungen und Spannungsfelder machen ein Bild reizvoll und lebendig, während ein anderes, das technisch vielleicht genauso gekonnt ausgeführt ist, leer und langweilig wirkt.

Der Maler arbeitete mit Wasserfarbe, weil ihm dieses Medium gefällt und es sich gut für das Arbeiten im Freien eignet. Die durchscheinenden Schichten und strahlenden Farben passen ausgezeichnet zum Motiv und geben die Qualität des Lichtes effektvoll wieder. Gearbeitet wurde zügig auf aufgespanntem Papier. Dessen Struktur verleiht dem Bild ein Schimmern, das an einen warmen Sommertag erinnert. Die Detailaufnahmen zeigen deutlich, wie das Papier die Farbe fast zufällig aufnimmt und sie über den Bogen leitet, so daß sie auf den erhabenen Stellen ›sitzt‹, in anderen Bildbereichen jedoch tiefer eindringt.

Die verschiedenen Elemente sind genaugenommen sehr einfach wiedergegeben, was jedoch vorzüglich zum Thema paßt und zur Harmonie und Ausstrahlungskraft des Werkes beiträgt.

1 Der Künstler malte dieses einfache, aber lebendige Aquarell im Freien. Er begann mit einer Kohleskizze.

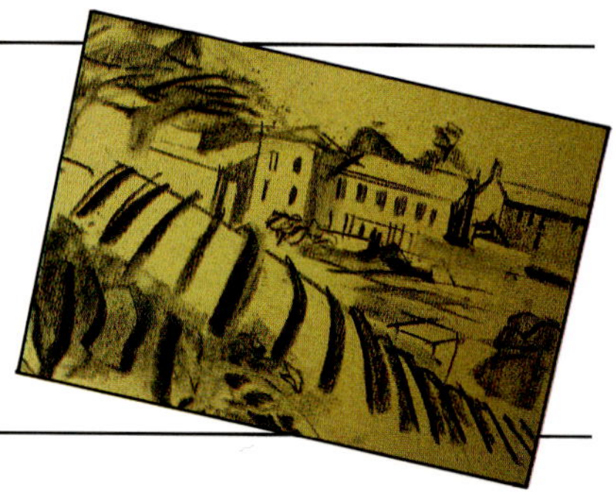

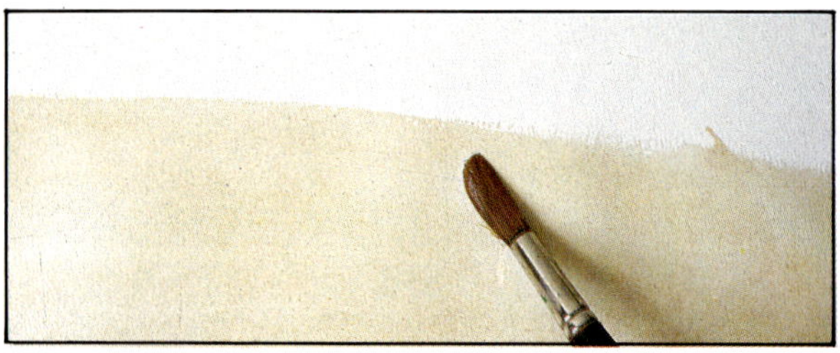

2 Der Maler trägt auf das aufgespannte Papier zunächst eine warme, farbig neutrale Grundierung, gemischt aus Umbra natur, Preußischblau und Echtgelb, auf (*oben*).

3 Er läßt diese Schicht völlig trocknen, damit er den Farbton genau beurteilen kann. Dann legt er eine zweite Schicht über die erste (*rechts*).

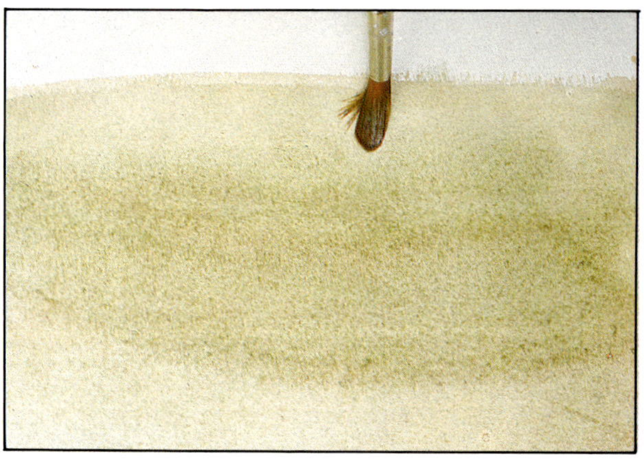

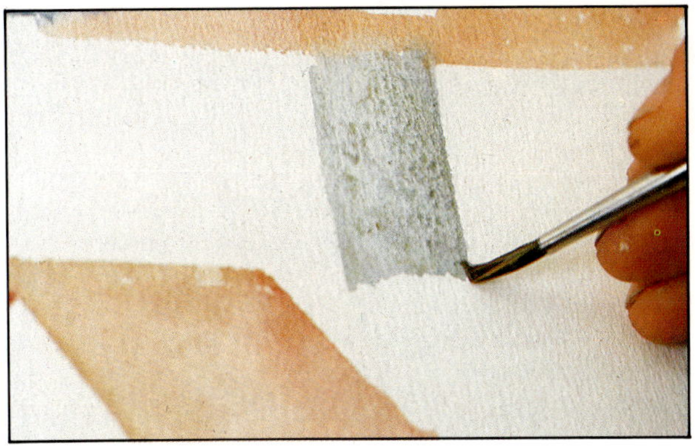

4 Mit Preußischblau wird nun der Himmel skizziert. Dann malt der Künstler mit hellen Rot- und Grautönen die Gebäude (*oben*).

5 Der Maler füllt die Bereiche zwischen den blassen Partien mit reinen, strahlenden Farbflecken (*unten*). Damit die Farben nicht verwischen, arbeitet er feucht auf trocken.

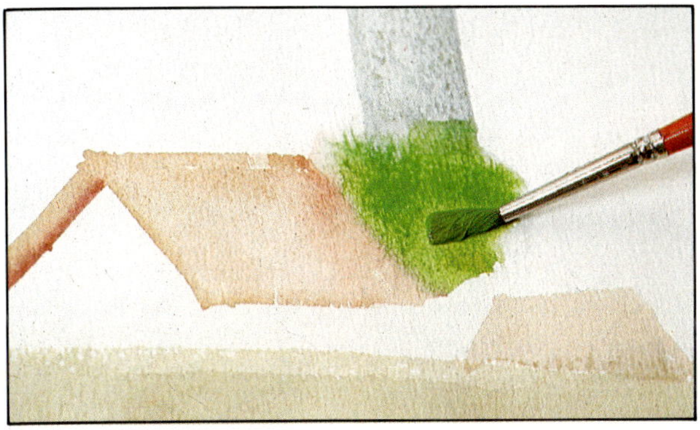

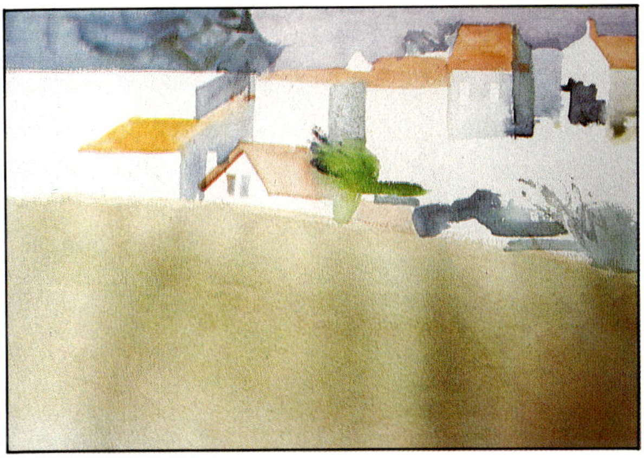

6 Der Künstler hat verschiedene Techniken verwendet. Auf einige Partien hat er reine, transparente Schichten aufgetragen, in anderen Bildbereichen werden diese von andersfarbigen Lasuren überdeckt, um eine dritte Farbe zu erhalten. An einigen Stellen ließ der Maler die Farben ineinander laufen, um weiche Übergänge zu erzielen.

KOMPLIZIERTE UMRISSLINIEN

Auch mit Aquarellfarbe lassen sich schwierige Formen zeichnen. Hier befeuchtet der Künstler zunächst den Bildteil, den er bemalen möchte, wobei er den Rand dieser Partie sehr sorgfältig zieht. Dann gibt er Farbe auf die feuchte Stelle, läßt sie bis zum Rand laufen und tupft das Papier vorsichtig mit Löschpapier trocken, damit die Farbe blaß und gleichmäßig wird.

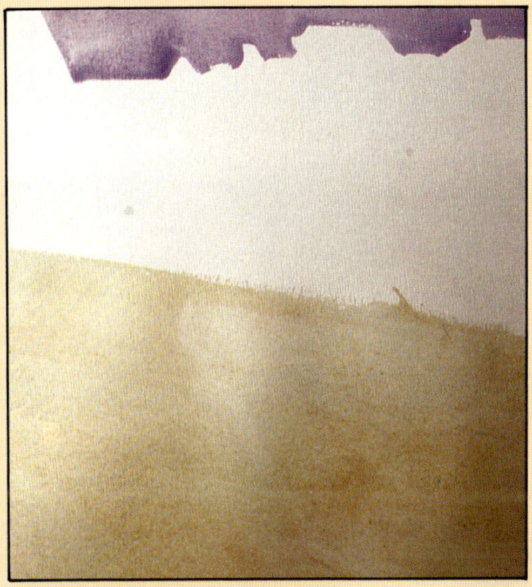

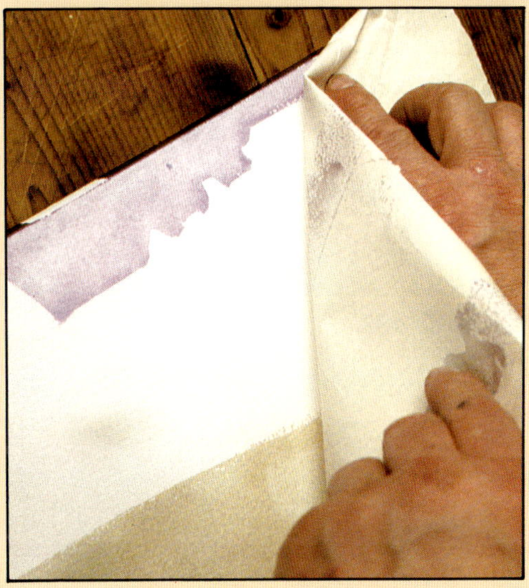

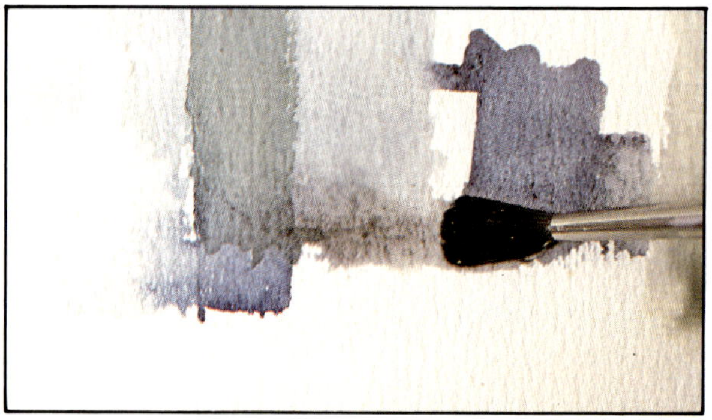

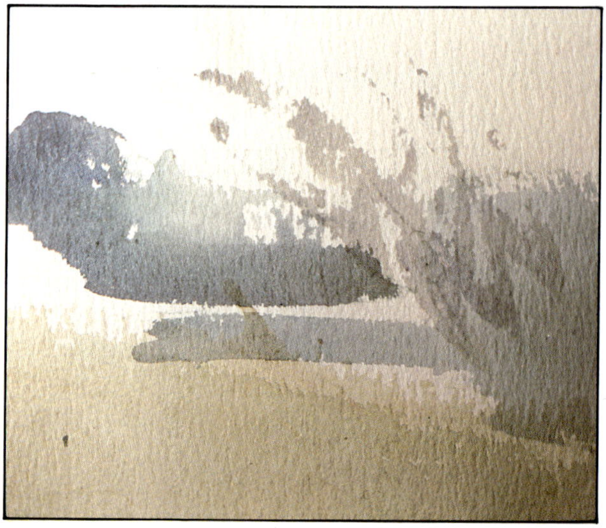

7 Der Ausschnitt *oben* zeigt, wie wichtig die Papierstruktur ist, denn sie beeinflußt die Farbaufnahme. Der Künstler läßt Paynesgrau in Preußischblau verlaufen.

8 In dem Ausschnitt *rechts* sehen wir, wie viele Formen und Spuren man schaffen kann und wie eine Farbe durch die darüberliegende schimmert.

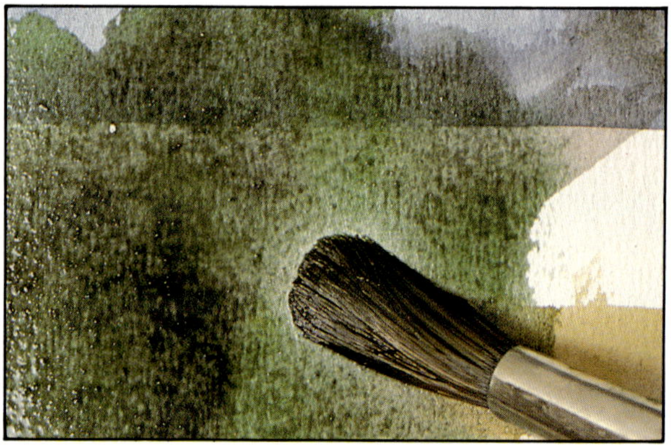

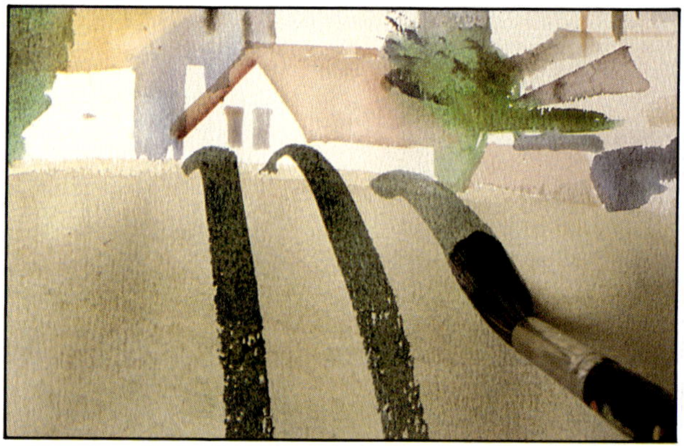

9 Mit einem farbgetränkten Pinsel trägt der Künstler im Farbton Grüne Erde den Bereich des Baumes am linken Bildrand auf (*oben*).

10 *Oben rechts* zeichnet der Künstler mit Grüner Erde die starken zusammenlaufenden Linien der Weinstöcke. Jede Reihe gibt er mit einem einzelnen Pinselstrich wieder.

11 Die geschwungenen Linien der Weinstöcke ziehen den Blick in den Bildraum und verbinden Vorder- und Hintergrund (*unten links*).

12 Der Maler verstärkt den Ton der Weinpflanzen mit einer Mischung aus Grüner Erde und Paynesgrau (*unten*). Hierdurch rückt der Vordergrund näher an die Bildebene.

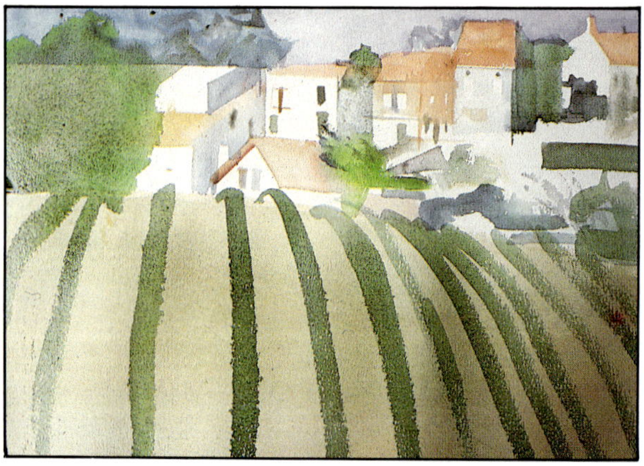

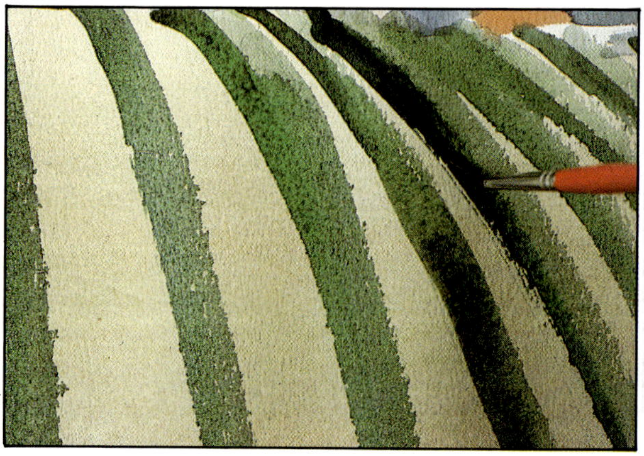

Was man benötigt

Der Künstler benutzte einen Satz Künstler-Aquarellfarben. Sein Malkasten ist besonders für das Arbeiten im Freien ausgerüstet: Er enthält einen separaten, eingebauten Wasserbehälter, und der Deckel läßt sich zum Wassertopf umfunktionieren. Er malte auf einem guten, rauhen Bogen Aquarellpapier von 30,5 × 40,5 cm, den er am Abend zuvor aufgespannt hatte. Gemalt wurde mit Marderhaarpinseln Nr. 4 und Nr. 11, als Palette diente der Deckel des Malkastens.

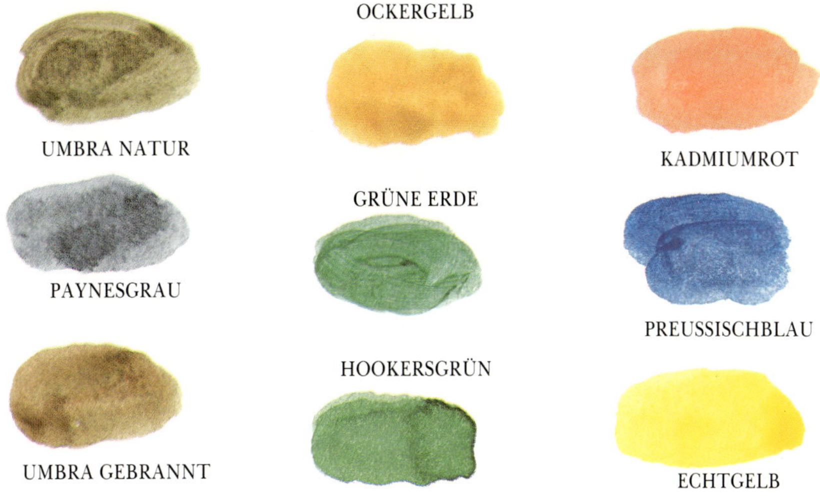

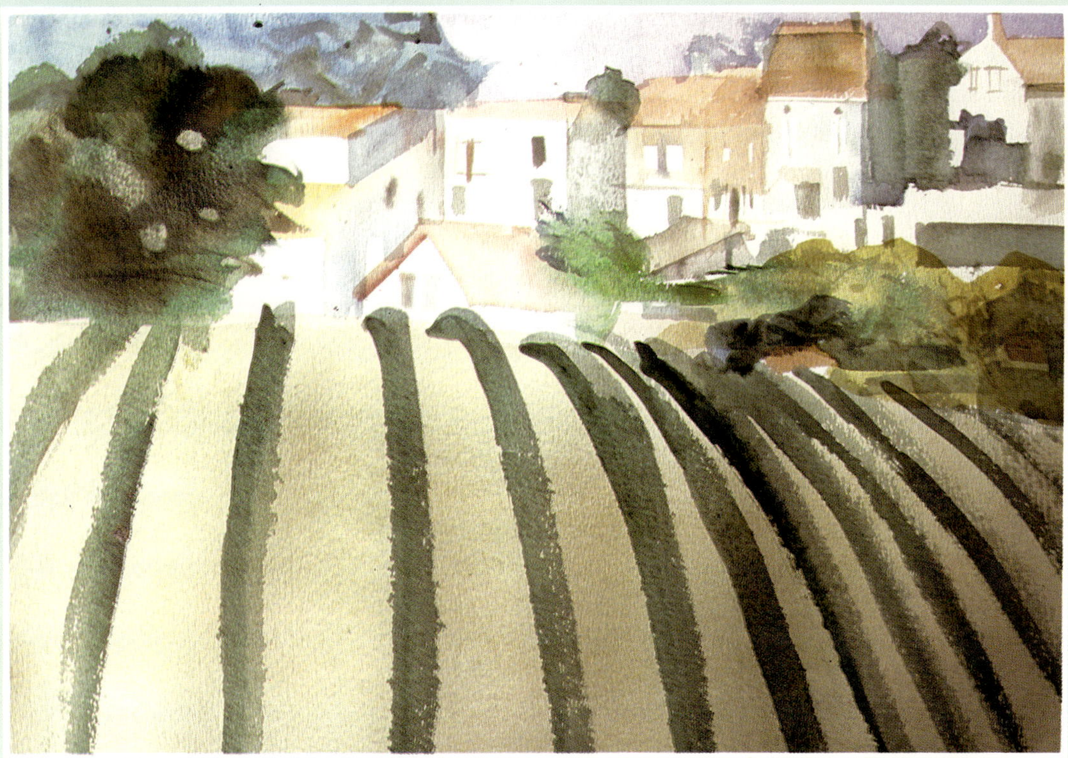

Ein Weinberg in Italien

Das Motel

Oftmals ist das, was der Künstler wegläßt, genauso wichtig wie das, was er ins Bild nimmt. Hier hat er das Motiv verfeinert, indem er es vereinfachte, bestimmte Merkmale betonte und andere, wie die Autos am rechten Rand, ignorierte. Dieses Korrigieren von Informationen ist ein wichtiger Teil des kreativen Prozesses, und der Maler kann dies sehr viel leichter tun als ein Fotograf. Die Komposition beruht auf einer Reihe von einfachen Formen: dem breiten, horizontalen Band des Daches, das rechts von den Vertikalen der Palmen ausbalanciert wird. Sie ist bewußt so angelegt, daß die Formen über die Ränder hinausgehen. Das Abschneiden der Bildelemente durch den Rahmen ist ein verhältnismäßig modernes Stilmittel, das die Impressionisten aus der japanischen Kunst übernahmen. Hierdurch entsteht der Eindruck von Unmittelbarkeit und Nähe; der Betrachter spürt, daß er nur einen Teil der Szene sieht und daß die Dinge jenseits der Bildgrenzen weitergehen. Wenn dagegen alle Bildgegenstände bequem im Bilderrahmen untergebracht sind, wirken sie isoliert und unabhängig, und das Bild strahlt eine gewisse Abgeschlossenheit von der Außenwelt aus.

Mit dem Abschneiden von Bildgegenständen lassen sich unterschiedliche Effekte erzielen. Eine vom Rahmen überschnittene, bewegte Gestalt kann Bewegung ins oder aus dem Bild heraus suggerieren. Wenn eine Säule, ein Baum, ein Gebäude oder eine Person den Rahmen oben und unten gleichzeitig überschneiden, entsteht die Illusion, daß das Objekt direkt vor dem Bild, auf oder vor der Bildebene steht.

Der Eindruck von Tiefe und Räumlichkeit entsteht bei diesem Bild durch eine Reihe von zusammenlaufenden Linien: der Schatten auf der linken Seite, die weiße Straßenmarkierung und die Baumreihe auf der rechten Seite. All diese Linien ziehen den Blick ins Bild. Sie waren bereits beim Motiv vorhanden, aber der Maler hat sein Bild so komponiert und beschnitten, daß sie betont werden. Er hat das, was schon da war, für seine eigenen Zwecke ausgenutzt und darüber hinaus andere auffällige Aspekte des Motivs betont und hervorgehoben. Ihm gefielen die reinen, klaren, einfachen Farben. Ebenso faszinierten ihn die Geometrie, die strengen Linien der sich wiederholenden Fenster, Türen und Hecken an der Frontseite des Motels. Obwohl die Komposition sich sehr eng an ihr Vorbild hält, wirkt sie doch fast abstrakt.

Der Künstler arbeitete mit reiner, transparenter Wasserfarbe, die gut zu der hellen, sonnenbeschienenen Szene und den klaren Farben paßt. Sie wurden gekonnt und phantasievoll eingesetzt. Mit Hilfe von Schablonen konnte das Laub der Bäume locker aufgetragen und mit Spritztechnik gearbeitet werden, die für Farbvariationen sorgt. Mit einem Plastiklineal wurde die scharfe Trennungslinie zwischen den Bäumen und dem Dachfirst gezogen.

1 Den Künstler faszinierte besonders die Art, wie sich die strengen Vertikalen und Horizontalen in dieser Stadtlandschaft ausbalancieren.

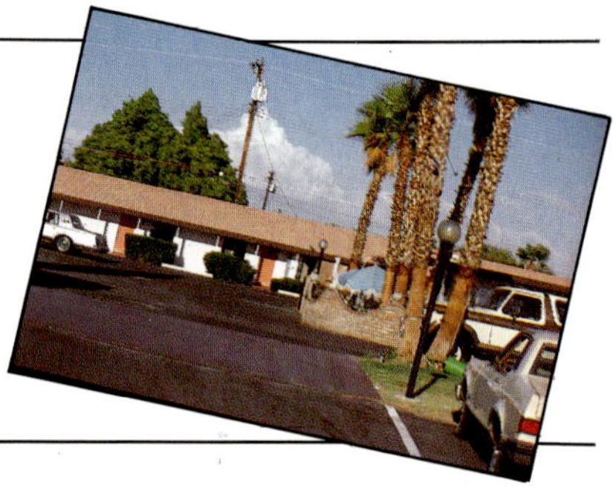

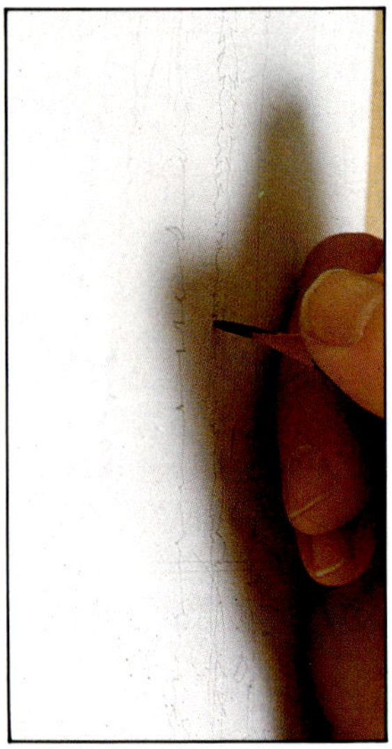

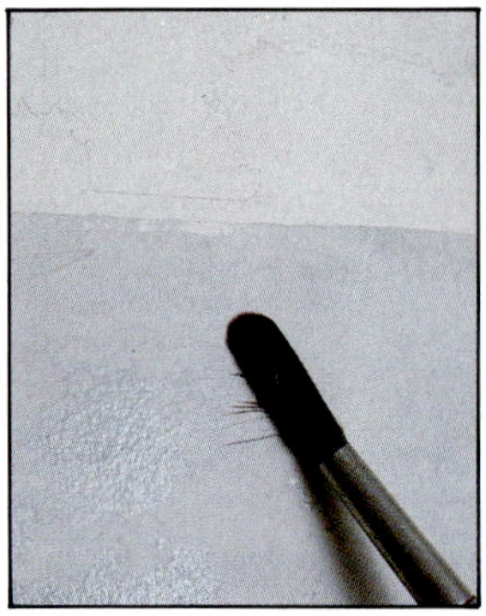

2 Mit einem 2B-Bleistift fertigt er direkt auf dem aufgespannten Aquarellpapier mit einfachen Linien eine relativ genaue Vorzeichnung an (*links*).

3 Der Maler mischt in einem kleinen Keramiktopf Kobaltblau. Mit einem großen Pinsel (Nr. 10) trägt er den Himmel auf (*oben links*). Der Vordergrund wird paynesgrau.

4 Die Komposition hat sich seit der Vorzeichnung kaum verändert, aber um die Farbe frisch zu erhalten muß man manchmal die Abfolge der Arbeitsschritte planen (*oben*).

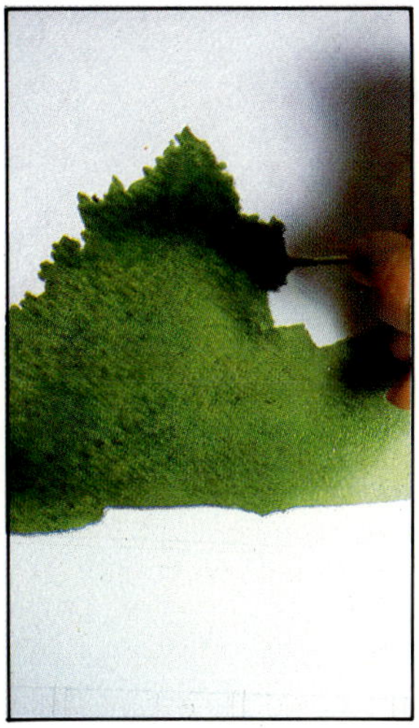

5 Nun beginnt der Künstler mit einer Mischung aus Grün und Gummilösung die Bäume zu malen (*links*). Gummilösung macht die Wasserfarbe pastoser, ohne daß sie ihre Transparenz verliert. Sie trocknet leicht glänzend und erlaubt dem Künstler, sehr intensive Farben zu entwickeln.

6 Der Maler zeichnet die Blätter der Palme mit reiner Wasserfarbe (*rechts*). Dieses Mal verwendet er Saftgrün ohne Gummilösung, weil er diesen Bereich aus mehreren Schichten aufbauen möchte. Mit Gummilösung würde das Bild zu schnell zu dunkel.

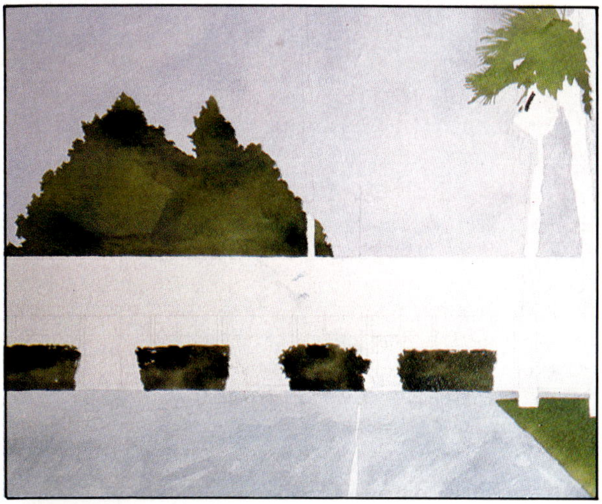

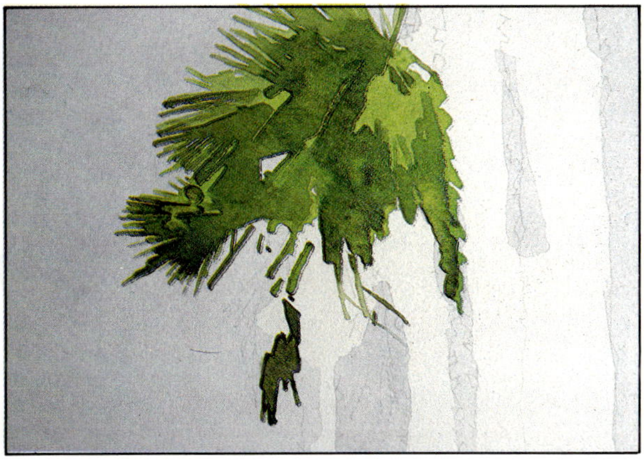

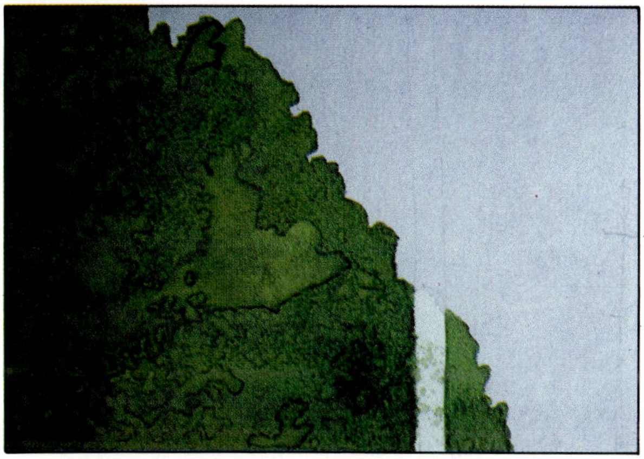

7 Die Blätter der Palmen entstehen aus übereinandergelegten Farbschichten (*oben*). Die feuchte Farbe wird, um Textur zu erzielen, mit Seidenpapier abgetupft.

8 *Oben rechts* sehen wir die Effekte, die man beim Überarbeiten von Gummilösung erzielen kann. Die Wasserflekken erinnern an die Struktur eines belaubten Baumes.

9 Das Bild entsteht aus einer Reihe genau festgelegter Arbeitsschritte (*unten links*). Zwischendurch muß die Farbe jedes Mal gut trocknen.

10 Mit einer Mischung aus Siena gebrannt und Krapprot zeichnet der Maler das Dach des Motels (*unten*). Der Schatten im Vordergrund wurde mit Paynesgrau gemalt.

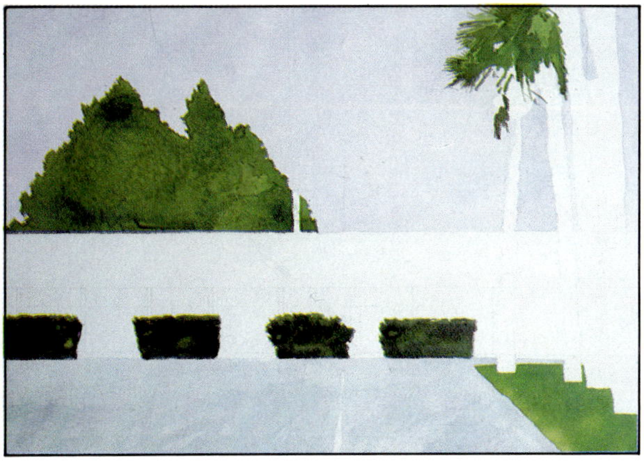

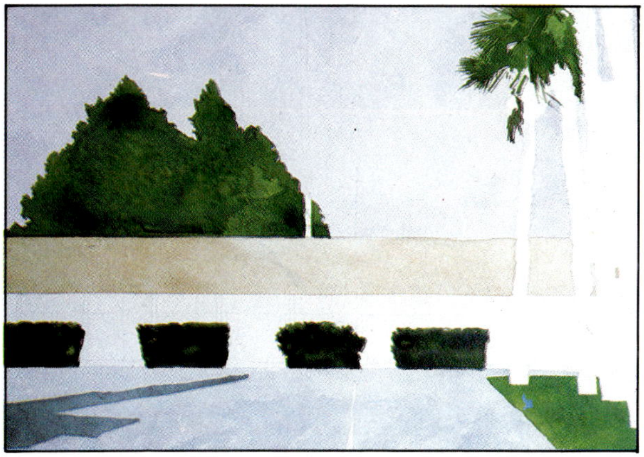

GEBRAUCH VON SCHABLONEN

Der Maler wollte das Laub der Bäume sehr stark strukturieren. Auf einem stärkeren Pauspapier, das nicht ganz so transparent ist wie herkömmliches, umriß er die Form, die er abdecken wollte, und schnitt die Baumsilhouette mit einem Skalpell aus. Danach legte er die Schablone auf das Bild und zwar so, daß der Bereich, den er bearbeiten wollte, frei blieb und alle anderen Teile bedeckt waren. So konnte er ungezwungen zu Werke gehen. Das Laub war mit einer Mischung aus Saftgrün und Gummilösung gemalt worden. Mit einem kleinen Haushaltspinsel spritzte der Maler zusätzliche Gummilösung und Saftgrün auf die Baumkronen, um ein gleichmäßiges Pünktchenmuster zu erzielen. Nach dem Abnehmen der Schablone waren die Bäume auffällig strukturiert, der umgebende Bildbereich jedoch unberührt.

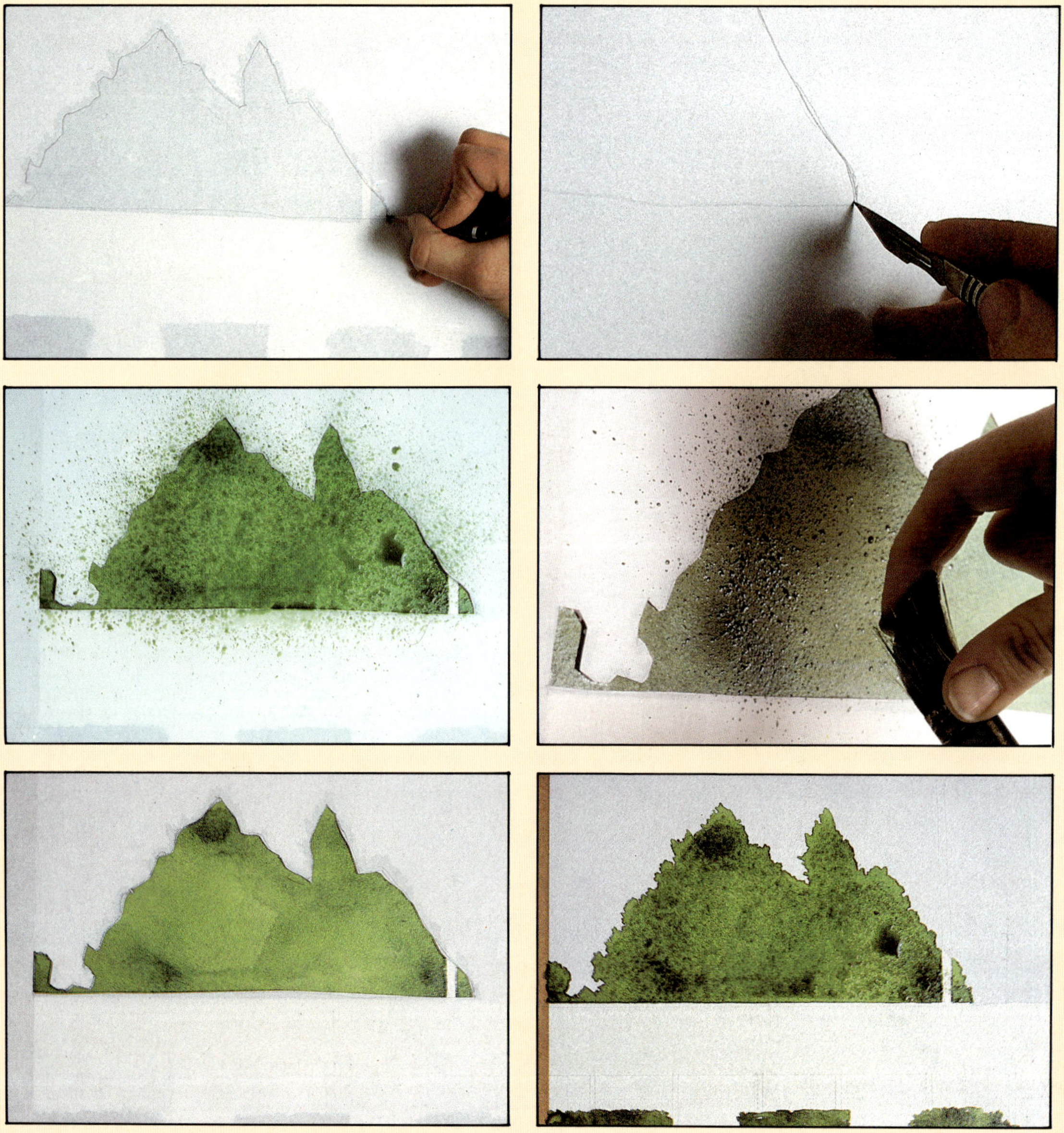

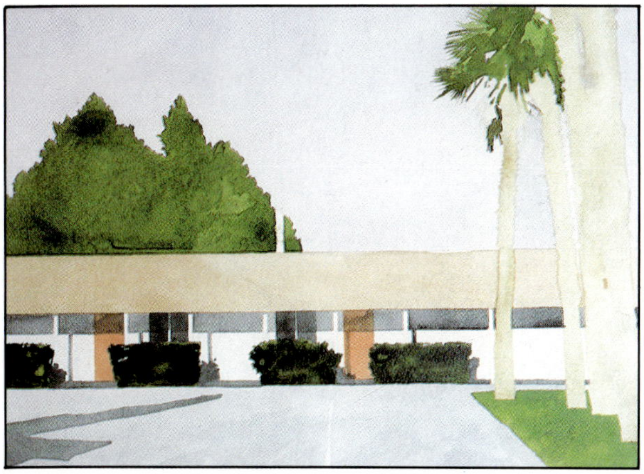

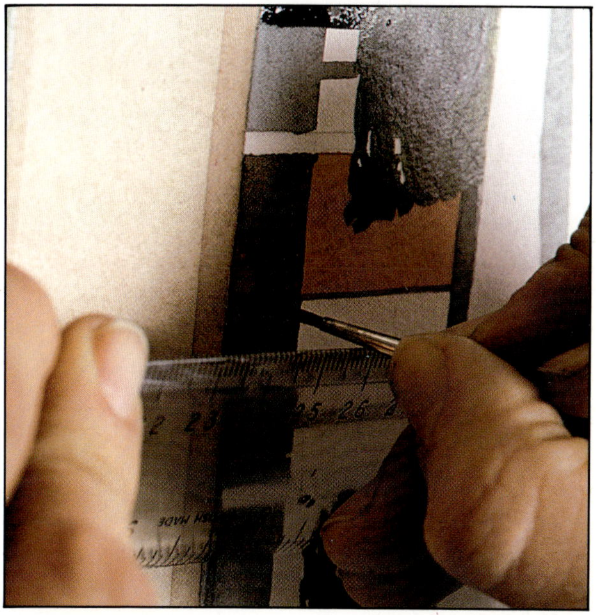

11 Die roten Türen sind mit einer Mischung aus Krapprot und Umbra natur gemalt, die Fenster und Schatten mit Paynesgrau und die Baumstämme mit verdünntem Umbra natur (*oben*).

12 Mit einem feinen Pinsel, Paynesgrau und einem Lineal zeichnet der Künstler die Schatten um die Türrahmen, die Ziegel auf dem Dachfirst und die Schatten unter der Dachkante (*rechts*).

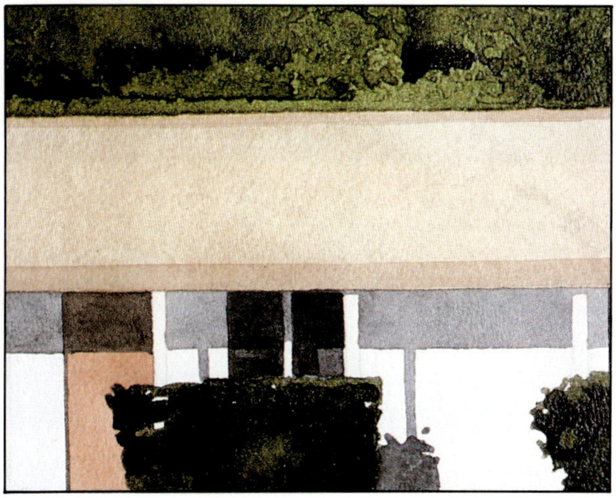

13 In dem Ausschnitt *links* sehen wir, wie der Künstler das Motiv vereinfacht und fast abstrahiert hat. Dennoch bleibt das Bild eine realistische Darstellung.

14 Wiederum mit Hilfe des Lineals zeichnet der Maler die Telegrafenmasten (*unten links*). Die weiße Linie auf der Straße und die Baumreihe ziehen den Blick ins Bild.

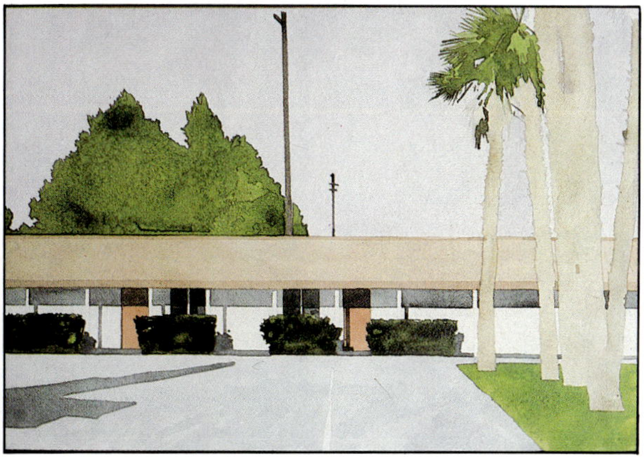

15 Nun überarbeitet der Maler mit einer Mischung aus Saftgrün und Paynesgrau das Blattwerk der Palmen (*unten*). Es ist nicht so einfach, detailfreudig, beschreibend und dekorativ zu sein, ohne das Bild zu überladen. Beachten Sie die Farbqualität an den Stellen, wo die Farbe der Bäume den Himmel überschneidet.

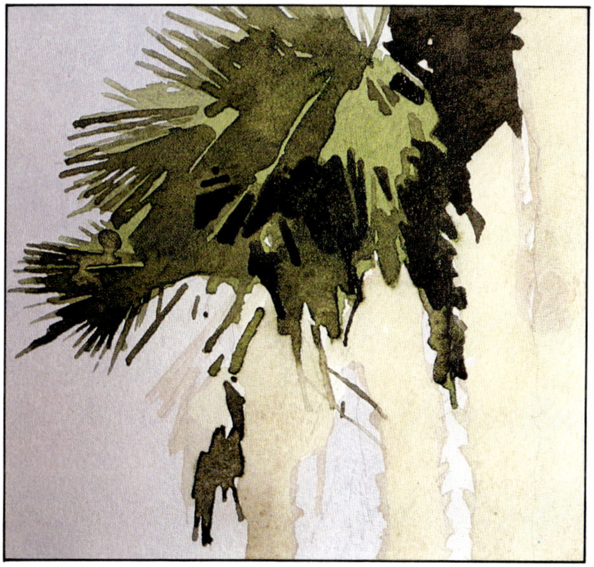

16 Um anzudeuten, wo Blätter abgebrochen sind, zeichnet der Maler die Ringe um die Baumstämme in Umbra natur (*rechts*). Direkt an der Basis der Palmen arbeitet er mit einem weichen Bleistift, um feinere Strukturen wiederzugeben.

17 Mit intensiverem Umbra natur werden die oberen Partien der Palmstämme strukturiert (*unten*). Hier zeigt sich, wie dieselbe Farbe, in Schichten übereinandergelegt, zu unterschiedlichen Farbtönen führen kann. Der Detailreichtum wirkt als Blickfang und rückt diesen Bereich nahe an die Bildebene.

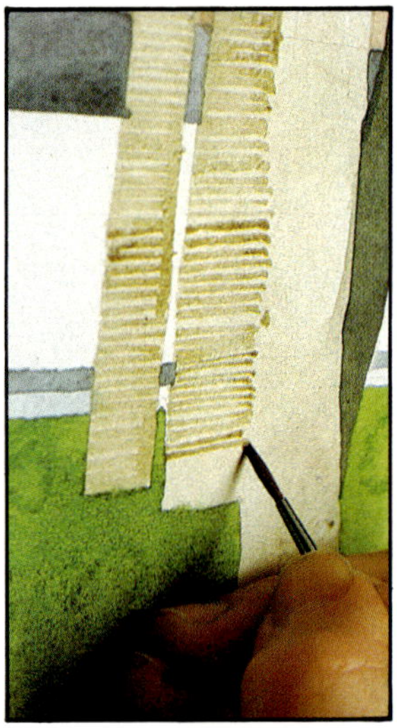

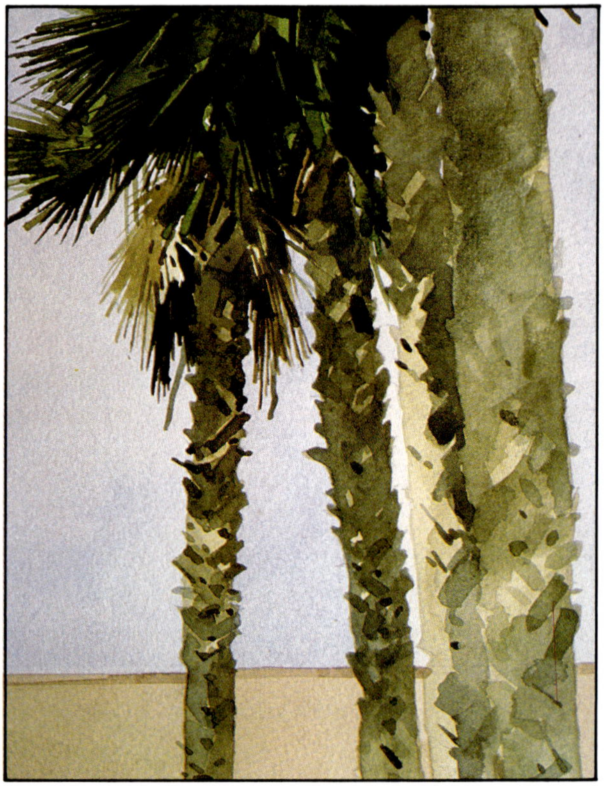

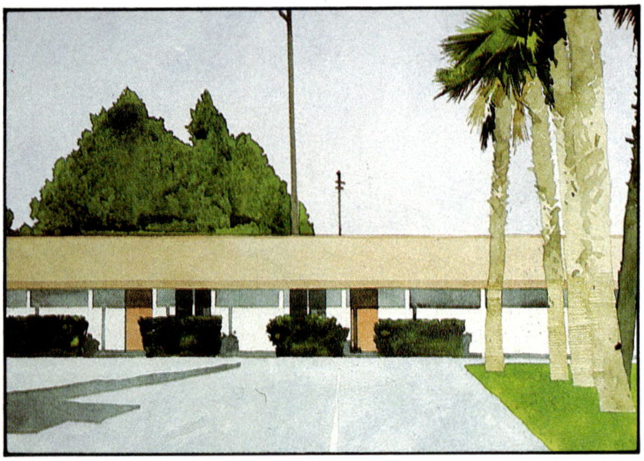

18 Mit Saftgrün strukturiert der Maler die Blätter des Baumes noch stärker (*oben*). Mit einer Mischung aus Umbra natur und Paynesgrau überarbeitet er dann noch einmal die obere Partie der Palmstämme. Diese Bäume überschneiden den Bilderrahmen und werden dadurch fest mit der Bildebene verbunden.

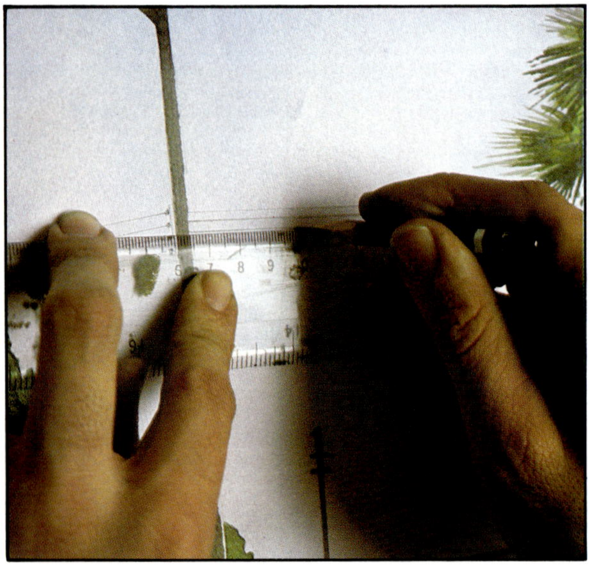

19 Mit einem Lineal zeichnet der Maler die Telegrafendrähte (*unten links*).

20 Die Puristen unter den Aquarellmalern würden eine solche Methode nicht gutheißen, aber das Ergebnis ist sehr effektvoll (*links*). Das Bild ist kein traditionelles Aquarell, aber der Künstler hat alle Möglichkeiten des Mediums erkundet und ausprobiert. Das fertige Bild (*gegenüberliegende Seite*) ist ein beredtes Zeugnis für die Flexibilität des Mediums und die Erfindungsgabe des Künstlers. Bereiche mit reinen, transparenten Schichten bilden einen reizvollen Kontrast zu detailreichen, strukturierten Farbflächen.

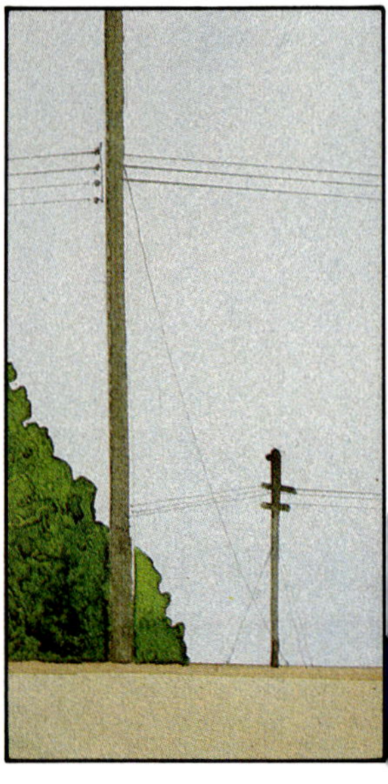

Was man benötigt

Der Maler verwendete mattes Aquarellpapier, das er mit Papierklebeband auf ein Zeichenbrett aufgespannt hatte, kleine Näpfchen mit Künstler-Wasserfarbe und Gummilösung; für die Vorzeichnung und feinere Details einen 2B-Bleistift, für die unteren Farbschichten einen Mischfaserpinsel Nr. 10 und für die Feinarbeit Marderhaarpinsel Nr. 1 und Nr. 4. Hinzu kamen Transparentpapier, ein Lineal, ein Skalpell für die Schablone und ein Tapezierpinsel für die Spritzeffekte.

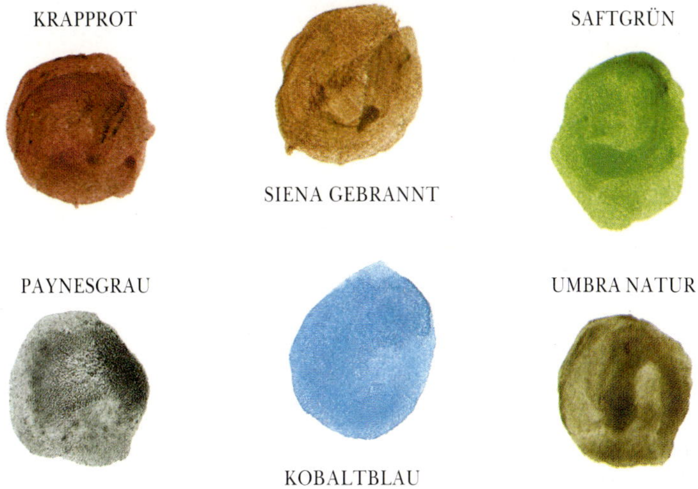

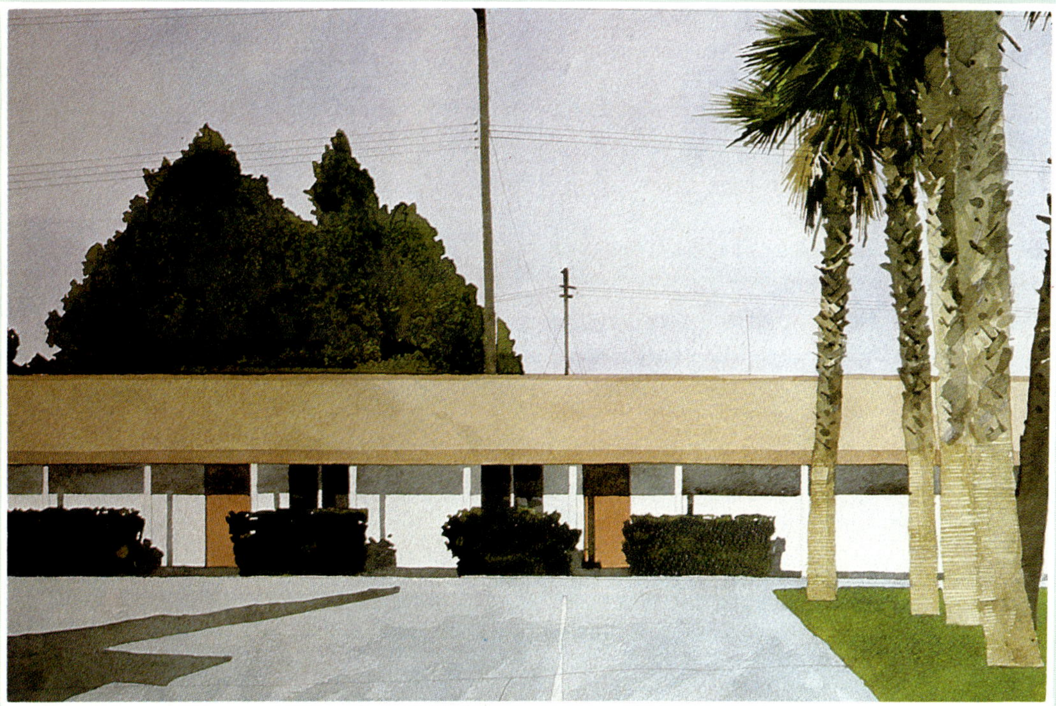

Das Motel

Hügel in der Ferne

Der Künstler hat verschiedene Möglichkeiten, in einem Bild die Illusion von Räumlichkeit und Tiefe zu erwecken. Wenn Sie Stadtansichten oder belebte Szenen mit vielen Menschen wiedergeben, sind Zentralperspektive und Überschneidungen besonders wichtig. Die Luftperspektive ist ein weiterer Kunstgriff, den der Künstler anwenden kann. Von nahem betrachtete Gegenstände zeichnet man in ihren vollen Ton- und Farbwerten: Im Licht liegende Flächen sind strahlend und hell, die im Schatten dunkler. Bei entfernteren Gegenständen ist der Kontrast zwischen ihren hellen und dunklen Seiten weniger stark. Bei der Luftperspektive werden die Dinge durch die Atmosphäre verändert, so daß sie mit der Entfernung eine bläuliche Tönung annehmen, und die am weitesten entfernt liegenden rein blau erscheinen. Sie haben sicher schon einmal bemerkt, daß Berge am Horizont blau erscheinen und daß der Blauton vom Licht und von der Wasserkonzentration in der Atmosphäre verändert wird. Deshalb wirken Berge, kurz bevor es zu regnen beginnt, strahlend blau.

Bei diesem Bild hat der Maler einige dieser Methoden eingesetzt, um in seinem Werk den Eindruck von Räumlichkeit zu erwecken. Der Baum im Vordergrund ist klar und präzise mit scharfen Helldunkel-Kontrasten wiedergegeben. Die Licht- und Schattenzonen der Bäume in der Ferne sind weniger klar umrissen, und die Hügel am Horizont strahlen in einem kühlen Blau.

Man sollte auch die Wirkung warmer und kalter Farben bedenken. Kühle Farben tendieren dazu, in den Hintergrund zu treten, während warme eher der Bildebene zustreben. Wenn Sie im Vordergrund Ihres Bildes einen strahlendroten Gegenstand wiedergeben möchten, sollten Sie einen satten Ton, zum Beispiel Kadmiumrot, verwenden. Wenn der rote Gegenstand weiter entfernt liegt, muß man die Farbe dämpfen, weil er sich sonst optisch nach vorn schiebt, das Gleichgewicht des Bildes durcheinandergerät und das angestrebte Raumempfinden wieder aufgehoben wird.

Ein weiteres Mittel, durch das Räumlichkeit entsteht, ist das Überschneiden des Bildrahmens. Dadurch, daß ein Baum den Rahmen überschneidet, entsteht die Illusion, daß dieser sich ganz vorn im Bildraum, direkt an der Bildebene, befindet. Wenn die Gegenstände des Vordergrundes ganz nah an den Betrachter rücken, weicht der Hintergrund im Gegensatz dazu zurück.

Das Bild ist aus mehreren sehr einfachen Farbschichten aufgebaut, und doch entsteht aus dem Zusammenspiel von reiner, unaufdringlicher Wasserfarbe, Papierstruktur und der künstlerischen Geschicklichkeit des Malers ein stimmungsvolles Landschaftsbild.

1 Der Künstler wollte ein Aquarell malen, auf dem die Luftperspektive besonders zur Geltung kommt. Er wählte dieses Motiv, weil es strenge Formen und einen weit entfernt liegenden Horizont aufweist.

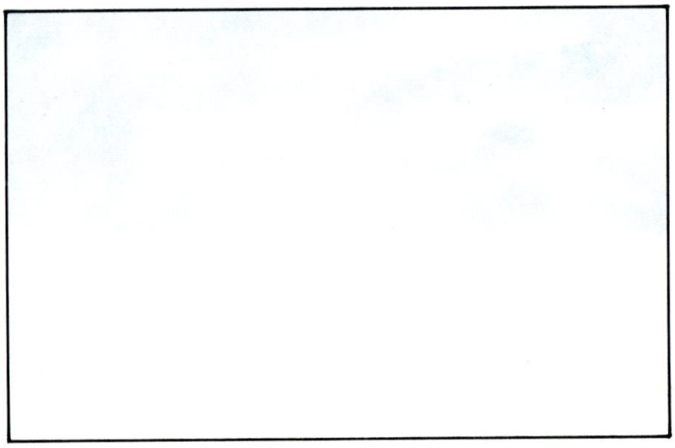

2 Der Künstler mischt in einem Keramiktöpfchen eine große Menge Kobaltblau. Mit einem farbgetränkten Fehhaarpinsel Nr. 10 legt er eine blaßblaue Schicht über den oberen Bereich des vorher aufgespannten Bogens. Er arbeitet schnell, damit die Farbe nicht trocknet und Ränder bildet, bevor dieser Abschnitt fertiggestellt ist.

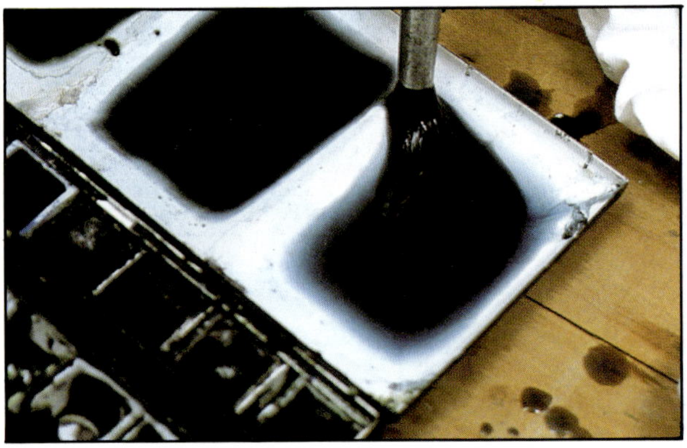

3 Der Maler verwendet die Vertiefungen im Deckel seines Malkastens als Palette. Dieses Bild zeigt auch, wieviel Farbe Sie für eine große Farbfläche mischen müssen. Darüber hinaus fällt auf, daß alle Farben in diesem Kasten Blau- oder Grüntöne sind. Der Künstler besitzt noch einen anderen für die Rot-, Gelb- und Brauntöne.

GLEICHMÄSSIGE FARBSCHICHTEN

Besonders wichtig für einen flachen, gleichmäßigen Farbauftrag ist feuchtes Papier. Mischen Sie zunächst ausreichend Farbe in dem Ton, den Sie verwenden wollen, damit Ihnen zwischendurch die Farbe nicht ausgeht und der Rand als sichtbarer Strich trocknet. Tränken Sie einen hochwertigen Pinsel mit Farbe, und geben Sie einen einzelnen breiten Farbstrich auf den oberen Bogenbereich. Sie sollten Ihr Zeichenbrett hierbei leicht kippen, damit die Farbe nach unten läuft und sich mit dem nächsten Farbauftrag mischt. Arbeiten Sie vorwärts und rückwärts von oben nach unten, bis das Blatt völlig eingefärbt ist. Lassen Sie die Lasur gut trocknen, bevor Sie an dem Bild weiterarbeiten.

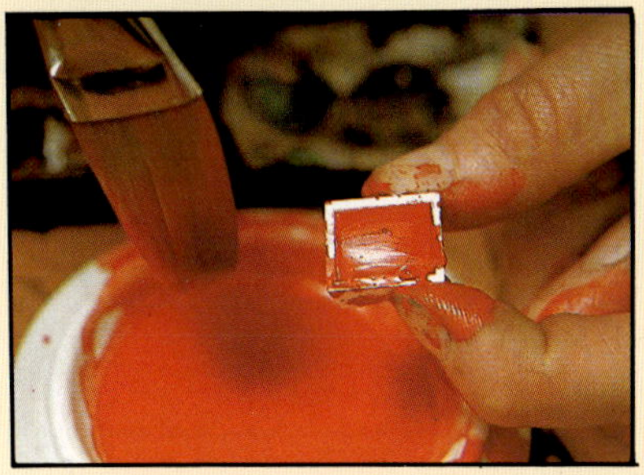

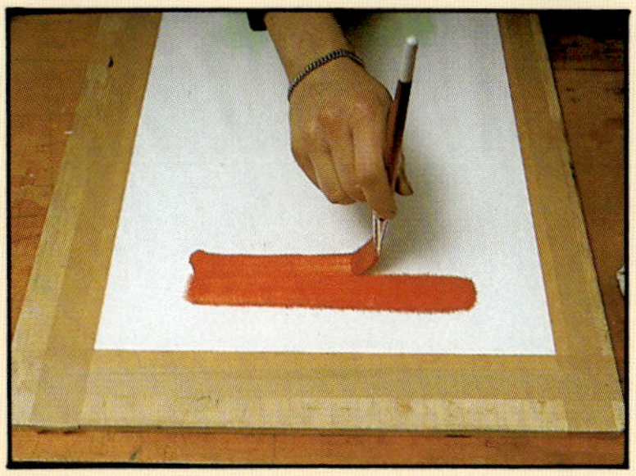

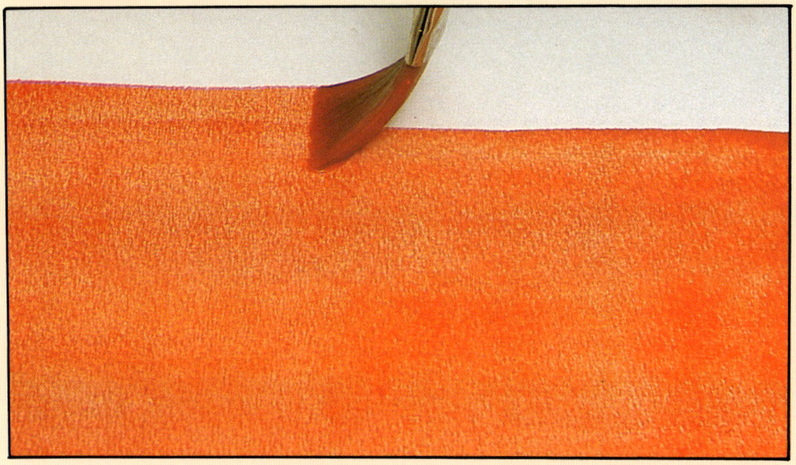

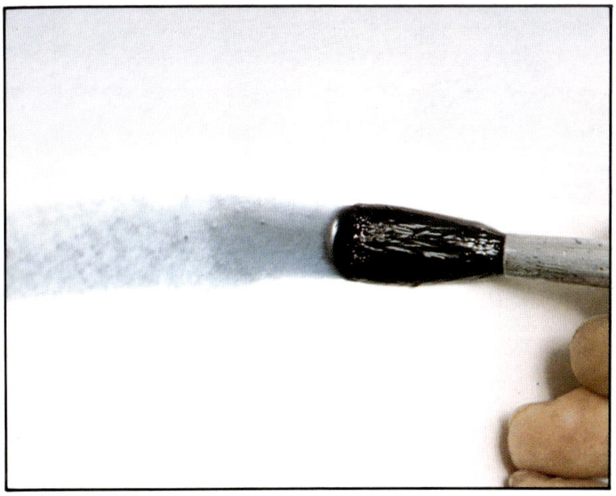

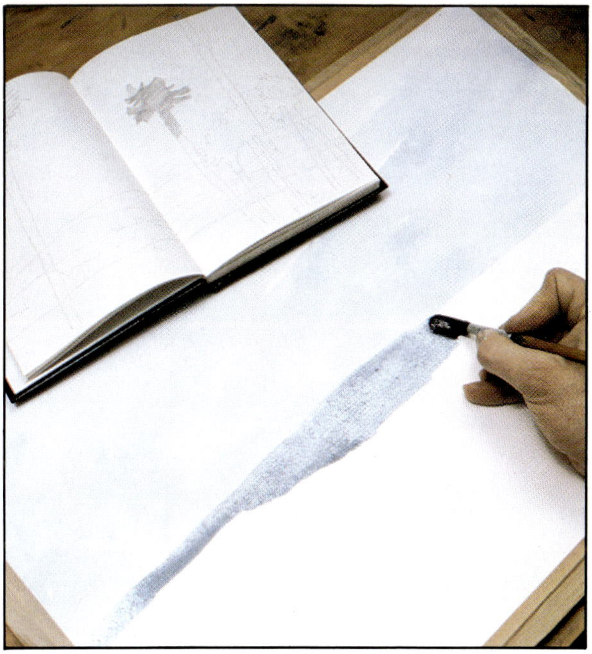

4 Mit einem dunkleren Blauton, gemischt aus Kobaltblau und Paynesgrau, zeichnet der Maler die weit entfernt liegenden Hügel vor dem Horizont (*oben*).

5 Die Hügel (*rechts*), sollten dunkler als der Himmel, aber nicht zu dunkel sein, denn der Künstler möchte die Tonstärke zum Vordergrund hin intensivieren.

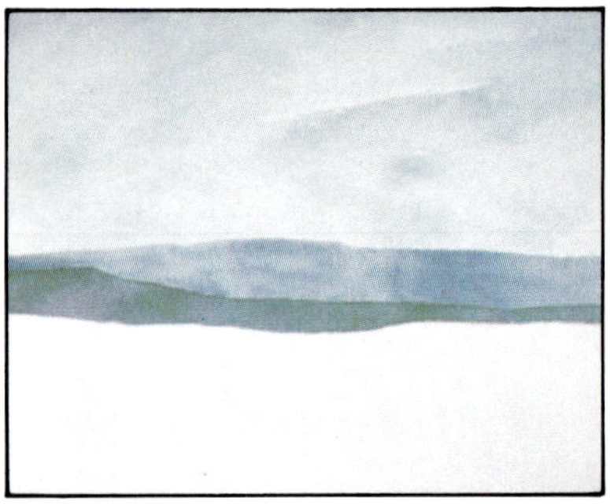

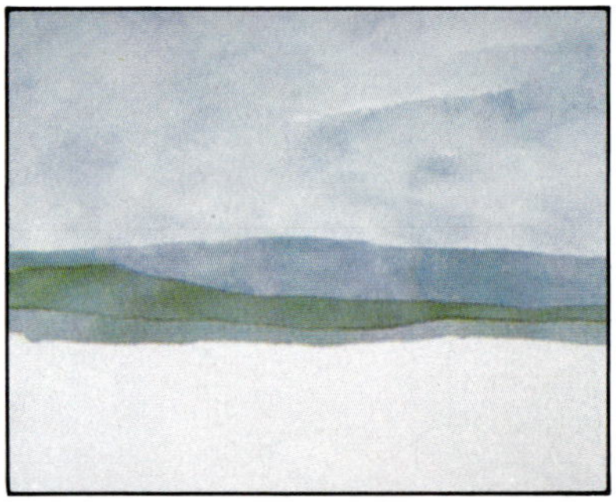

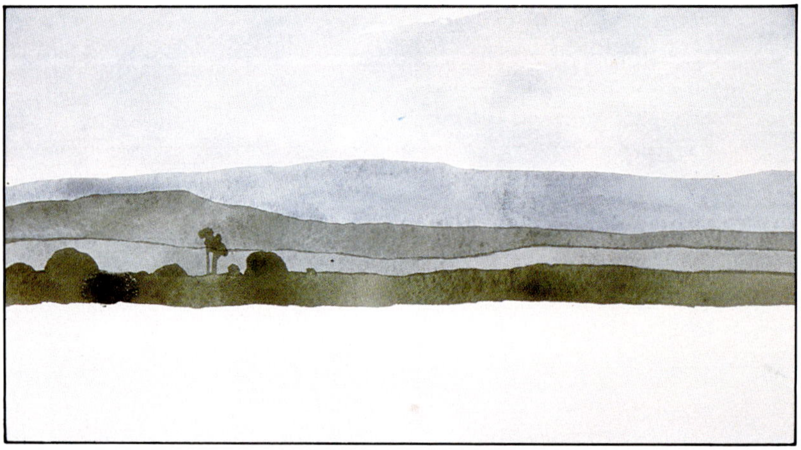

6 Bevor er eine neue Schicht aufträgt, läßt der Maler das Bild trocknen (*links außen*). Sie können dies mit einer künstlichen Wärmequelle beschleunigen, zum Beispiel mit einem Fön. Danach trägt er eine weitere, aus Kobaltblau mit mehr Paynesgrau gemischte Schicht auf.

7 Der Künstler wiederholt diesen Prozeß (*links*) und trägt eine neue dunkelblaue Schicht auf.

8 Mit dunklerer Farbe skizziert der Maler nun die Details des Mittelgrundes (*links*). Wenn man eine räumliche Wirkung erzielen möchte, darf dieser Bereich keine zu scharfen Konturen und nur minimale Farbkontraste haben.

Was man benötigt

Der Maler verwendete einen Bogen hochwertiges mattes Aquarellpapier von 36 × 54 cm. Für die Vorzeichnung brauchte er einen weichen Bleistift, für das Gemälde Künstlerfarbe, einen Fehhaarpinsel Nr. 10 und einen Marderhaarpinsel Nr. 4; darüber hinaus Gummilösung und eine große Keramikpalette, mehrere runde Keramiktöpfchen und den Deckel des Malkastens zum Mischen.

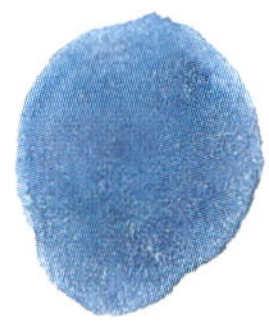

KOBALTBLAU

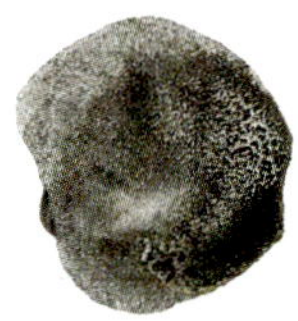

PAYNESGRAU

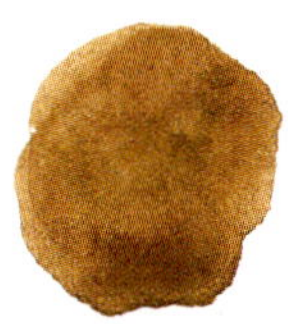

UMBRA NATUR

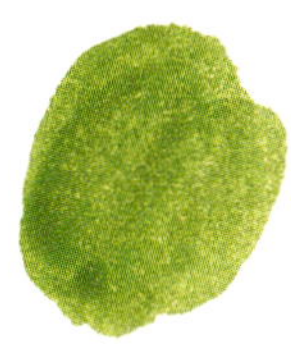

SAFTGRÜN

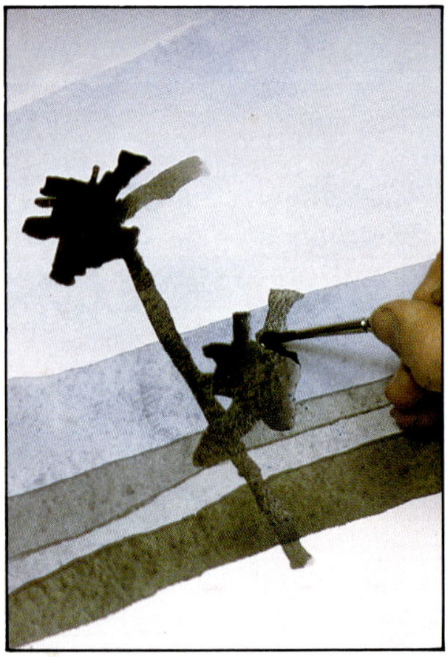

9 Nun wird der Vordergrund überarbeitet. Die Details sollten hier genauer wiedergegeben werden, die Umrißlinien klarer und die Farben satter sein.

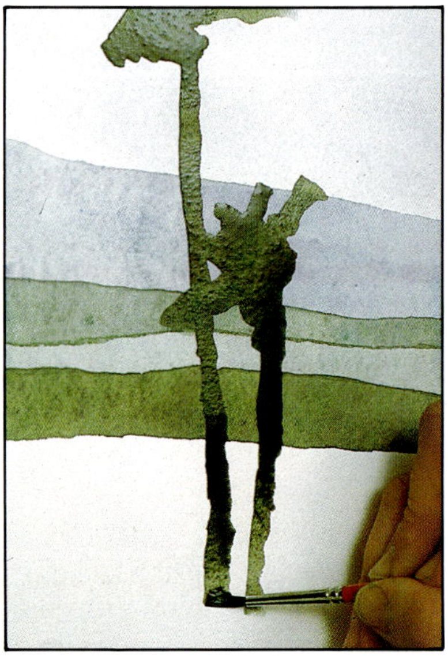

10 Der Maler arbeitet sehr sorgfältig mit einem Marderhaarpinsel Nr. 4. Er bewegt die Farbe eher über das Papier als daß er sie einreibt, zieht und schiebt sie in die gewünschte Form. Danach läßt er das Bild trocknen.

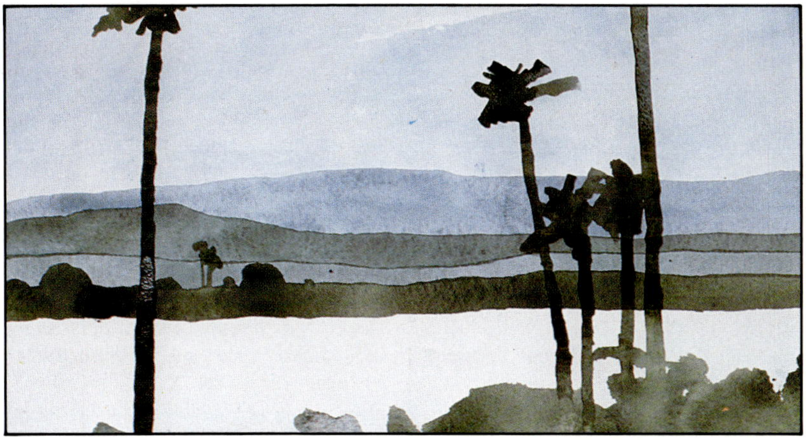

11 Das Werk ist nun bis auf eine dünne Schicht, die den Mittelgrund strukturiert, fertig. *Unten* können Sie sehen, wie überzeugend man selbst bei einer relativ formlosen Szene wie dieser, wo es keine auffälligen Perspektivlinien und Überschneidungen gibt, das Gefühl von Räumlichkeit vermitteln kann. Die Art, in der die Bäume den Bildrahmen oben und unten überschneiden, ist ein effektvolles Mittel, diese Elemente näher an die Bildebene und den Rest der Landschaft im Gegensatz dazu in den Hintergrund zu rücken.

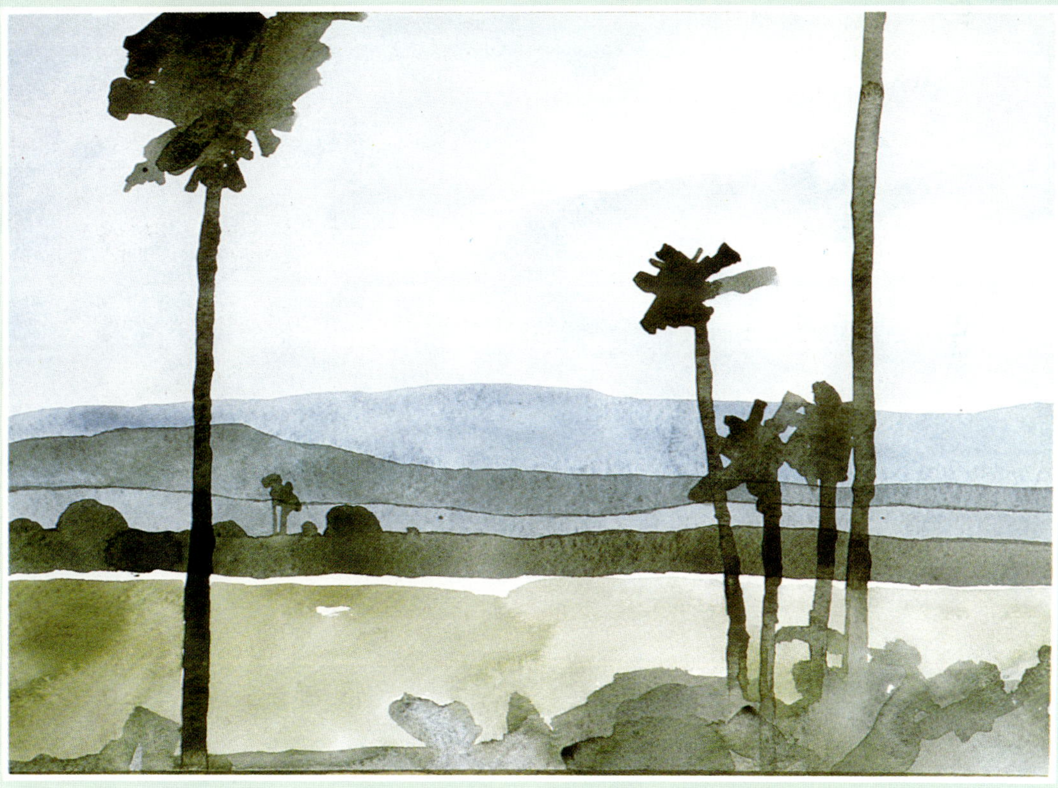

Hügel in der Ferne

Blick über Felder

Dieses scheinbar einfache Bild zeigt, wie vielseitig Wasserfarbe sein kann, wenn sie geschickt und von jemandem, dem das Medium wirklich liegt und der damit umzugehen weiß, eingesetzt wird. Voraussetzung ist, ihre Grenzen zu respektieren und qualitätvolles Material zu verwenden. Sie sollten zum Beispiel auf hochwertigem, saugfähigem, aufgespanntem Papier malen. Schlechtes oder nicht aufgespanntes Papier wird sich wellen. Bei allen Aquarellen dieses Buches haben die Maler mit Künstlerfarbe gearbeitet; es lohnt sich, Geld für gute Pigmente auszugeben.

Der Künstler begann mit einer einfachen, aber genauen Zeichnung. Dann trug er den breiten Himmelsstreifen auf. Zuvor hatte er eine große Menge verdünnter Farbe gemischt, so daß er sie in einem Arbeitsgang auftragen konnte. Wenn Sie möchten, daß die Ränder Ihrer Farbflächen sichtbar bleiben, müssen Sie jede Farbschicht gut trocknen lassen, bevor Sie die nächste auftragen. Wenn feuchte Farben übermalt oder dicht nebeneinandergesetzt werden, verlaufen sie, und es entsteht eine zarte Mischung – ein Effekt, den man manchmal auch bewußt einsetzen kann. Als der Himmel getrocknet war, trug der Maler das Grün für das Laub der Bäume und die Hecken auf und zeichnete mit einem feinen Marderhaarpinsel die Details der Blattsilhouetten vor dem Himmel.

Sehen Sie sich diesen Bereich des Bildes genau an. Der Künstler hat viele verschiedene Texturen erzeugt, die Blattwerk darstellen. Er hat die trockene Farbe mit Wasser bespritzt und diese Bereiche dann abgetupft, um hellere Farbtöne zu erzielen. Darüber hinaus hat er Gummilösung in die Farbe gegeben, die dadurch kräftiger wird, jedoch trotzdem transparent bleibt und leicht glänzt. Die kräftigeren Farbfelder baute er aus mehreren, übereinandergelegten Farbschichten auf. Auf die mit Gummilösung gemischte Farbe wurde nachträglich Wasser gespritzt, damit beim Trocknen hellere Farbtupfer entstehen.

Die Aquarellmalerei erfordert viel Können und Selbstvertrauen, aber diese Fähigkeiten kann man sich nicht aus Büchern aneignen. Sie müssen mit dem Medium arbeiten, um ein Gefühl für seine Eigenschaften zu bekommen und voraussehen zu können, was unter bestimmten Umständen passieren wird. Wenn Sie damit gut zurechtkommen, werden Sie bald so unbefangen sein, daß Sie die für dieses Medium typischen Zufälle und spontanen Effekte in Ihre Komposition einbeziehen können.

Wasserfarbe ist schwer zu berichtigen, denn sie läßt sich nicht wie Ölfarbe übermalen oder wegwischen. Dennoch kann man auch bei einem trockenen Bild noch kleinere Veränderungen vornehmen. Man kann bestimmte Bildbereiche erneut befeuchten und mit Pinsel oder Löschpapier Farbe wegnehmen. Sie können sogar mit einem Messer völlig mißlungene Bildteile abkratzen, was jedoch nur im äußersten Notfall geschehen sollte, weil es die Papieroberfläche zerstört.

1 Der Künstler schuf dieses Aquarell nach einer Zeichnung. Es vereinigt schlichte Farbflächen mit stark strukturierten Bereichen.

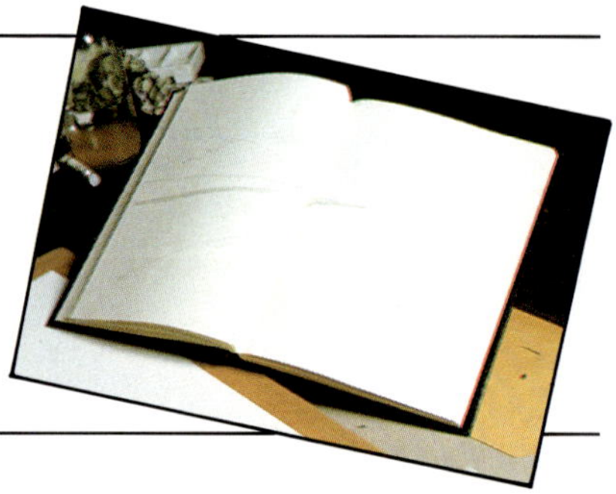

2 Der Maler hat für die erste Schicht eine große Menge Kobaltblau mit etwas Paynesgrau gemischt (*oben*). Mit einem Fehhaarpinsel Nr. 10 trägt er mit zügigen Strichen den Himmel auf.

3 Mit Saftgrün zeichnet er nun die Hecken in der Ferne, wobei er die Farbe sorgfältig um die Konturen der Büsche und Bäume zieht (*rechts*).

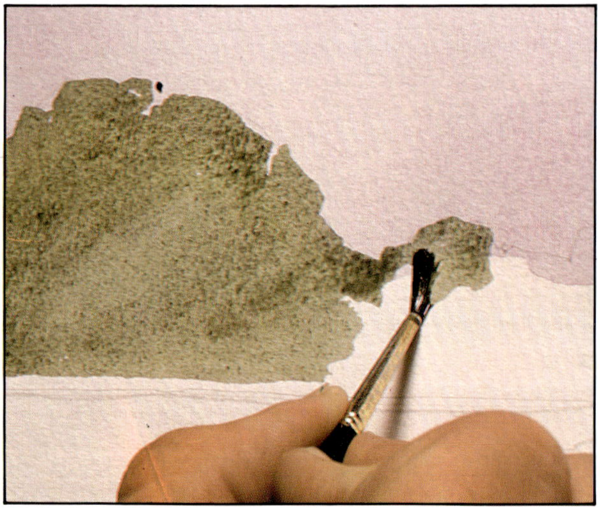

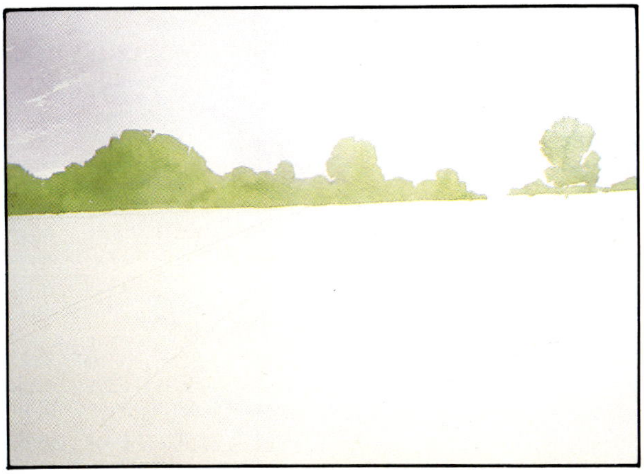

4 Der Maler läßt die Farbe nach jedem Arbeitsschritt trocknen (*oben*). Wenn die Farben verlaufen sollen, müssen sie naß in naß nebeneinander aufgetragen werden.

5 Der Künstler hat Saftgrün mit Gummilösung gemischt und überarbeitet nun damit die Hecke (*unten*). So kann er in diesem Bereich eine ganze Tonskala entwickeln.

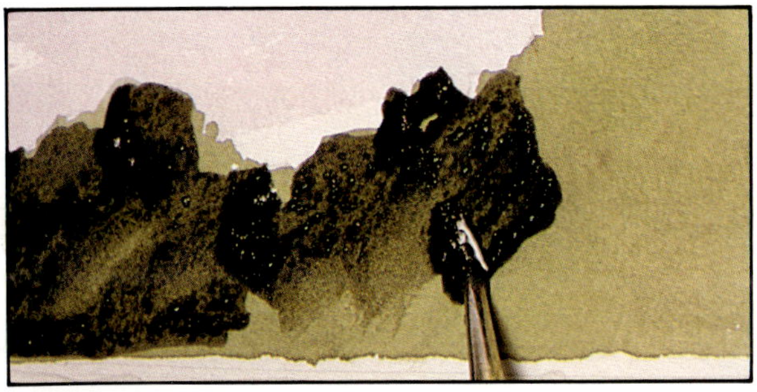

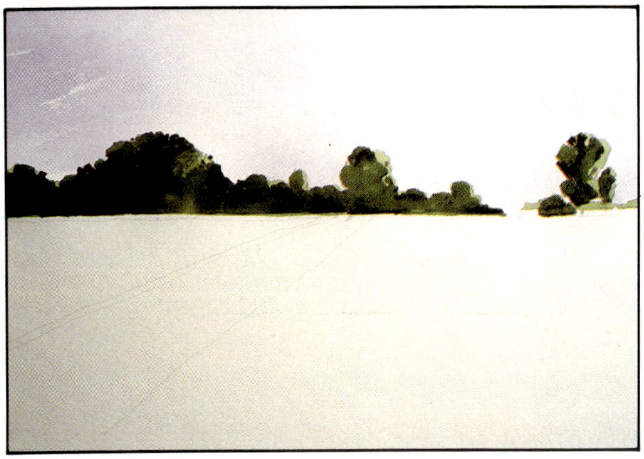

6 Durch die Gummilösung wird die Farbe dunkler und etwas weniger transparent. Der Maler läßt sie trocknen, um sich diesem Bereich später wieder zuzuwenden. Wenn Sie noch nie mit Gummilösung gearbeitet haben, sollten Sie es einmal versuchen – sie verleiht der Farbe eine neue Qualität und hilft, Textur und Farbtonvarianten zu entwickeln.

GUMMILÖSUNG

Sie ist ein sehr nützliches Hilfsmittel, das aus verdünntem Gummiarabikum besteht, dem Stoff, der die Pigmente in der Aquarellfarbe bindet. Sie wirkt wie Firnis und gibt den Farben Textur und Glanz. Der Maler zeichnete die Hecke zunächst mit reiner Wasserfarbe und gab bei der zweiten Schicht Gummilösung hinzu. Man erkennt deutlich, daß die Farbe nun viel kräftiger wirkt. Aufgetropftes und wieder abgetupftes Wasser sorgte für helle Stellen, die Teile des Blattwerks sonnenbeschienen und damit noch plastischer aussehen lassen.

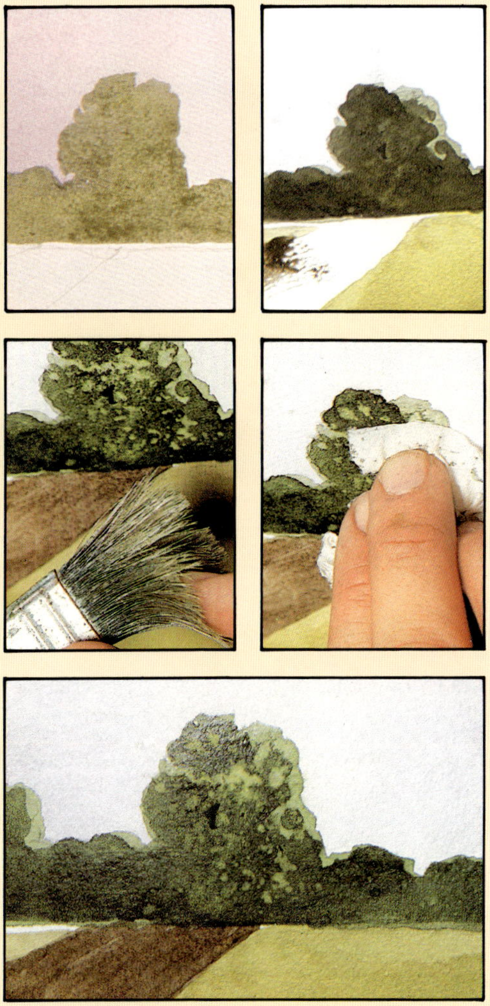

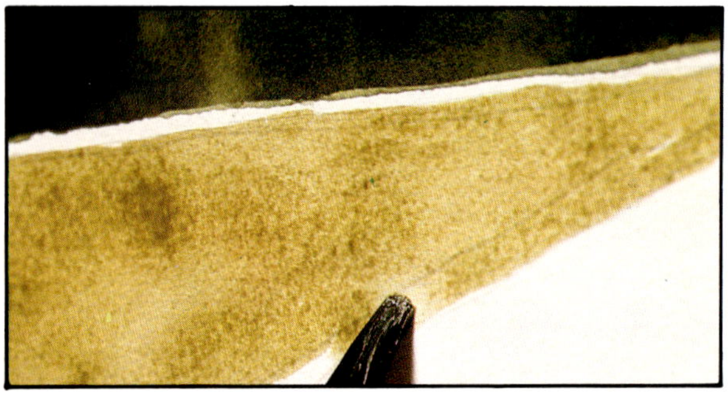

7 Der Künstler mischt Saftgrün mit Umbra natur und skizziert dann den Vordergrund (*oben*). Der ungleichmäßige Farbauftrag suggeriert die Struktur von Gras.

8 Nun überarbeitet der Künstler die Hecke mit Wasser (*rechts*). Er befeuchtet einen Pinsel und läßt Wasser auf die Partien tropfen, die er aufhellen möchte.

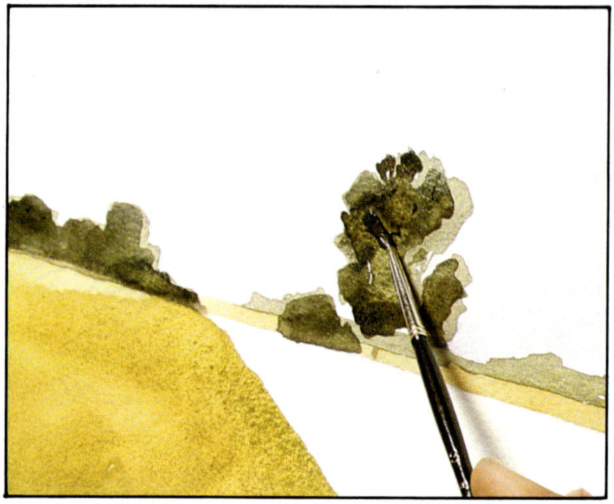

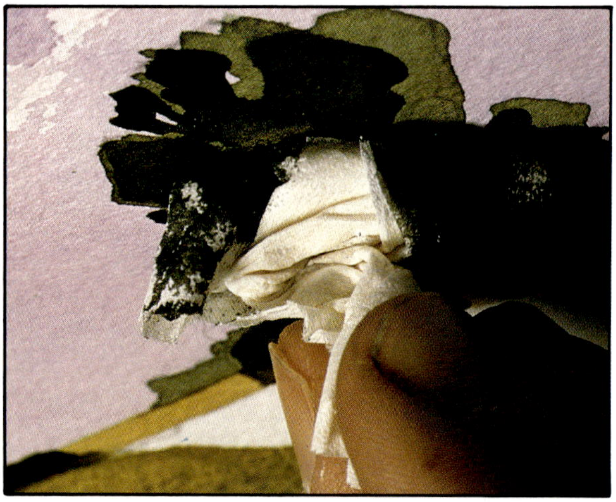

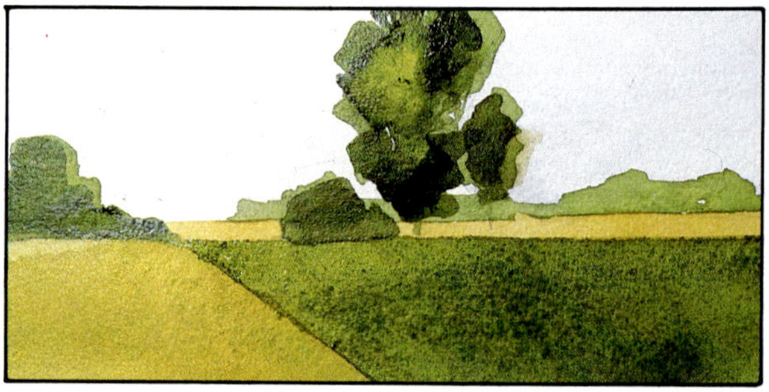

9 Hier tupft er die Farbe mit Seidenpapier ab (*links*). Die Farbe löst sich ungleichmäßig, und so entstehen verschiedene Töne, die Licht und Schatten andeuten.

10 Mit Saftgrün skizziert der Maler die grüne Weide im Vordergrund (*oben*). Er läßt die Farbe trocknen. Dabei bleibt das Zeichenbrett flach liegen.

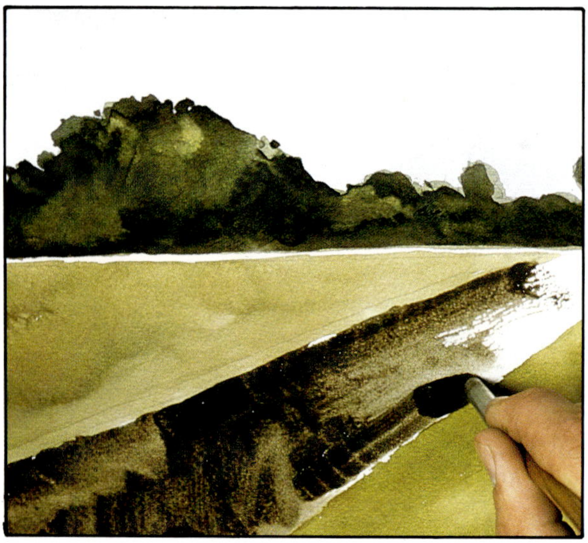

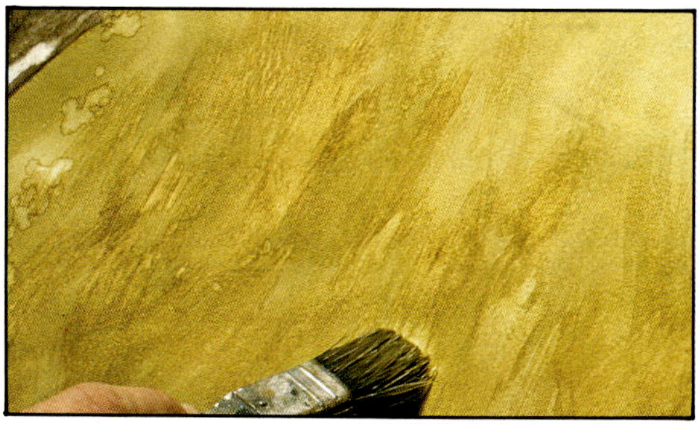

11 Der Weg, der diagonal durch das Bild führt, wird mit Umbra natur gemalt (*links*). Die Farbe wird relativ dick mit lockeren Strichen aufgetragen.

12 Mit einem kleinen Tapezierpinsel und einer Mischung aus Gummilösung und Wasser erhält der Vordergrund (*oben*) ein feines Streifenmuster.

Was man benötigt

Der Künstler verwendete einen Bogen rauhes Papier von 30,5 × 40,6 cm, der auf ein Zeichenbrett gespannt und mit Klebeband befestigt wurde. Daneben benutzte er verschiedene Künstler-Aquarellfarben und weiße Keramikpaletten. Gemalt wurde mit Fehhaar- und Marderhaarpinseln Nr. 6, Nr. 7 und Nr. 10 und einem kleinen Tapezierpinsel für die Spritzarbeiten. Zur Strukturierung der Bildoberfläche benötigte er eine kleine Flasche Gummilösung und etwas Seidenpapier.

ZITRONENGELB

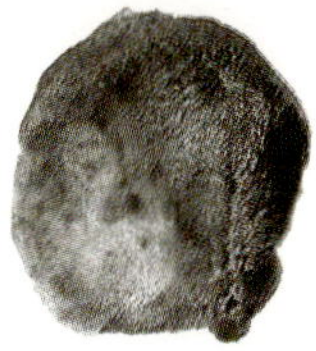

PAYNESGRAU

KOBALTBLAU

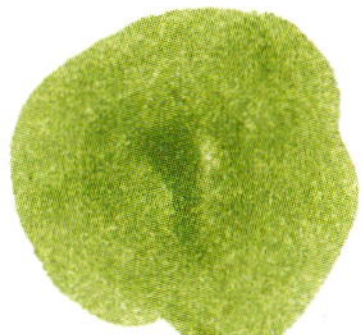

SAFTGRÜN

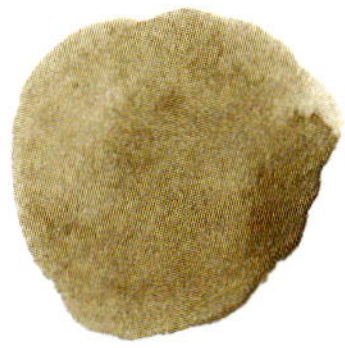

UMBRA NATUR

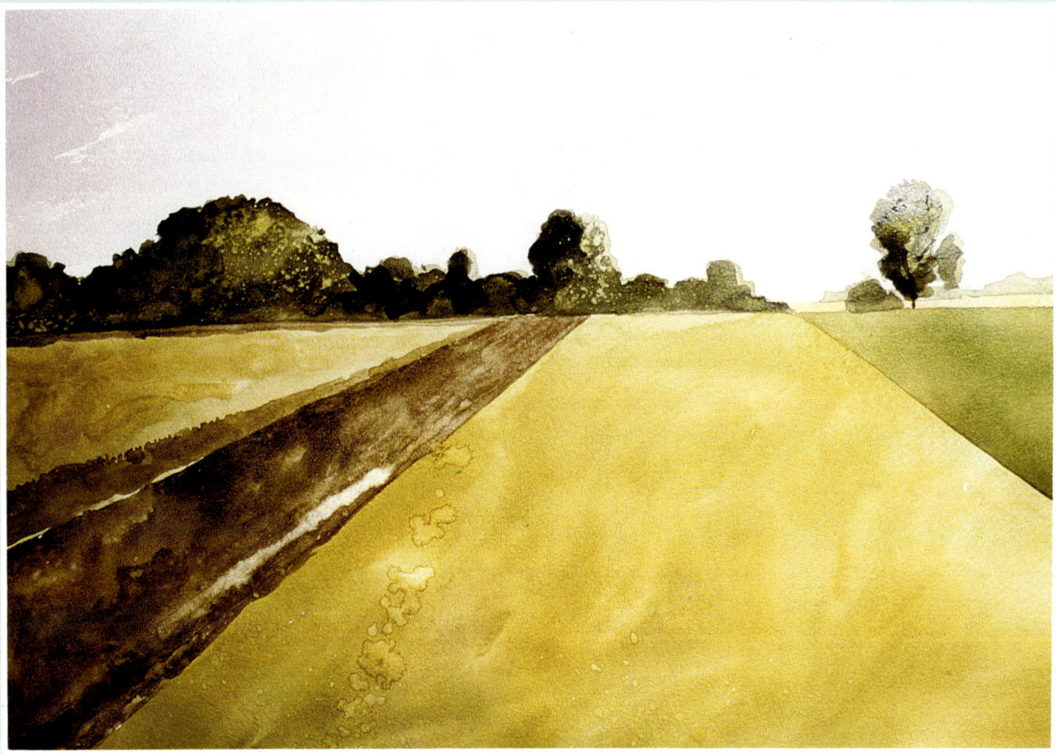

Blick über Felder

Old Harry und seine Frau

Wasserfarbe und Gouache

Die Ausstrahlungskraft dieses Bildes beruht auf zwei Elementen: der Komposition mit ihren strengen, einfachen Formen und der Strukturierung der Farboberfläche. Der Künstler hat der Versuchung, den Raum zu ›füllen‹, nicht nachgegeben, und die großen Flächen von Himmel und Meer blieben unberührt. So findet das Auge Ruhe oder kann langsam und genießerisch über die Bildoberfläche wandern. Im Grunde gibt es keine ›leeren Flächen‹ auf dem Malgrund, denn auch die freien Bereiche sind mit Farbe bedeckt, und selbst dort, wo das Papier sichtbar ist, wird es als Farbwert und nicht als Lücke behandelt. Das Gegengewicht zu den flächigen Partien bilden die felsigen Klippen und Vorsprünge mit ihrer raffiniert strukturierten Oberfläche.

Ihre Vorgehensweise hängt davon ab, wie Sie das Motiv darstellen möchten, etwa ob die Szenerie anziehend oder verlassen wirken soll. Auch Ihre Stimmung beim Arbeiten, das Licht und andere Dinge, die die Motivwahl beim ersten Betrachten beeinflussen, sind von Bedeutung. Man kann in einem Bild auf viele verschiedene Arten Spannung erzeugen. Bestimmte Farben machen uns fröhlich, andere gereizt oder traurig. Diese Farbwirkungen werden von der Werbung, von Innenarchitekten und Marktforschern genutzt, um unsere Gefühle zu steuern. Hier erzeugte der Maler mit einer hellen Farbpalette und klaren, kühlen Tönen eine Stimmung von Ruhe und Abgeschlossenheit. Er brauchte dazu nur wenige Farben – Kobaltblau, Paynesgrau, Zitronengelb, Saftgrün, Elfenbeinschwarz und Umbra natur.

Die Hauptbereiche des Bildes wurden aus dünnen Farbschichten aufgebaut, die die zarten, schillernden Töne von Meer und Himmel wiedergeben. Bei den Felsen, die von den Einheimischen ›Old Harry und seine Frau‹ genannt werden, setzte der Maler viele verschiedene Techniken ein. Die sonnenbeschienenen Bereiche wurden mit Flüssigmaske abgedeckt, damit der Künstler die Schattenpartien aus grauen Farbschichten aufbauen konnte. Mit einem feinen Pinsel zeichnete er die Details, und zusätzlich übersprühte er den Malgrund mit Hilfe eines kleinen Haushaltspinsels mit Farbe. Bestimmte Bildteile überarbeitete er mit einer Mischung aus Gummilösung und Farbe, die er nach dem Trocknen mit Wasser behandelte, um hellere Farbflecke zu erzielen. Für die Wellenkämme benutzte er Gouache.

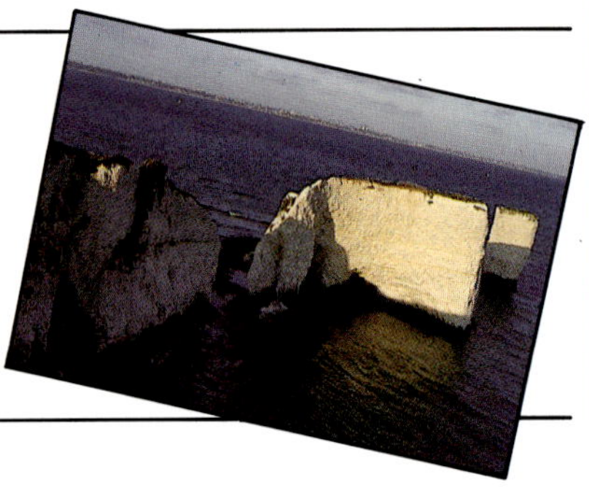

1 Diese Szene gab dem Künstler Gelegenheit, die vielfältigen Möglichkeiten der Wasserfarbe zu erkunden.

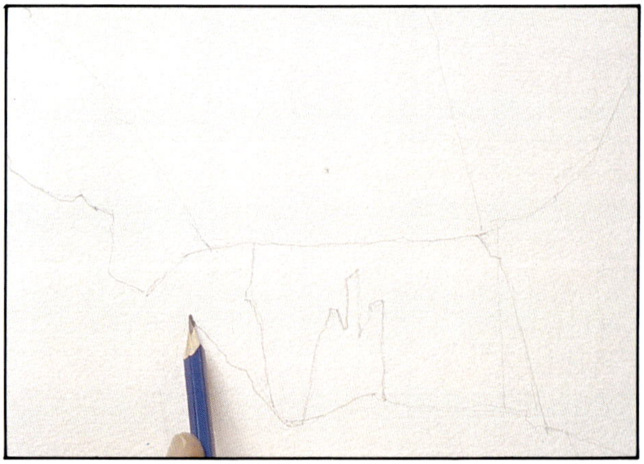

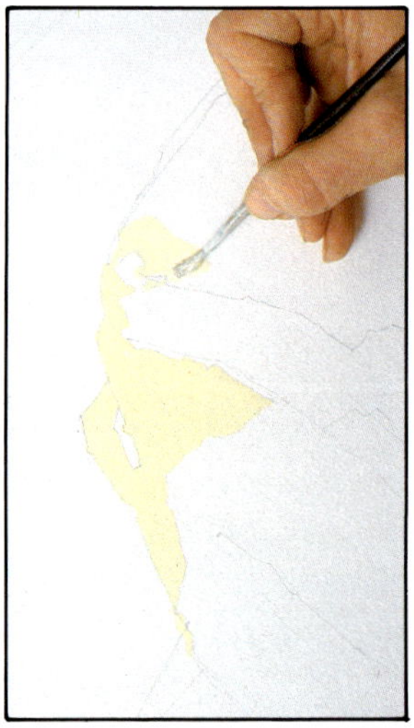

2 Der Maler beginnt mit einer einfachen Strichzeichnung (*oben*), die nicht sehr detailliert sein muß, weil er das Thema während der Arbeit entwickeln möchte. Er benötigt nur einige Orientierungslinien.

3 Mit einem feinen Pinsel und Flüssigmaske skizziert der Maler die sonnenbeschienenen Oberkanten der Felsen (*links*). Hier wird er die hellsten Töne einsetzen.

4 Mit stark verdünntem Kobaltblau wird eine zarte Schicht für den Himmel aufgetragen; Teile des Papiers bleiben frei (*unten*).

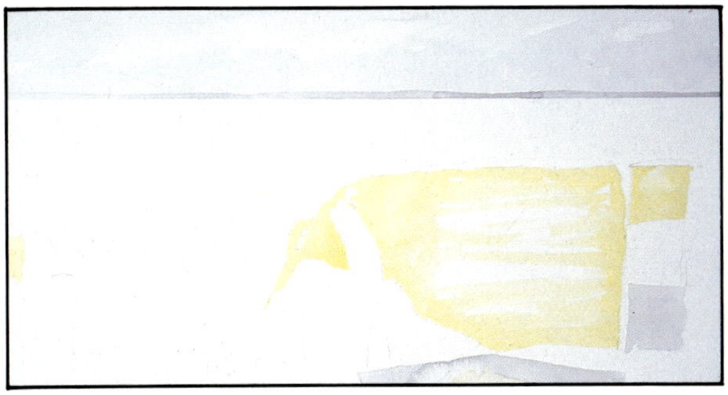

5 Nun läßt der Maler das Bild trocknen (*oben*). Dies ist bei stark verdünnter Farbe besonders wichtig. Das Zeichenbrett sollte flach liegen, damit die Farbe nicht verläuft.

6 Mit stark verdünntem Paynesgrau malt der Künstler das Meer (*rechts*). Er bewegt die flüssige Farbe mit lockeren Strichen, um unterschiedliche Töne zu erzielen.

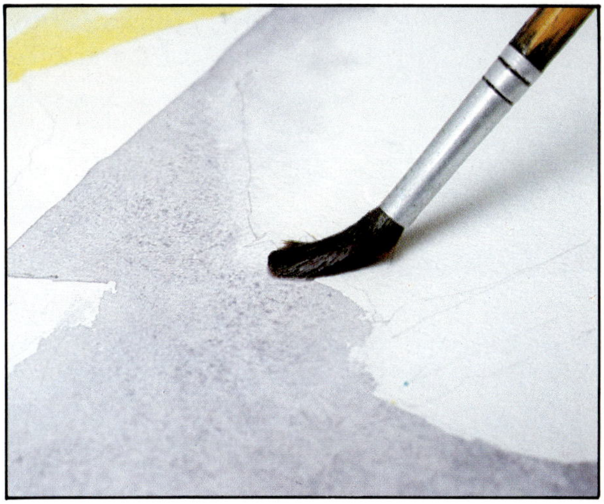

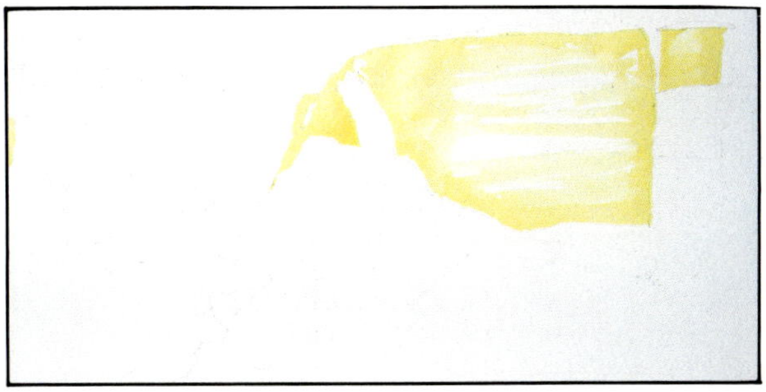

7 Nun überarbeitet der Maler das Spiegelbild Felsen mit Zitronengelb. Der Leuchteffekt entsteht durch Wasser, das auf das Paynesgrau gegeben wird (*unten*).

8 Mit einer Mischung aus Ultramarinblau und Paynesgrau wird das Meer abgedunkelt (*rechts*). Wasserfarbe ist sehr direkt; man sollte daher ›Patzer‹ einarbeiten können.

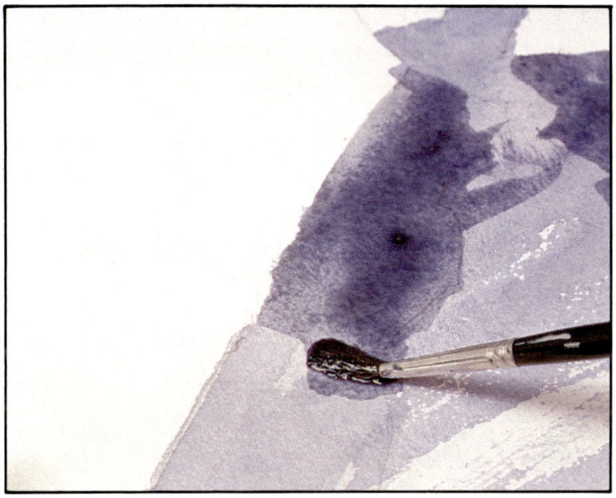

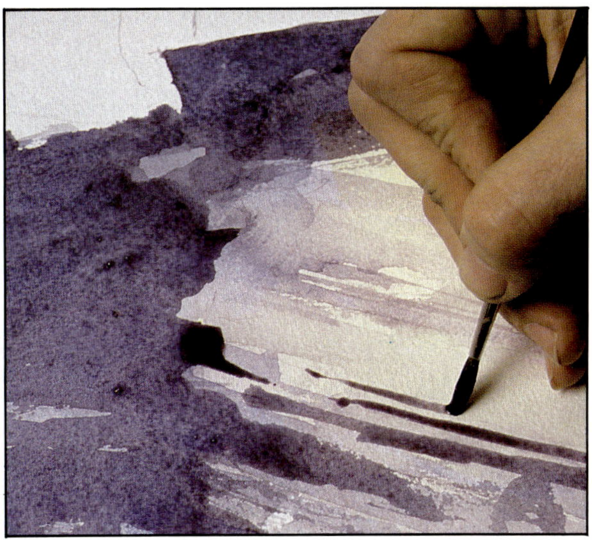

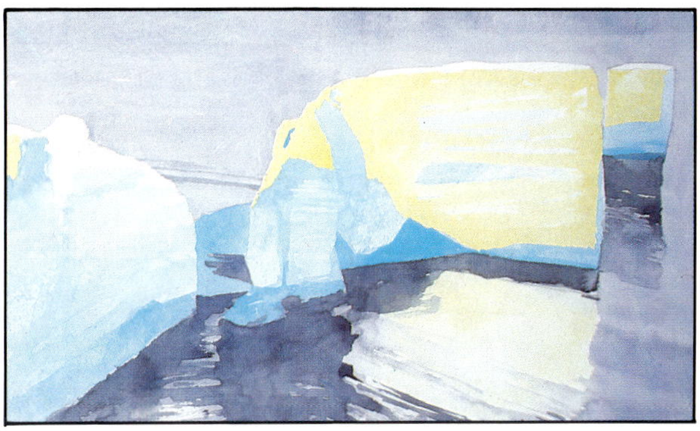

9 Mit einem sehr feinen Pinsel und der gleichen Farbmischung zeichnet der Maler Einzelheiten in die Spiegelung (*links*). Planen Sie Ihre Arbeit sorgfältig, denn Korrekturen sind kaum möglich.

10 Das Grundgerüst des Bildes ist fertig (*oben*). Der Künstler hat von hell nach dunkel gearbeitet und die Farbflächen als Negativformen für die Felsen gestaltet.

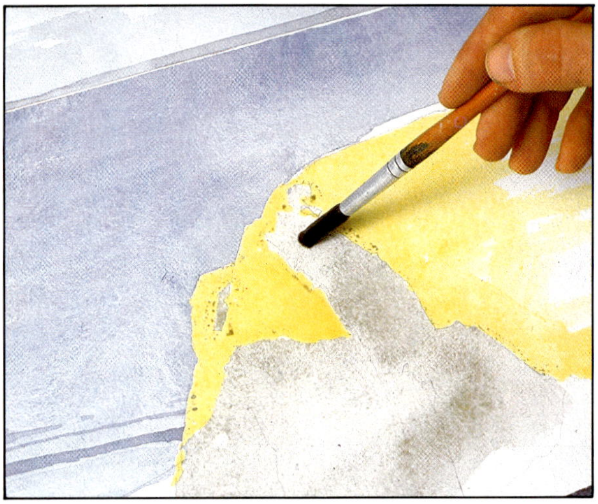

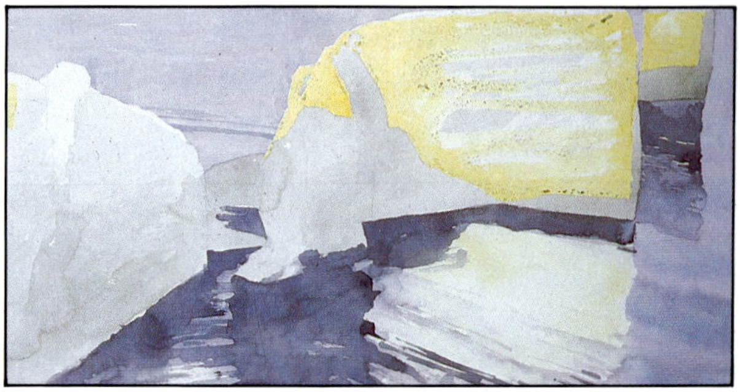

11 Mit einer Mischung aus Schwarz und Ockergelb skizziert der Künstler die Schattenzonen auf den Felsen. Die helleren Bereiche wurden mit Flüssigmaske geschützt (*links*).

12 Dunklere Farbtöne werden aufgetragen, so daß die Felsen sich besser vom Hintergrund abheben (*oben*). So werden aus flachen Formen plastische Gebilde.

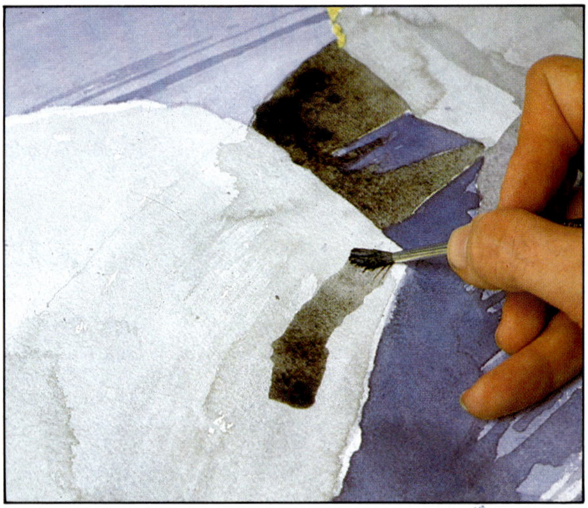

13 Mit stark verdünnter schwarzer Farbe zeichnet der Künstler die dunkelsten Partien des Bildes, die Schatten zwischen den Felsen (*links*).

14 Unten sehen wir, wie wichtig Farbtonvariationen für Form und Plastizität innerhalb des Bildes sind. Die Töne müssen jedoch sauber und feinfühlig abgestuft werden.

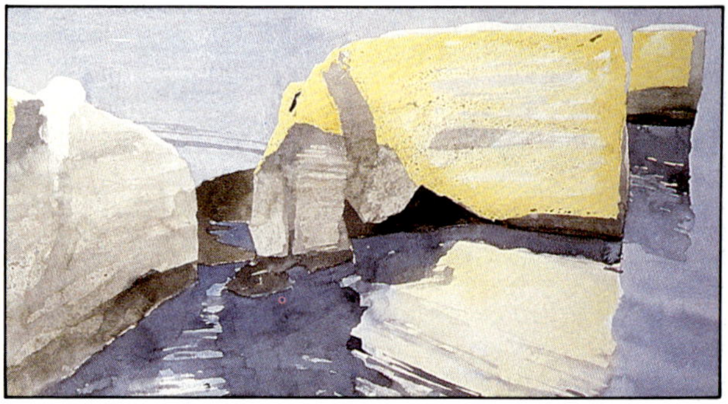

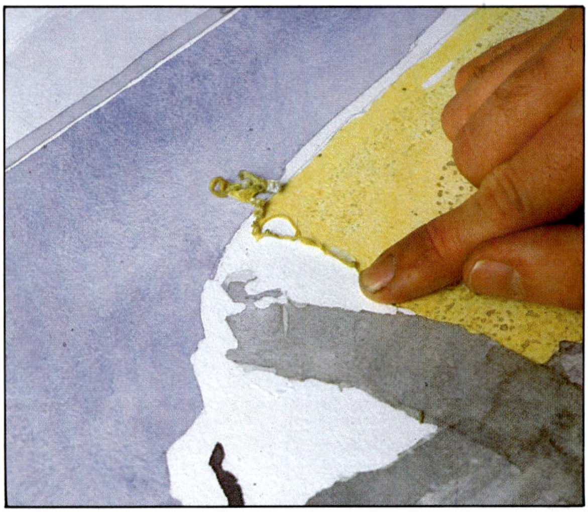

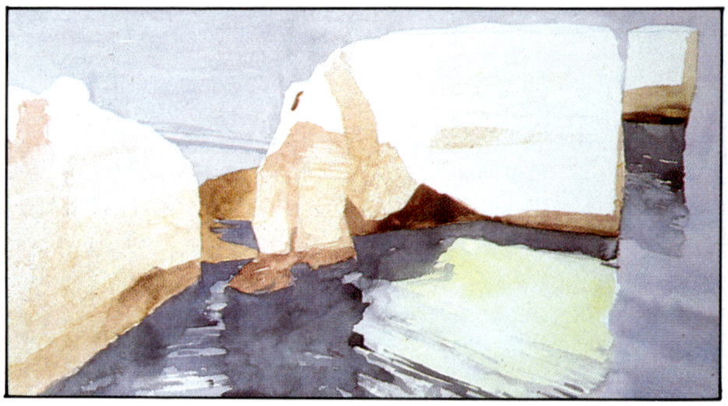

15 Nachdem er den größten Teil der dunklen Töne aufgetragen hat, entfernt der Maler die Flüssigmaske mit dem Finger (*links*) oder einem Knetradierer.

16 Nachdem die Flüssigmaske entfernt ist, erkennt man deutlich die hellen Bildpartien (*oben*). Nun entwickelt der Maler die Halbtöne.

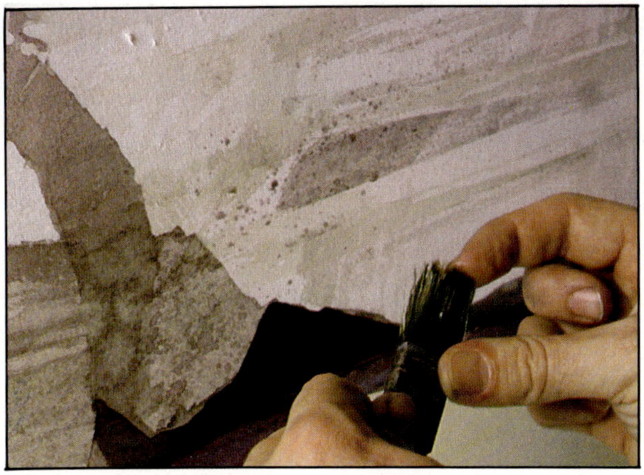

17 Der Künstler möchte die Oberfläche des Kalkfelsens wiedergeben. Er mischt hierzu Paynesgrau an und spritzt es auf das Papier (*oben*).

18 Mit Saftgrün und einem feinen Pinsel zeichnet der Maler die Grasnarbe auf den Felsen und fügt so einen auffälligen Farbton in die Komposition ein (*unten*).

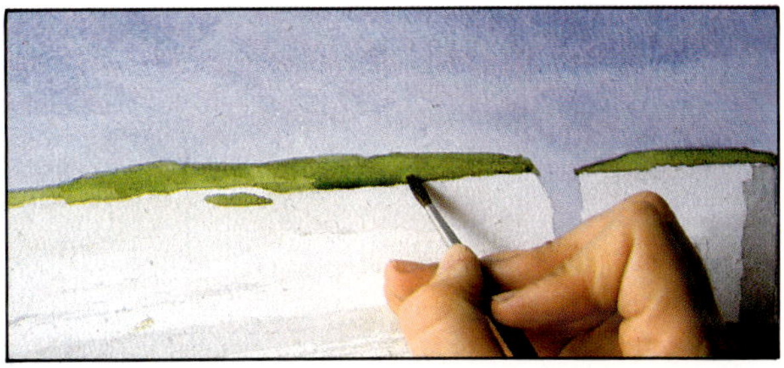

19 Der Künstler überarbeitet nun die Felsen (*unten*). Wasserfarbe verändert sich beim Trocknen. Wenn Sie mit dem Medium vertrauter sind, werden Sie einigermaßen abschätzen können, was passieren wird. Dennoch muß man bei Wasserfarben immer auf Überraschungen gefaßt sein.

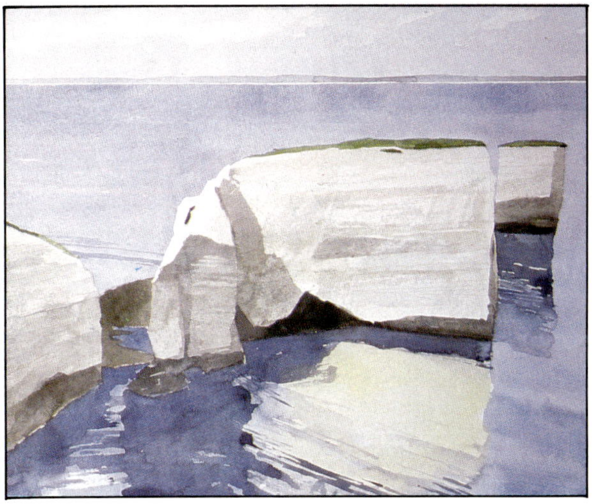

ARBEITEN MIT TROCKENEM PINSEL

Mit einem trockenen Pinsel wurden verschiedene kratzerartige Spuren erzeugt. Hierbei darf nur wenig Farbe verwendet werden, deshalb drückte der Maler den Pinsel gut aus. An einigen Stellen benutzte er einen breiten Pinsel und spreizte die Borsten, so daß sie zu einer Vielzahl kleiner Pünktchen wurden, mit denen sich zarte Linien erzeugen ließen. Die Details wurden mit einem feineren Pinsel gezeichnet.

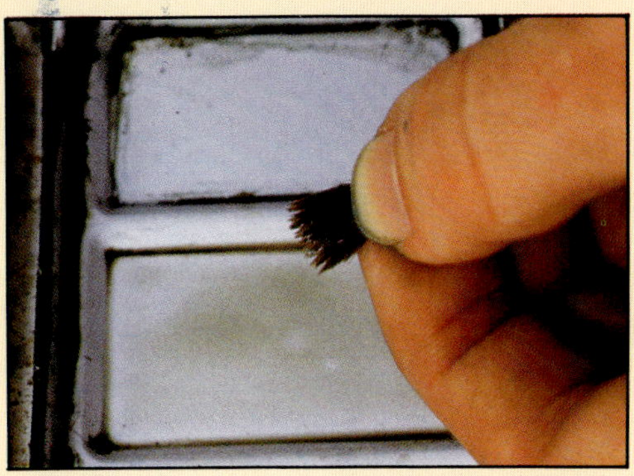

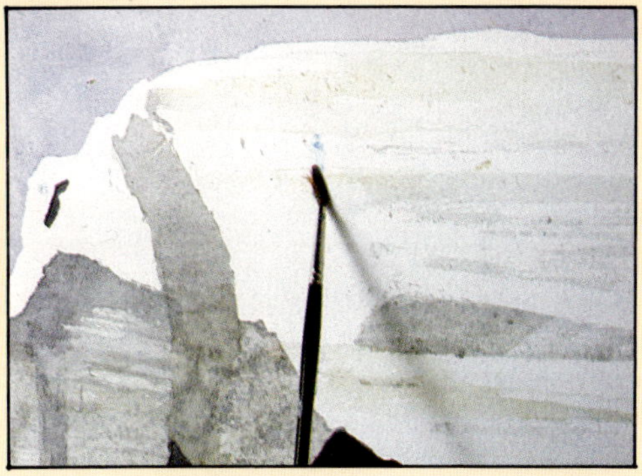

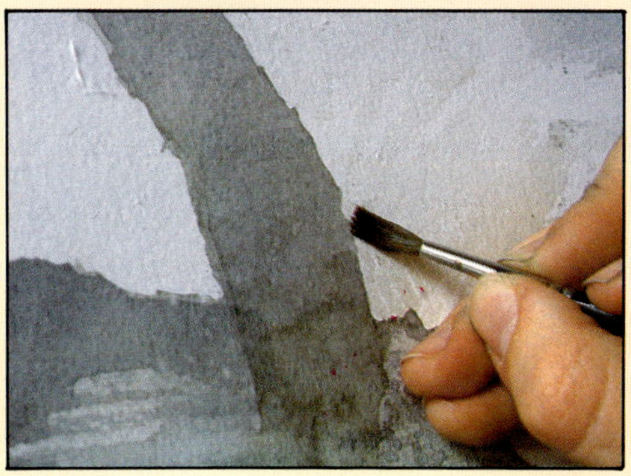

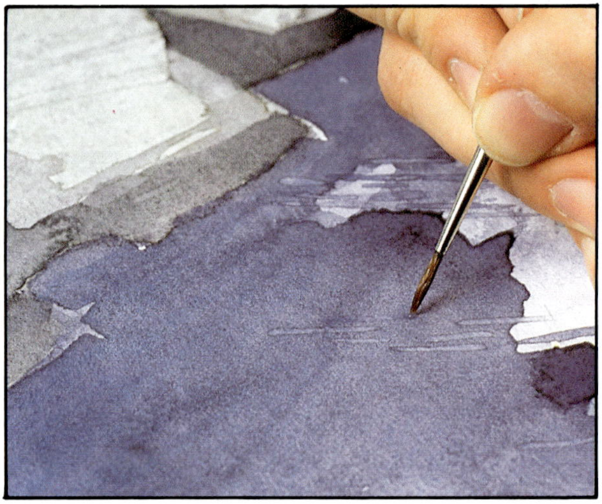

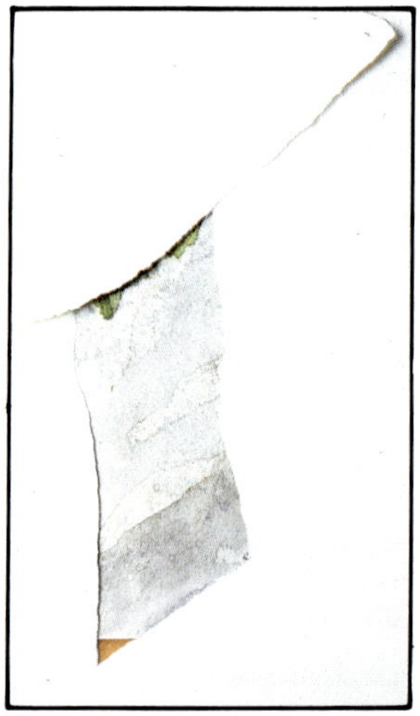

20 In dem Ausschnitt *links außen* sehen Sie eine weitere Technik, mit der sich eine Belebung der Bildoberfläche erreichen läßt. Der Maler streicht vorsichtig Wasser auf Farbe, die mit Gummilösung gemischt wurde. Nach einer Weile wird die Farbe an diesen Stellen blasser.

21 Der Künstler will die Schattenpartien der Felsen noch stärker strukturieren. Um den Rest des Bildes zu schützen und frei arbeiten zu können, deckt er das Bild mit vier Blättern ab (*links*).

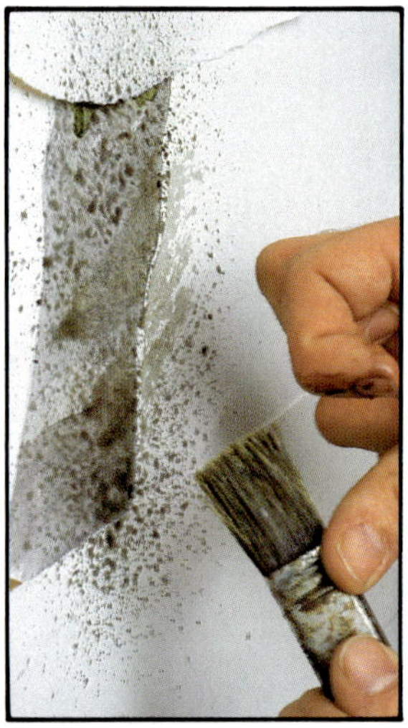

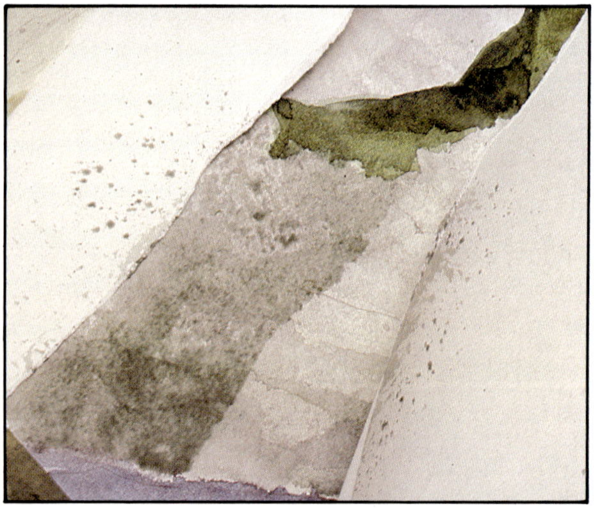

22 Der Maler mischt Paynesgrau mit etwas Umbra natur und spritzt die Farbe mit einem kleinen Haushaltspinsel auf das Bild (*links außen*). Dies geschieht durch vorsichtiges ›Schnippen‹ der Borsten.

23 Nun werden die Abdeckbögen entfernt, um den überarbeiteten Bereich offenzulegen (*links*). Auf diese Weise kann man sehr frei arbeiten, sich gleichzeitig auf bestimmte Bereiche besonders konzentrieren und auch recht kleine Partien verfeinern. Lassen Sie die Farbe trocknen, bevor Sie die Schablonen entfernen.

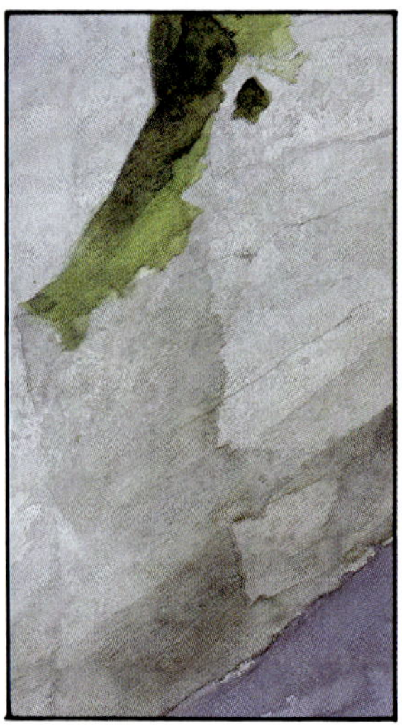

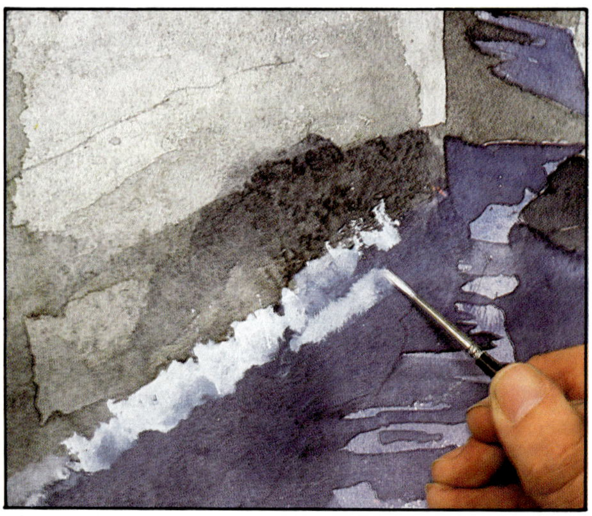

24 In dem Ausschnitt *links außen* sehen Sie die vielen verschiedenen Abstufungen, die sich überschneidenden Farbschichten, die Wasserflecken, die Marmorierung sowie die Misch- und Verlaufeffekte, die sich mit Wasserfarbe erzielen lassen. Der Künstler hat die Schichten im Kalkfelsen durch feine Bleistiftstriche auf der trockenen Farbe angedeutet.

25 Bis jetzt hat der Maler nur transparente Wasserfarbe verwendet. Links zeichnet er die letzten Details mit weißer Gouache; er vertreibt die opake Farbe, die das gebrochene, schaumige Wasser am Fuß der Felsen wiedergibt.

Was man benötigt

Der Maler hat einen großen Bogen Aquarellpapier von 54 × 76 cm verwendet, der auf ein Zeichenbrett gespannt und mit Papierklebeband befestigt wurde. Gemalt wurde mit Künstler-Aquarellfarbe und weißer Designer-Gouache. Für die Vorzeichnung benutzte der Maler einen B-Bleistift, für das Bild einen Fehhaarpinsel Nr. 10, einen Marderhaarpinsel Nr. 4 und einen kleinen Tapezierpinsel für die Spritzarbeit. Darüber hinaus verwendete er Gummilösung, ein Lineal und Flüssigmaske. Die Farben wurden in Keramiktöpfchen gemischt.

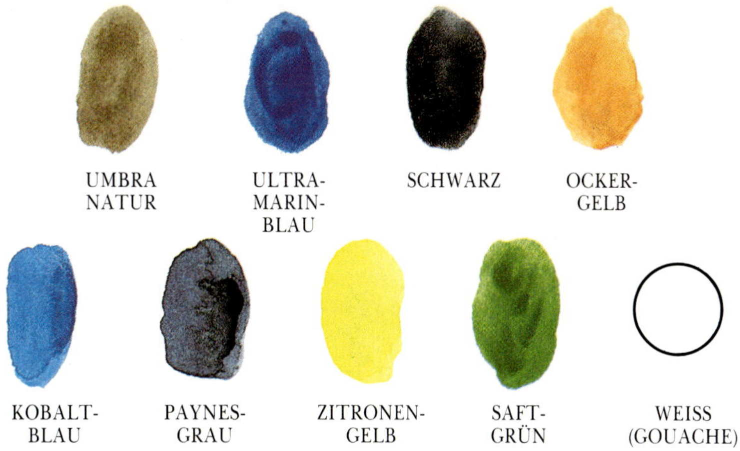

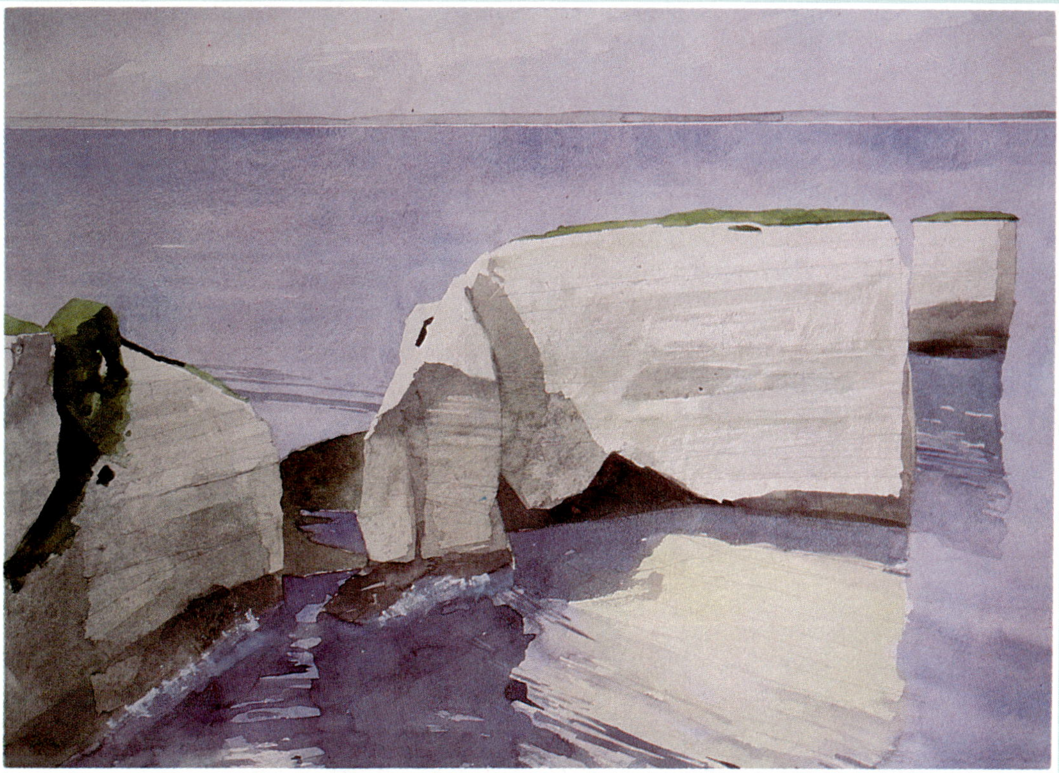

Old Harry und seine Frau

Himmel bei Sonnenuntergang

Gouache

Ein Sonnenuntergang ist für den Landschaftsmaler ein sehr einladendes Motiv, das jedoch viele Tücken hat. Die strahlenden Lichteffekte sind nicht von Dauer, deshalb muß man zur rechten Zeit am rechten Ort sein.

In diesem Fall fertigte der Künstler vor Ort eine rasche Skizze an und benutzte sie neben einem Foto als Vorlage für sein Bild. Nach Hause zurückgekehrt, begann er sofort mit der Arbeit, solange der Eindruck frisch war. Die groben Umrißlinien wurden noch am gleichen Abend gezeichnet, das Bild und die letzten Feinheiten am nächsten und übernächsten Tag.

Der Maler arbeitete sehr schnell und verwendete nur vier Farben. Er entschied sich für Gouache, weil ihre kräftigen Farben seiner Meinung nach besser zu den Farbwerten des Motivs paßten als die dezente Transparenz der reinen Wasserfarbe. Das Bild besteht aus drei Farbstreifen: Ultramarinblau steht für den Himmel, Kadmiumgelb und -rot für das Wasser, während der Boden im Vordergrund schwarz gehalten wurde. Die ungewöhnlichsten Kompositionselemente sind die geheimnisvolle Wolkenformation und die Silhouette der Winterbäume. Der Maler überdachte zunächst die Wolkenformation und kam zu dem Ergebnis, daß er mit dem Strahlenkranz beginnen mußte, wenn er das rosarote Licht, das die Wolke von hinten beleuchtete, angemessen wiedergeben wollte. So zog er eine hellgelbe Umrißlinie, ließ sie trocknen und arbeitete dann mit einer Mischung aus Ultramarinblau und etwas Orange an der Wolke. Er ließ die Farben trocknen, damit sie nicht unkontrolliert ineinanderlaufen konnten. Wo er dies bewußt einsetzen wollte, benetzte er die Bildoberfläche mit etwas Wasser; die Farbe trocknet ungleichmäßig und die Farbdichte wird uneinheitlich. Wenn ein Bereich fast trocken war, tupfte der Maler ihn mit Seidenpapier ab, um bestimmte Partien aufzuhellen und so die Farbtöne zu variieren.

Das fertige Bild gibt das Strahlen des Sonnenuntergangs sehr realistisch wieder. Dies ist möglich, weil der Maler das Medium sehr gut kennt und weiß, wie es unter bestimmten Voraussetzungen reagiert, etwa wenn man naß in naß arbeitet, wenn die Farbe trocknet oder wenn man Wasser auf die bereits trockene Farbe gibt. Gleichzeitig hat er die Farbe aber auch für sich arbeiten lassen und jeden zufälligen Effekt in das Bild einbezogen.

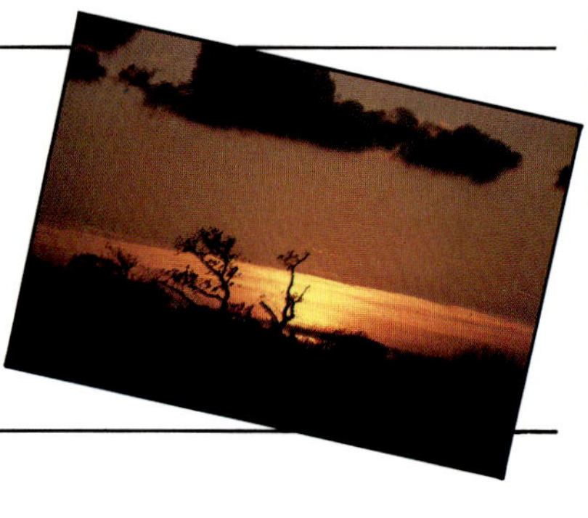

1 Dieses Foto und eine Skizze dienten als Ausgangspunkt für das Gouachebild. Das Motiv war interessant und schwierig zugleich.

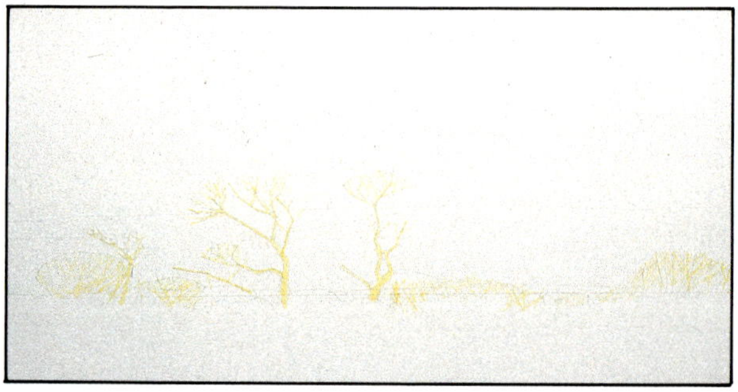

2 Der Künstler fertigt eine einfache Bleistiftzeichnung mit den allgemeinen Umrißlinien an (*oben*). Mit Flüssigmaske zeichnet er die feinen Details der Bäume.

3 Mit einer dünnflüssigen Mischung aus Kadmiumgelb und Kadmiumrot skizziert der Maler das Meer, das von der untergehenden Sonne orange gefärbt wird (*unten*).

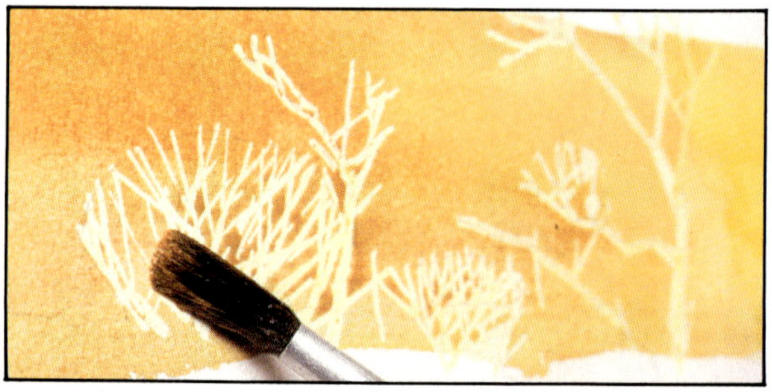

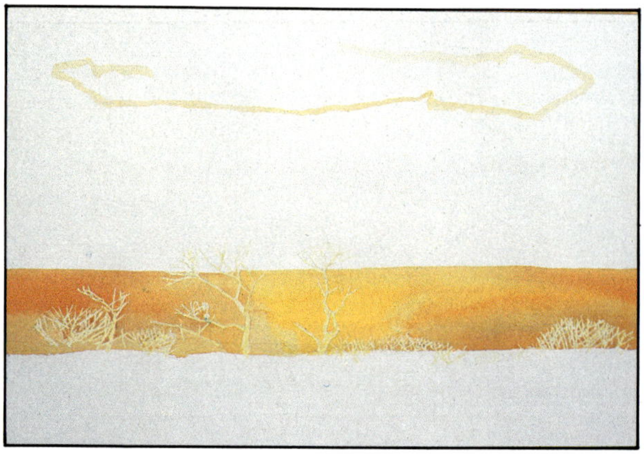

4 Der Künstler gibt etwas Ultramarinblau in diese Schicht, um den Ton leicht zu dämpfen. Um harte Kanten und Wasserflecken zu vermeiden, hält er die Farbe feucht. Er verwendet die gleiche Mischung für den Lichtkranz der Wolke.

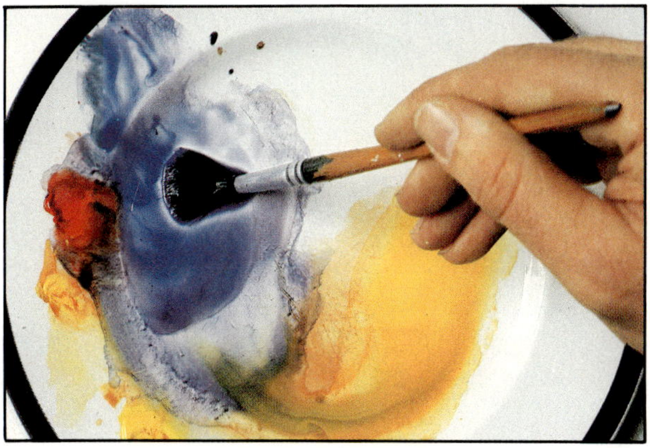

5 Der Maler hat kleine Tupfer Kadmiumrot, Kadmiumgelb und Ultramarinblau auf den Rand eines weißen Tellers gesetzt, den er als Palette verwendet (*oben*).

6 Der Künstler malt mit einem farbgetränkten Pinsel Nr. 4 die dunkle Wolke (*unten*). Er reibt die Farbe nicht ein, sondern bewegt sie über das Papier.

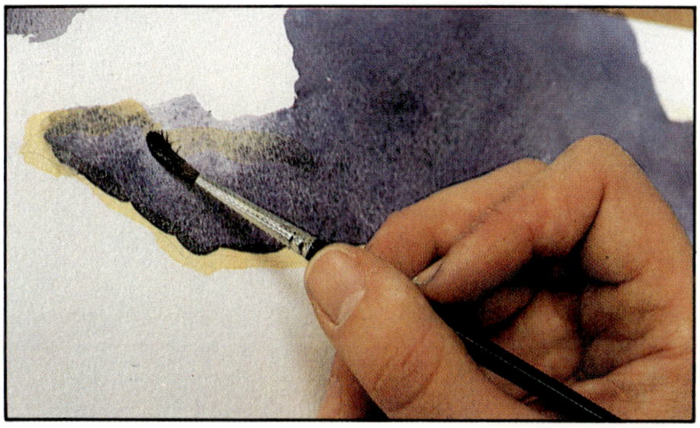

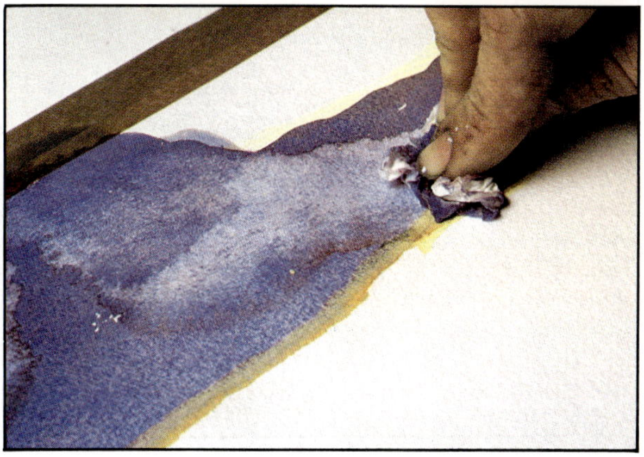

7 Nun gibt er mehr Gelb auf den Rand der Wolke und läßt die Farben ineinander verlaufen, was einen Leuchteffekt ergibt. Wenn die Farbe leicht angetrocknet ist, tupft der Künstler sie mit Seidenpapier ab. Hier wirken kontrollierter Farbauftrag und Zufallseffekte zusammen.

FLÜSSIGMASKE

Bei der Arbeit an den feinen Ästchen der Bäume wurde Flüssigmaske verwendet, die in jedem Fachgeschäft erhältlich ist und mit dem Pinsel aufgetragen wird. Sie trocknet sehr schnell, und man kann problemlos an den umliegenden Bildbereichen arbeiten. Man entfernt sie durch Reiben mit dem Finger oder mit einem Knetradierer.

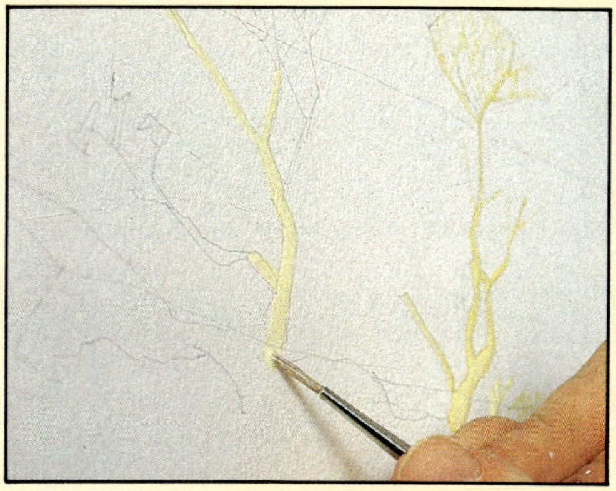

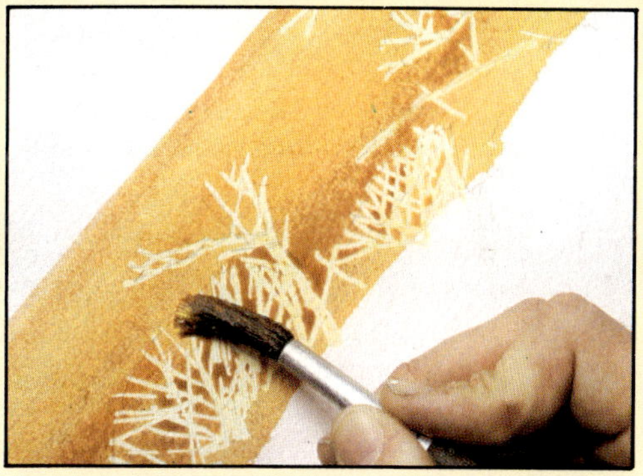

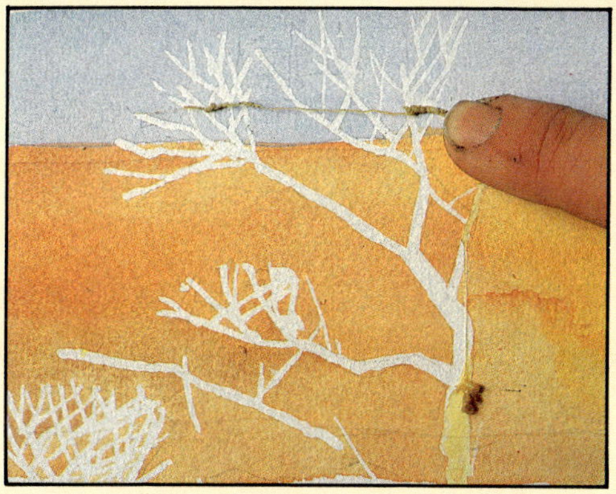

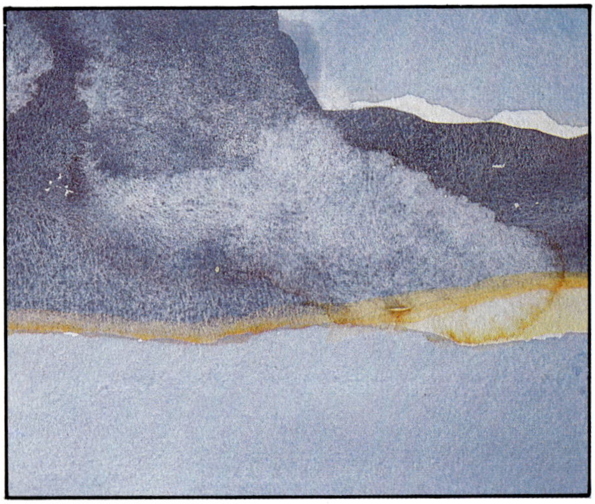

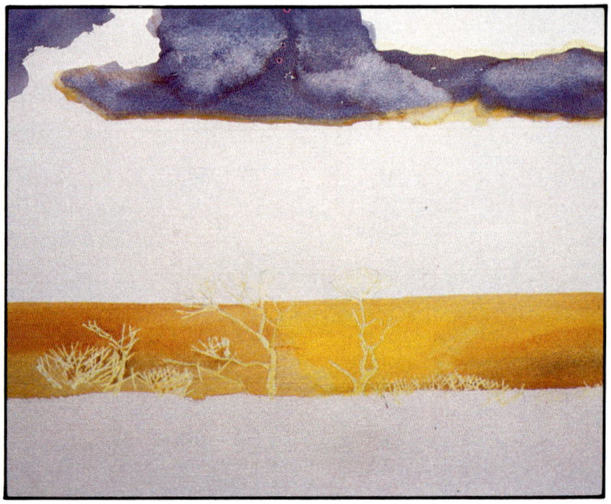

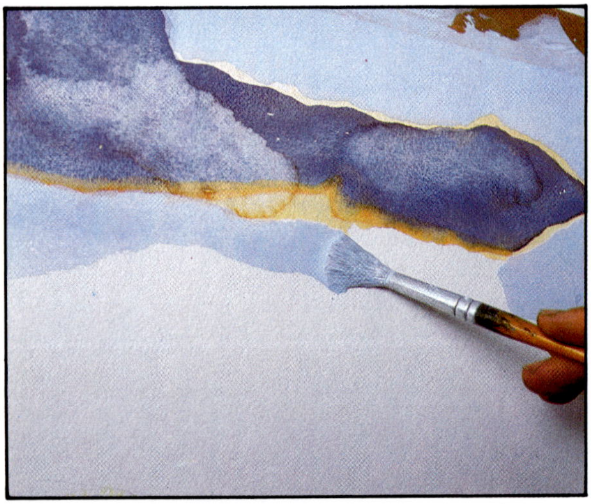

8 Auch das Papier trägt durch seine Eigenstruktur und durch die Art der Farbaufnahme zum Gelingen des Bildes bei (*oben links*). An einigen Stellen haben sich Blau und Gelb vermischt, was einen anderen Effekt ergibt als das Abtupfen des Malgrundes, der dadurch körnig aussieht.

9 Das Bild besteht aus zwei voneinander getrennten Bereichen (*oben*). So kann der Künstler eine Bildzone vollständig trocknen lassen, während er an einer anderen weiterarbeitet.

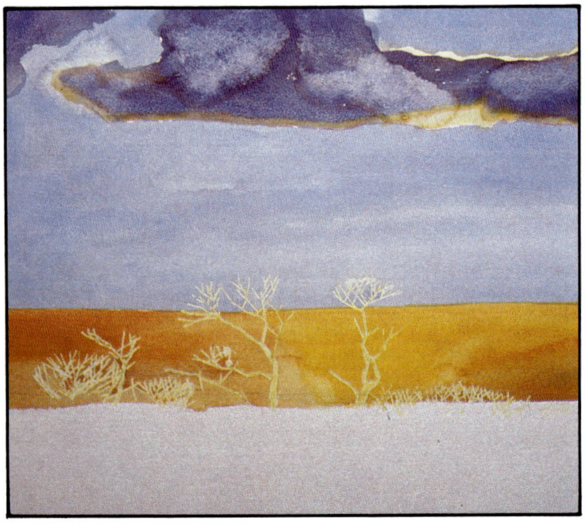

10 Nun konzentriert sich der Maler auf den Rest des Himmels (*Mitte links*). Eine opake, deckende Mischung aus Weiß und Ultramarinblau macht den Gegensatz zwischen Wasserfarbe und Gouache deutlich. Bei einem ›reinen‹ Aquarell würde man niemals Weiß benutzen.

11 Nun läßt er das Bild trocknen. Hierbei wird der Himmel unregelmäßig und streifig (*links*). Nach dem Trocknen reibt der Maler die Flüssigmaske mit dem Finger ab. Die Bäume sind immer noch weiß und nicht orange oder blau übermalt.

Was man benötigt

Der Maler verwendete einen Bogen aufgespanntes, mattes Aquarellpapier von 54 × 76 cm, Designer-Gouache, Fehhaar- und Marderhaarpinsel Nr. 10 und Nr. 4 sowie für die Details einen Marderhaarpinsel Nr. 1. Darüber hinaus benötigte er eine kleine Flasche Flüssigmaske.

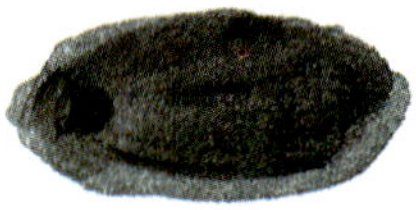

ELFENBEINSCHWARZ

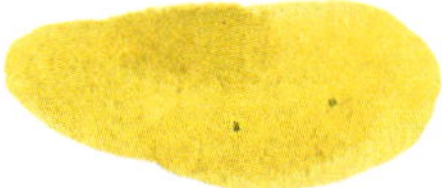

KADMIUMGELB

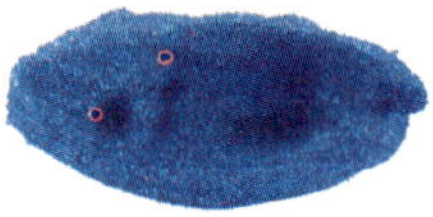

ULTRAMARINBLAU

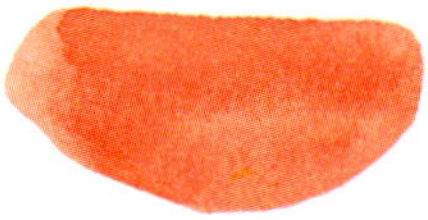

KADMIUMROT

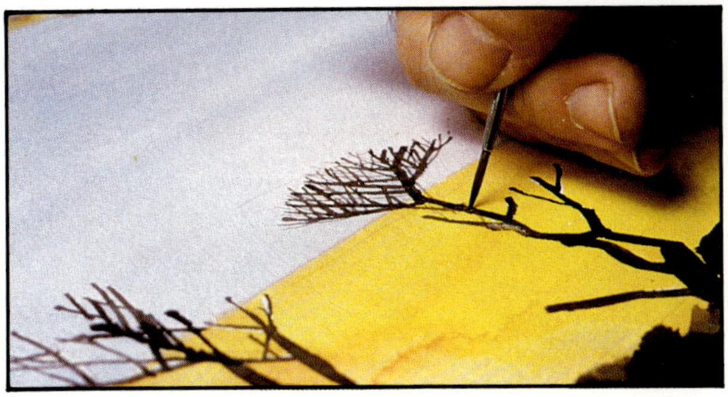

12 Mit schwarzer Farbe wird das Geäst der Bäume gezeichnet (*oben*). Das schon bemalte und das noch weiße Papier nehmen die Farbe unterschiedlich an.

13 Mit verdünnter schwarzer Farbe verwischt der Maler die feinsten Ästchen der Baumkronen (*rechts*). Der Vordergrundbereich wird mit dem gleichen Ton ausgemalt.

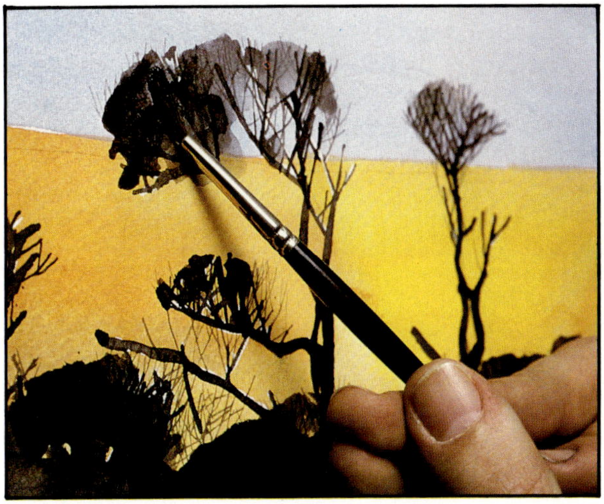

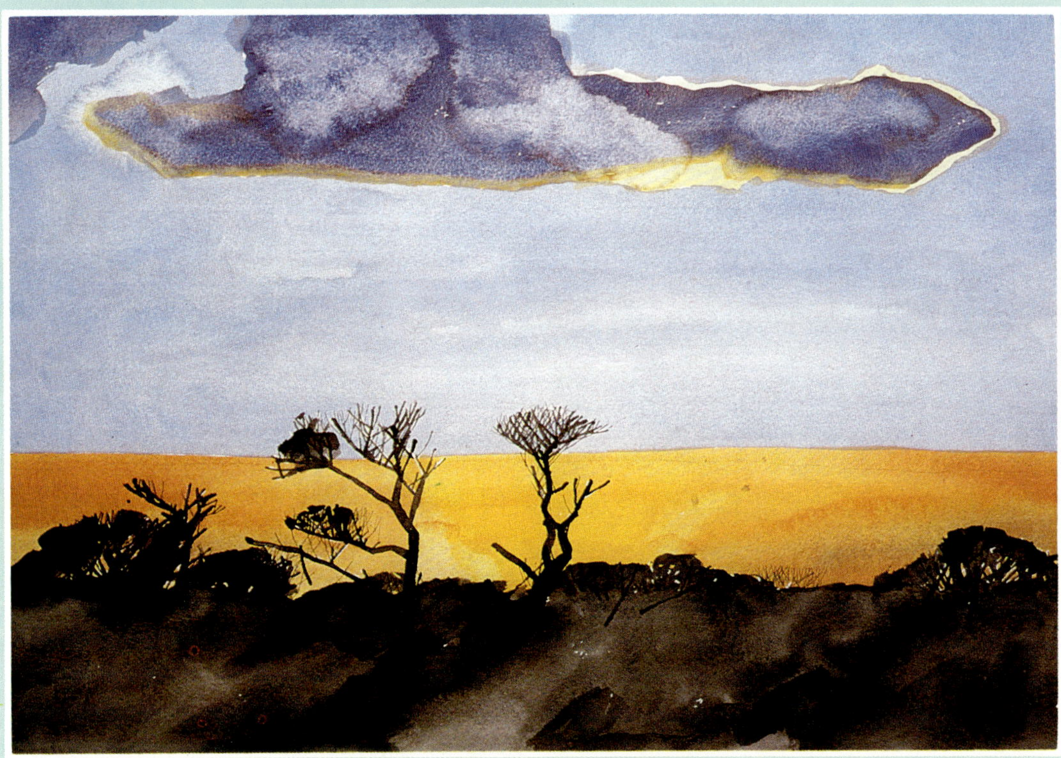

Himmel bei Sonnenuntergang

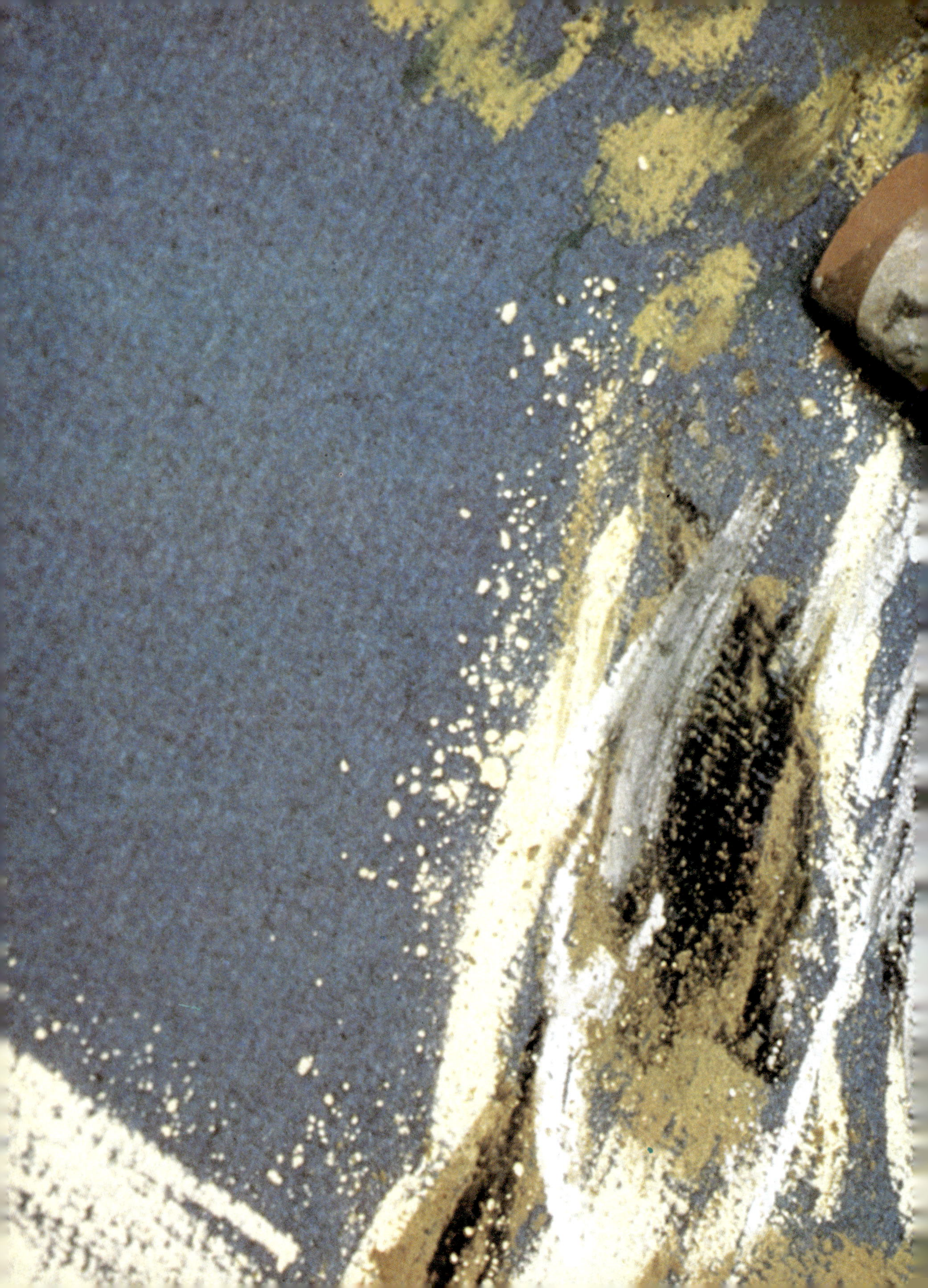

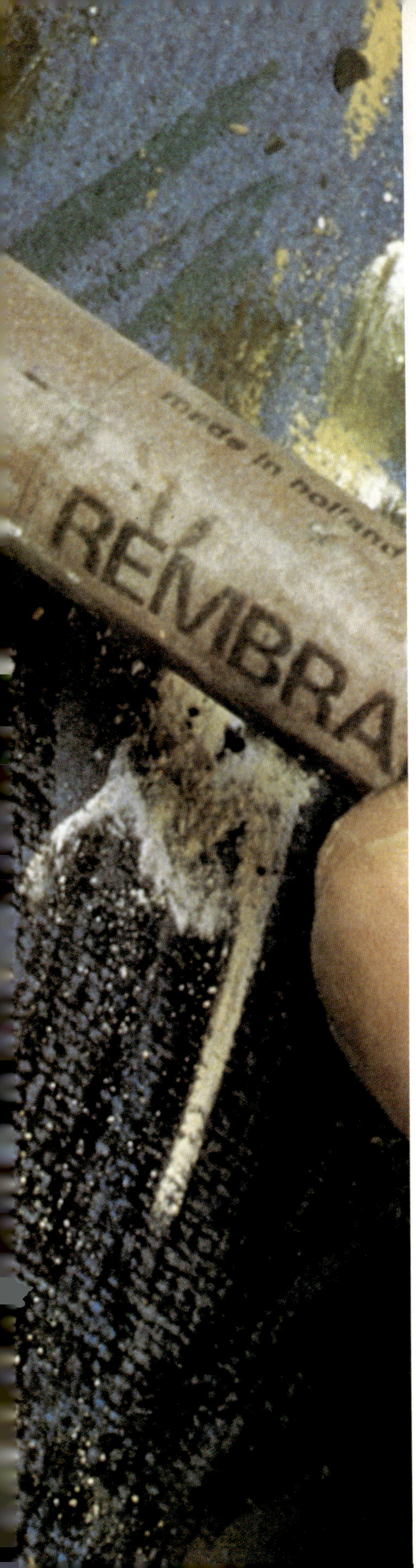

KAPITEL NEUN

PASTELL-FARBEN

Die Pastellmalerei ist eine Technik, die sich zwischen Malerei und Zeichnung bewegt. Das Pigment wird mit Gummiarabikum oder manchmal auch mit Tragant gebunden und in Stiftform gepreßt, jedoch nur so leicht, daß es schon bei geringem Druck auf dem Malgrund zerkrümelt. Pastellstifte haben eine Unmittelbarkeit, die manche Anfänger schon nach kurzer Zeit verunsichert und das Medium wieder aufgeben läßt. Dies muß jedoch nicht sein, wie Sie bald entdecken werden. Ein Brief des Malers Quentin de la Tour (1704–1788) an den Marquis de Marigny, den Bruder von Madame de Pompadour, wirkt tröstlich, denn er beschrieb die gleichen Schwierigkeiten, die man auch heute noch hat, wenn man mit dem Medium arbeitet: »Pastell, mein Herr Marquis, führt zu einer Menge weiterer Probleme; da sind zum Beispiel der Staub, die Schwäche einiger Pigmente, der Umstand, daß der Ton niemals richtig wird und daß man die Farben auf dem Papier mischen muß, indem man mehrere verschiedene Farben statt einer einzigen aufträgt; und immer riskiert man, das bereits Fertige zu verderben, weil der Ton unpassend ist und dadurch der Charme des Bildes verloren geht . . .« Dennoch ist die Pastellmalerei die direkteste Methode, wenn man mit reinen Pigmenten malen möchte. Pastellfarben, wie wir sie kennen, sind seit etwas mehr als 200 Jahren in Gebrauch, aber die wahre Entdeckerin des Mediums war eine Venezianerin, Rosalba Carriera (1675–1757), eine der wenigen weiblichen Künstlerinnen, die im 17. Jahrhundert berühmt wurden. Die Pastellmalerei kam groß in Mode, und gegen 1780 gab es in Paris bereits 2 500 Pastellmaler. Die Frische und Unmittelbarkeit des Mediums gefiel den Impressionisten sehr, und Degas, einer ihrer wichtigsten Vertreter, entwickelte seine Einsatzmöglichkeiten weit über die traditionellen Formen der Meister des 18. Jahrhunderts hinaus. Der Charme und die Spontaneität der Pastellfarbe, ihre farbliche Reinheit und ihre direkte Reaktion auf den Malgrund machen die Arbeit mit diesem feinen und oft vernachlässigten Medium zu einem wahren Vergnügen.

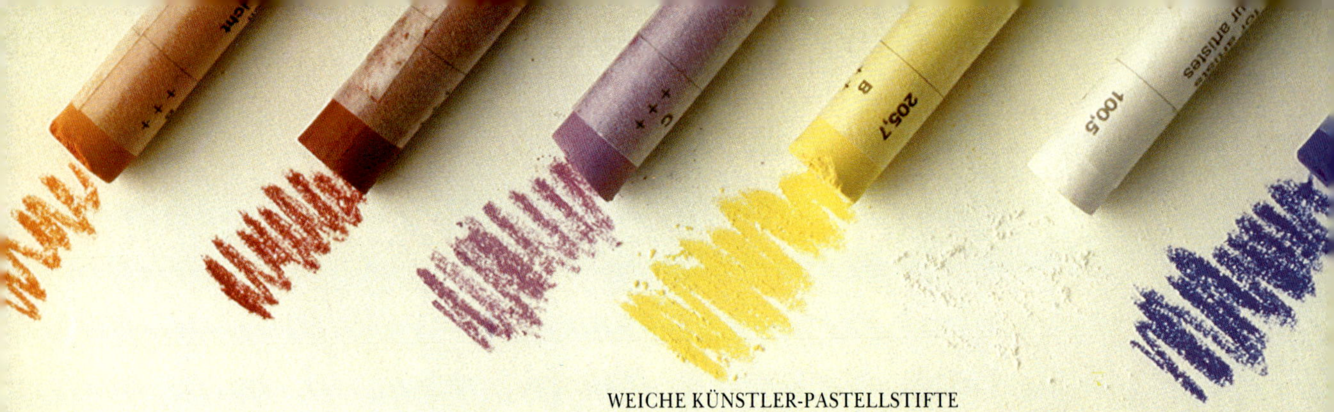

WEICHE KÜNSTLER-PASTELLSTIFTE

INGRES-PAPIER

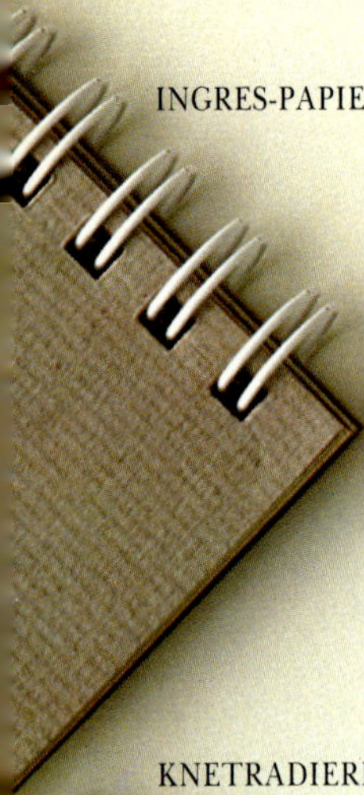

KNETRADIERER

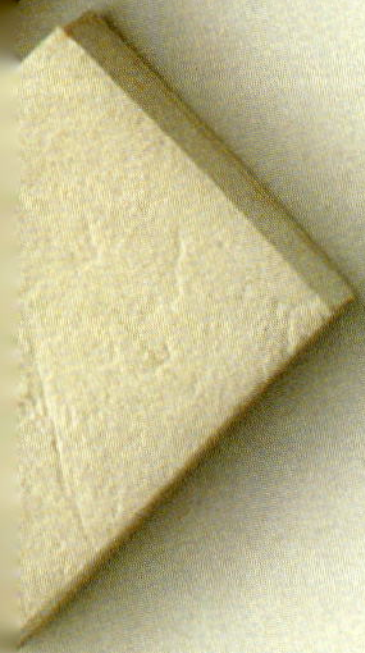

Materialien

Malgründe
Die Wirkung der Pastellfarben beruht zu einem beträchtlichen Teil auf Farbe und Oberflächenbeschaffenheit des Malgrundes. Das Papier muß rauh genug sein, um den Stift beim Malen abzureiben und die Farbpartikel festzuhalten. Die Farbe ist wichtig, weil vielleicht ein Teil des Hintergrundes als Glanzlicht durchschimmern oder bei dunklerem Papier für dramatische Kontraste oder Schatten sorgen soll. Als Malgrund eignet sich weißes oder getöntes faseriges Papier mit einer Körnung, die das Pigment gut festhält, zum Beispiel hochwertiges Aquarell- oder Zeichenpapier. Speziell für die Pastellmalerei werden ein feiner, weicher, sandpapierartiger Malgrund und ein weiches Velourspapier hergestellt. Man kann auch vorbehandelte Leinwand, feinen Leinwandkarton oder Hartfaserplatte verwenden. Ingres-Papier gehört zu den meistbenutzten und besten Malgründen für Pastelle. Weil getöntes Papier eventuell ausbleichen kann, färben einige Künstler ihren Malgrund selbst. Eine Methode hierfür ist, Pastellstaub mit einem feuchten Tuch in das Papier einzureiben. Pastellpapier gibt es in vielen verschiedenen Farben zu kaufen. Es sollte hochwertig, fertig zugeschnitten und relativ stark sein.

WEICHE KÜNSTLER-PASTELLSTIFTE

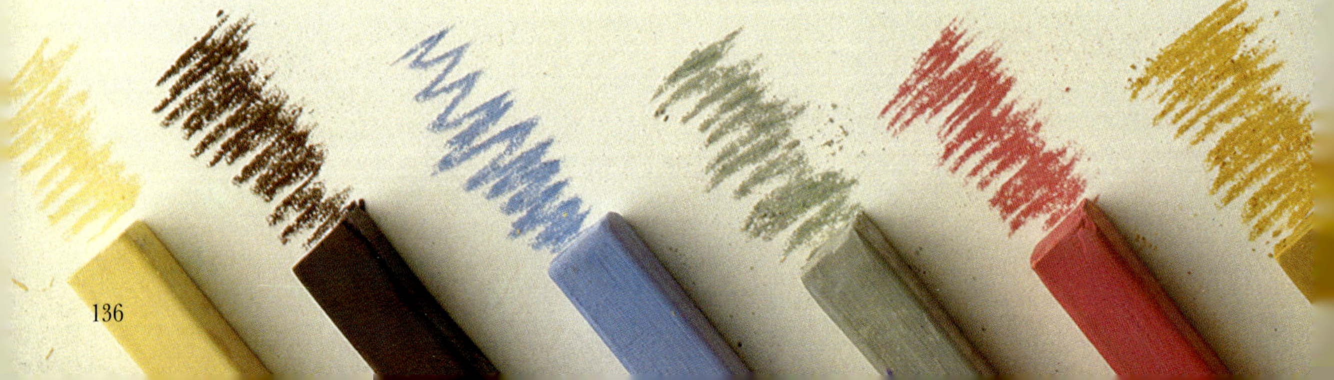

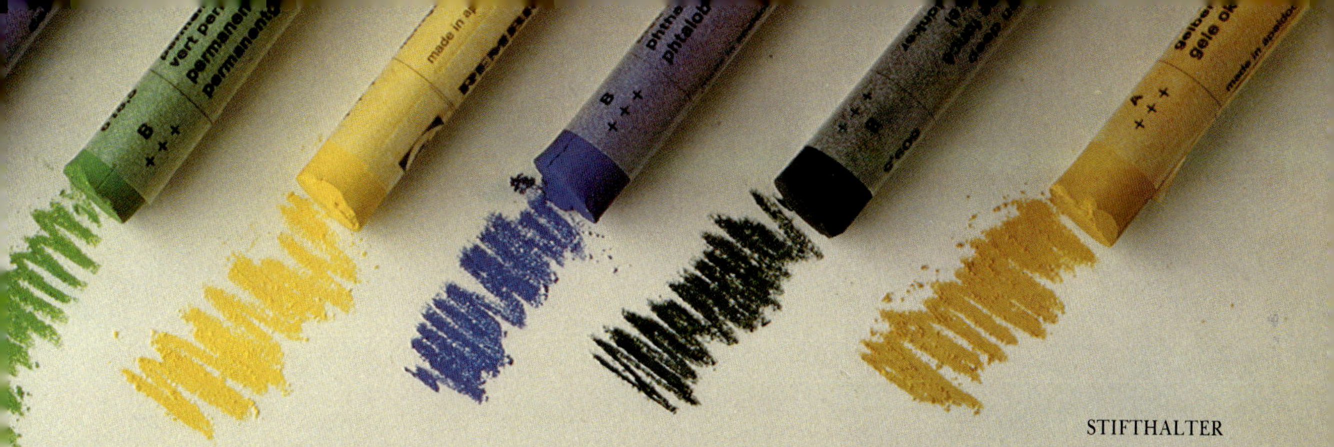

STIFTHALTER

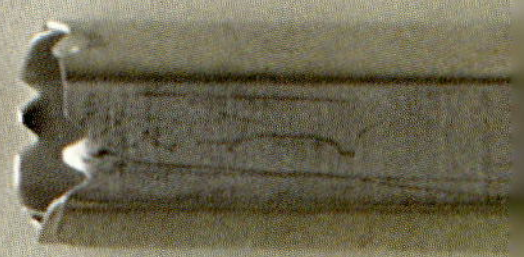

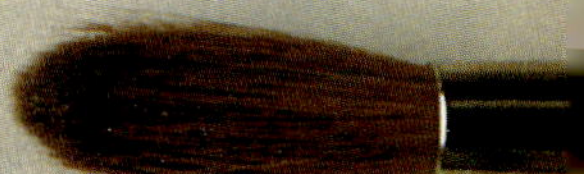

MARDERHAAR-PINSEL Nr. 11

Pastellstifte

Pastellfarben bestehen aus einem pulverartigen Pigment, das mit gerade soviel Gummi oder Harz vermischt wird, daß der Pigmentstaub zusammenhaftet. Der Begriff ›Pastell‹ bezieht sich auf den so entstehenden Brei, der zu den bekannten Pastellstiften gegossen wird. Sie sind als Set im Malkasten oder einzeln erhältlich, können aber auch selbst hergestellt werden. Sie werden in drei Qualitäten angeboten: weich, mittel und hart. Weiche Pastellstifte bieten die brillanteste Farbskala. Anders als Wasser- und Ölfarben kann man Pastellfarben nicht auf der Palette zu neuen Farben oder Tönen mischen. Diese müssen separat hergestellt werden; insgesamt bietet der Markt jedoch ungefähr 600 verschiedene Nuancen an. Einige Hersteller produzieren Pastellfarben in Bleistiftform.

Die Zusammenstellung einer brauchbaren Farbskala hängt hauptsächlich vom persönlichen Geschmack ab. Die Grundausstattung besteht aus etwa 48 Farben, aber für die Arbeit im Freien reichen auch schon zwölf verschiedene Stifte. Beginnen Sie mit einem gekauften Set und ergänzen Sie es, falls nötig.

Die meisten Hersteller geben ihren Stiften Namen und Nummern zwischen 0 und 8, die jeweils den relativen Helligkeitswert eines Tones bezeichnen. Es gibt hierfür jedoch kein Standardsystem. Einige Firmen arbeiten mit Dezimalzahlen, andere mit Buchstaben, um kenntlich zu machen, wieviel Weiß der Grundfarbe zugesetzt wurde. Wenn Sie sich Ihren eigenen Malkasten zusammenstellen, reichen ein heller, ein mittlerer und

SPRÜHFIXIERER

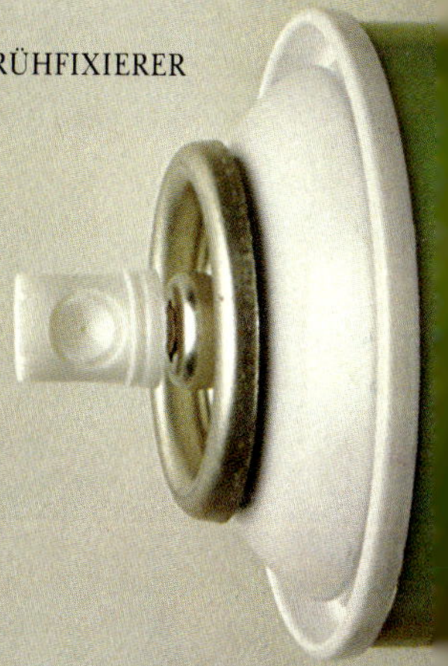

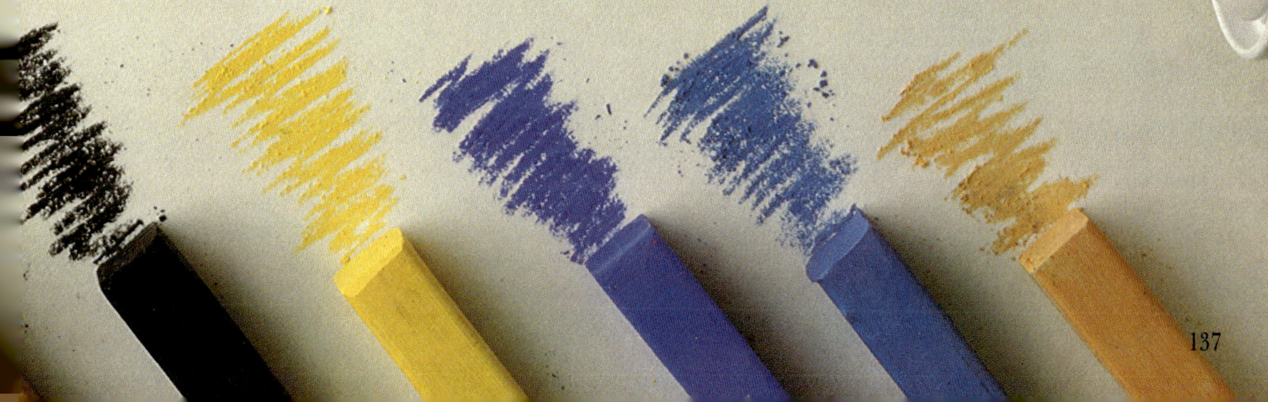

ÖLKREIDEN

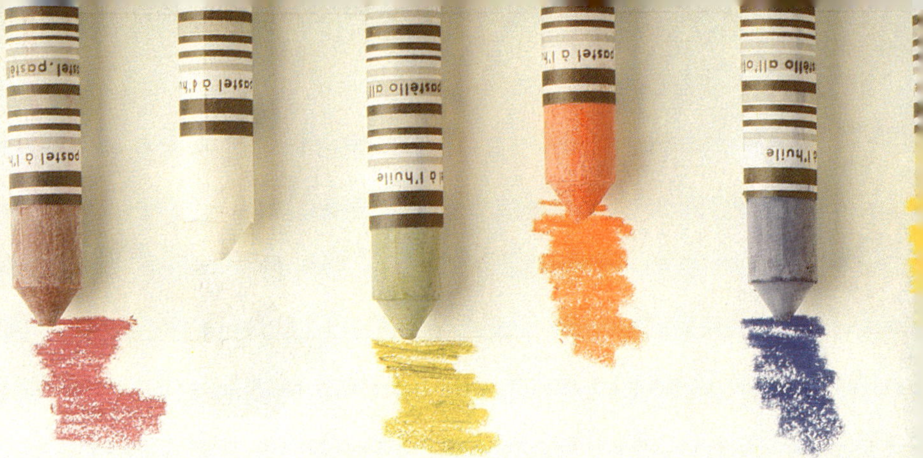

ESTOMPEN

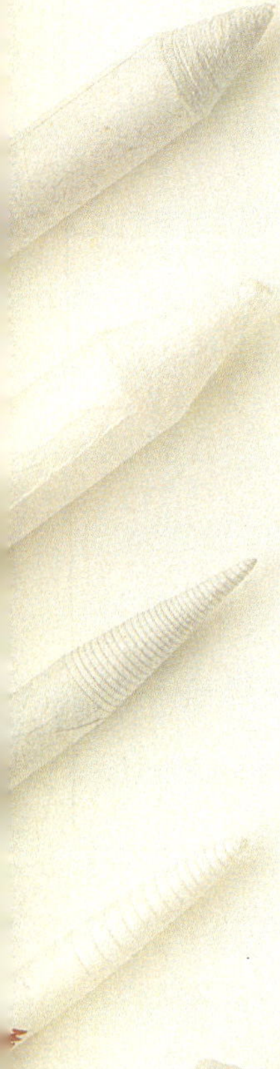

ein dunkler Ton jeder Farbe für den Anfang völlig aus. Es ist nicht notwendig, von jeder Farbe die gesamte Tonskala zu kaufen. Bedenken Sie auch, daß die Farbmuster in den Malkästen auf weißes Papier gedruckt sind, so daß Sie sich für das Arbeiten auf getöntem Papier am besten eigene Farbtabellen anfertigen. Ölkreide ist intensiver und weniger brüchig als normale Pastellstifte und eignet sich ausgezeichnet für Vorzeichnungen bei der Ölmalerei oder für Skizzen. Sie läßt sich mit Terpentin verändern.

Die Pflege von Pastellstiften

Pastellstifte sind sehr weich, und wenn Sie sie nicht sorgsam behandeln, reiben sie aneinander, und Sie werden bald Schwierigkeiten haben, die einzelnen Farben zu identifizieren. Bewahren Sie Ihre Pastellstifte in mit Wellpapier ausgeschlagenen Kistchen auf, damit sich die Stifte nicht berühren können. Ordnen Sie sie sorgfältig nach Farben und Tönen, und legen Sie zum Beispiel für die Erdfarben eine Extraschachtel an. So verbringt man nicht sinnlos Zeit auf der Suche nach einem bestimmten Farbton. Eine weitere Möglichkeit, die Stifte sauber zu halten, ist das Aufbewahren der Farben zwischen Reiskörnern. So bleiben die einzelnen Töne getrennt und sie werden gleichzeitig saubergerieben.

Fixiermittel

Pastellzeichnungen oder -gemälden fehlt das Bindemittel, das für die Haltbarkeit von Bildern unbedingt erforderlich ist. Fixierer wirken als ein solches und übernehmen die Funktion von Öl, Gummi, Kleister oder anderen Klebstoffen. Das Bindemittel wird nach Fertigstellung des

ÖLKREIDEN

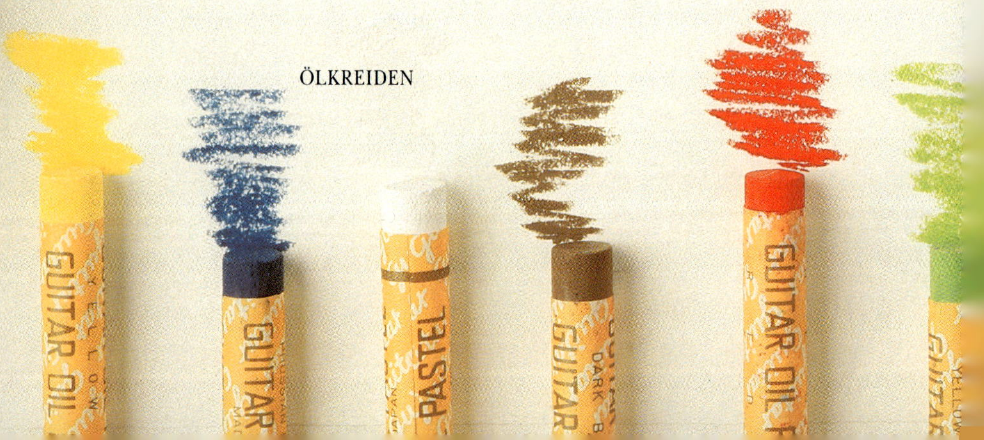

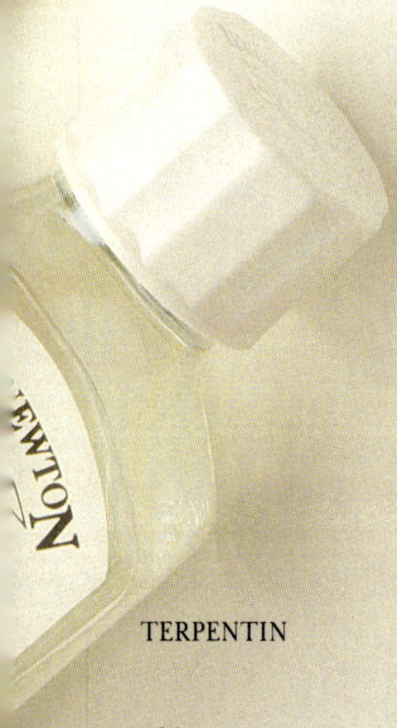

TERPENTIN

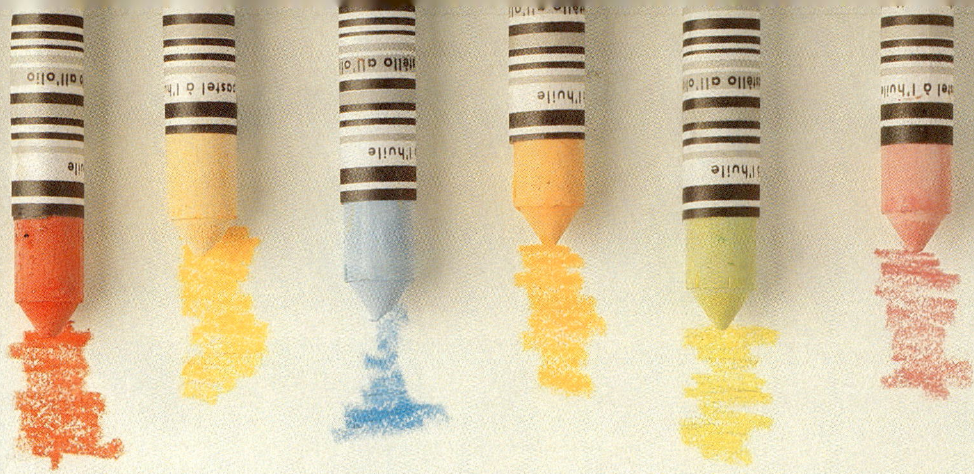

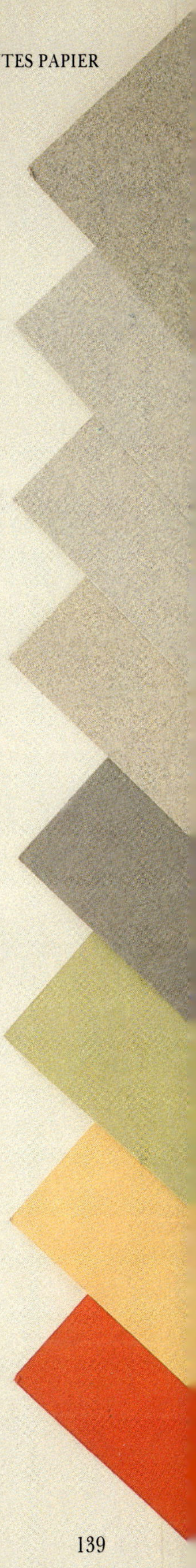

Bildes auf das Papier gesprüht und fixiert dabei das Pigment auf dem Malgrund. Fast jedes klebende Material kann als Fixiermittel verwendet werden. Für welches man sich entscheidet, hängt vom Malgrund und vom Medium ab. Fixiermittel gibt es gebrauchsfertig in Sprühdosen, oder, was billiger ist, in Flaschen, deren Inhalt mit Hilfe eines Zerstäubers auf das Papier gebracht wird. Einige Maler benutzen als preiswerte Alternative Haarspray. Pastelle können von der Rück- oder von der Vorderseite fixiert werden, im Einzelfall kommt es auf die Art der Arbeit und die Menge an Pigmenten auf der Oberfläche an. Das Bild kann auch nach dem Auftragen jeder einzelnen Schicht fixiert werden, wie dies zum Beispiel Degas tat, um dicke, pastose Schichten aufzubauen.

Andere Hilfsmittel

Sie benötigen ein Zeichenbrett, und eine Glasplatte, auf der Sie Pastellpulver mischen können, wäre ebenfalls sehr nützlich. Wenn Sie Pastellfarben mischen oder Ölpastelle mit Terpentin überarbeiten möchten, brauchen Sie vielleicht auch ein Malmesser. Estompen, das sind bleistiftförmige Wischer aus eng gerolltem Papier, eignen sich gut zum Mischen von Farben. Auch Chamoisstifte – Holzstifte mit einer Spitze aus Sämischleder – eignen sich dafür. Pastell ist ein ›schmutziges‹ Medium, aber bei der Verwendung eines Stifthalters bleiben Finger und Bild sauber. Eine solche Hülse kann man im Fachgeschäft kaufen oder aus einem Stück Karton und Klebeband selbst herstellen. Sand- oder Glaspapier verwendet man zum Anspitzen der Stifte für Detailarbeiten. Mit einem Knetradierer lassen sich zarte Farbschichten entfernen und Partien aufhellen, auf die man Glanzlichter setzen möchte.

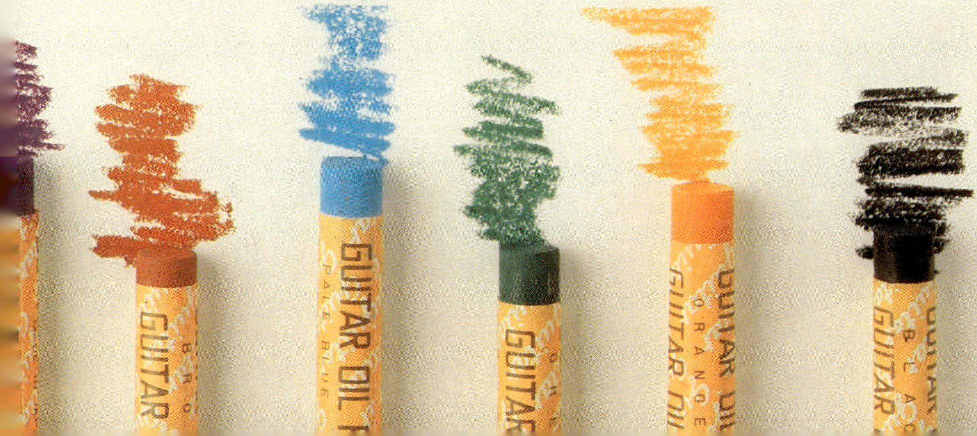

Stonehenge

Weiche Pastellstifte

Das Motiv des Bildes auf diesen Seiten ist ein Megalith – ein großes Steindenkmal aus prähistorischer Zeit. Den ursprünglichen Zweck dieser Anlage kennen wir nicht, man nimmt jedoch an, daß sie symbolische, religiöse und magische Bedeutung hatte.

Den Maler faszinierten die wie Skulpturen wirkenden Steine und ihre klaren Formen vor dem blauen Himmel. Er arbeitete auf getöntem Papier, da Pastellfarben einen bestimmten Anteil weißer Kreide enthalten und deshalb auf farbigem Untergrund besser wirken.

Der Künstler hat die Komposition als Abfolge horizontaler Streifen behandelt, die von den Granitsteinen überschnitten werden. Sie verbinden so die beiden Bildbereiche Himmel und Erde. Die Horizontlinie verläuft fast genau entlang der Mittelachse und lenkt die Aufmerksamkeit auf die wichtigsten Bildgegenstände. Die Wirkung des Werks beruht auf seinem strengen Aufbau.

Komposition und Farben ergänzen einander und vermitteln ein Gefühl von Stabilität und Ruhe. Horizontale Linien suggerieren im allgemeinen Ruhe – gebrochene Stakkatolinien dagegen Bewegung –, und kühle Farben verstärken diesen Eindruck. Auch bei einer sehr realistischen Landschaft wie dieser sollten Sie versuchen, die unterschwellig vorhandenen abstrakten Kompositionselemente herauszuarbeiten. Planen Sie die Verteilung der Gegenstände auf der Bildfläche, bedenken Sie Ausgewogenheit und Instabilität, Farbe und Textur sowie die Linienführung.

Der Maler fertigte zunächst eine genaue Zeichnung an und skizzierte mit breiten, flachen Strichen den Himmel, um eine opake blaue Fläche zu erhalten. An den Stellen, an denen er das Blau des Himmels mit Weiß überarbeitete, um die kleinen Wolken anzudeuten, sieht man, wie gut Pastellfarbe deckt. Die Klarheit des Bildes wird durch die Art, in der der Maler die Steinsilhouetten mit blauer Pastellfarbe sorgfältig umrahmt hat, noch zusätzlich betont.

Die Licht- und Schattenzonen der Steine wurden mit einzelnen Farbflecken wiedergegeben, was die behauene, facettenartige Oberfläche der Steine hervorhebt. Die Wiese im Vordergrund wurde einfach, aber effektvoll mit lockeren, gleichmäßigen Strichen in grüner Pastellfarbe gezeichnet, während die graue Farbe des Papiers den mittleren Ton darstellt.

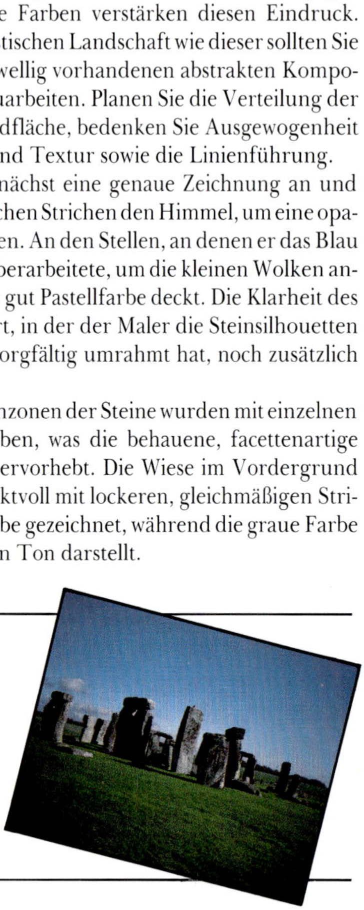

1 Der Künstler malte direkt vor dem Motiv. Die Ausrüstung bestand lediglich aus Pastellstiften, Papier und Fixiermittel.

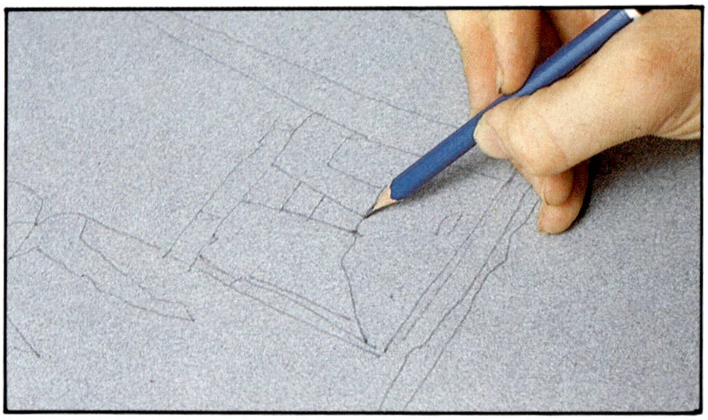

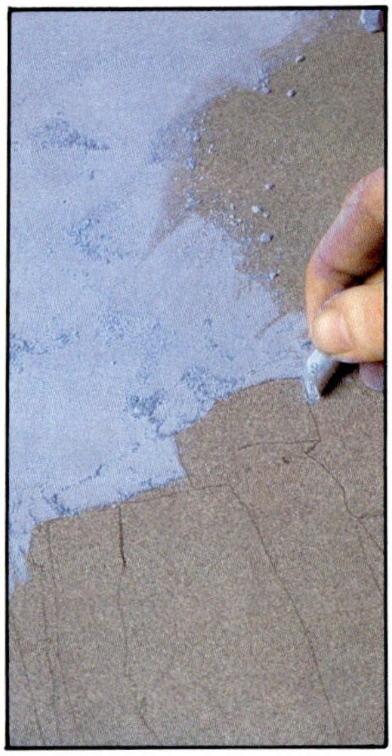

2 Mit einem sehr weichen 4B-Bleistift zeichnet der Maler die wichtigsten Linien auf das weiche graue Papier (*oben*). Er arbeitet schnell, damit das Bild fertig wird, bevor das Licht sich verändert.

3 Der Künstler malt den Himmel mit einem blaßblauen Pastellstift (*links*). Er trägt die Farbe dick auf und hat hierzu ein kleines Stück von dem Stift abgebrochen, dessen Seite er verwendet.

4 Der Himmel ist nun fertig (*unten*). Er wurde recht zügig gezeichnet, aber es war sehr mühsam, diesen großen Bildbereich abzudecken. Die Steine stehen als Negativformen vor dem Blau des Himmels.

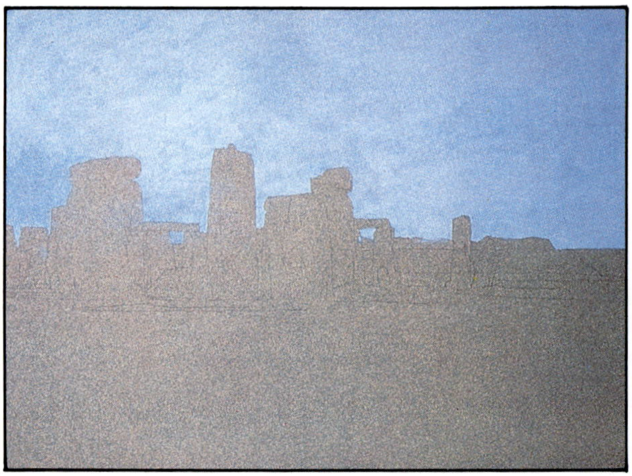

FARBÜBERGÄNGE

Mit Pastell kann man zeichnen, malen oder beides kombinieren. In einigen Bildbereichen hat der Künstler die Farben verwischt, in anderen behalten sie ihre lineare Qualität. *Rechts* sieht man, wie der Künstler weiße Pastellfarbe auf den Himmel gibt und die Farben vorsichtig mit dem Finger verreibt, um die zarte Struktur der Wolken wiederzugeben. *Rechts außen* sind Glanzlichter auf den Steinen zu sehen. Hier sollte das Weiß nicht verwischen, aber auch nicht zu sehr hervorstechen, deshalb wurde es mit einem Tuch abgetupft und so leicht gedämpft.

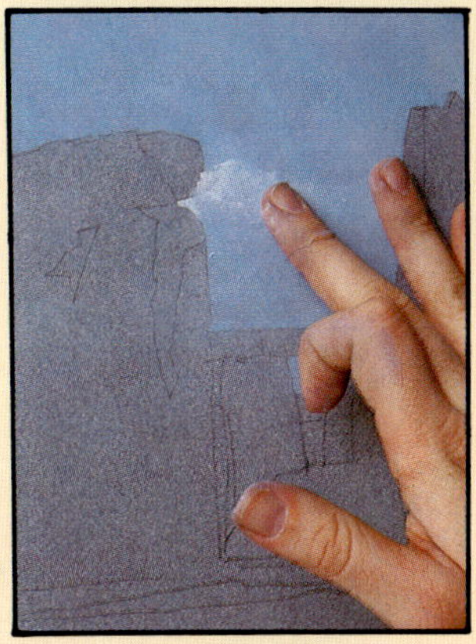

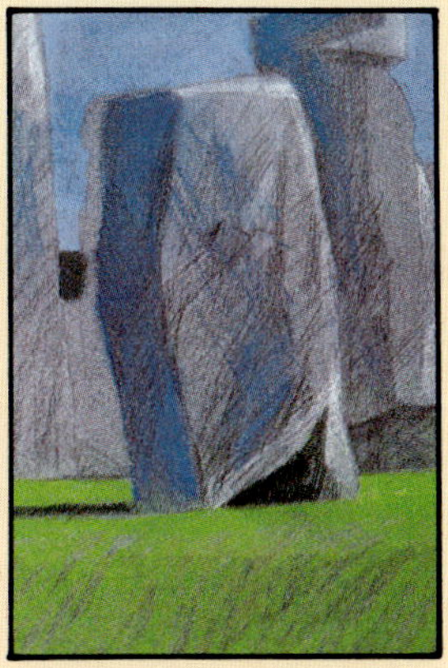

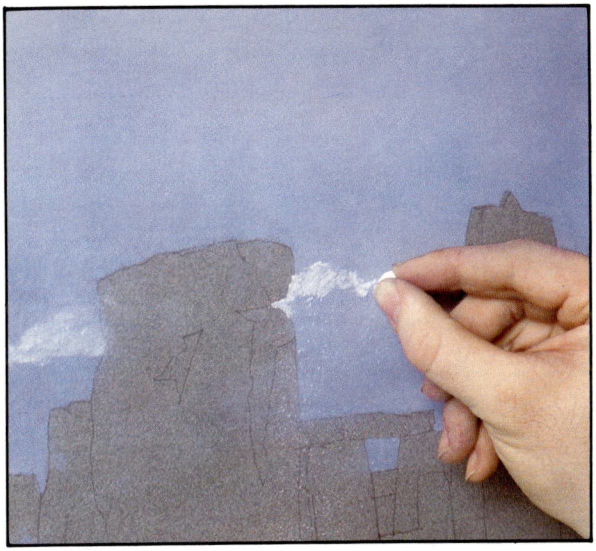

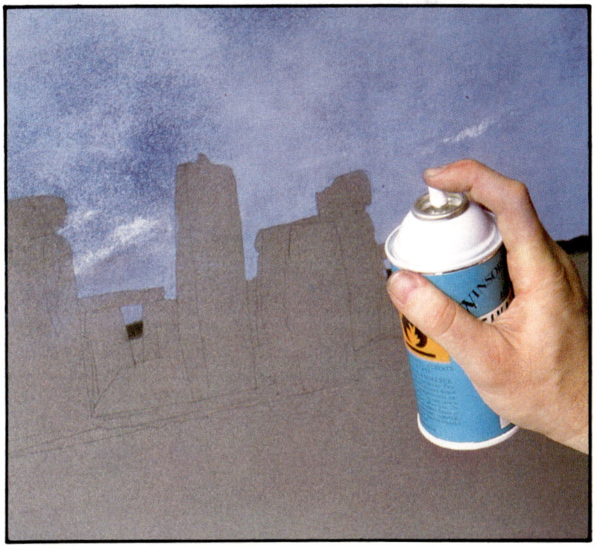

5 Mit einem Stückchen weißen Pastellstifts werden die feinen Wölkchen direkt über dem Horizont skizziert (*oben*). Pastell ist ein fast reines Pigment und deckt vorzüglich; so kann der Maler das Blau des Himmels mit dem weißen Stift übermalen. Nachdem genügend Farbe aufgetragen ist, verreibt er das pudrige Pigment mit dem Finger. Einige Bildpartien bearbeitet er intensiver, um die Umrißlinien weicher zu machen und die Wolken überzeugend wiederzugeben.

6 Das Pigment wird nun mit einem Spray fixiert (*oben*). Aus etwa 45 cm Entfernung trägt der Maler einen feinen Film auf, wobei er die Spraydose mit sanftem Schwung von links nach rechts führt. Die blaue Farbe ist dunkler geworden, wird beim Trocknen jedoch wieder ihren ursprünglichen Ton annehmen.

7 Die Fixierung ist nun trocken (*links*), und der Künstler kann an anderen Bereichen weiterarbeiten, ohne daß die Farbe verschmiert.

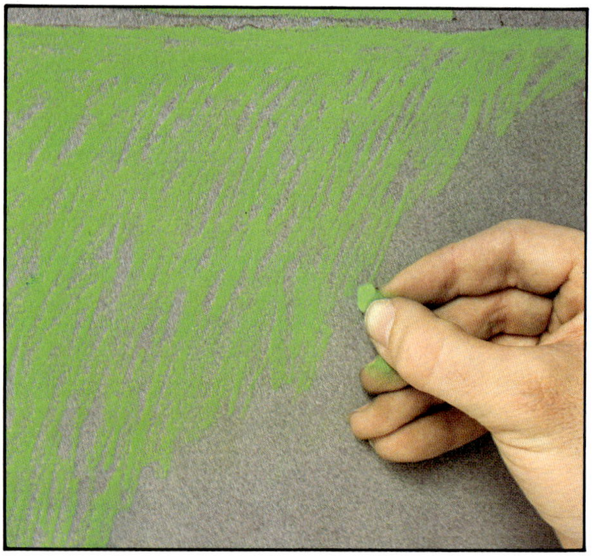

8 Pastell ist zugleich Zeichen- und Malmedium. Man kann die Farbe in zarten oder in dicken pastosen Schichten auftragen, verschiedenartige Striche ziehen sowie Farben und Formen aufbauen. Mit hellgrünen Schraffuren wird das Gras wiedergegeben (*links*). Das Grau des Papiers bildet den mittleren Ton.

9 Um die Grashalme plastischer zu gestalten und zusätzlich dunkle Töne zu erhalten, überarbeitet der Künstler das Gras vorsichtig mit grauem Pastell (*rechts*). Die Wiese besteht aus dem Grün und Grau der Pastellstifte und dem Grau des Malgrundes.

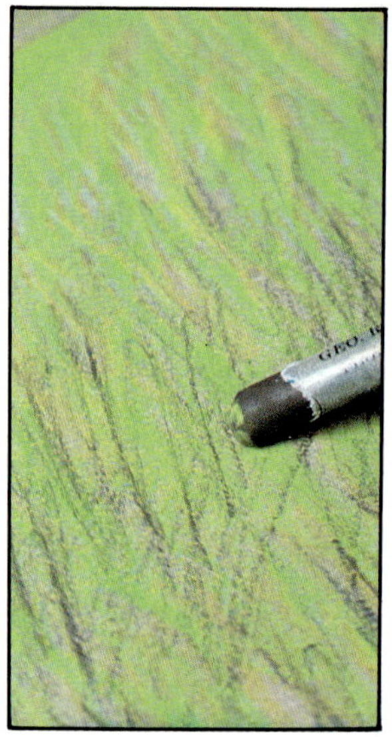

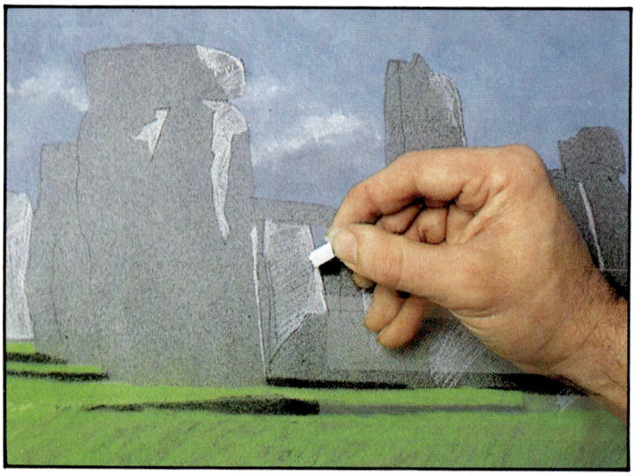

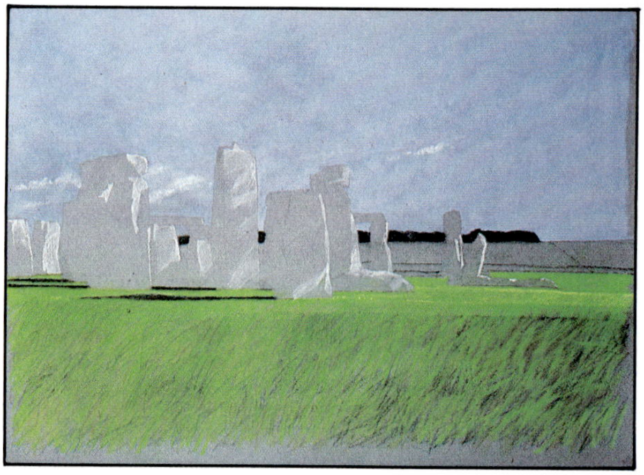

10 Mit einem schwarzen Pastellstift zeichnet der Maler die Schatten der Steine und das Wäldchen im Hintergrund (*oben*). Der schwarze Stift ist härter als die anderen Pastellfarben, deshalb muß er hier fester aufdrücken. Mit Weiß werden die helleren Töne auf den Steinen gezeichnet. Auch hier repräsentiert das Grau des Papiers den mittleren Ton und die Lokalfarbe, denn die Steine selbst sind auch grau. Der Künstler trägt die Farbe in feinen Schraffuren auf, die er später verreiben wird. Der weiße Farbauftrag ist ungleichmäßig, je nachdem, wieviel Licht auf die Steine fällt.

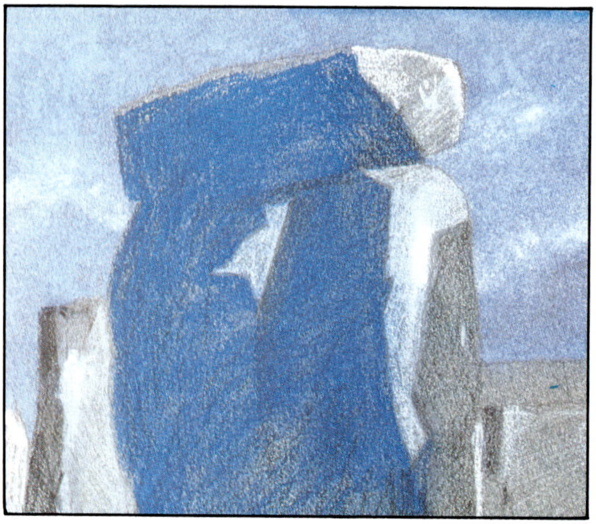

11 Der Maler gibt Gelb auf den Grasbereich rechts neben den Steinen (*oben*). Hierbei trägt er die Farbe in Schraffuren und mit reibenden Bewegungen auf.

12 Die tiefen Schatten auf den stehenden Steinen wurden mit kobaltblauen Schraffuren angelegt, die später verrieben wurden (*links*). Mit schwarzem und grauem Pastellstift sowie mit einem 4B-Bleistift entwickelte der Maler weitere Töne und Texturen auf den hellen Seiten der Steine. Er vollendet sein Bild, indem er Gelb auf den Hintergrund aufträgt, um ein Rapsfeld anzudeuten.

Was man benötigt

Der Künstler verwendete einen Bogen weiches graues Ingres-Papier von 40,6 × 50,8 cm. Das Bild ist groß, und deshalb war das Auftragen der flachen blauen Himmelszone eine zeitraubende und mühselige Arbeit. Er malte mit verschiedenen weichen Künstler-Pastellstiften und einem 4B-Bleistift, den er für die Vorzeichnung und die Detailarbeit an den stehenden Steinen benutzte. Zuletzt wurde das Bild mit einem Spray fixiert.

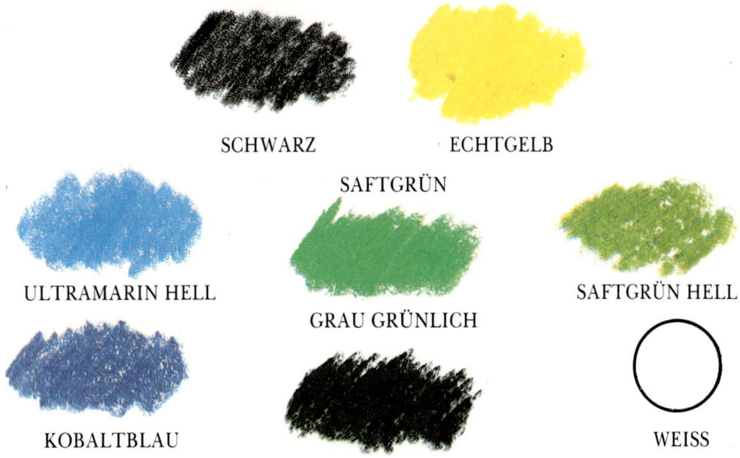

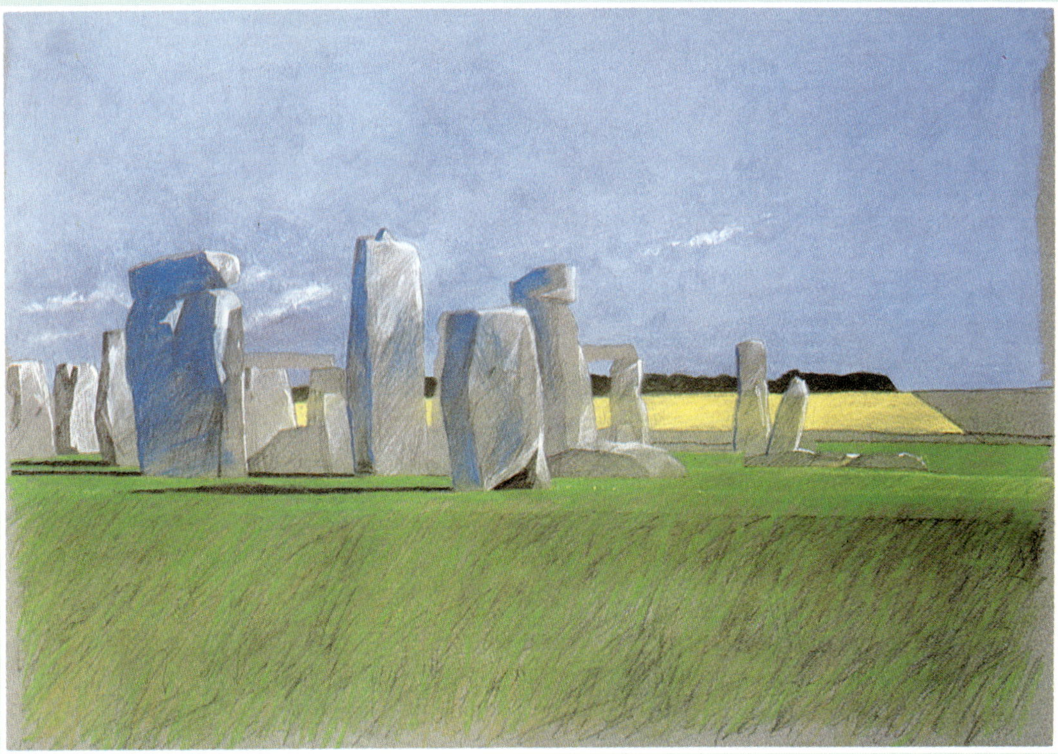

Stonehenge

Mohnblumen in der Provence

Weiche Pastellstifte

Die Freude der Malerin an den besonderen Qualitäten der Pastellfarbe wird bei diesem reizvollen Bild besonders deutlich. Sie konnte selbstbewußt ans Werk gehen, weil sie das Medium vorzüglich beherrscht und sehr gut kennt, und so entstand ein Pastell aus winzigen Farbtupfern und -strichen. Sie verzichtete auf eine Vorzeichnung und konzentrierte sich statt dessen auf die Farbwerte des Motivs, so daß das fertige Bild das schimmernde Licht und die Wärme der Landschaft überzeugend widerspiegelt. Die Malerin hat sich bei der Farbverteilung stark auf ihre Intuition verlassen und sich weniger an ein formal-geometrisches oder lineares Schema gehalten. Diese Vorgehensweise ist scheinbar einfach, aber sie erfordert große Konzentration, ein Gespür für das Medium und das Thema sowie fundierte Kenntnisse der Regeln des Zeichnens, der Farb- und Perspektivtheorie.

Obwohl die Komposition fast abstrakt wirkt, ist es gelungen, innerhalb des Bildes klare Strukturen zu entwickeln und ein Gefühl von Licht, Plastizität und Räumlichkeit zu vermitteln. Wenn sich warme und kalte Farben auf einer Ebene und vom Auge gleich weit entfernt befinden, treten die warmen Töne optisch nach vorn und die kalten zurück. Verwendet man also wie hier warme und kalte Farben in einem Bild, entsteht beim Betrachter der Eindruck, daß sich sein Blick im Raum vorwärts und rückwärts bewegt, während er über und durch das Bild schweift. Deshalb drängt der rote Mohn im Vordergrund nach vorn und beherrscht diesen Bildbereich. Der Hintergrund ist aus blassen, verschwommenen Rosa- und Blautönen aufgebaut, und die Trennungslinien zwischen den einzelnen Bildelementen sind verwischt. Die Künstlerin ließ die Farben hier ineinander übergehen und malte mit feineren Strichen. In diesem Fall handelt es sich also eher um Luft- als um Linearperspektive.

Der Himmel wurde mit der breiten Seite des Stiftes angelegt, wobei die körnige Papierstruktur hilft, die natürliche Lichtbrechung zu imitieren. Die Blätter im Vordergrund sind mit kurzen, energischen Strichen gezeichnet. All diese Linien wurden später ›weicher‹ gemacht. Das Bild ist also eher ein Beispiel für die malerischen und weniger für die zeichnerischen Möglichkeiten von Pastellfarben.

1 Die Künstlerin begann mit einer einfachen Studie des Motivs, in der sie die einzelnen Bereiche der Komposition analysierte und Notizen über die Farben machte. Das Bild entstand im Freien.

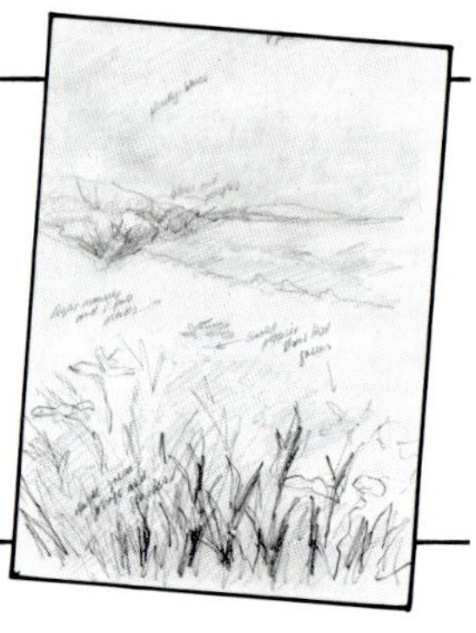

STIFTSPUREN

Hier sehen Sie einige mit Pastellstiften gezeichnete Linien und Muster. *Links oben* entstand durch unterschiedlich starken Druck eine ungleichmäßige Linie. *Rechts oben* wurde der Stift in leichten Strichen über das Papier geführt; nun sind die Linien sauberer. Übermalt man diese diagonal, entstehen Schraffuren. Wenn die Farbe dünn, aber gleichmäßig aufgetragen werden soll, malt man mit dem stumpfen Ende und drückt den Stift fest und gleichmäßig auf (*Mitte*). Arbeitet man mit der Seite des Stiftes, entstehen breite, körnige Farbbahnen (*unten*).

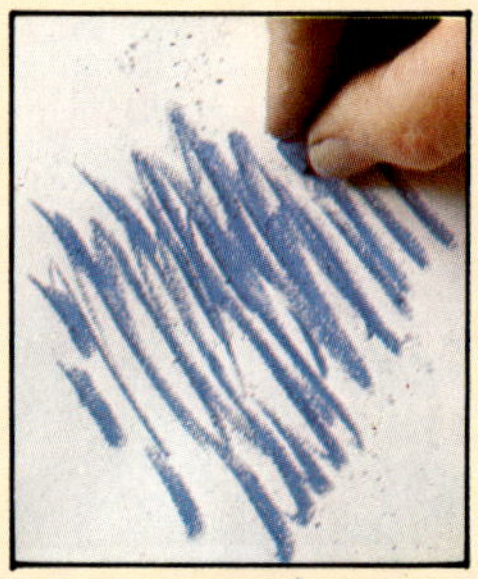

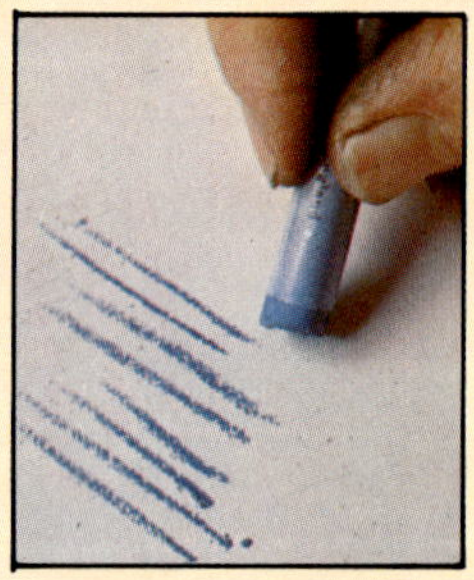

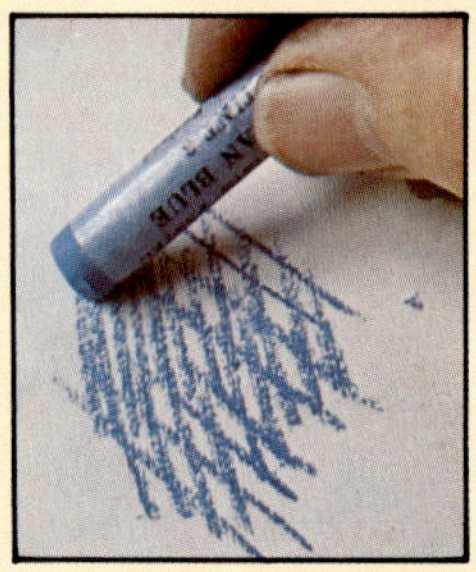

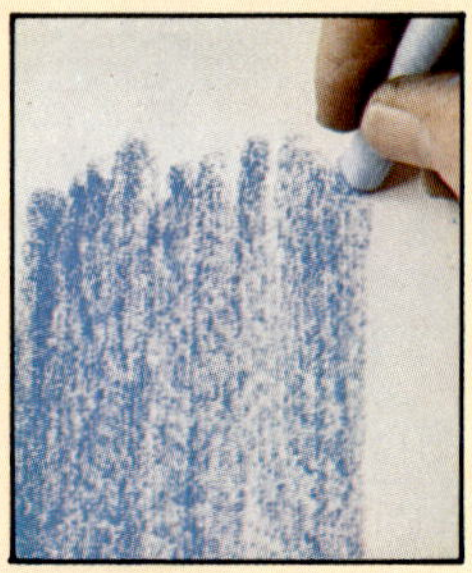

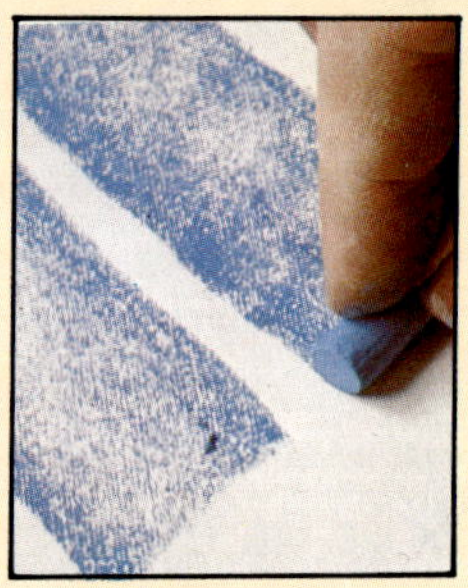

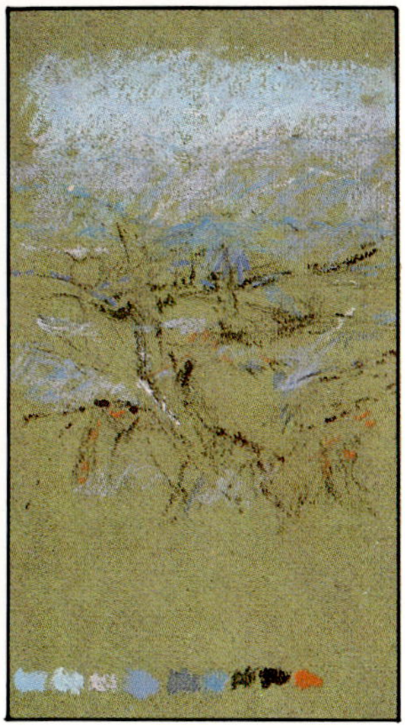

2 Die Malerin hat sich für getöntes Papier entschieden, das als mittlerer Ton durch das fertige Bild schimmern wird. Sie skizziert den Himmel mit ›körnigen‹ Bahnen in Kobaltblau, Ultramarin hell und einem warmen Lilaton (*links*).

3 Blätter und Gräser werden mit gelben, hellgrünen und dunkelgrünen Strichen gezeichnet. Spuren von Blau und Lila stellen die Verbindung zur Himmelspartie her (*links*). Die Künstlerin vollendet ihr Bild, indem sie den Mohn auf der Wiese mit rosa- und lachsfarbenen Tupfern wiedergibt.

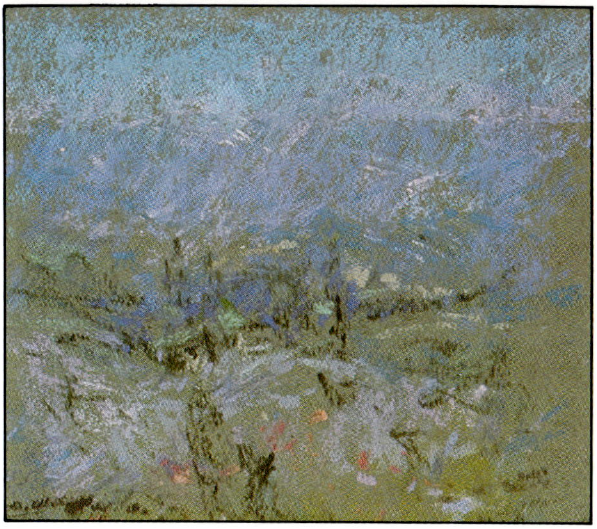

Was man benötigt

Die Künstlerin verwendete gutes graues Pastellpapier von 15 × 10 cm, weiche Pastellstifte und Fixierer.

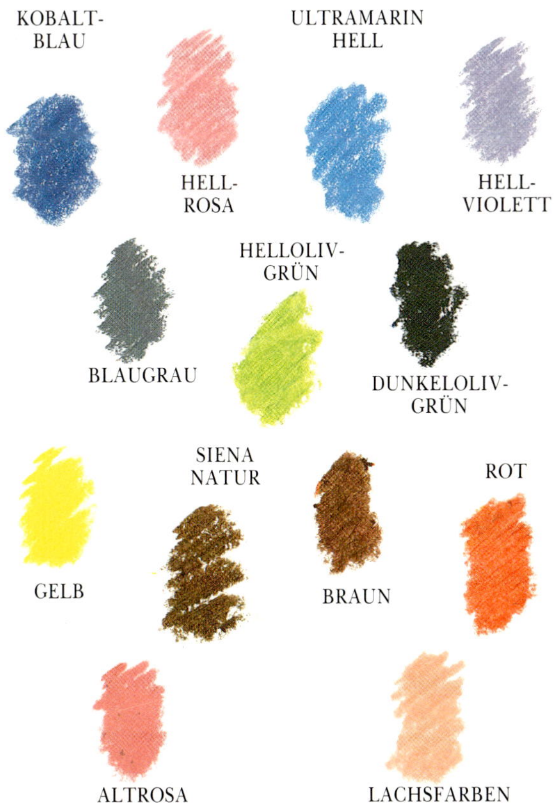

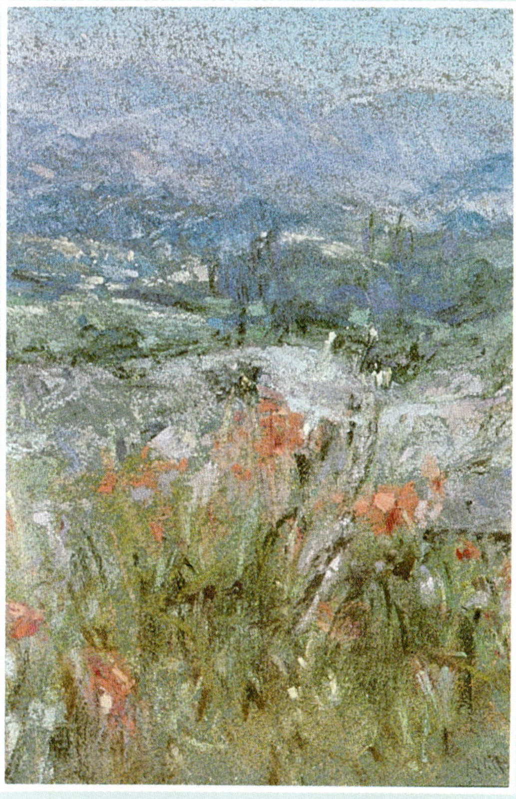

Mohnblumen in der Provence

Olivenhain auf Kreta

Weiche Pastellstifte

Diese flotte Skizze eines Olivenhains auf Kreta entstand direkt vor dem Motiv. Die Studie wurde angefertigt, weil der Künstler sie eventuell später für ein Gemälde verwenden wollte. Für einen solchen Zweck ist Pastell das ideale Medium, denn mit ihm kann man sowohl zeichnen als auch malen, es läßt sich problemlos überall mit hinnehmen, und die benötigte Ausrüstung ist einfach und leicht. Hier hat der Maler auf einem einzelnen Bogen eines Blocks Ingres-Papier gemalt. Solche Blöcke enthalten Blätter in verschiedenen Farben, damit der Maler je nach Motiv den entsprechenden Ton auswählen kann. In diesem Fall hat er sich für dunkelblaues Papier entschieden, das zu den dunklen Schatten zwischen den Bäumen paßt.

Die Hersteller bieten Hunderte von Farben an, und die Frage, welche man kaufen soll, kann besonders für den Anfänger zum Problem werden. So stehen zum Beispiel zehn verschiedene Weißtöne zur Auswahl. Außerdem kann man für bestimmte Zwecke, etwa Porträts oder Landschaftsskizzen, fertig zusammengestellte Farbkästen kaufen.

Dem Maler ging es hier darum, einen Eindruck von der Szene wiederzugeben, die Lichtreflexe festzuhalten und die Farben kurz und so schnell wie möglich zu beschreiben. Er arbeitete daher rasch und energisch, wobei die kritzeleiartige Linienführung den Formen folgt und sie umschreibt. Das dunkle Blau des Malgrundes scheint zwischen den Farbstrichen durch und wird als Mittelton verwendet, der die Schatten wiedergibt und dem Bild inneren Zusammenhalt verleiht. An einigen Stellen wurde mit der Seite der Stifte gemalt, um den Malgrund zügig mit Farbe zu bedecken. Für andere Bereiche, in denen es dem Künstler auf eine präzise Strichführung ankam, hat er die Stifte durchgebrochen, um zum Malen eine scharfe Kante zu haben. Er hat die Pastellfarben verändert, indem er verschiedene Töne locker übereinanderlegte, ohne sie jedoch zu überarbeiten oder ineinanderzureiben.

1 Dies ist ein Foto aus einer ganzen Serie, die der Künstler bei einem Besuch auf Kreta aufnahm.

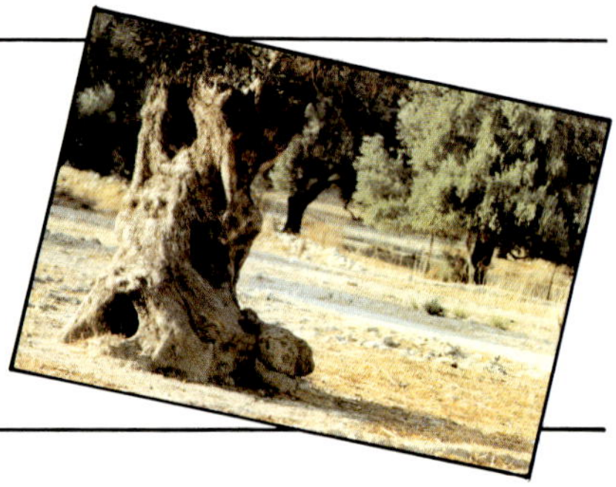

PASTELLTEXTUR

Hier baut der Künstler in divisionistischer Technik interessante Farbflächen auf. Zunächst trägt er das Pigment dünn auf und läßt den Malgrund durchscheinen. Darüber legt er kurze blaue Striche. So werden alle Farben durch die sie umgebenden und den warmen Rosaton des Malgrundes, der als ›Verklammerung‹ durchscheint, verändert.

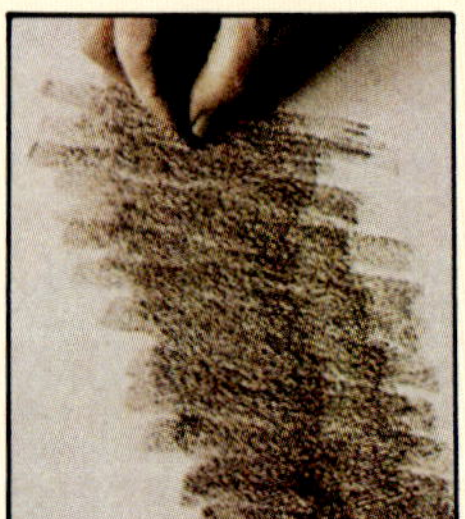

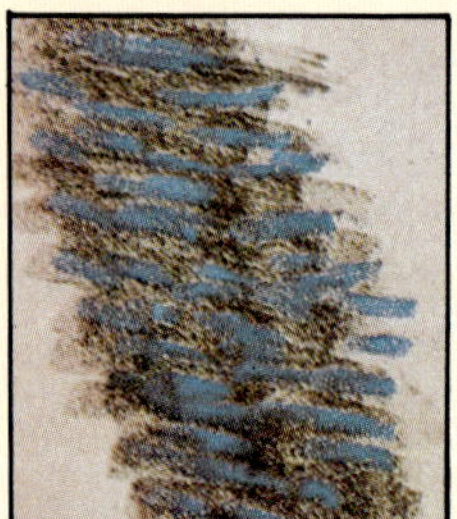

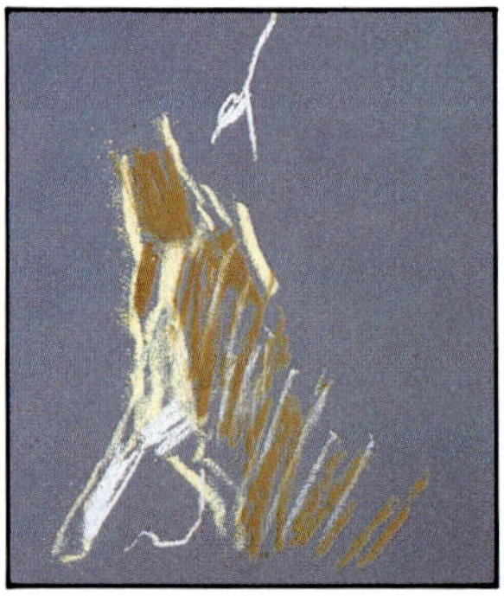

2 Der Maler wählte dunkelblaues Papier, gegen das sich die helleren Töne sehr gut abheben (*links*). Er beginnt mit den Farben Weiß, Neapelgelb und Umbra natur.

3 Hier werden die im Schatten liegenden Partien des Baumstammes mit Hellblau und Schwarz überarbeitet. Die Erde zeichnet er mit Weiß und Neapelgelb (*unten*).

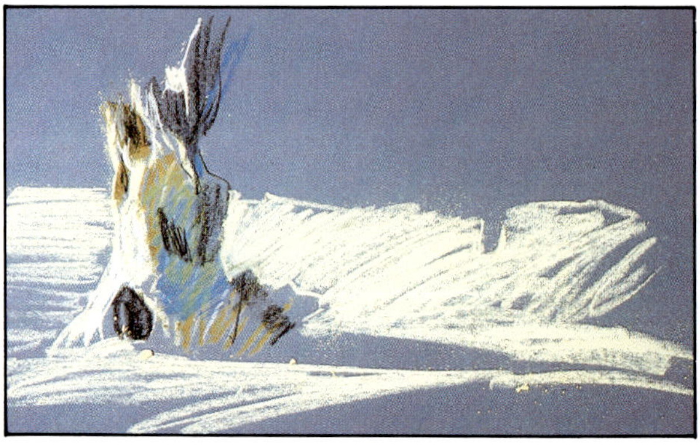

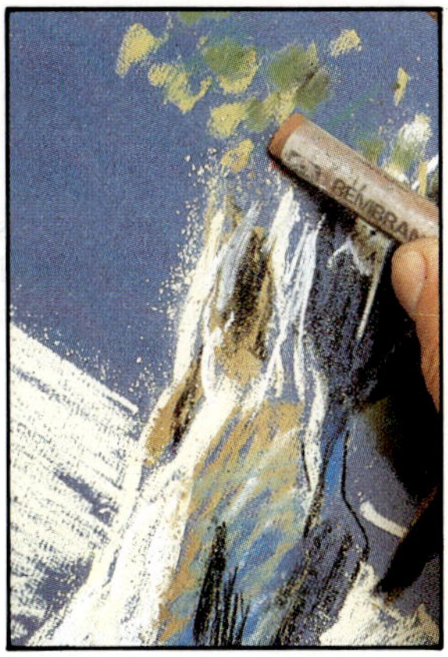

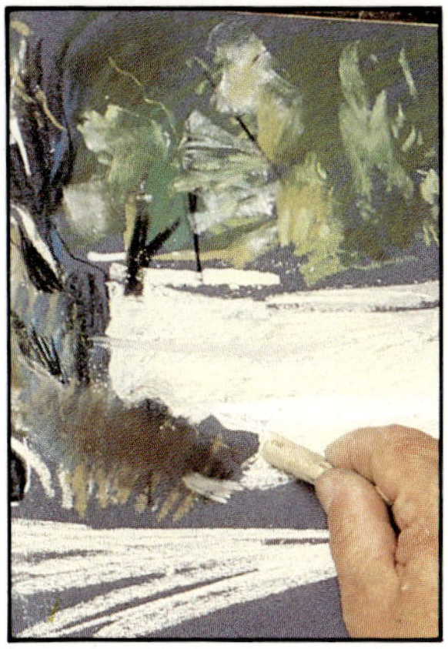

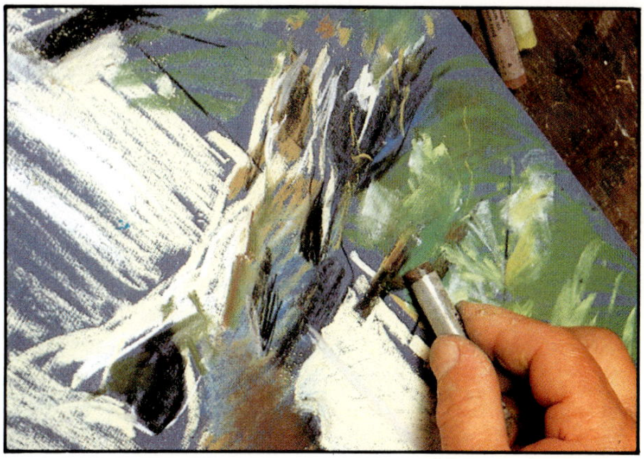

4 Das Pigment wird locker aufgetragen. Der Künstler arbeitet mit Schraffuren, um Farben, Schattierungen und Formen aufzubauen. Er ›notiert‹ also eher seine Eindrücke, als daß er ein ›fertiges‹ Pastell zeichnet.

5 Das Laub der Bäume im Hintergrund wird mit gelben und grünen Strichen, Flekken, Punkten und Schraffuren wiedergegeben. Durch den Auftrag von Neapelgelb wirkt der Vordergrund wärmer.

6 Stämme und Äste der Bäume im Hintergrund werden mit Braun und Schwarz angedeutet. Zunächst ›erwärmt‹ der Künstler die Farben der Baumstämme mit Ockertönen, dann wendet er sich wieder dem Blattwerk zu, indem er weiter Farbe aufträgt und sie an einigen Stellen zu einem verschwommenen Film verreibt. Die fertige Skizze (*unten*) zeigt, wie einfach und dennoch ausdrucksstark der Maler die Szene wiedergegeben hat.

Was man benötigt

Der Maler verwendete einen Bogen blaues Ingres-Papier von 30,5 × 40,5 cm. Seine Farben stammen aus einem speziell für die Landschaftsmalerei zusammengestellten, gekauften Set, das er um einige Töne erweitert hat. Das Bild wurde mit Spray fixiert.

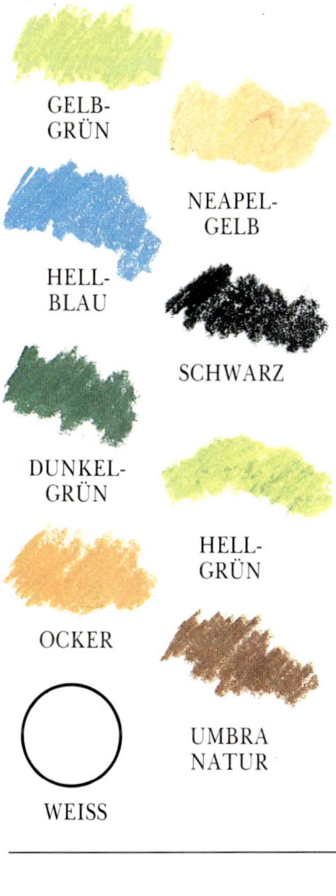

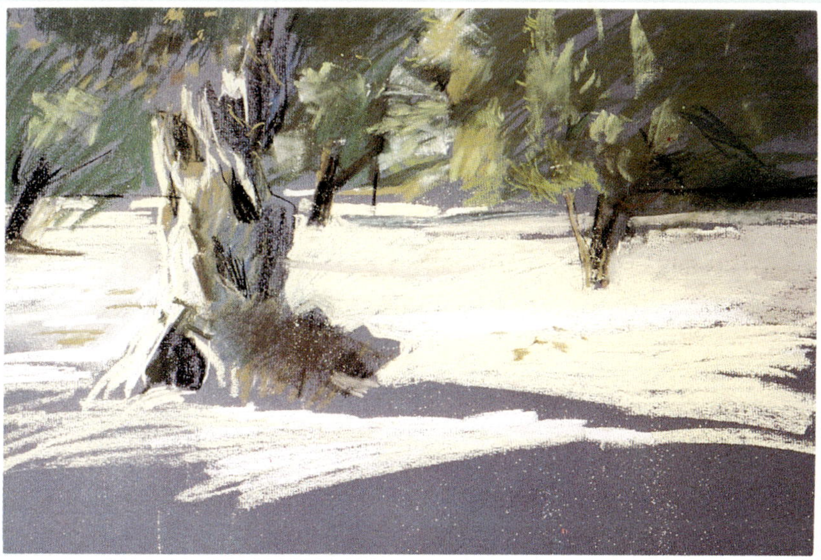

Olivenhain auf Kreta

Szene an einem Kanal

Weiche Pastellstifte

Pastellstifte sind für das Skizzieren im Freien sehr bequem. Sie sind leicht, und weil es sich um ein trockenes Medium handelt, braucht man kein Wasser oder andere Flüssigverdünner mit sich herumzutragen. Pastell ist kräftig und interessant; die pulverartige Oberfläche verstärkt die Lichtbrechung, so daß Pastell eine Farbintensität wie kein anderes Medium aufweist. Weil es praktisch kein Bindemittel enthält, kommt die Pastellmalerei dem Arbeiten mit reinem Pigment am nächsten. Dies ist besonders nützlich, wenn Sie im Freien Skizzen machen, die Sie im Atelier ausarbeiten möchten, denn allein die intensiven Farben sind eine ausgezeichnete Gedächtnisstütze.

Bei dieser Skizzenserie hat der Künstler mit leuchtenden, kräftig aufgetragenen Farbflächen gearbeitet, die die Flexibilität des Mediums und die Begeisterung des Malers für das Motiv widerspiegeln.

Er bewahrt seine Farben in kleinen, mit Wellpapier ausgeschlagenen Schachteln auf. Damit die Stifte nicht durcheinandergeraten, legt er sie nach jedem Gebrauch sofort an ihren Platz zurück. Andere Maler haben separate Kartons für grüne, rote oder andersfarbige Stifte.

Der Maler arbeitete auf einem Klappstuhl sitzend, das Papier wurde auf einem Zeichenbrett befestigt. Sie können auch direkt auf dem Block malen. Einige Künstler arbeiten lieber mit einer Staffelei, damit sie umhergehen und ihr Bild aus einigem Abstand betrachten können.

Wenn Sie mit Pastellstiften zeichnen, müssen Sie Ihr Bild fixieren, bevor Sie es nach Hause tragen, aber auch, wenn Sie dicke, pastose Farbschichten aufbauen wollen. So können Sie die unteren Pastellschichten überarbeiten, ohne sie zu verschmieren, und gleichzeitig entstehen dicke Pigmentschichten.

Mit Pastellkreiden kann man dicke und dünne Linien ziehen sowie Textur schaffen. Die scharfe Kante eines abgebrochenen Stiftes zum Beispiel zeichnet, wenn man leicht über das Papier fährt, einen feinen Strich. Mit der Seite des Stiftes läßt sich eine flache, gleichmäßige Farbschicht auftragen. Wenn man den Stift fest andrückt, wird viel Pigment auf das Papier gepreßt, bei weniger Druck scheint der Papierton stärker durch die Farbe. Auf hadernhaltigem Malgrund entstehen samtige Farbflecke, auf feiner Leinwand wirkt die Farbe flach. Bei Glas- und Ingres-Papier bleibt die Papierstruktur sichtbar. Gibt man Pastellpuder auf einen Estompen oder einen steifen Pinsel und fährt damit sanft über das Bild, lassen sich sehr subtile Kontraste erzielen. Feine Schraffuren, Kreuzschraffuren oder alternierende Linien in verschiedenen Farben und Tönen ergeben effektvolle Schatten. Für großflächige Arbeiten eignen sich eher breite, regelmäßige Striche.

Bei dieser Serie von Skizzen, die an einem Kanalufer entstand, hat der Maler das gleiche Motiv aus verschiedenen Blickwinkeln betrachtet. Dies ist eine sehr gute Übung, denn sie zwingt Sie, sich das Motiv genau anzuschauen.

FIXIEREN

Pastell ist ein recht empfindliches Medium, weil das pudrige Pigment nicht fest auf dem Malgrund haftet und leicht verwischt werden kann. Am einfachsten fixiert man Pastelle mit Fixierspray. Wenn Sie dicke Farbschichten aufbauen wollen, müssen Sie jede einzelne vor dem Auftragen der nächsten sichern. Fixierer dämpfen das Pigment leicht, dieser Effekt läßt sich jedoch abschwächen, wenn Sie das Bild von der Rückseite aus behandeln. Der Fixierer dringt durch das Papier und bindet das Pigment, ohne die Farbe zu verändern.

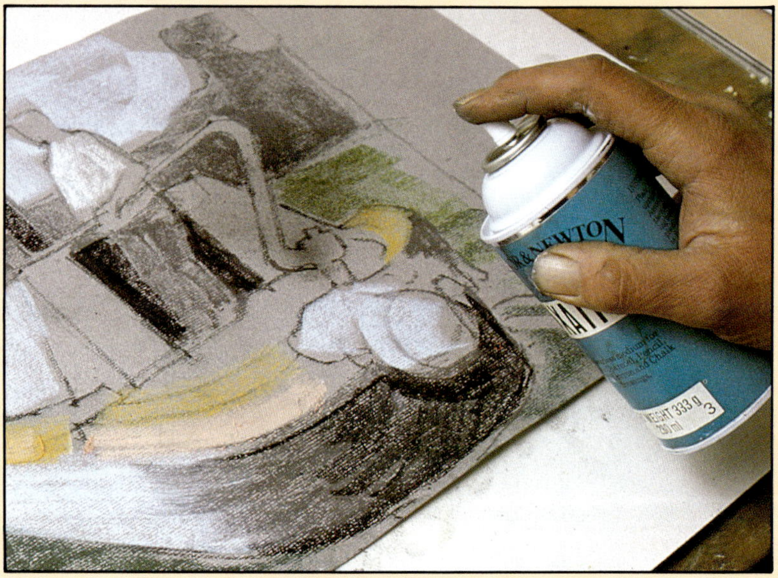

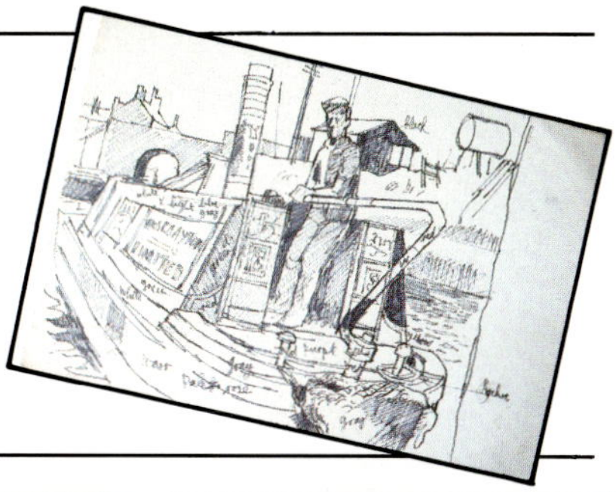

1 Der Künstler zeichnete zunächst mit dem Filzstift eine Skizze, auf der er die Farbtöne notierte. Danach fertigte er die Pastellskizze an.

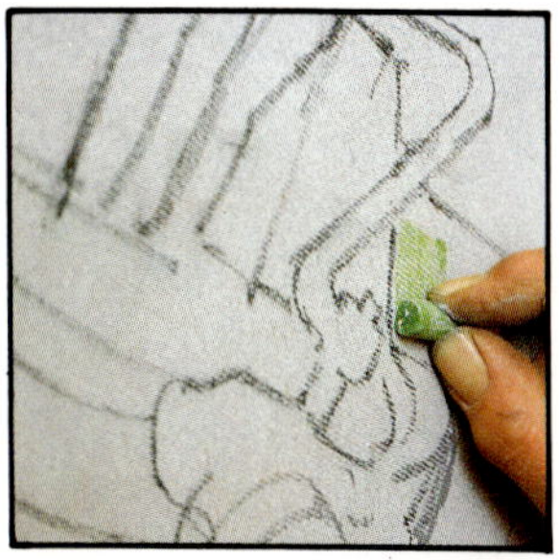

2 Der Maler beginnt, indem er die wichtigsten Umrißlinien des Motivs mit Kohle zeichnet. Dann trägt er mit schnellen Strichen die Farben auf, wobei er mit der Seite eines kleinen Stückchens Pastellstift arbeitet.

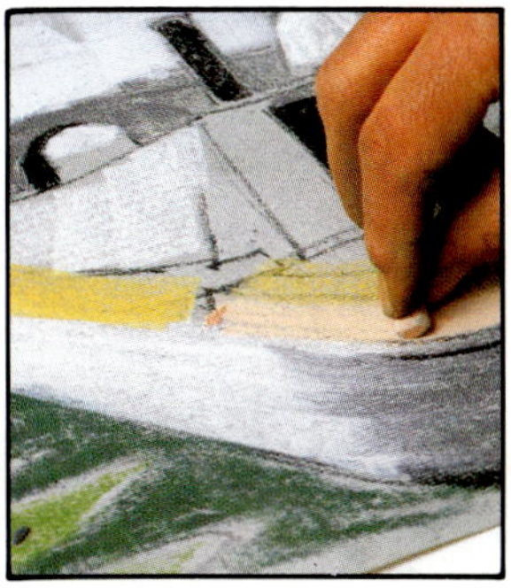

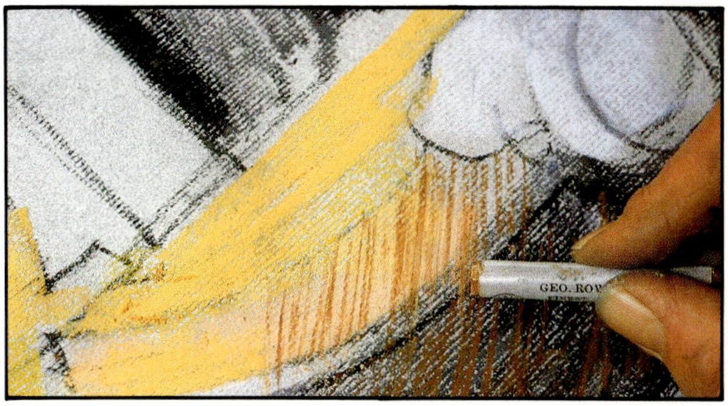

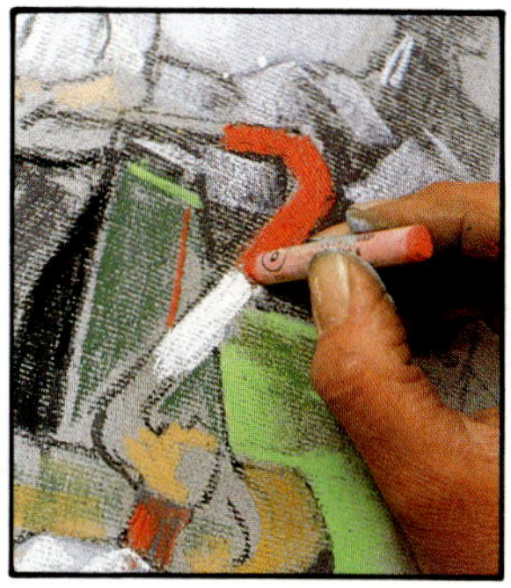

3 Hier sehen wir, wie dünn die Farbe aufgetragen wird, damit Struktur und Farbe des Papiers durchscheinen können. Dies beeinflußt die Farbwirkung.

4 Pastellfarben können nicht so problemlos wie Öl- und Wasserfarben gemischt werden, aber trotzdem kann man auch mit ihnen neue Farben entwickeln. Hier hat der Maler Rosa und Schwarz aufgetragen und übermalt diese Töne nun mit lockeren, hellroten Schraffuren. So entsteht ›im Auge‹ des Betrachters eine neue Farbe.

5 Die roten und grünen Farbflecke zeigen, wie intensiv Pastellfarben leuchten können. Der Künstler malt mit der stumpfen Seite des Stiftes das Ruder des Bootes.

Was man benötigt

Der Maler verwendete hellgraues Pastellpapier von 30,5 × 40,5 cm, Zeichenkohle und Fixierer.

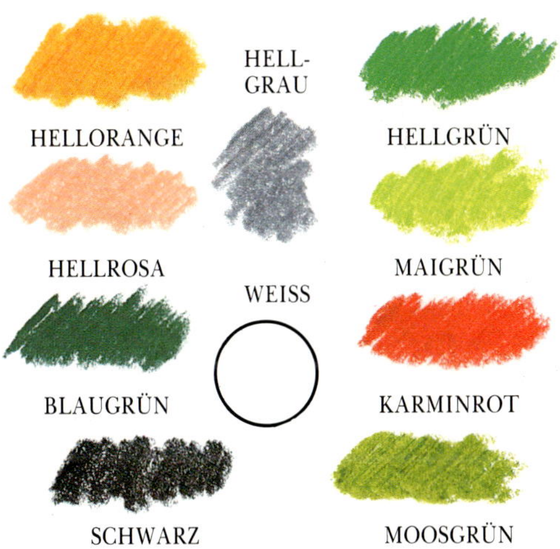

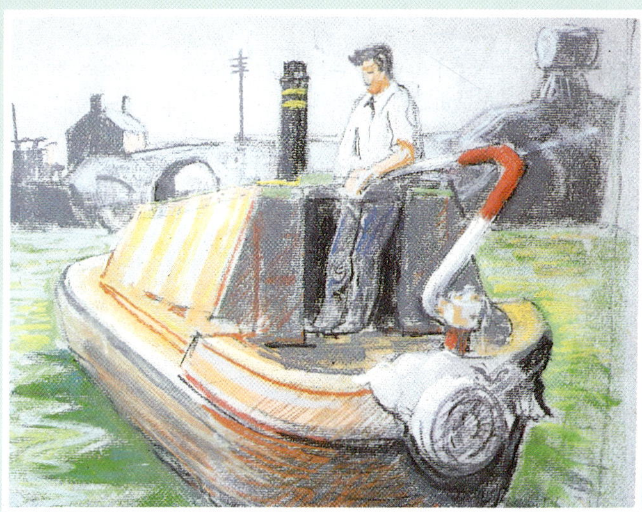

Szene an einem Kanal (1)

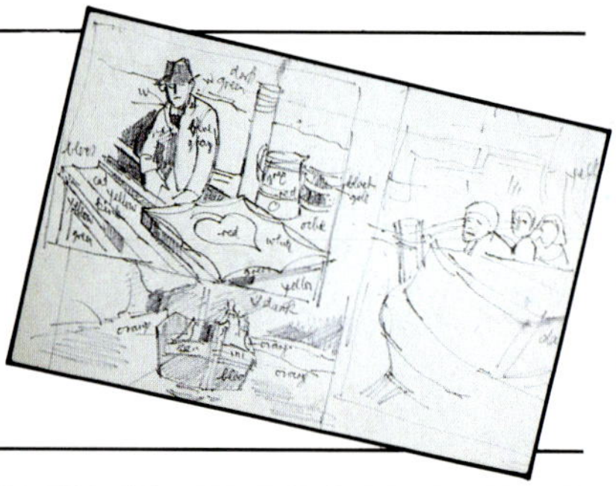

1 An dieser besonderen Szene reizten den Maler die leuchtenden, einfachen Farben. Er entwarf mit dem Filzstift eine schnelle Skizze und machte zu Farben und Details ergänzende Notizen.

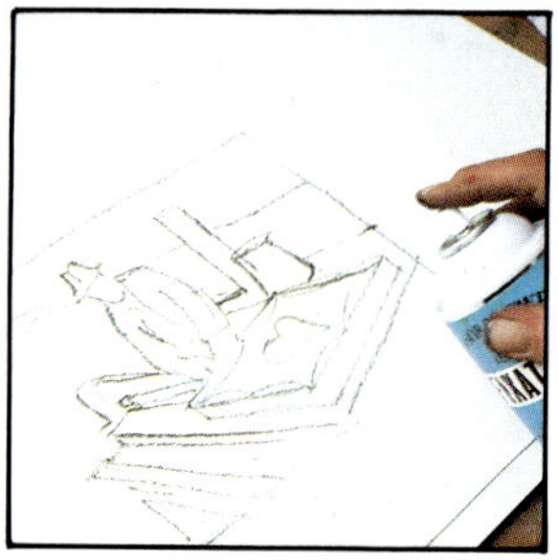

2 Den Künstler interessieren die strahlenden Lokalfarben stärker als Form, Räumlichkeit, Schattierungen oder Komposition. Deshalb fertigt er nur eine einfache Zeichnung an. Er zeichnet eine schnelle Kohleskizze mit den wichtigsten Kompositionslinien. Dann fixiert er den Entwurf.

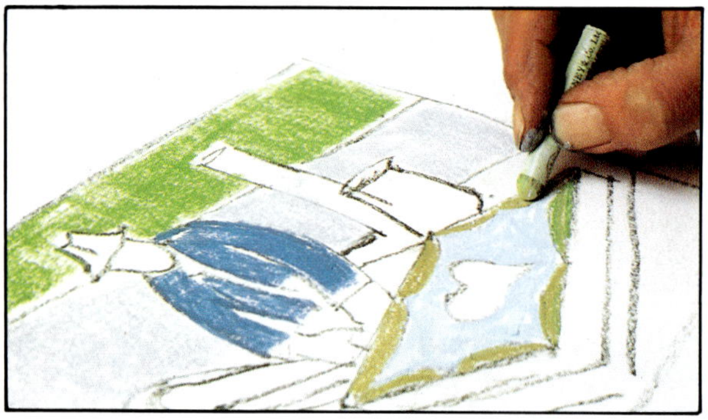

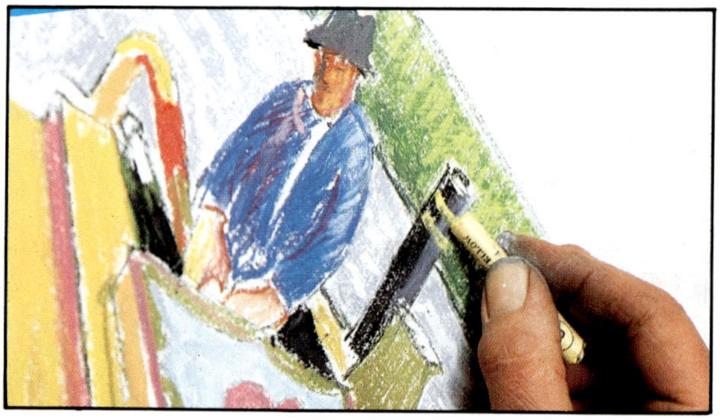

3 Der Künstler trägt große, flache Farbfelder auf. Er hat nur wenige Pastellstifte dabei, und weil er lieber mit reinen als mit gemischten Farben arbeitet, muß er sich mit ungefähren Farbwerten begnügen. Ihm geht es in erster Linie um Farbkombinationen, deshalb ist seine Farbpalette diesem Zweck angepaßt.

4 Die locker aufgetragenen Farben lassen das Weiß des Malgrundes durchscheinen, was der Skizze einen lebendigen Schimmer verleiht. Pastelle werden oft auf getöntem Papier gemalt, wobei sich das Aussehen des Pigments verändert. Die Farben der fertigen Skizze zeigen, wie strahlend Pastellfarben sein können.

Was man benötigt

Der Maler verwendete weißen Zeichenkarton von 17 × 25,5 cm, Kohle und Fixierer.

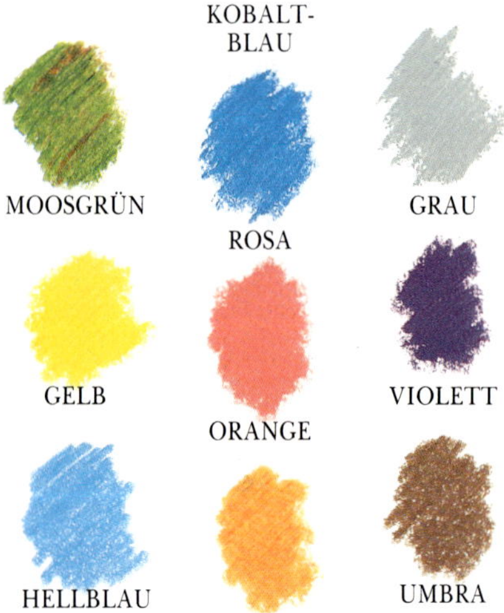

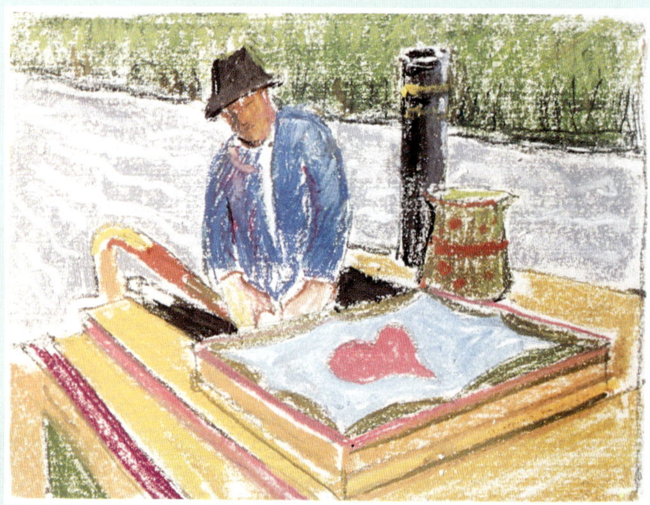

Szene an einem Kanal (2)

1 Diese vor Anker liegenden Kähne mit der Wäscheleine boten dem Künstler ein anspruchsvolles Motiv, eine Kombination aus sich überschneidenden Formen und ungewöhnlichen Winkeln.

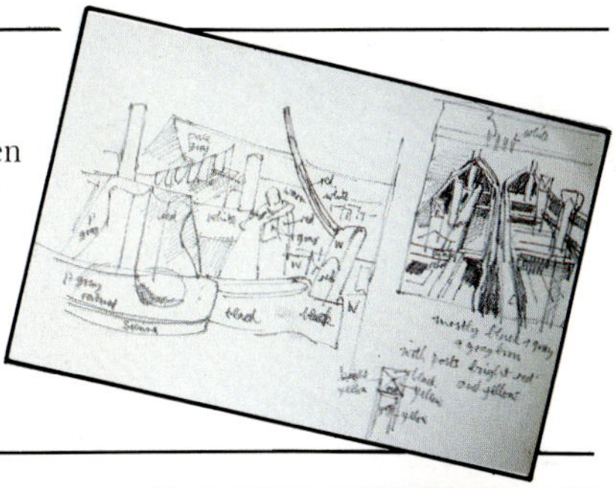

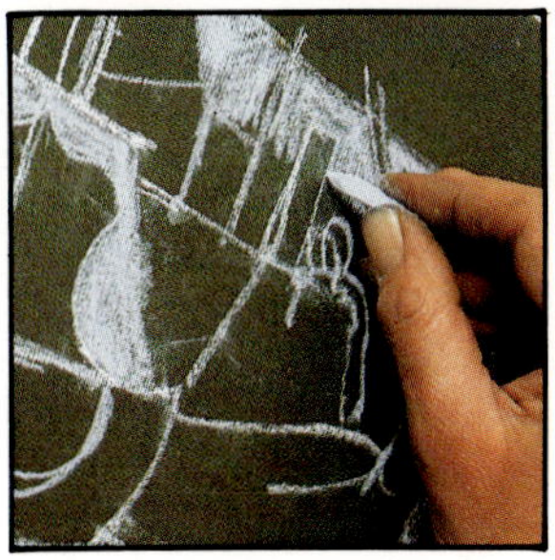

2 Der Maler arbeitet auf grünem Ingres-Papier. Er skizziert zunächst die wichtigsten Kompositionselemente, anschließend die hellsten Farbbereiche mit Weiß. Dieses Bild ist nur als Studie gedacht und wird deshalb sehr schnell gezeichnet. Der Künstler findet die Konturen und Formen besonders ansprechend.

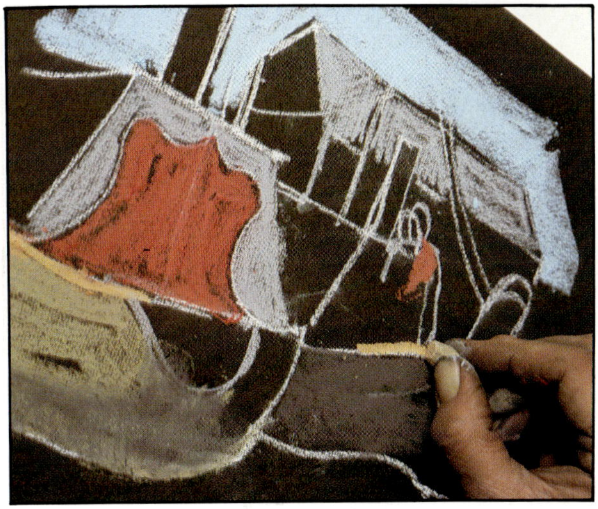

3 Nun trägt der Maler mit einem blaßblauen Pastellstift den Himmel auf, zeichnet die kräftig roten Partien und überarbeitet dann den Rumpf der Schiffe mit Ockergelb *(links)*. Das dunkle Papier bildet den dunkelsten Ton, deshalb müssen alle anderen Farben heller sein.

4 Wasser kann auf unterschiedliche Weise wiedergegeben werden *(rechts)*. Der Maler trägt die Farbe dünn auf, so daß der dunkle Malgrund durchscheint. Er arbeitet mit Schraffuren, Tupfen und Strichen.

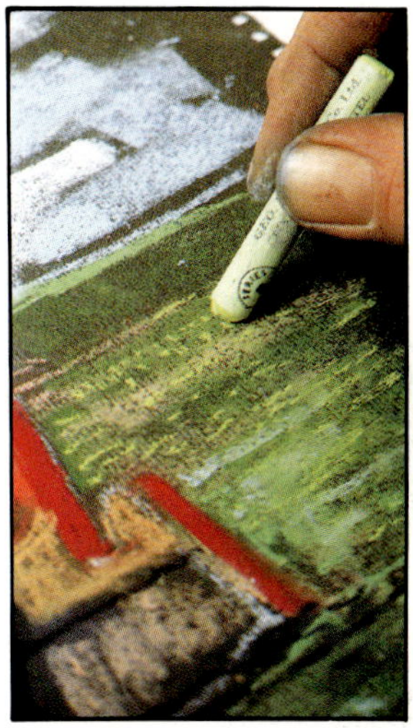

Was man benötigt

Der Maler verwendete grünes Ingres-Papier von 30,5 × 40,5 cm sowie Fixierspray.

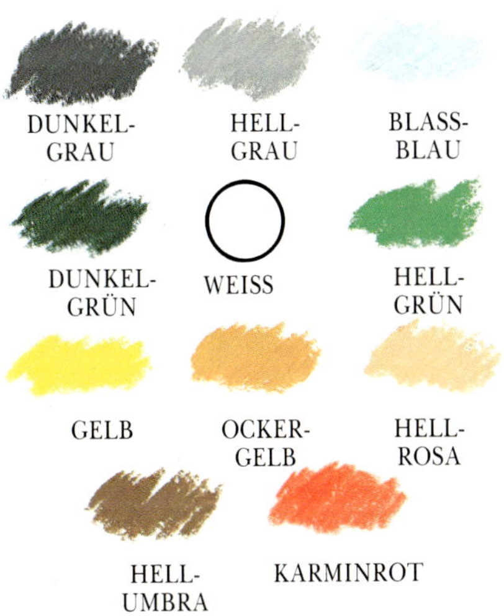

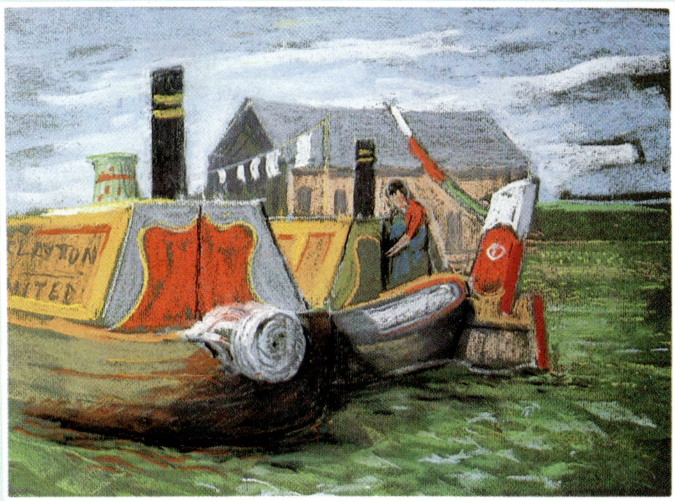

Szene an einem Kanal (3)

Meer und Himmel

Ölkreide

Ölkreide ist ein verhältnismäßig neues Medium, dessen Pigmente, anders als bei herkömmlichen Pastellstiften, mit Öl, statt mit Gummi oder Harz gebunden werden. Sie verhält sich anders als die traditionellen weichen Pastellstifte, und man sollte sie ihrer besonderen Eigenschaften wegen einmal ausprobieren. Sie ist nicht so empfindlich, aber auch nicht so vielseitig wie reines Pastell, und die besten Ergebnisse lassen sich erzielen, wenn man sie für kleinformatige Detailarbeiten, stark strukturierte oder dicke Farbschichten verwendet. Ölkreiden werden oft für Mischtechnik-Arbeiten eingesetzt. Das ölige Bindemittel macht es möglich, sie miteinander oder mit anderen Medien zu mischen. Sie reiben sich außerdem nicht so leicht ab wie die weichen Pastellstifte. Ob Sie Ölkreide benutzen, hängt von Ihrer Arbeitsweise und Ihren Bedürfnissen ab, aber es lohnt sich, sie einmal auszuprobieren. Vergessen Sie jedoch nicht, daß Ölkreide anders ist als die Pastellstifte, mit denen Sie bisher gearbeitet haben.

Ölkreide ist ein sehr interessantes und flexibles Medium. Mit ihr lassen sich zwar die weichen, feinen Töne des reinen Pastells nicht erzielen, aber mit Phantasie und Geschicklichkeit kann man großartige Ergebnisse erreichen, besonders bei Mischtechniken. Sie können Ölkreide zum Beispiel für die allgemeinen, groben Umrißlinien einer Komposition verwenden und diese dann mit Gouache übermalen. Möglicherweise stößt die Ölkreide die Farbe ab, aber dieses Problem läßt sich lösen, indem Sie der Farbe etwas Seife beimischen.

Hier hat der Maler mit einer Vielzahl von Techniken die Möglichkeiten des Mediums zu nutzen gewußt, indem er zum Beispiel Arbeitsweisen aus dem Bereich der Ölmalerei anwandte. Die Hauptzonen des Bildes, Meer, Himmel und Land, wurden mit kräftigen, diagonalen Strichen angelegt. Mit einem breiten Palettenmesser hat der Künstler kleine Pastellstückchen auf die Bildoberfläche gedrückt und so auffällige, gleichmäßig ausgerichtete Streifen gezogen. Lange, geschwungene Linien und kurze Stakkatostriche geben die gebrochene Wasseroberfläche wieder. Der Künstler hat die Farben auf dem Papier miteinander vermischt, indem er sie mit einem terpentingetränkten Wattestäbchen anlöste und mit dem Palettenmesser abzog.

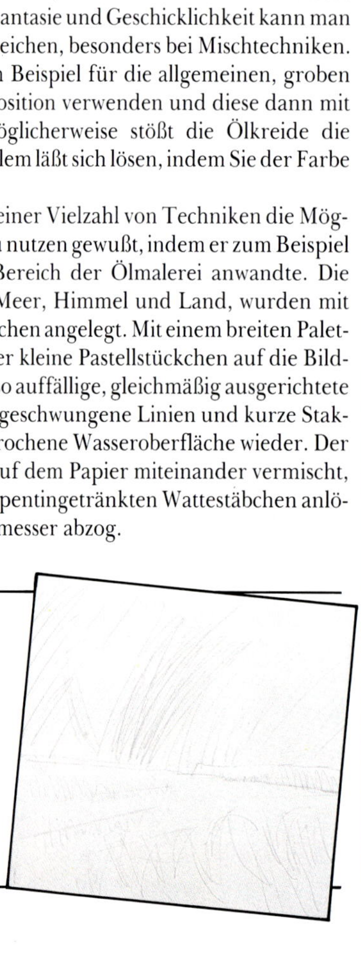

1 Der Maler begann mit einer sehr einfachen Vorzeichnung, die er direkt auf dem Malgrund, festem, aufgespanntem Zeichenkarton, entwarf. Er mußte nicht detailgenau arbeiten, weil das Motiv recht simpel ist.

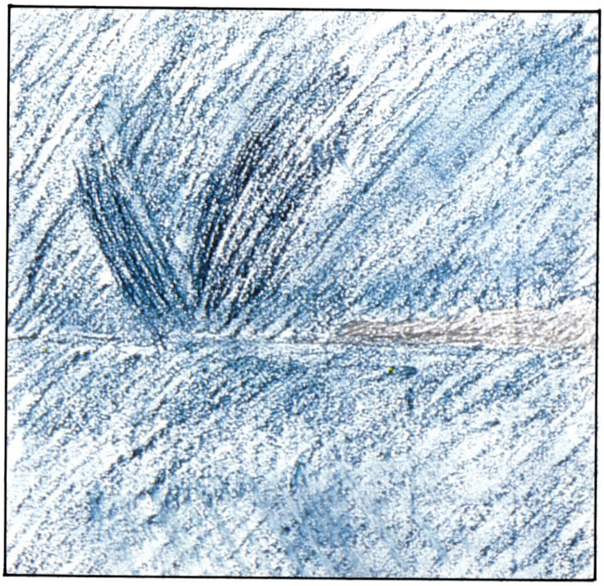

2 Mit Coelin- und Ultramarinblau zeichnet der Maler in groben Strichen Meer, Himmel und Land *(oben)*. Er arbeitet mit großzügigen, diagonalen Linien, die er in diesem Stadium noch nicht mischt.

3 Der Künstler trägt nun Weiß und Grau auf, wobei die Striche im Vordergrund die Richtung wechseln, im Hintergrund jedoch genauso ausgerichtet sind wie die der ersten Farbschicht *(unten)*.

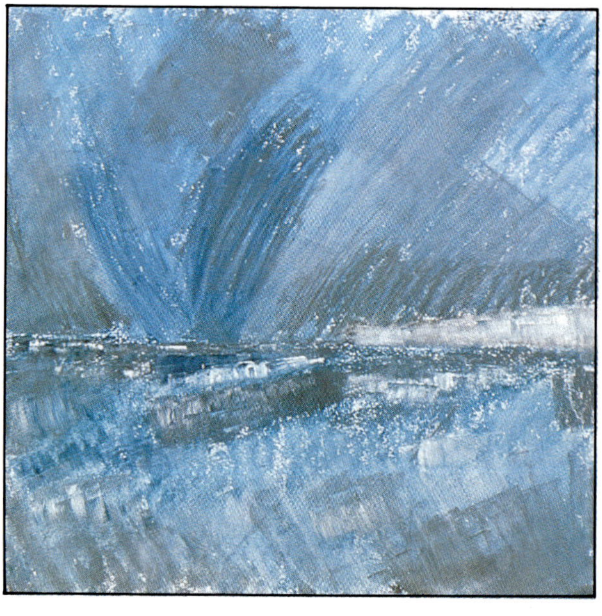

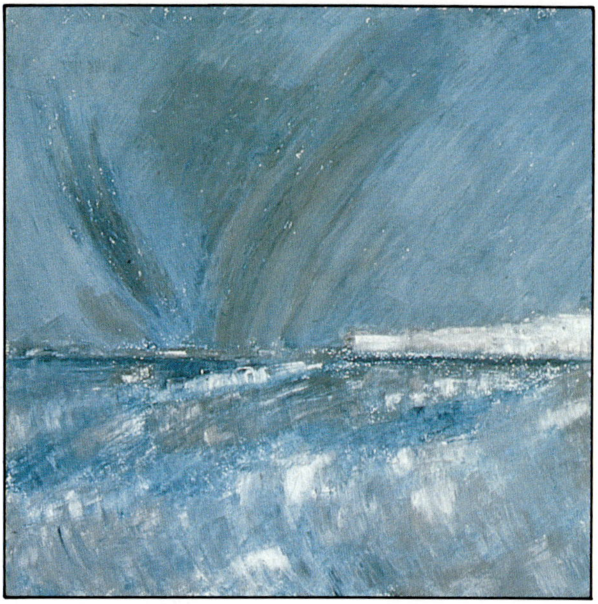

4 Mit Ultramarinblau wird nun der Ton des Himmels vertieft, besonders an den dunkleren Stellen und nahe am Horizont *(oben)*. Auf den Vordergrund gibt der Maler weiße Pastelltupfen, um den Schaum der Brandung anzudeuten und um diesem Bereich Textur zu geben.

5 *Unten* sehen wir, wie der Maler mit der Spitze eines breiten Palettenmessers Kreidestückchen auf den Malgrund drückt. Darüber hinaus kratzt er mit dem Messer in die Farbe und zieht gleichmäßig ausgerichtete Linien. Dies schafft Textur und betont den Vordergrund.

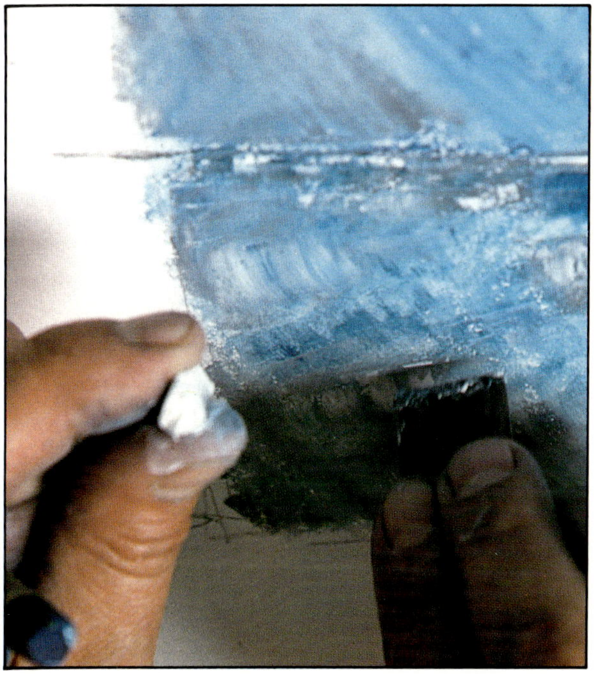

ÖLKREIDE UND TERPENTIN

Hier hat der Maler eine gleichmäßige, aber körnige Schicht Ölkreide auf Leinwand aufgetragen, anschließend mit einem terpentingetränkten Pinsel überarbeitet, sie wie flüssige Farbe verteilt und in die Leinwand ›eingerieben‹. Schließlich wurde dieser Bereich mit weichen, gleichmäßigen Strichen übermalt, um Textur zu erzeugen.

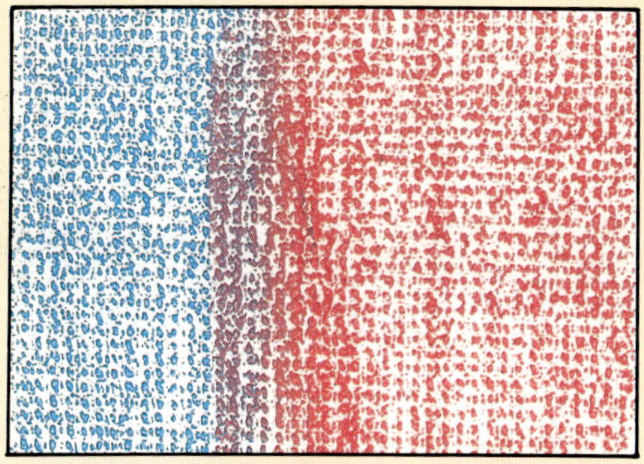

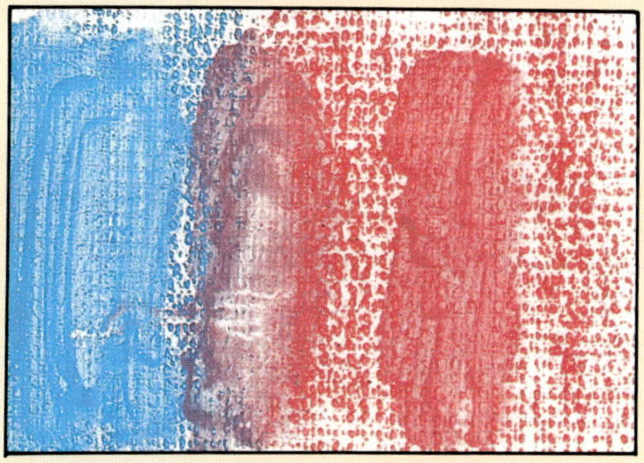

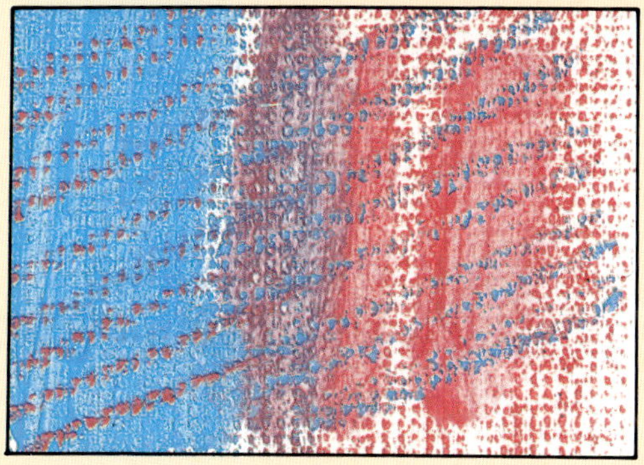

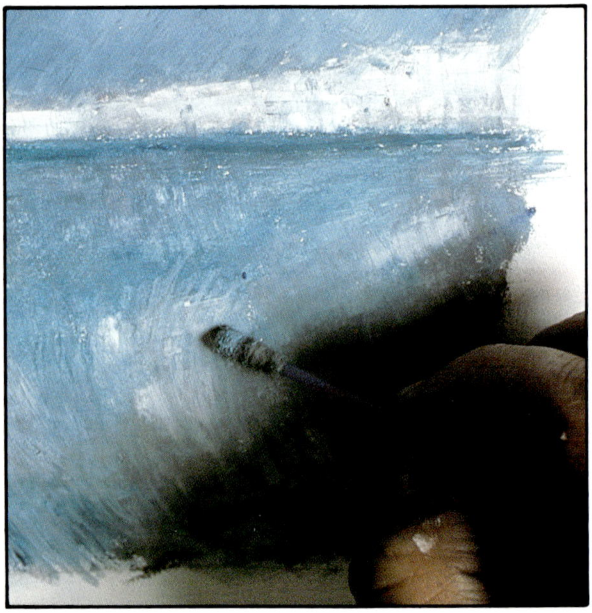

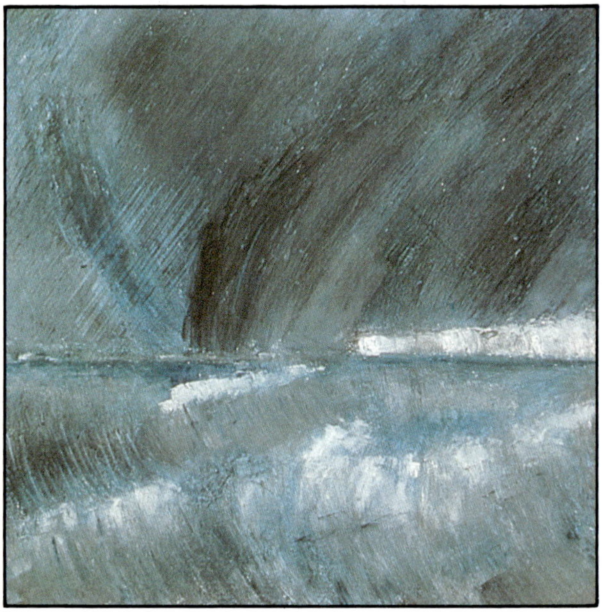

6 *Oben* wird die Ölkreide ähnlich wie Ölfarbe eingesetzt. Der Maler überarbeitet das Bild mit einem terpentingetränkten Wattestäbchen. Das Terpentin löst die Farben an, so daß sie sich mischen lassen und die einzelnen Striche verschwinden. So entsteht der Eindruck von sich brechenden Wellen.

7 Der Künstler hat die gesamte Bildoberfläche mit Terpentin überarbeitet *(unten)*, so daß fast alle einzelnen Striche verwischt sind und das Weiß des Malgrundes nicht mehr durchscheint. Dabei muß vorsichtig vorgegangen werden, damit die Oberfläche des Malgrundes nicht zerstört wird.

8 Der Himmel wird mit grauen diagonalen Strichen abgedunkelt, so daß er wie eine große Kuppel wirkt *(oben)*. Landzunge und Gischt werden mit dickem, weißen Pastell betont. Mit dem Palettenmesser angebrachte Kratzer in der Farbschicht lassen an manchen Stellen den Malgrund durchscheinen.

9 Der Künstler bringt unterhalb der Wellenkämme im Vordergrund dunkelgraue Farbe auf, um den Wellen Form und räumliches Aussehen zu verleihen *(unten)*. Mit Ultramarin- und Coelinblau umrahmt er die weiße Gischt. Schließlich überarbeitet er Wellen und Landzunge noch einmal mit Weiß.

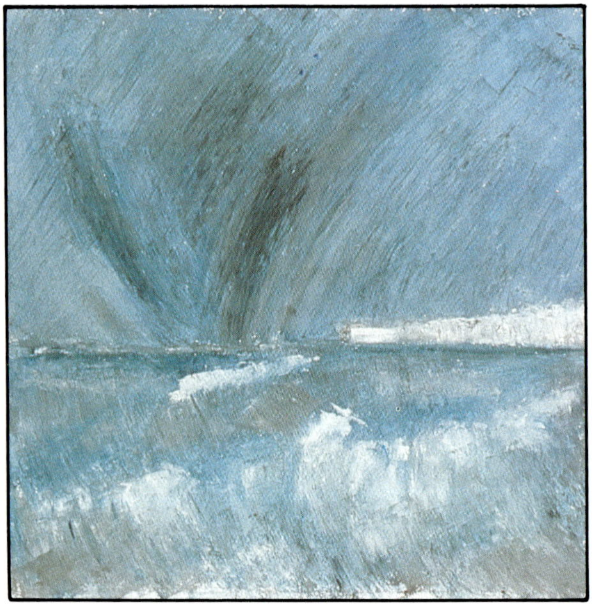

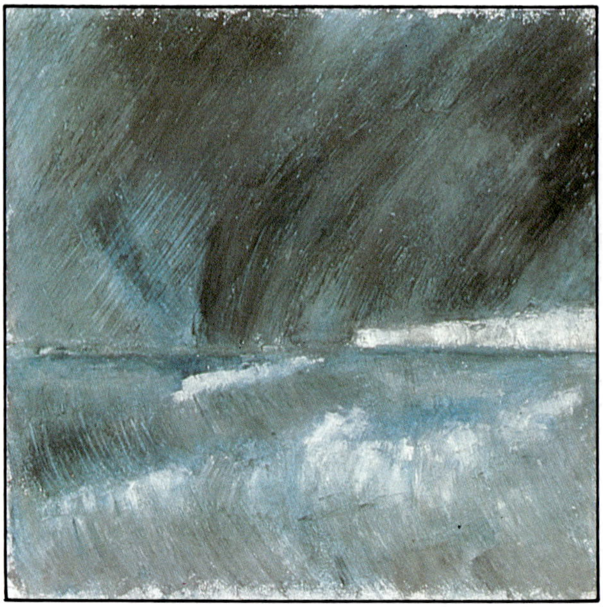

Was man benötigt

Der Maler verwendete hochwertiges Kartonpapier, das er auf ein Zeichenbrett spannte. Er arbeitete kleinformatig, denn das Bild mißt nur 17,5 × 22 cm. Darüber hinaus wurden verschiedene Ölkreiden, Terpentin, ein Palettenmesser und Wattestäbchen benutzt.

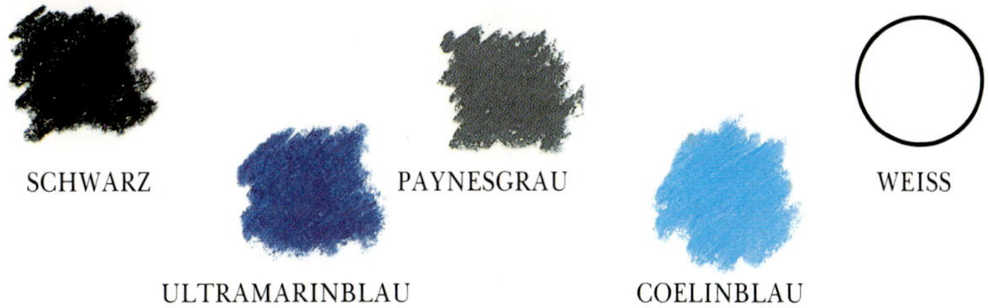

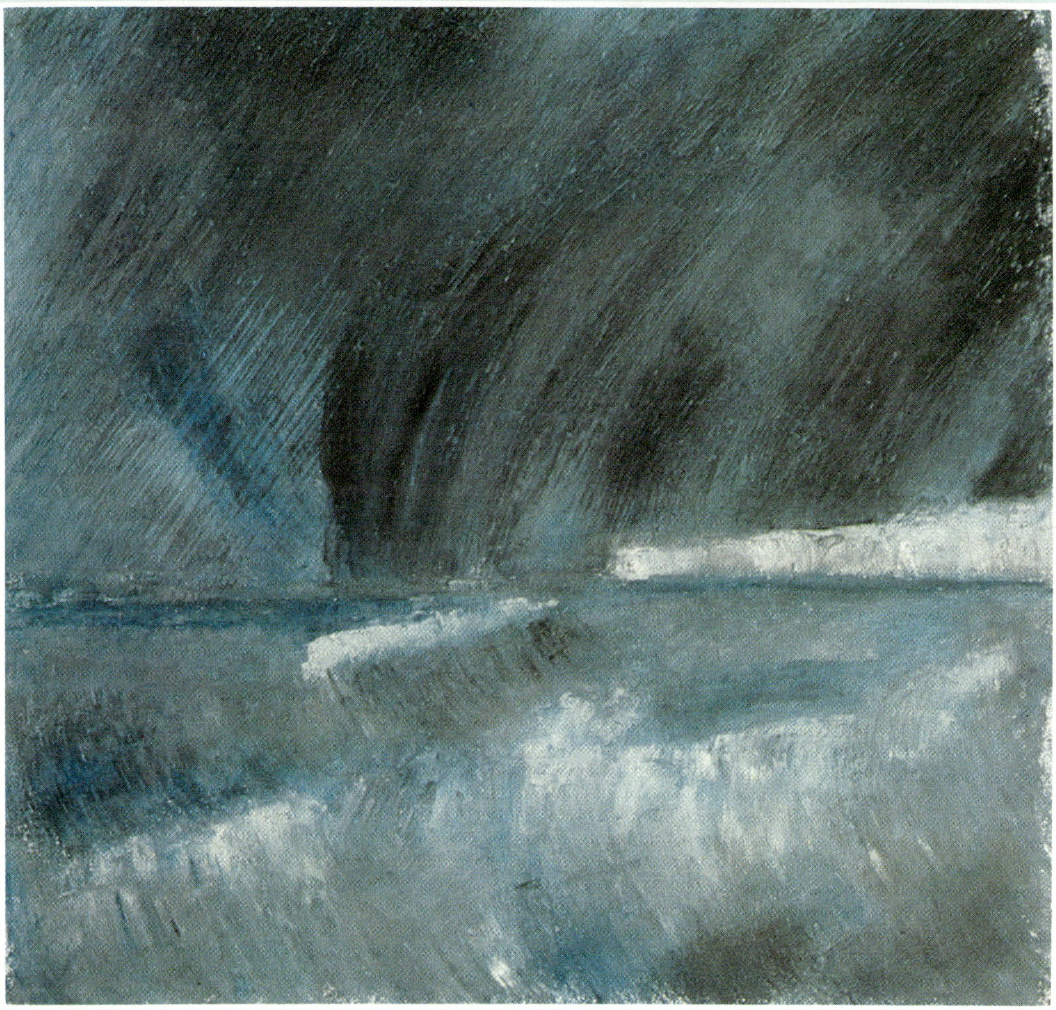

Meer und Himmel

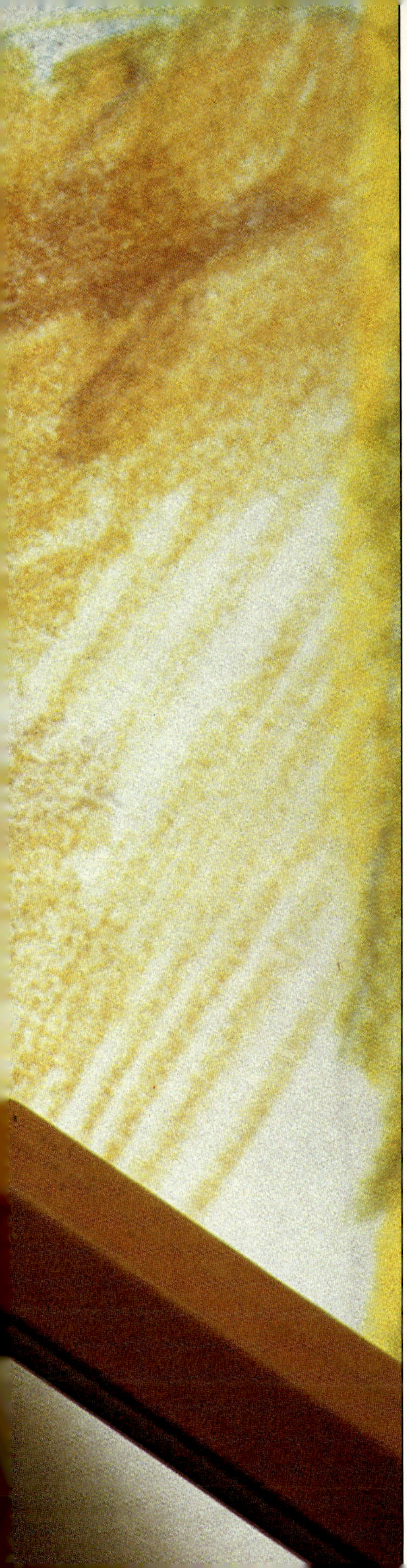

KAPITEL ZEHN

ZEICHNEN

Die Unmittelbarkeit des Zeichnens sowie die Tatsache, daß wenig oder gar keine Vorbereitung notwendig ist und die Zeichenutensilien überall greifbar sind, haben dieser Kunstform zu allen Zeiten große Beliebtheit eingetragen. Künstler zeichnen aus vielen Gründen: um Probleme zu erkunden und zu lösen, um Gemälde vorzubereiten, aber auch, um eigenständige Kunstwerke zu schaffen. Diese willkürlichen Kategorien überschneiden sich jedoch häufig. Das Zeichnen als Vorarbeit für Gemälde hat eine lange Tradition, was die Grafiksammlungen der großen Galerien und Museen bezeugen. Dennoch gibt es nur wenige Zeichnungen aus der Zeit vor der Renaissance, jedoch nicht, weil zu jener Zeit keine angefertigt wurden, sondern weil man sie für wertlos hielt: Zeichnungen dienten als Arbeitsvorlagen und wurden nach dem Gebrauch weggeworfen. Mit dem Beginn der Renaissance wuchs das allgemeine Interesse an der diesseitigen Welt, und die Künstler brachten dies mit Zeichnungen zum Ausdruck, die mehr oder weniger alle Aspekte der Natur erforschten: die menschliche Gestalt, Tiere, anatomische Details usw. Sie zeichneten auch, um ihre eigenen Fähigkeiten zu verfeinern und bestimmte Kompositionsprobleme zu lösen. Sie beschäftigten sich mit dem Problem der perspektivischen Verkürzung, studierten den Faltenwurf von Stoffen und entwickelten die Zentralperspektive. Heute stehen dem Künstler mehr Zeichengeräte als jemals zuvor zur Verfügung. Einige eignen sich besonders für spezielle Zwecke, der Radiograph zum Beispiel für kleinformatige, detaillierte Arbeiten, während Tusche einen großzügigen, flüssigen Zeichenstil voraussetzt. Was Sie wählen, hängt von Ihrem Stil, Ihrem Temperament und dem Zweck der Zeichnung ab.

ZEICHENKOHLE

ZEICHENKREIDE UND PIGMENTSTIFTE

KREIDE

KREIDE IM HALTER

BUNTSTIFTE

Materialien

Malgründe

Papier ist der gebräuchlichste Malgrund für alle Arten von Zeichnungen. Es ist preiswert, leicht und in vielen verschiedenen Gewichten, Texturen und Farben erhältlich, so daß für fast jedes Zeichenmedium und jeden Geschmack etwas Passendes gefunden werden kann. Maschinell hergestelltes Papier gibt es in den Qualitäten, die bereits in dem Kapitel über Aquarellmalerei beschrieben wurden: matt, rauh und extra rauh. Mattes Papier hat eine sehr glatte Oberfläche, die entsteht, wenn das Papier am Ende des Herstellungsprozesses durch eine Reihe von heißen Walzen läuft. Rauhes Papier weist eine leichte Textur auf, und extra rauhes Papier hat eine sehr körnige Oberfläche. Darüber hinaus gibt es eine Vielzahl von Spezialpapieren.

Papier wird auch als Malkarton angeboten. Dieser eignet sich sehr gut für das Arbeiten im Freien, weil er für eine stabile Arbeitsunterlage sorgt. Die Angebotspalette für Papier ist enorm; die einzelnen Sorten unterscheiden sich in Qualität, Farbe, Struktur und Preis. Auch ihr Absorptionsvermögen variiert. Gewöhnlich verwendet man für eine Tuschezeichnung leicht saugfähiges Papier, aber auch dies hängt wiederum von Ihrem Stil und Ihrer Arbeitsweise ab. Karton ist der meistbenutzte Malgrund. Es gibt ihn in verschiedenen Größen und Formen, als einzelne Bogen oder gebunden als Skizzenbuch. Für harte Bleistiftzeichnungen benutzt man glattes Papier, für Kohle, Kreide und weiche Stifte rauhes. Am besten sehen Sie sich einmal in einem Geschäft für Künstlerbedarf um und wählen das Material aus, das Sie sich finanziell leisten können. Mit der

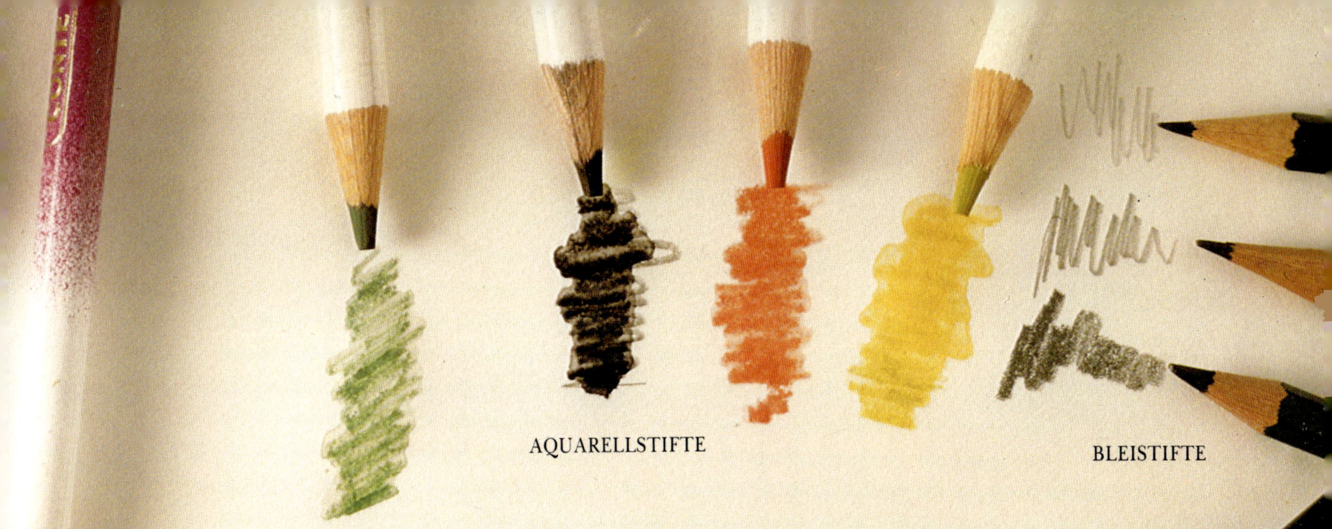

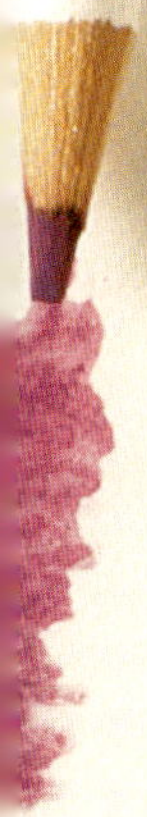

Zeit werden Sie herausbekommen, was Ihnen liegt und was zu Ihrem Stil und Ihrem Geldbeutel paßt.

Papier wird aus Holz, Wasser, Leim und Kaolin, einer durch die Verwitterung von Granit entstandenen Tonerde, hergestellt. Diese Zutaten werden zu einem Brei verarbeitet, den man auf einem Sieb durch eine Fertigungsstraße führt, wobei das Wasser abtropft. Danach wird das Papier durch mehrere Walzen geleitet, die das restliche Wasser ausdrücken. Am Ende dieses Prozesses wickelt man das fertige Papier auf große Rollen. Je mehr Holz und je weniger Lumpen ein Papier enthält, um so geringer ist seine Qualität. Andere Zusätze verändern seine Eigenschaften ebenfalls. Die letzten Schritte bei der Papierherstellung bestimmen seine Oberflächenstruktur. Glänzendes Kunstdruckpapier enthält zum Beispiel sehr viel Kaolin und wird mit heißen Walzen gepreßt, damit es glatt wird. Manche Händler bieten auch handgeschöpftes Papier an, das fast vollständig aus Lumpen gefertigt wurde. Papier mit der Hand herzustellen ist jedoch sehr arbeitsintensiv, und entsprechend hoch ist sein Preis.

Das Werkzeug

Graphit- oder ›Blei‹-Stifte sind das weitverbreitetste, billigste und einfachste Zeichengerät. Aber selbst Bleistifte sind in verwirrend vielen Stärken und Qualitäten erhältlich. Sie werden nach zwei Systemen geordnet: H bis 8H bezeichnet harte bis sehr harte Bleistifte, B bis 8B weiche bis sehr weiche.

Bleistifte sollten vorsichtig mit einem Messer angespitzt werden; mit Schleifpapier läßt sich die Spitze harter Stifte verfeinern. Probieren Sie die verschiedenen harten und weichen Bleistiftsorten einmal selbst aus.

Kohle läßt sich sehr angenehm handhaben und wird oft bei Vorzeichnungen für Öl- und Acrylbilder verwendet. Wenn die Zeichnung fertig

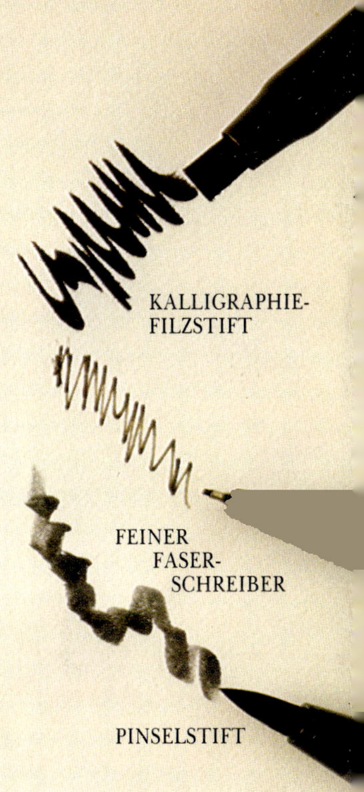

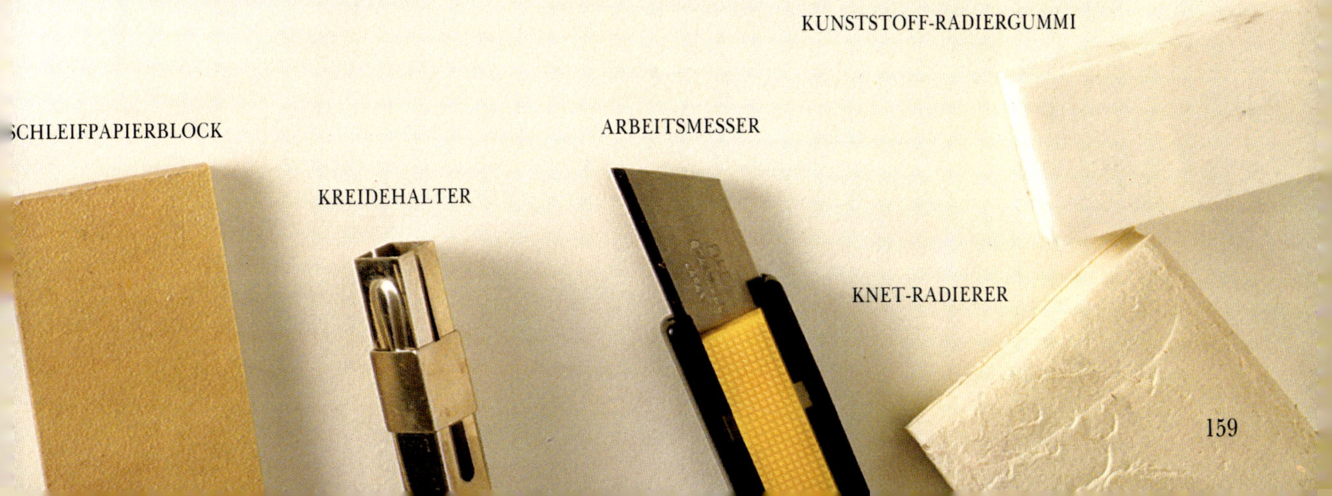

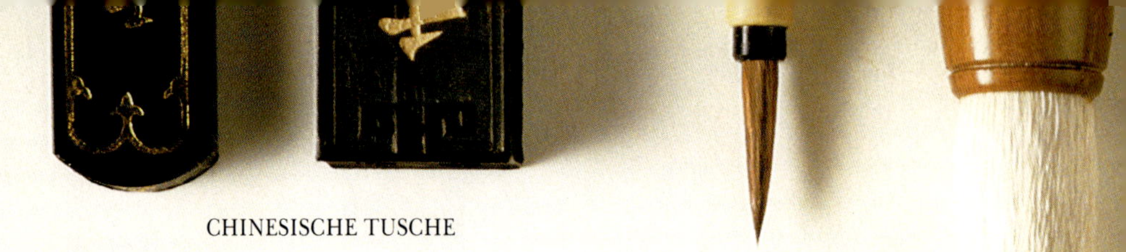

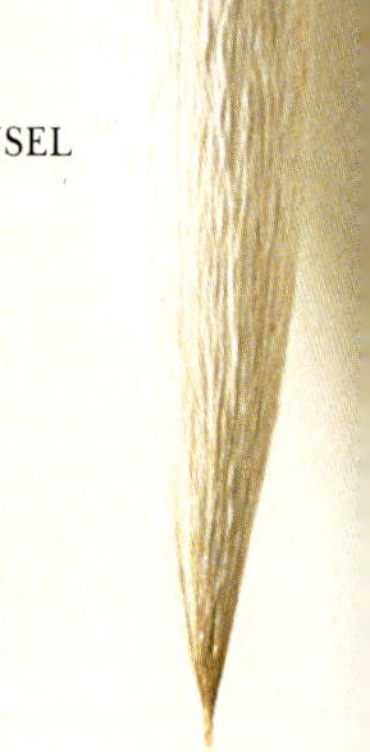

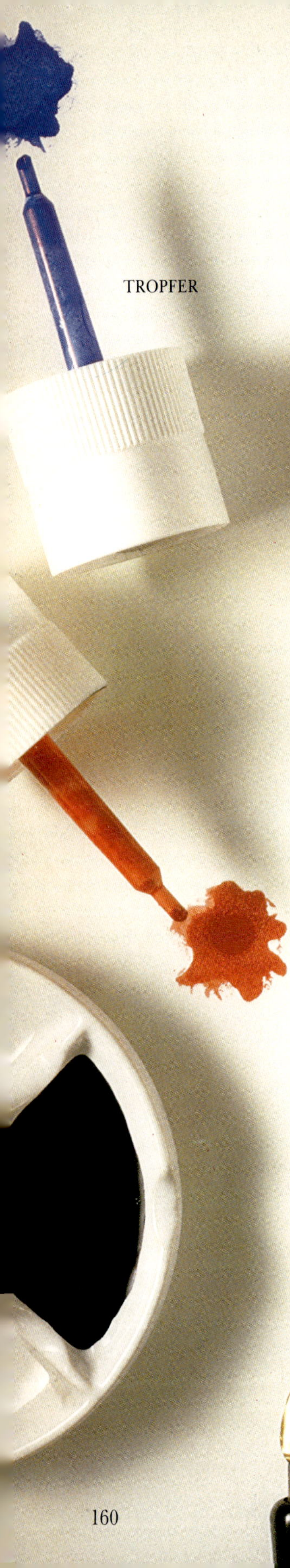

ist, kann man den Staub von der Oberfläche abwischen, und es bleiben nur ganz zarte Umrißlinien stehen. Zeichenkohle ist verkohltes Holz. Sie wird aus den verkohlten Zweigen der Linde hergestellt und ist sehr weich, harzfrei und gleichmäßig in der Farbe. Zeichenkreide ist ebenfalls weich, kann aber leicht zerbröckeln. Sie wird aus gepreßter Kohle hergestellt, darum schmiert sie nicht so stark wie Zeichenkohle, Pigmentstifte sind noch härter, aber bei ihnen kann man nur mit der Spitze und nicht mit den Seiten zeichnen, was eigentlich einer der Vorzüge der Kohle ist.

Bunstifte sind ein sehr vielseitig verwendbares Zeichenmedium, und sie finden sich in fast jedem Haushalt. Ebenso wie Bleistifte sind sie billig, leicht und bequem und weisen dieselben vielseitigen zeichnerischen Qualitäten auf. Mit ihnen lassen sich ebenso Zwischentöne erzielen. Außerdem haben sie den Vorteil, Farbe ins Bild zu bringen, ohne zu schmieren oder zu zerbrechen wie die Pastellkreide, oder wie die Öl- und Aquarellmalerei eine komplizierte Zusatzausrüstung zu erfordern.

Aquarellstifte sind ein bequemes und flexibles Medium. Sie sind in vielen verschiedenen Farben erhältlich, und sie vereinen die Vorzüge des Bleistiftes mit einigen Pluspunkten der Wasserfarbe. Sie eignen sich besonders für detailreiche Arbeiten. Am besten kommt dieses Medium bei feinen Strichzeichnungen und zarten Linien zur Geltung. Aus diesem Grund werden Aquarellstifte von vielen Illustratoren, Grafikern und Designern verwendet.

Tusche ist ebenfalls ein sehr interessantes und flexibles Medium, das seit Jahrhunderten von Künstlern geschätzt wird. Sie läßt sich für unendlich viele Techniken und Arbeitsbereiche einsetzen, wobei die benötigte Ausstattung sehr einfach ist. Heute werden sehr viele verschiedene Federtypen angeboten: Tauchfedern mit unterschiedlichen Spitzen, Füllfederhalter, Rohr- und Bambusfedern sowie Federkiele. Sie können zwi-

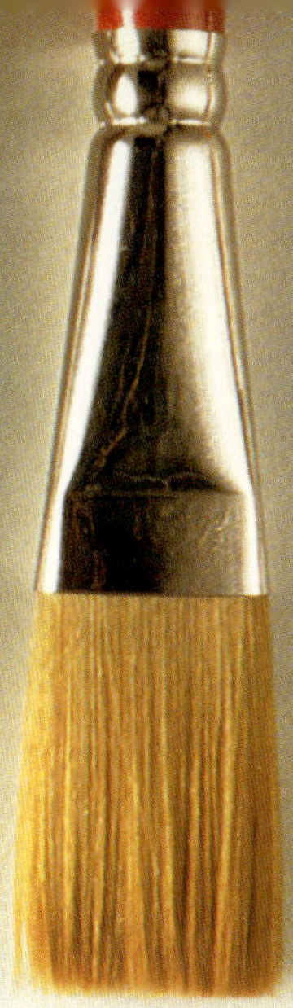

FLACHER SYNTHETIKPINSEL

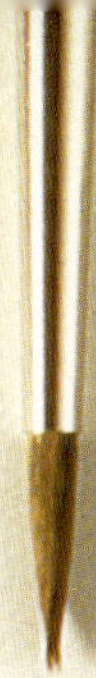

KLEINER RUNDER SYNTHETIKPINSEL

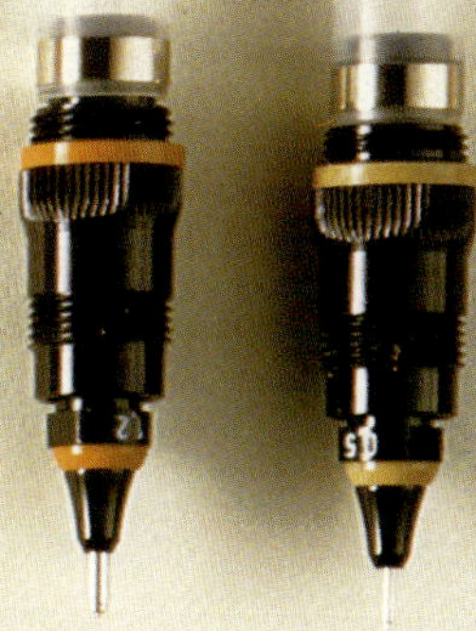

SPITZEN FÜR RAPIDOGRAPHEN

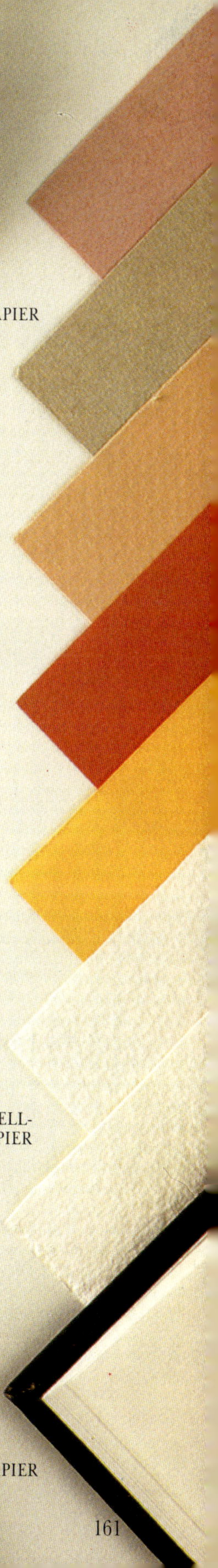

TONPAPIER

AQUARELL-PAPIER

KARTONPAPIER

schen wasserfester Tusche, die leicht glänzend trocknet und übermalt werden kann, und wasserlöslicher, die es in vielen Farben gibt, wählen.

Technisches Zeichnen erfordert gleichmäßige Linien, und für diesen Zweck wurden Tuschefüller mit röhrenförmigen Spitzen entwickelt, die in verschiedenen Durchmessern erhältlich sind. Die Spitzen sind austauschbar, so daß man denselben Füller für mehrere Spitzen verwenden kann. Der gebräuchlichste ist der Rapidograph.

Filzstifte und Faserschreiber gibt es heute in unzähligen Ausführungen, Farben und fast verwirrend vielen Spitzenstärken. Ihre Linienführung ist zuverlässig, fließend und gleichmäßig. Sie werden mit wasserlöslicher oder wasserfester, auf Alkoholbasis hergestellter Füllung angeboten.

Andere Hilfsmittel

Mit der Zeit werden Sie Ihre Sammlung von Zeichenutensilien erweitern wollen. Sie sollten dann verschiedene Messer zum Anspitzen der Stifte, zum Papierschneiden oder zum Abkratzen von mißlungenen Bildpartien anschaffen. Sie benötigen darüber hinaus einen Anspitzer, und auch diese gibt es in vielen Formen, Größen und Preisklassen, vom einfachen Plastikanspitzer bis zum aufwendigen, am Tisch verschraubbaren Modell. Daneben werden noch spezielle Anspitzer für die Minen von Drehbleistiften angeboten. Ein Schleifpapierblock ist nützlich, wenn die Spitzen von Stiften sehr fein werden sollen oder wenn man Kohle anspitzt. Sie brauchen auch verschiedene Radiergummis – weiche Knetradierer, um Bleistiftspuren von weichem Papier zu entfernen und härtere Radierstifte für kleinere Korrekturen und Tintenflecken. Estompen aus eng gerolltem Papier eignen sich für das Mischen und Verteilen von Kreide, Pastellfarben, Buntstiften oder Kohle.

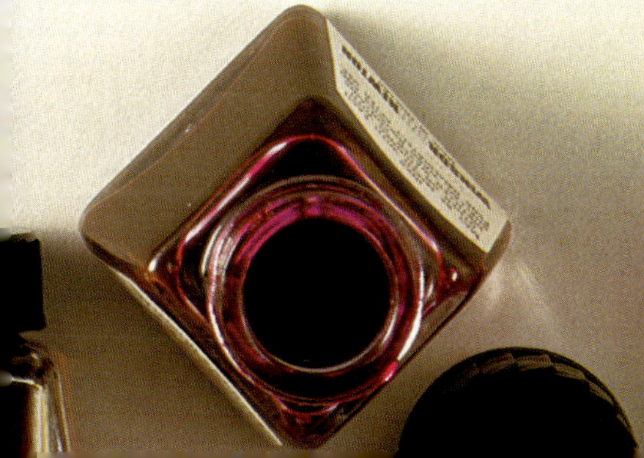

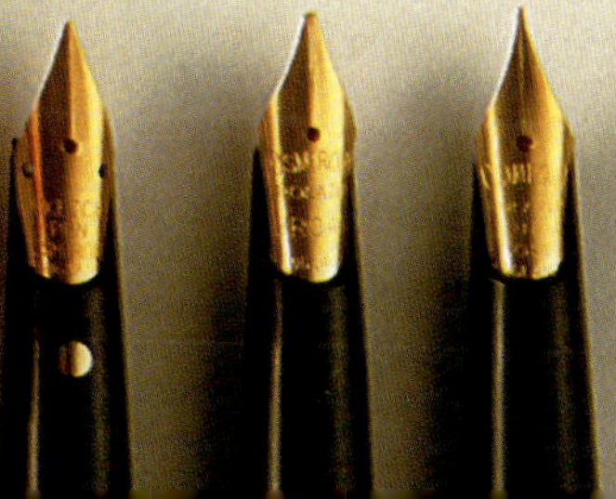

ZEICHENFEDERN FÜR FÜLLFEDERHALTER

Palmen

Feder und Tusche

Der Künstler hat sich für dieses Motiv entschieden, weil sich an ihm auf ideale Weise zeigen läßt, wie vielseitig sich mit der Tauchfeder arbeiten läßt. Die klaren, einfachen Konturen erlauben es dem Künstler, eine lebendige, dekorative Komposition zu schaffen, bei der er alle möglichen Linien, die sich mit einer einzigen Feder kreieren lassen, einsetzen kann. Die geschlossenen schwarzen Flächen wirken als weiteres Bildelement, das sich effektvoll vom Weiß des Papiers abhebt.

Beginnen Sie keine Tuschezeichnung, bevor Sie nicht mit der Feder geübt haben. Arbeiten Sie auf glattem Papier, und lernen Sie, wie Sie mit möglichst wenig Druck eine gleichmäßige Linie ziehen können. Sie sollten versuchen, bei jedem Eintauchen der Feder die gleiche Menge Tusche aufzunehmen, und lernen, zu erkennen, wann der ›Vorrat‹ zu Ende gehen wird, damit Ihnen dies nicht mitten in der Arbeit an einer langen, ununterbrochenen Linie passiert.

Stahlspitzen für Tauchfedern gibt es in vielen verschiedenen Stärken und Härtegraden. Es werden auch spezielle Zeichen- oder Skizzierfedern angeboten, die besonders empfindlich sind. Ihre Spitzen sind weich und ergeben eine flüssige Linie, die je nach Druck dicker oder dünner wird. Füllfederhalter haben einen kleinen Tank, und auch ihre Federn sind in vielen verschiedenen Stärken und Härtegraden erhältlich. Der Vorteil eines Füllfederhalters ist, daß man nicht mit einem offenen Tintenfäßchen hantieren muß. Das Vergnügen, mit einer gut eingearbeiteten Tauchfeder zu zeichnen, ist kaum zu übertreffen, obwohl manche Künstler sagen, daß ein alter Gänsefederkiel oder eine Rohrfeder das wirklich optimale Zeicheninstrument ist.

Diese Arbeit ist ein überzeugendes Beispiel für die Möglichkeiten des Mediums. Durch den Druck auf die Feder kann der Maler die Tuschmenge kontrollieren, die auf das Papier kommt. Ohne jeden Druck entsteht eine feine Linie, bei stärkerem Druck öffnet sich die Feder, und es fließt mehr Tinte auf den Malgrund. Die Strichrichtung ist sehr wichtig: Durch schnippende Bewegungen entstehen dynamische Linien, die am Anfang breit sind und zum Ende hin schnell schmaler werden. Mit Pinseln lassen sich völlig andere Muster erzielen, und schließlich kann man mit Tusche auch Lasurtechniken ausprobieren und einheitliche Farbflächen erhalten.

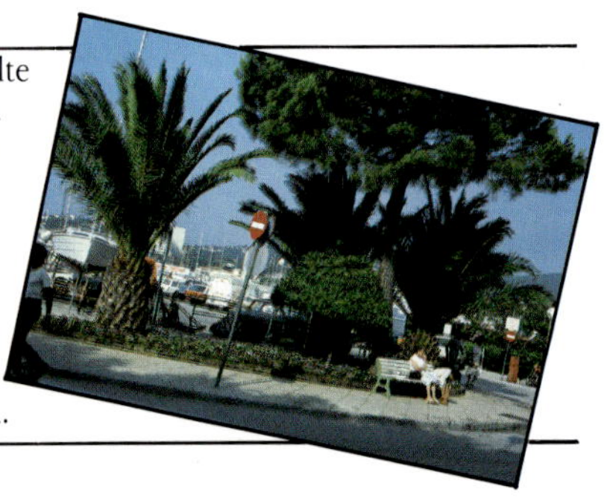

1 Der Künstler wählte dieses Motiv, weil ihm die klaren, einfachen Formen gefielen. Er wollte mit Feder und Tusche experimentieren, und die unterschiedlichen Blattformen waren ein reizvolles Thema.

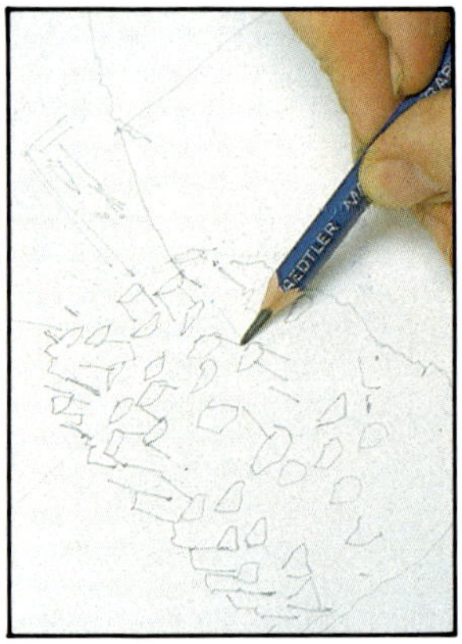

2 Der Künstler arbeitet großformatig auf weißem Kartonpapier (54 × 76 cm). Er fertigt mit einem 4B-Bleistift eine recht detaillierte Vorzeichnung an. Sie ist genauer, als sie es für ein Gemälde mit dem gleichen Thema sein müßte, weil es dem Maler besonders um die gezeichneten Formen, Muster und Linien geht.

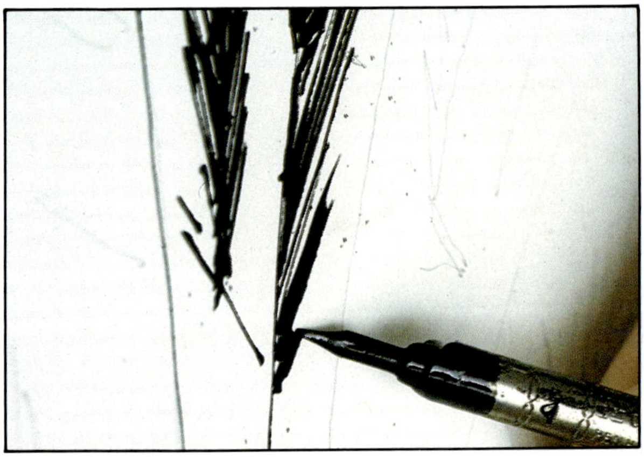

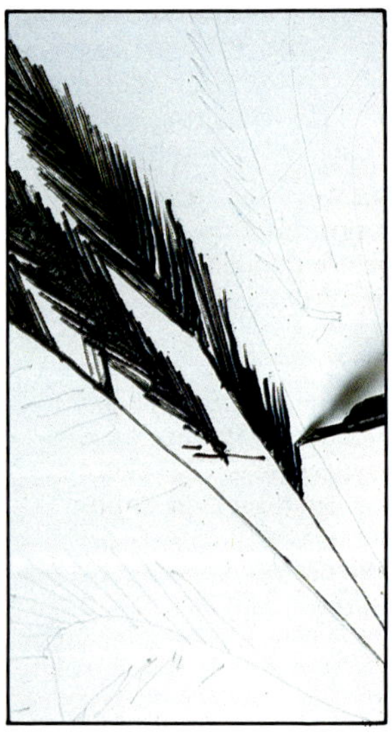

3 Eine Feder kann auf viele Arten gehalten werden, und jede bringt eine neue Strichform hervor. *Oben* sehen wir, wie der Künstler einen Palmwedel zeichnet, indem er die Feder von der Mittelrippe aus nach außen führt. Er drückt am Ansatz sehr stark auf, so daß sich die Feder öffnet und viel Tusche auf das Papier läuft.

4 *Links* zeichnet der Künstler das Ende eines Palmblattes mit wenig Druck und einer schnippenden Bewegung, damit der Strich in einer zarten Linie endet. So kontrolliert kann man erst nach vielem Üben arbeiten. Experimentieren Sie auf Schmierpapier.

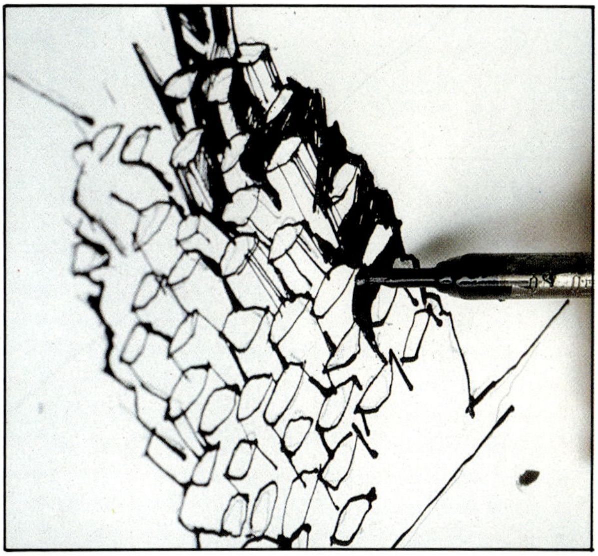

5 Die stumpfförmigen Absätze am Stamm entstehen, wenn Palmwedel abbrechen. Der Künstler zeichnet das Muster sorgfältig mit Tusche *(links)*, und überarbeitet dann die Schattenseite des Baumes mit kräftigen, schwarzen Strichen. Seine Technik ist realistisch und betont die natürlichen Formen.

6 Bisher hat der Künstler sich auf einen Baum konzentriert und doch schon viele Strichformen eingesetzt. Er hat nur mit Linien und schwarzen Flächen gearbeitet *(rechts)*. Später wird er Halbtöne entwickeln, die die harten Kontraste dämpfen und den Baum runder erscheinen lassen.

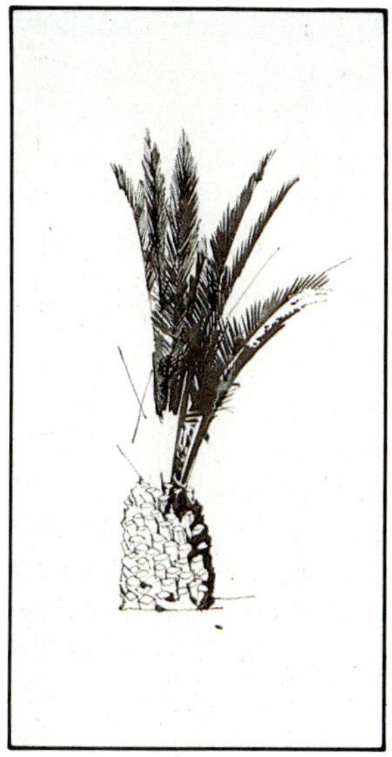

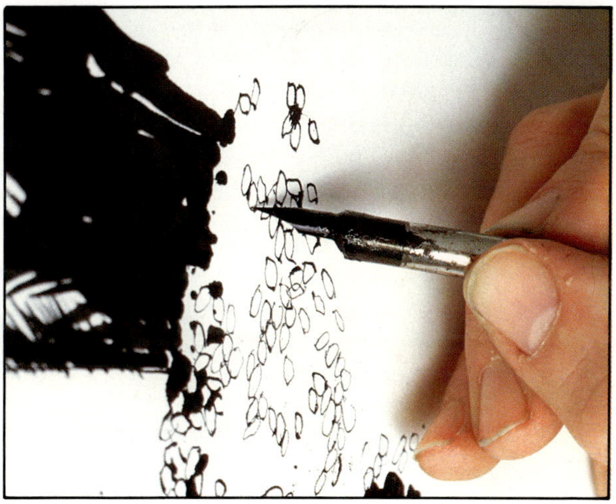

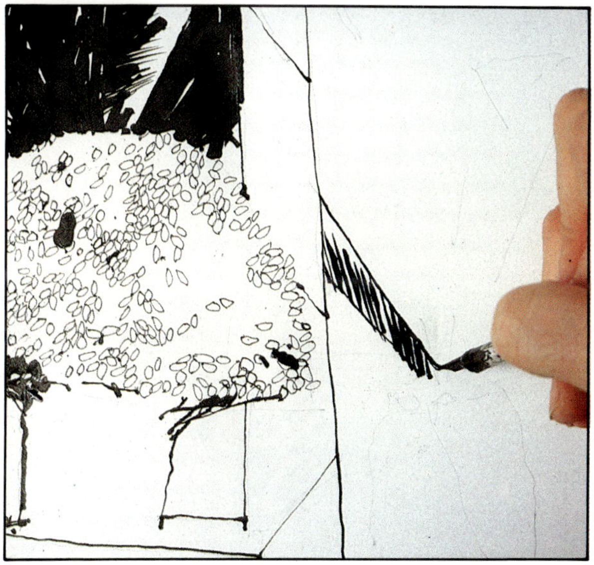

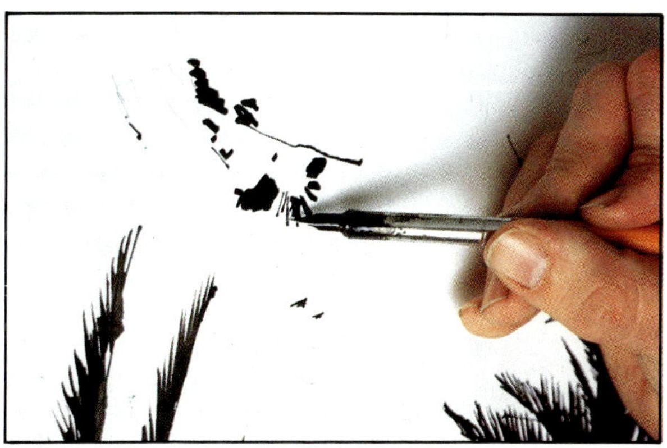

7 *Oben* werden die Blätter des kleinen, pilzförmigen Baumes in der Mitte des Bildes gezeichnet, ohne daß jedes Blatt oder jede Blattform genau abgebildet wird. Der Maler vereinfacht die Form und zeichnet einige Blätter, die den Rest des Laubes andeuten. Beim Malen und Zeichnen geht es auch um Illusion und Sinnestäuschungen, die den Betrachter dazu bringen, zu sehen, was gar nicht da ist. So deutet der Maler die Unterseite der Baumkrone nur mit schwarz gezeichneten Schatten an.

8 Mit kratzerartigen Schraffurlinien zeichnet der Maler die Wedel der Palme im Hintergrund *(oben rechts)*. Hierbei arbeitet er mehr mit der Seite als mit der Spitze der Feder.

9 In dem Ausschnitt *rechts* zeichnet der Maler mit kurzen, dicken Strichen die Blätter des größten Baumes. Er drückt so stark auf, daß die Feder sich öffnet und sehr ausgeprägte Spuren hinterläßt.

FEDERSTRICHE UND TUSCHESPUREN

Hier führt der Maler nur einige der Linien vor, die man mit Feder und Tusche ziehen kann. Die Möglichkeiten sind nahezu unbegrenzt, denn die Striche lassen sich durch eine andere Federhaltung und unterschiedlich festen Druck vielfach variieren. Hier war einiges vom Motiv vorgegeben, zum Beispiel die dichten Schraffuren und die eiförmigen Ringe, mit denen die Blätter wiedergegeben sind, oder die spritzerartigen Striche an den Palmwedeln.

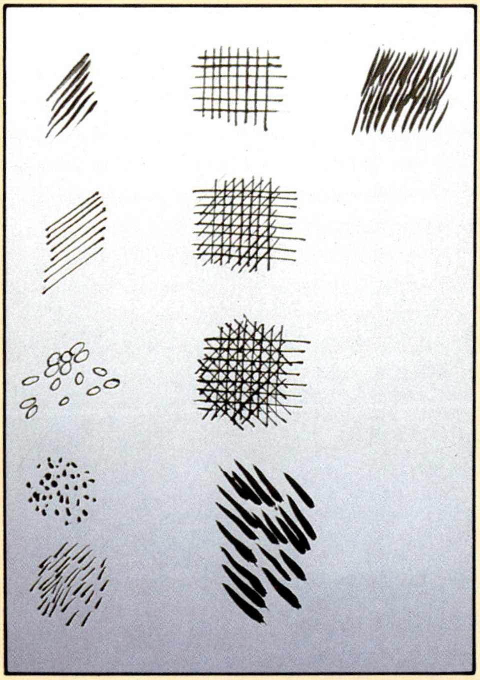

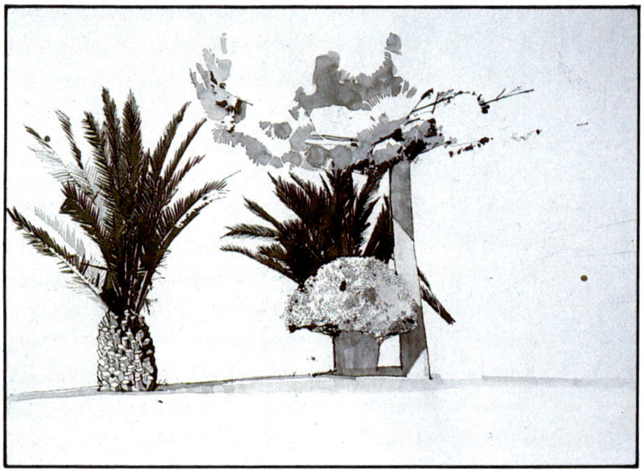

10 Langsam nimmt das Bild Form an *(unten)*. Die Arbeitstechnik ist recht mühsam, besonders, weil der Künstler sehr großformatig arbeitet. Wenn Sie zum ersten Mal Feder und Tusche ausprobieren, sollten Sie ein kleines Format wählen.

11 Der Maler mischt etwas Tusche mit Wasser und trägt mit einem Marderhaarpinsel Nr. 4 die mittleren Töne auf *(oben)*. Er stellt ihre Lage und Größe fest, indem er das Motiv mit halb geschlossenen Augen betrachtet. So kann er die hellen, mittleren und dunklen Töne unterscheiden.

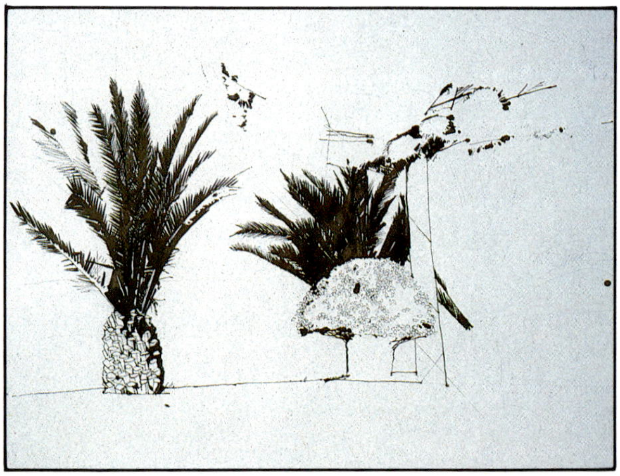

12 Mit einem Marderhaarpinsel Nr. 2 und einer Mischung aus Wasser und Tusche überarbeitet der Künstler nun die Baumkrone, indem er mittelhelle Flecken zwischen die Blätter setzt *(rechts)*. Man erkennt deutlich, wie unterschiedlich Feder- und Pinselspuren sind. Vergleichen Sie etwa die scharfen, linearen Federstriche mit den weichen Eiformen.

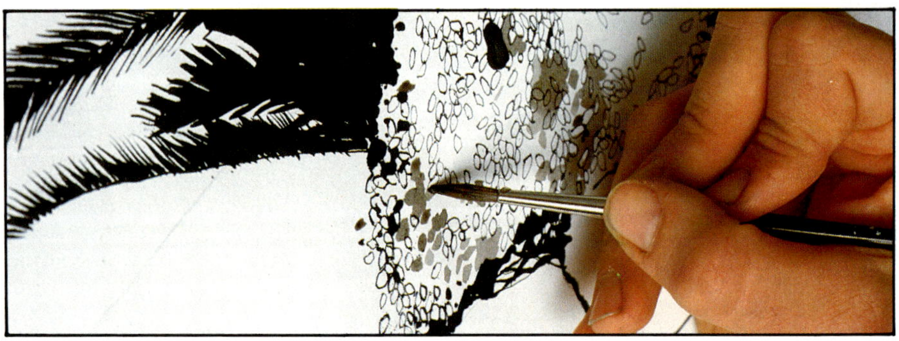

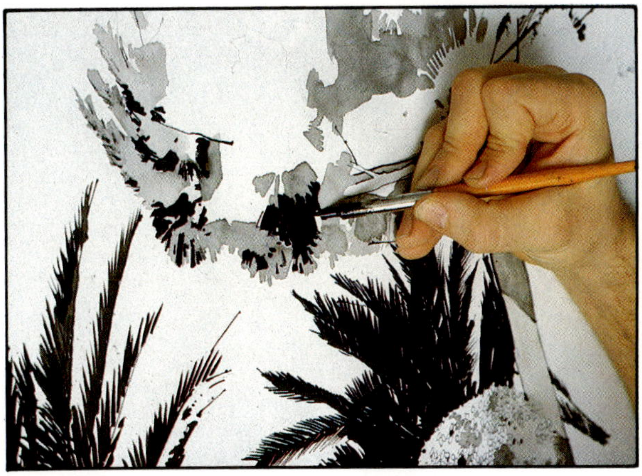

13 Nun überarbeitet der Maler die lasierten Bereiche mit Feder und Tusche *(oben)*. Sie verläuft auf den lasierten Flächen ganz anders als auf sauberem Papier. Dies liegt daran, daß die verdünnte Tusche den Malgrund teilweise versiegelt, so daß die folgenden Farbschichten weniger stark aufgesogen werden. Sie ›sitzen‹ auf der Oberfläche und bilden schärfere Konturen.

14 Die verschiedenen Strichformen und Lasuren lassen ein überzeugendes und realistisches Bild entstehen, das den Eindruck von Licht und Schatten wiedergibt und gleichzeitig die Aufmerksamkeit auf die charakteristischen Züge der einzelnen Bäume und ihre typischen Blattformen lenkt. In diesem Stadium wirken die Bäume sehr plastisch und haben eine feste Position im Bildraum *(oben rechts)*.

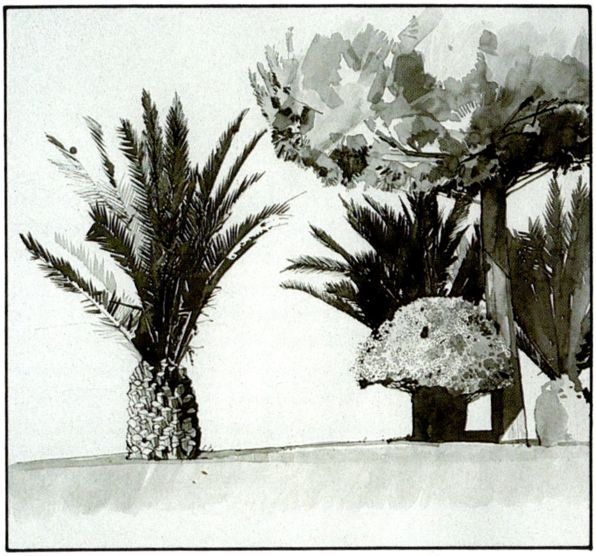

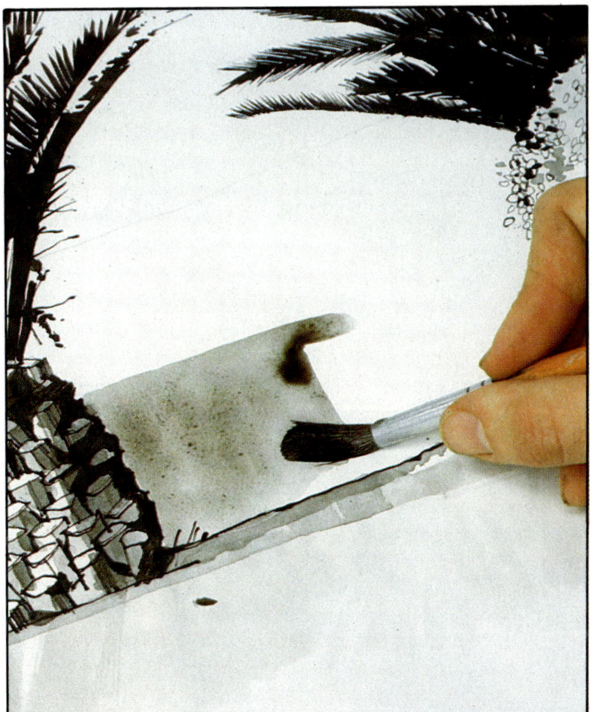

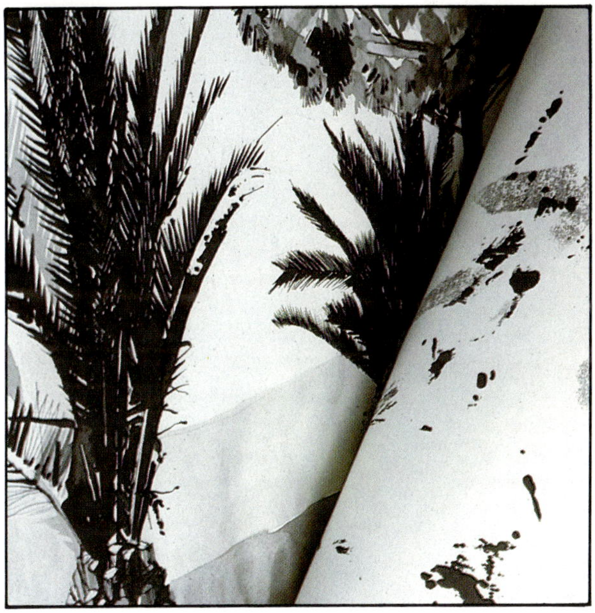

15 Nun trägt der Maler eine blasse Lasurschicht für den Hintergrund auf *(links)*. Wenn diese Schicht trocken ist, folgt eine zweite, noch blassere an deren Oberkante. So entsteht auf sehr einfache Weise Räumlichkeit. Er zeichnet nun die Halbtöne des Baumstammes und des Laubes, indem er jede Farbstufe an ihrem Nachbarton orientiert.

16 Bevor die Lasuren trocken sind, deckt der Künstler die Zeichnungen kurz mit einem Bogen Löschpapier ab *(oben)*. Das Bild war inzwischen sehr feucht geworden, und es bestand die Gefahr, daß es sich wellen würde. Das Löschpapier saugt auch einen Teil der Tusche auf, was die Farben strukturiert und die mittleren Töne belebt. Mit einem feinen Pinsel und verdünnter Tusche zeichnet er weitere Palmwedel.

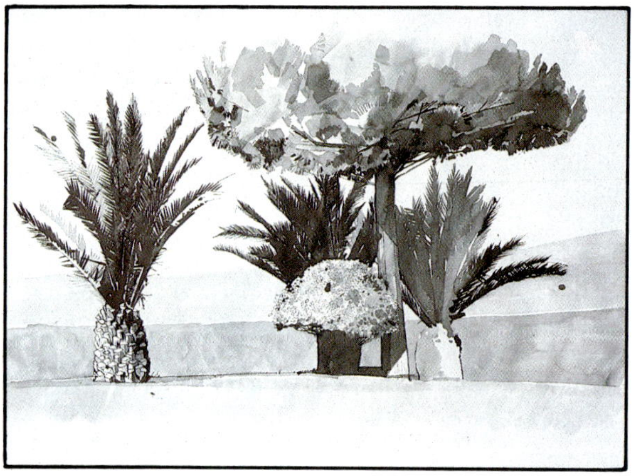

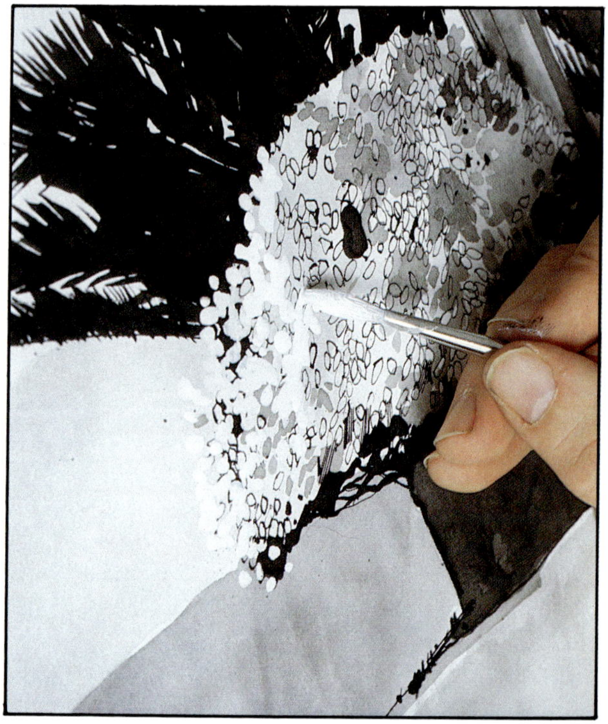

17 Die dunkelsten Töne wurden mit geschlossenen, schwarzen Farbflächen aufgebaut, die mittleren mit verdünnter Tusche, während das Weiß des Papiers die hellsten Bereiche repräsentiert *(oben)*. Der Maler zeichnet nun mit opaker weißer Gouache Glanzlichter ein.

18 Mit weißer Gouache und einem feinen Marderhaarpinsel Nr. 2 markiert er die hellsten Stellen in der Krone des kleinen Baumes *(rechts)*. Die Farbtonskala der Zeichnung ist nun um das Weiß der Gouache erweitert worden.

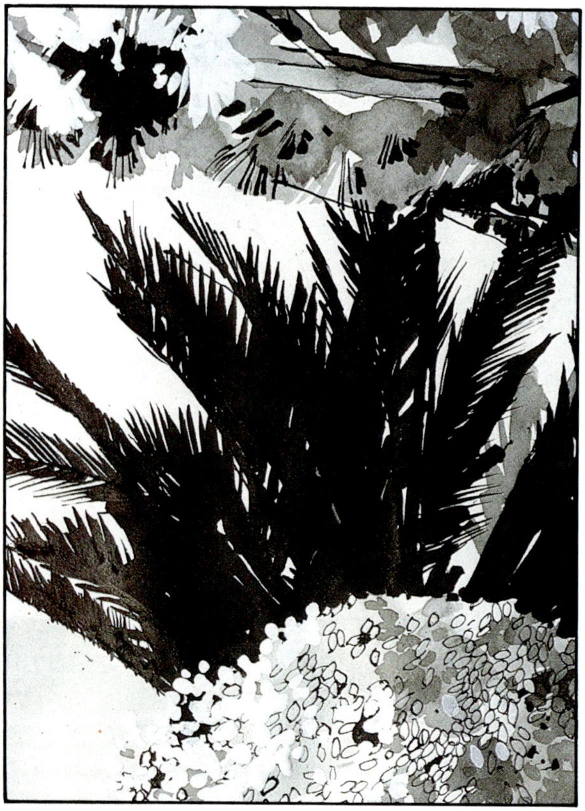

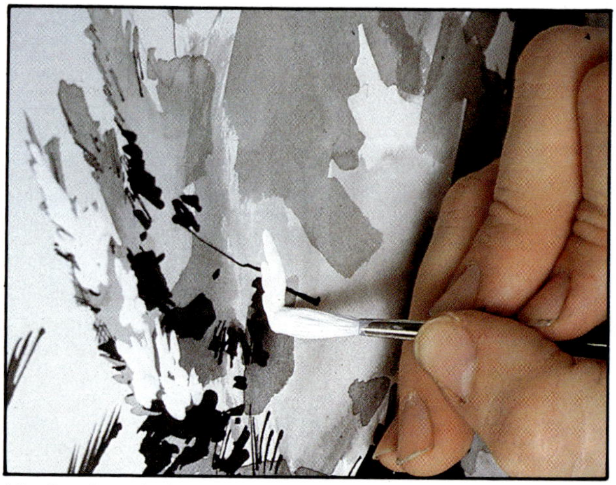

19 Der Ausschnitt *links* zeigt, wie viele Strichformen mit diesem Medium entwickelt werden können. Das Weiß der Gouache wirkt vor dem dichten Schwarz und den zarten Lasurschichten besonders gut. Der Kontrast zwischen der Transparenz der Lasuren, der Undurchsichtigkeit der Gouache und den geschlossenen schwarzen Bereichen ist ein weiteres Kennzeichen dieses Bildes.

20 Hier überarbeitet der Maler das Laub noch stärker mit Gouache *(oben)*, indem er einzelne Blätter und Blattbündel zeichnet. Er arbeitet mit einem farbgetränkten Pinsel und trägt die Farbe dick auf, damit sie gut deckt. Die Gouache wird locker über die Zeichnung bewegt und nicht eingerieben, weil dies die Oberfläche des Papiers zerstören würde.

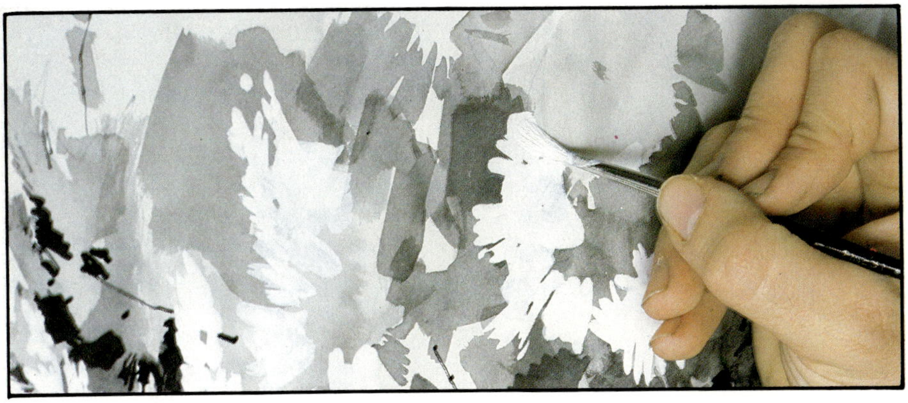

21 Der Ausschnitt *links* zeigt, wie die weiße Farbe bewegt, gedrückt und geschoben wird, um die Formen der Blattbündel zu bilden. Wie bei jedem vorangegangenen Arbeitsschritt vergleicht der Maler auch hier die Zeichnung regelmäßig mit dem Motiv. Er korrigiert sie, wenn nötig, entwickelt das Bild jedoch ständig weiter, so daß es, wenn es fertig ist, das Ergebnis konzentrierter Beobachtung ist.

Was man benötigt

Der Maler arbeitete auf weißem, auf einem Zeichenbrett aufgespanntem Papier. Der Bogen war relativ groß (54 × 76 cm). Für die Zeichnung verwendete er wasserfeste Tusche, für die Lasuren wasserlösliche. Er benutzte eine Tauchfeder mit verschiedenen Spitzen sowie Marderhaarpinsel Nr. 2 und Nr. 4.

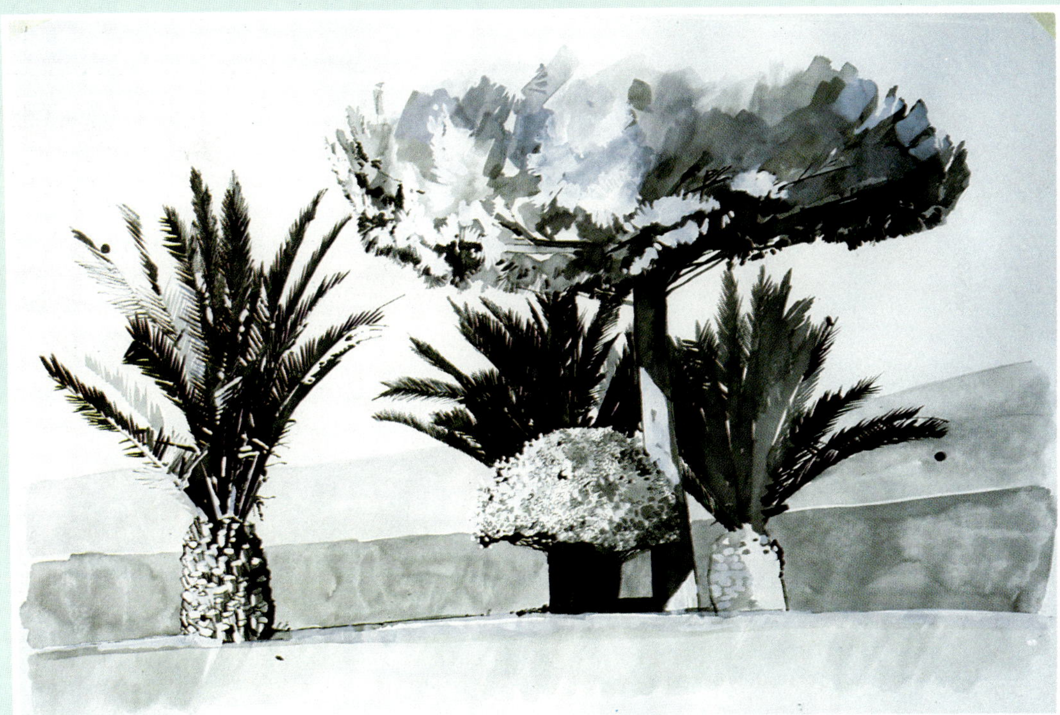

Palmen

Garten mit Bäumen

Buntstift

In dieser Komposition liegt die Horizontlinie verhältnismäßig tief, etwas mehr als die Hälfte des Bildes wird vom Himmel eingenommen. Dort hinein ragen wie skulpturhafte Säulen die markanten dunklen Zedern, die die Erde mit dem Himmel verbinden. Der Künstler arbeitete bewußt mit großen ›Freiflächen‹, um dem Auge zu erlauben, auszuruhen oder über das Bild zu wandern und die Farben und Strukturen zu genießen. Leerräume steigern die Wichtigkeit der ›belebten‹ Flächen innerhalb des Bildes. Die sorgfältig mit Schraffuren und gebrochenen Farben wiedergegebenen Bäume werden von den sie umgebenden blauen und grünen Farbfeldern betont.

Der Maler wählte für sein Bild Buntstifte, ein recht preiswertes und unkompliziertes Medium. Mit ihnen kann man auf vielen Malgründen zeichnen, selbst auf braunem Packpapier. Hier wurde glattes Kartonpapier verwendet. Buntstifte eignen sich sehr gut für Farbexperimente. Bei dieser recht genauen Zeichnung entwickelte der Künstler mit verschiedenen Techniken wie Schraffuren, Kreuzschraffuren und dem Übereinanderlegen verschiedener Farben eine Reihe feiner Farbtöne. Er legte wie bei der Aquarellmalerei kleine Farbflächen an und baute, von hell nach dunkel arbeitend, die Farben auf, so daß jeder Ton wie bei natürlichem Licht durch den darüberliegenden scheint und ihn verändert. Er nutzte die zeichnerischen Qualitäten der Buntstifte, um die Bäume, das ›Skelett‹ ihrer Äste und die Art, in der die Blätter aus den Zweigen wachsen, wiederzugeben und zu umschreiben.

Natürlich müssen Sie, wie bei anderen Medien auch, lernen, Farbstifte zu gebrauchen, mit ihnen arbeiten, um sie kennenzulernen und herauszufinden, wofür sie geeignet sind. Beachten Sie, daß der Künstler die Stifte beim Malen auf verschiedene Weise hielt. Als er den Baum zeichnete, faßte er den Stift fest und nahe an der Spitze, um die feinen, komplizierten Details wiederzugeben. Um den Himmel mit einer gleichmäßigen Schraffur zu bedecken, hielt er ihn locker und verhältnismäßig weit oben fest. Er arbeitete dabei mit einer natürlichen, gleitenden Bewegung, die ihren eigenen Rhythmus entwickelte.

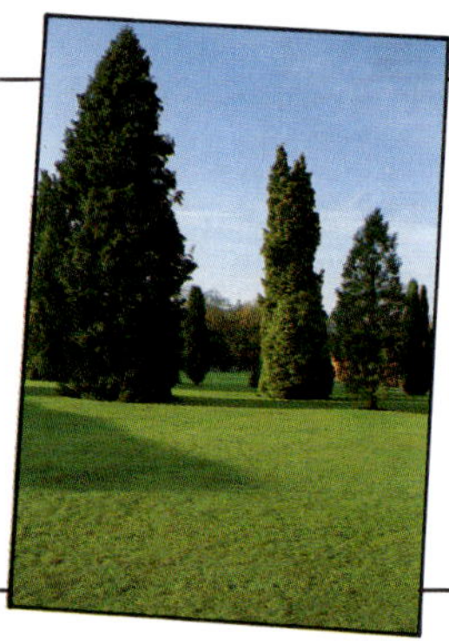

1 Dieses Motiv eignet sich vorzüglich für eine Studie von Licht- und Schatteneffekten. Den Maler reizten die strengen Horizontalen und Vertikalen, die skulpturartigen Silhouetten der Bäume und der Gegensatz zwischen freien und ausgefüllten Flächen.

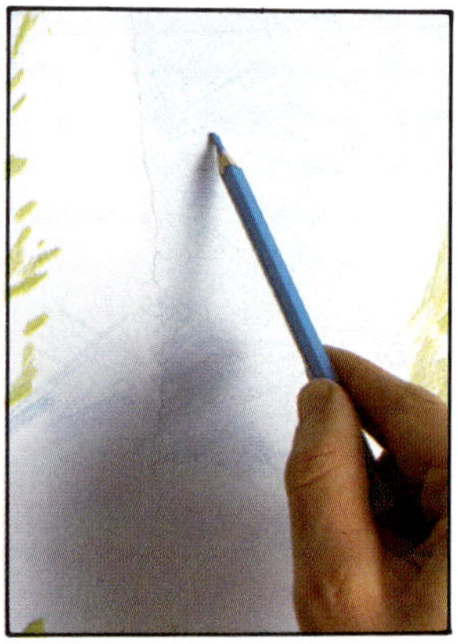

2 Der Künstler beginnt mit einer recht groben Vorzeichnung, die er mit einem weichen 4B-Bleistift direkt auf dem weißen Kartonpapier entwirft *(links)*. Er deutet die Verteilung der Bildelemente an und zeichnet schmale Bänder in Zitronengelb und Moosgrün, um die sonnenbeschienenen Seiten der Bäume wiederzugeben. Dabei werden leichte Striche in verschiedenen Richtungen eingesetzt. Nun beginnt er, mit einem hellblauen Stift den Himmel zu zeichnen.

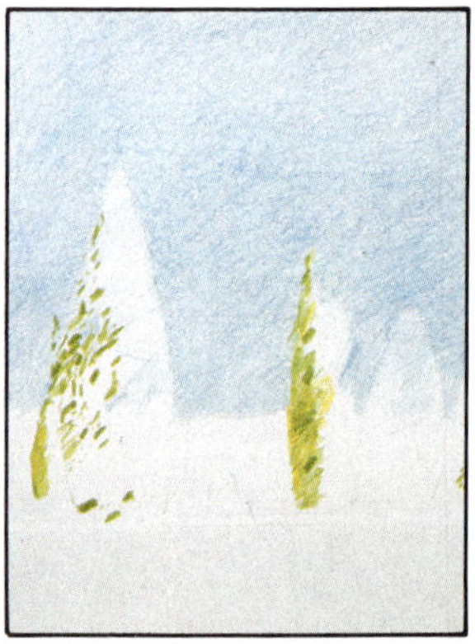

3 Hierbei hält er den Stift locker und trägt die Schraffuren mit schnellen Strichen auf *(unten links)*. Er bewegt den Stift in verschiedenen Richtungen, so daß sich ein Netz aus Strichen bildet, die einzelnen Linien verschwinden und eine gleichmäßige Tönung erzielt wird.

4 Mit Ockergelb und Siena natur zeichnet der Maler den Hintergrund *(unten)*. Er trägt die Farbe dünn auf, damit er sie später überarbeiten kann.

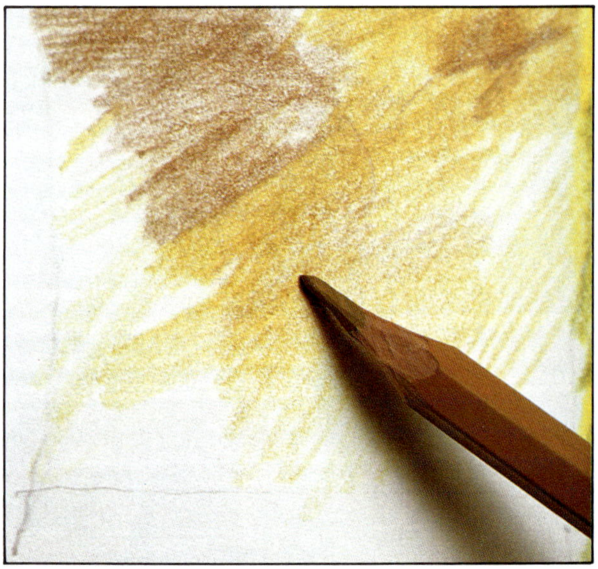

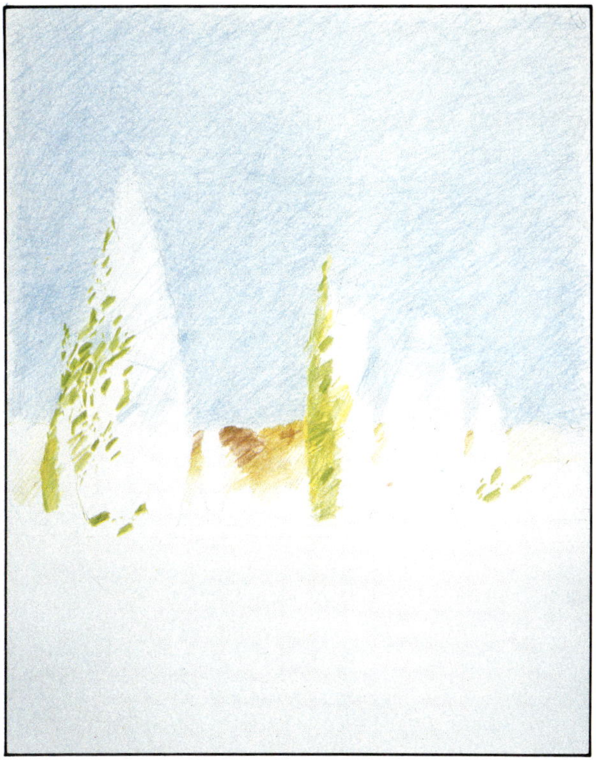

5 Es ist wichtig, den Buntstift nicht zu dick aufzutragen, bis Sie sicher sind, wie sich Ihr Bild entwickeln soll *(oben)*. Er läßt sich nur schwer ausradieren, ohne daß die Papieroberfläche beschädigt wird. Wenn die Farben intensiv werden sollen, müssen Sie die Spitzen Ihrer Stifte immer scharf halten. Stumpfe Stifte erzeugen einen verschwommenen Effekt.

6 Der Maler überarbeitet die schlanken Bäume mit einem schwarzen Stift und folgt in der Strichrichtung der Form des Baumes *(unten links)*. Er überzeichnet die bereits vorhandenen grünen Bereiche, verbindet so die Farbfächen und gleicht sie einander an.

7 *Unten rechts* sehen wir, wie die helleren Farben durch die darüberliegenden dunklen scheinen, was die Wirkung von sonnenbeschienenem Laub überzeugend wiedergibt. Hier arbeitet der Künstler mit einem schwarzen Stift, um die feinen, skelettartigen Formen des Baumes ganz links zu zeichnen.

8 Der Maler hat die Bäume aus einfachen Facetten heller und dunkler Töne aufgebaut *(rechts außen)*. Er wechselt beim Zeichnen die Strichrichtung, um die Formen herauszubilden und zu beschreiben.

SCHARFE KANTEN

Hier möchte der Künstler für den Schatten auf dem Rasen eine saubere Linie zeichnen. Er erreicht dies, indem er entlang der Schattenlinie ein Lineal auf das Papier legt, es mit der linken Hand gut festhält und von links nach rechts mit raschen Bewegungen Schraffuren bis an die Linealkante strichelt. So bekommt dieses Farbband ein besonders geometrisches Aussehen, was den Schattenwurf genau wiedergibt und einen reizvollen Kontrast zu den flotten Kritzellinien des Rasens bildet.

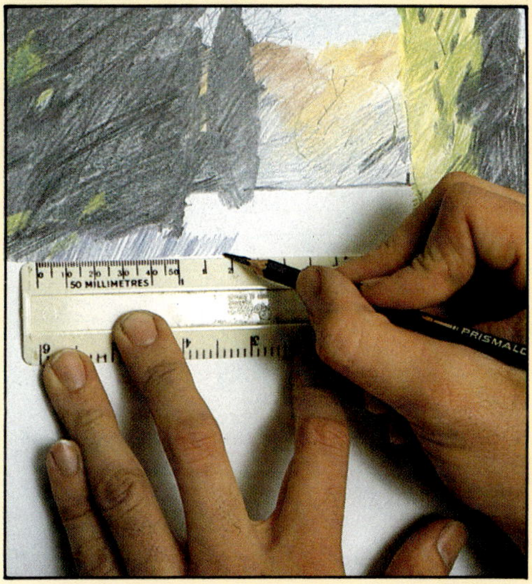

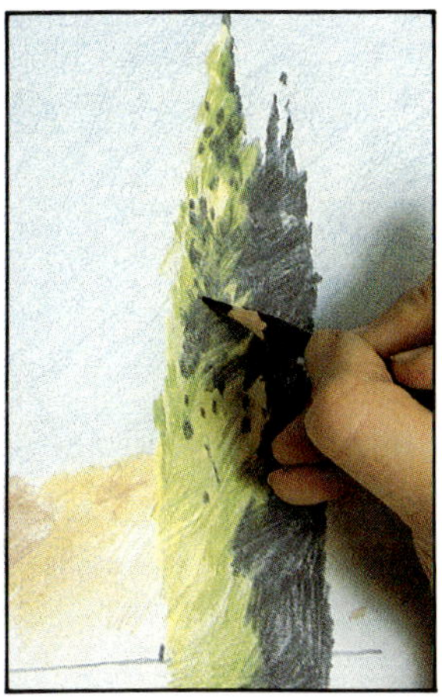

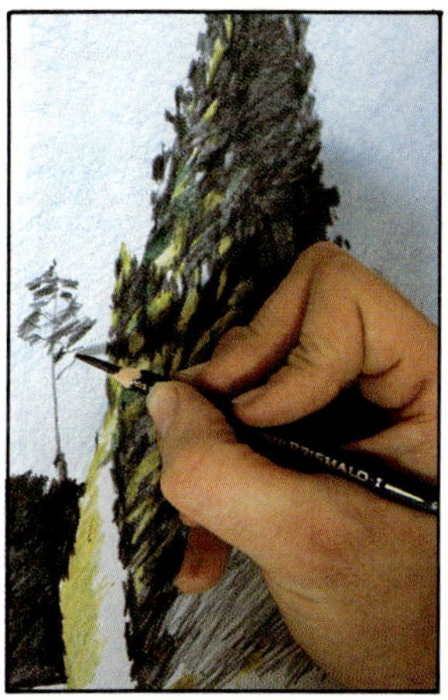

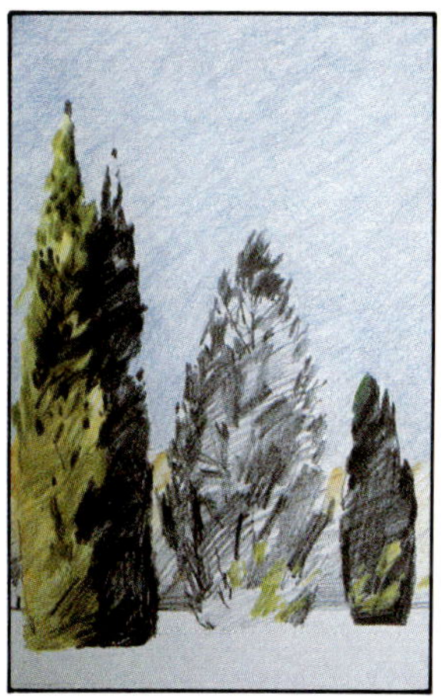

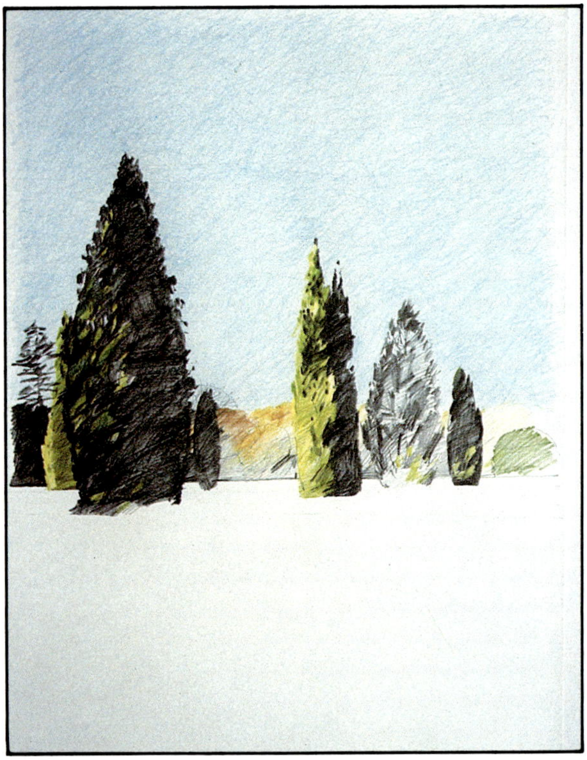

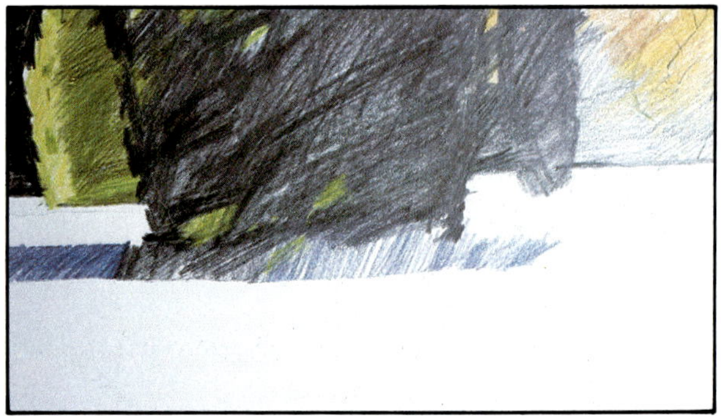

9 Die Bildelemente wirken nun schon plastisch *(links)*. Die Bäume ragen in den Himmel und heben sich deutlich von dem blassen, gleichmäßigen Blauton ab. Die individuellen Züge jedes Baumes sind exakt wiedergegeben. Die dafür verwendeten Buntstifte waren recht hart, die Farben sind jedoch sehr intensiv. Es gibt weichere Buntstifte, die allerdings in ihrer Farbwirkung schwächer sein können.

10 Mit Preußischblau zeichnet der Maler die Schatten auf den Rasen *(oben)*. Er trägt die Farbe schnell und mit Hilfe eines Lineals auf, wie auf der vorangegangenen Seite beschrieben. Beachten Sie, wie er die Negativform benutzt hat, um den Baum links wiederzugeben, und dann mit einem dunkleren Stift das helle Grün überarbeitet sowie die Konturlinie korrigiert hat, indem er in die Negativform zeichnete.

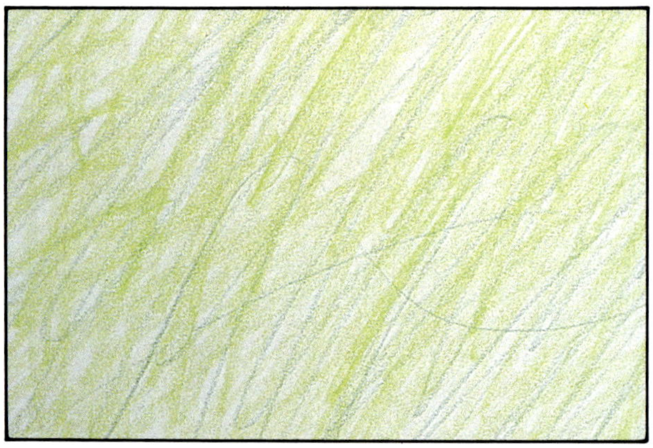

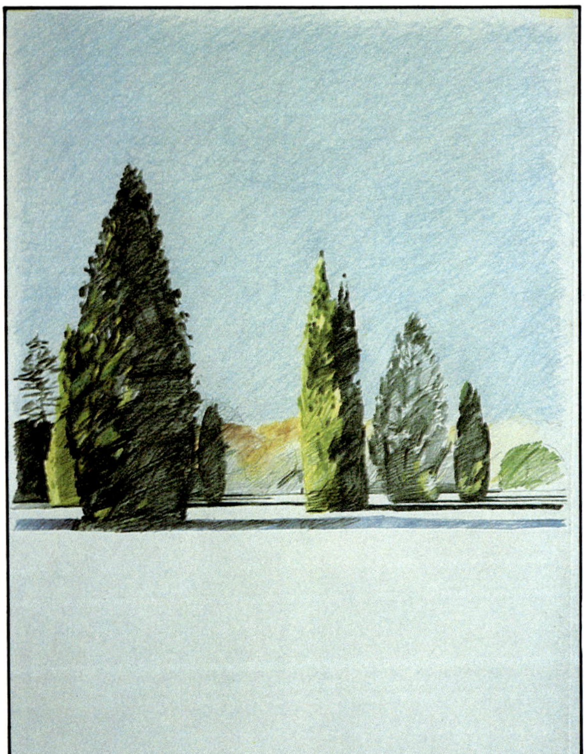

11 Die Zeichnung ist, abgesehen von der Wiese im Vordergrund, fertig *(links)*. Dem Künstler ist es gelungen, mit Hilfe der sich überschneidenden Formen sowie durch die Verwendung blasserer Farben und verschwommenerer Umrißlinien im Hintergrund Räumlichkeit zu suggerieren. Die horizontale Linie des Schattens auf dem Rasen repräsentiert den Mittelgrund.

12 Aus einem locker aufgetragenen Netz aus moosgrünen und dunkelgrünen Strichen entsteht die Wiese im Vordergrund *(oben)*. Der Maler verwendet beim Farbauftrag die gleiche Technik wie beim Himmel, jedoch sollen hier die Striche sichtbar bleiben. Sie stellen die Grashalme dar, und die grobere Struktur läßt die Wiese näher erscheinen.

Was man benötigt

Der Künstler verwendete gutes weißes Kartonpapier von 42 × 60 cm. Es ist allerdings ermüdend und zeitraubend, mit einer feinen Buntstiftspitze große Papierflächen zu füllen – vielleicht fällt Ihnen daher das Zeichnen auf kleinerem Format leichter, besonders, wenn sie zum ersten Mal mit diesem Medium arbeiten. Der Maler benutzte verschiedene, gute Buntstifte, die er wegen ihrer Farbintensität ausgewählt hatte, darüber hinaus ein Lineal und einen 4B-Bleistift.

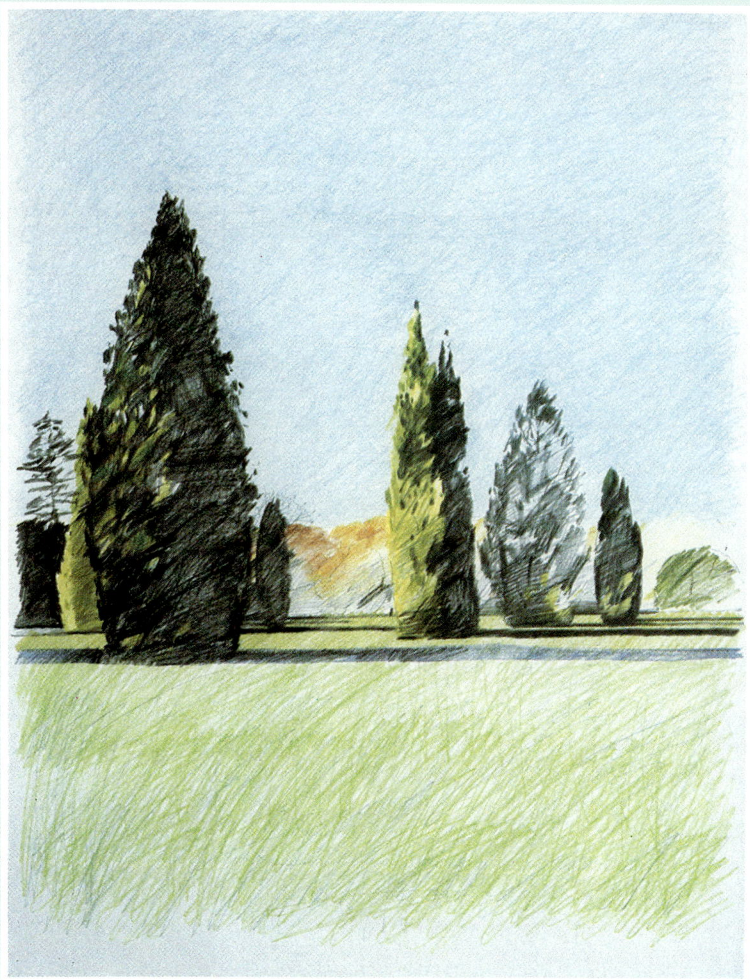

Garten mit Bäumen

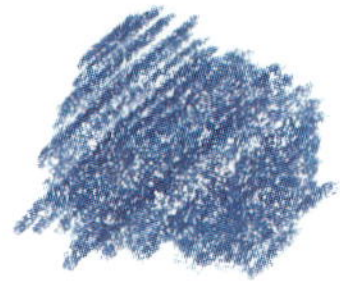

PREUSSISCH-BLAU

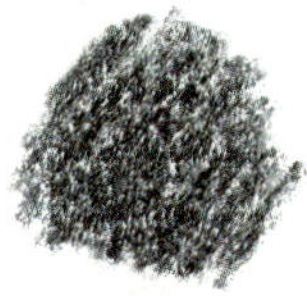

SCHWARZ

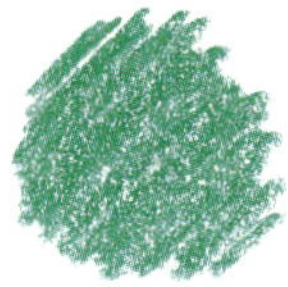

DUNKELGRÜN

OCKERGELB

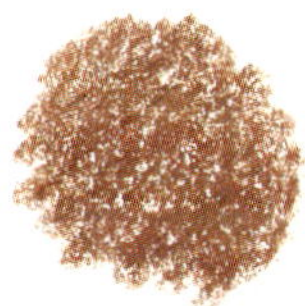

SIENA GEBRANNT

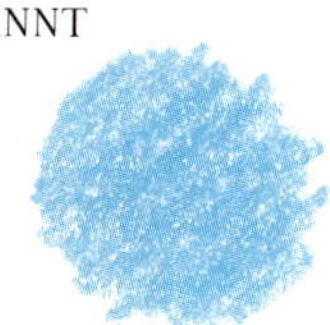

HELLBLAU

ZITRONENGELB

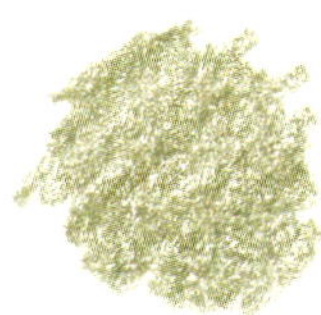

MOOSGRÜN

Landstraße in Frankreich

Aquarellstifte

Dieses besondere Motiv weist viele Züge auf, die es für den Maler attraktiv machen. Es besteht aus einer Reihe harmonierender und gegensätzlicher Formen, zum Beispiel den runden Silhouetten der Baumkronen und den strengen, sich wiederholenden Vertikalen ihrer Stämme, die dem Band der Straße folgen und es betonen. Die langgezogene Kurve führt den Blick in das Bild und durch die Allee in die ›Ferne‹. Das ins Auge springende, geometrische Straßenschild, das sich direkt an der Bildebene befindet, steigert durch den abrupten Maßstabwechsel noch das Gefühl von Räumlichkeit im Bild. Zum Rhythmus innerhalb der Komposition bilden die gerade, ununterbrochene Horizontlinie und die weiten, ›leeren‹ grünen Felder einen wirkungsvollen Kontrast.

Aquarellstifte gehören zur ›Familie‹ der Buntstifte und vereinigen die Qualitäten eines Stiftes mit einigen Vorzügen der Wasserfarbe. Sie eignen sich besonders gut für kleinformatige Arbeiten, sind jedoch sehr vielseitig verwendbar. Man zeichnet mit ihnen wie mit Buntstiften, wenn man den Malgrund jedoch befeuchtet, wird die Farbe flüssig und kann, ähnlich wie Wasserfarbe, gemischt oder verteilt werden. Aquarellstifte sind für das Arbeiten im Freien sehr brauchbar. Der Maler kann eine Vorzeichnung machen, Farben und Abstufungen notieren und das Bild dann im Atelier vollenden. Sie können eine Komposition sogar mit Aquarellstiften beginnen und später zu Hause mit Wasserfarbe weiterarbeiten. Aquarellstifte können natürlich auch wie ganz normale Buntstifte behandelt werden, wobei ihr Vorteil ist, daß sie weich, von hoher Qualität und in vielen Farben erhältlich sind.

Hier hat der Künstler sie benutzt, um Aquarelleffekte zu erzielen. Er hat die detailreichen Zonen, zum Beispiel die Bäume am Horizont, mit einem spitzen Stift und Schraffuren angelegt. Um das dichte, samtige Blattwerk wiederzugeben, hat er über dem Grün der Blätter Schwarz aufgetragen. Der Himmel wurde auf die gleiche Weise wie bei den vorangegangenen Zeichenbeispielen behandelt, aber als das Liniennetz fertig war, hat der Maler das Blau mit einem nassen Pinsel überarbeitet, so daß alle Spuren von einzelnen Strichen verschwanden. Daher sehen wir auf dem fertigen Bild in einigen Bereichen die feinen Striche der Aquarellstifte, in anderen jedoch gleichmäßige Farbschichten ohne Stiftspuren.

1 Diese Aquarellzeichnung entstand nach einem Foto, das bei einer Frankreichreise aufgenommen wurde. Dem Maler gefielen das flache Land, die Kurve der Straße und die geometrische Form des Verkehrsschildes.

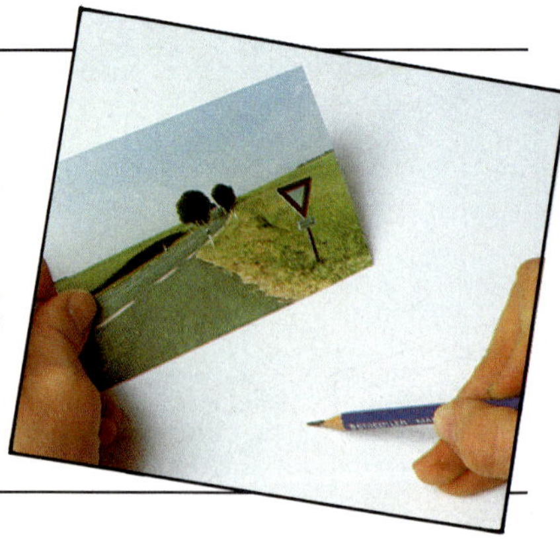

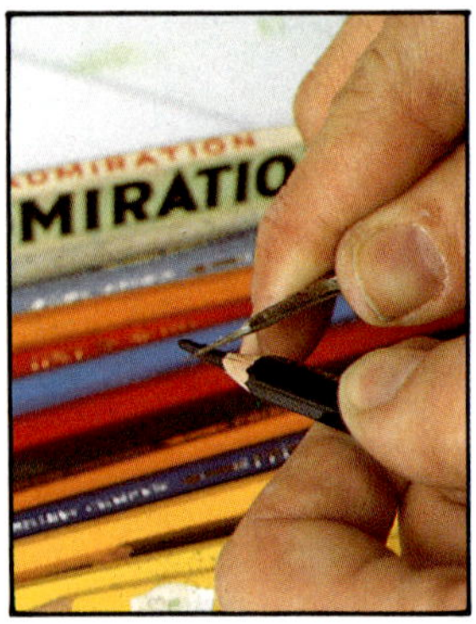

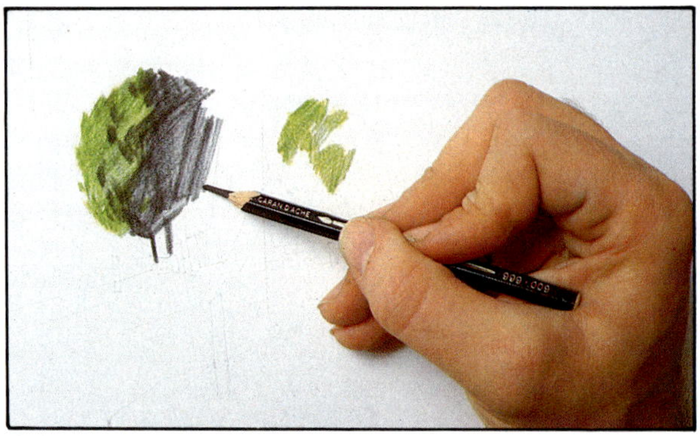

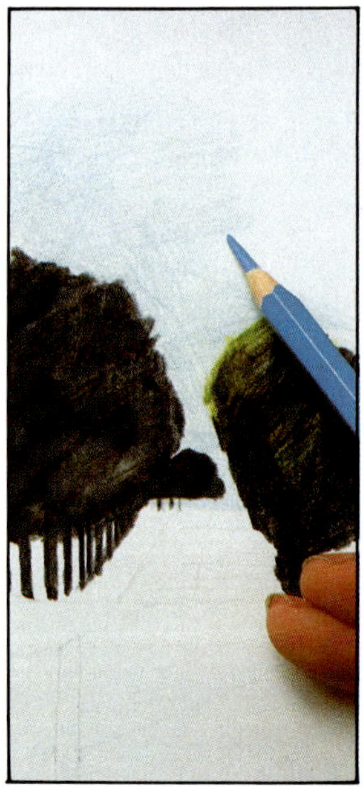

2 Der Künstler spitzt zunächst seine Stifte an. Nur mit einer scharfen Spitze erreicht man die gewünschte Farbintensität. Er verwendet hierfür ein Skalpell, weil er so mehr Kontrolle über die Form der entstehenden Spitze hat.

3 Mit einem hellgrünen Stift zeichnet der Maler das Laub der Bäume *(oben)*. Dann überarbeitet er diese Bereiche mit weiteren Grüntönen und schließlich mit einem schwarzen Stift, wobei er die Strichrichtung ständig wechselt.

4 Der Künstler arbeitet weiterhin an den Bäumen, bis der ursprünglich helle Ton nur noch als zarter Schimmer durch die dunkle Farbe scheint *(rechts)*. Er arbeitet von hell nach dunkel, weil sich die Farbe kaum nachträglich verändern läßt.

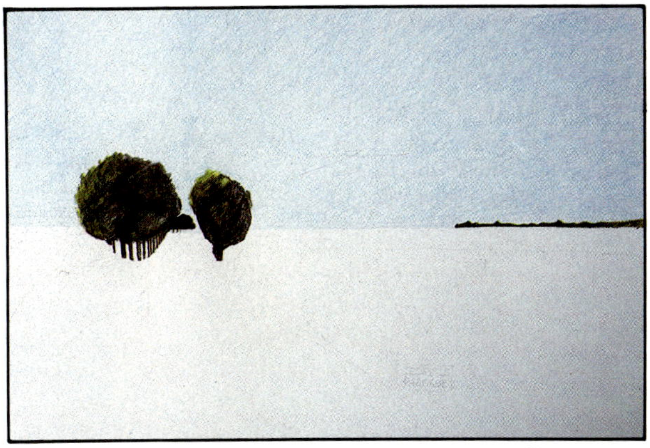

5 Der Himmel wird mit einem feinen Netz blaßblauer Striche angelegt *(oben)*. Der Maler arbeitet schnell und trägt die Schraffuren erst in der einen, dann in der anderen Richtung auf. Mit einem schwarzen Stift wird die schmale Buschreihe am Horizont skizziert.

6 Mit blassem Hellgrün zeichnet der Künstler den Hügelrücken *(unten)*. Er trägt die Farbe flach und mit gleichmäßigen, in eine Richtung verlaufenden Schraffuren auf. Diese übermalt er mit Schraffuren in die andere Richtung. Die Striche sind fein und sehr dicht.

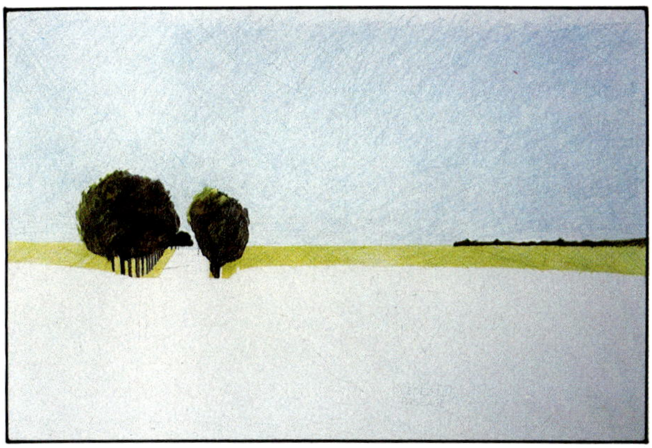

7 Mit einem dunkleren Grünton zeichnet der Künstler die Schatten unter den entfernt stehenden Bäumen *(rechts)*. Mit einem schwarzen Stift zeichnet er die parallelen Schatten der Bäume. Für das Gras im Vordergrund verwendet er den hellgrünen Stift. Er arbeitet nun freier als bisher. Beachten Sie, wie er das Straßenschild und die Straße umschreibt und so den Negativraum benutzt, um die Formen zu entwikkeln.

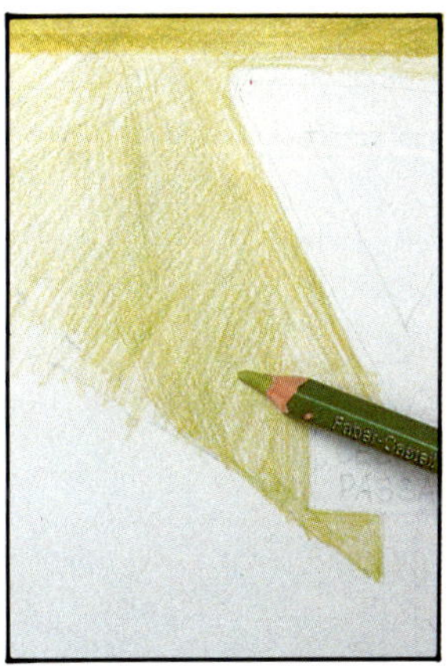

AQUARELLSTIFTE UND WASSER

Aquarellstifte weisen die gleichen Qualitäten auf wie Buntstifte, besitzen darüber hinaus jedoch noch einige Vorzüge der reinen Wasserfarbe oder der Gouache. Hier sehen wir, wie der Maler die Farbe der Baumkronen aus Hellgrün, das mit Schraffuren in Saftgrün und Schwarz abgedunkelt wurde, aufgebaut hat. Die Striche der Stifte sind in diesem Arbeitsstadium deutlich sichtbar. Danach wurde dieser Bereich mit einem Pinsel und Wasser überarbeitet. Die übereinandergelegten Farben werden flüssig und mischen sich zu einem ungleichmäßigen Grünton, bei dem Stiftspuren kaum noch sichtbar sind.

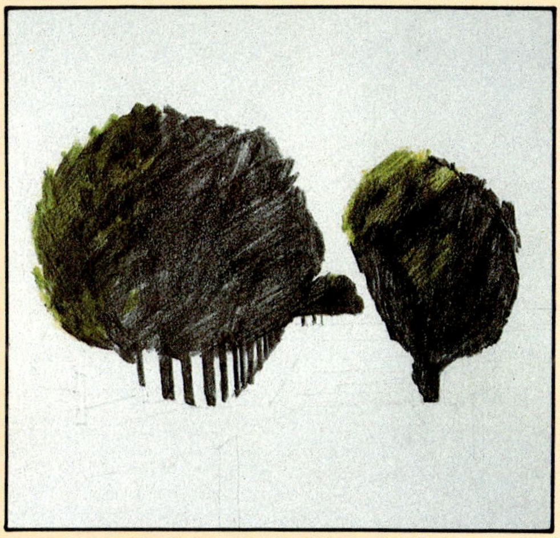

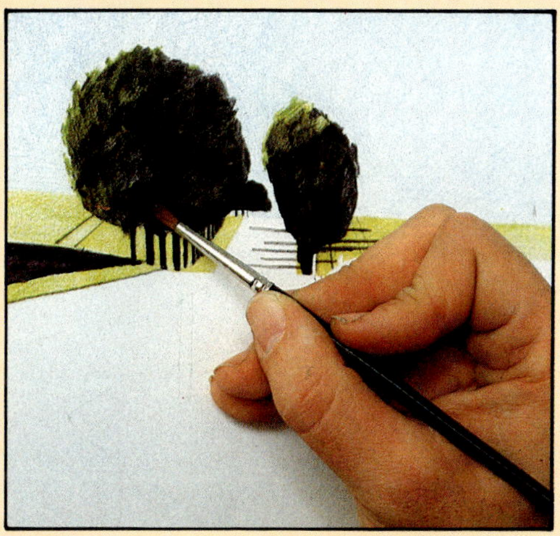

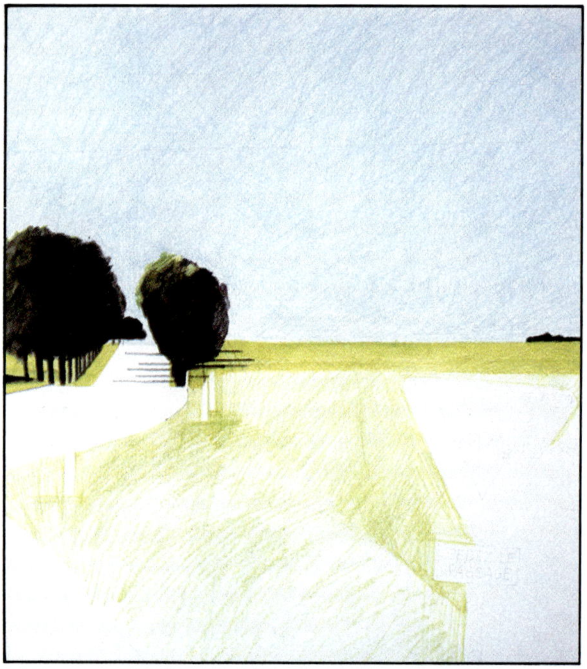

8 Das Bild entwickelt sich *(links)*. Die Wiedergabe von Raum und Perspektive ist sehr überzeugend; das Auge wird die Straße entlang und zwischen den Bäumen hindurch geführt. Die Farbe des Vordergrundes ist noch immer transparent und zart, wird aber so lange überarbeitet, bis eine geschlossene, satte Farbfläche erreicht ist.

9 Nun gibt der Maler mit einem Marderhaarpinsel Nr. 4 Wasser auf den Vordergrund. Er streicht das Wasser vorsichtig über die Farbe, so daß das Pigment sich löst, die Farben sich mischen und Strichspuren verschwinden *(rechts)*. Während dieser Bereich trocknet, überarbeitet der Künstler ihn erneut mit Aquarellstift, befeuchtet ihn und wiederholt diesen Vorgang so oft, bis die Farbintensität stimmt.

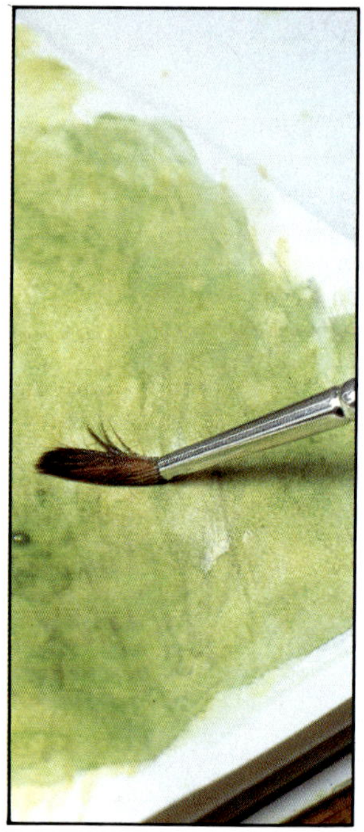

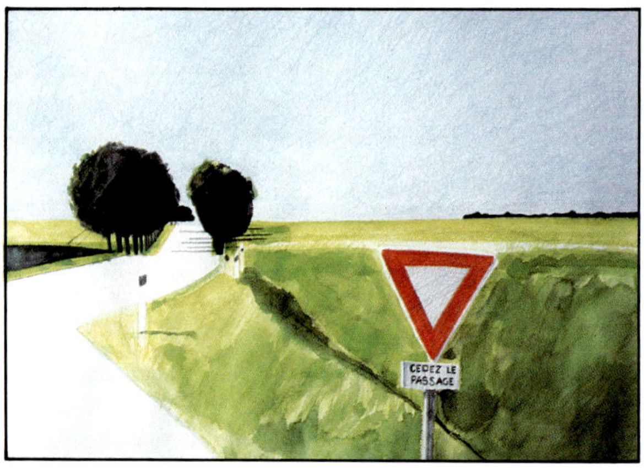

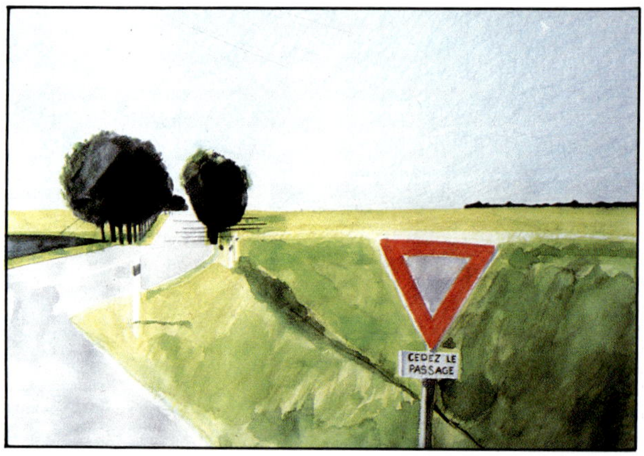

10 Mit einem hellroten Stift zeichnet der Maler das Straßenschild, wodurch ein auffälliges Farbfeld ins Bild kommt *(oben)*. Das warme Rot bringt das Schild direkt an die Bildebene und läßt die kühleren Grün- und Blautöne durch den Kontrast noch stärker zurückweichen. Dieser abrupte Maßstabwechsel ist ein Kunstgriff, der von Malern häufig angewandt wird, um zurückweichenden Raum darzustellen.

11 *Oben rechts* trägt der Künstler mit verdünnter grauer Wasserfarbe das Grau der Straße und das Mittelfeld des Schildes auf. Er möchte diesen Bereich blaß und unstrukturiert lassen, deshalb verzichtet er hier auf die Stifte mit ihren charakteristischen Spuren. Aquarellstifte und Wasserfarbe ergänzen einander sehr gut und können auf diese Weise ausgezeichnet miteinander kombiniert werden.

12 Als letzten Schritt überarbeitet der Maler den Himmel *(links)*. Er tränkt einen Marderhaarpinsel Nr. 4 mit Wasser und vermischt die Farbe vorsichtig, so daß die Strichspuren verblassen und der Ton einheitlich wird. Es ist nicht nötig, das Papier mit Wasser zu durchfeuchten, zumal der Künstler Kartonpapier verwendet, das sich sehr leicht wellt. Darüber hinaus überarbeitet er einen Teil des Laubes der Bäume; so entstehen lasierte und ›lineare‹ Bereiche.

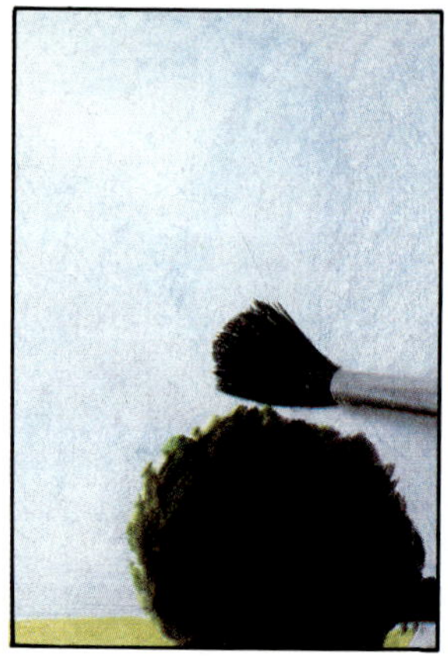

Was man benötigt

Der Künstler verwendete einen großen Bogen Kartonpapier von 30,5 × 40,5 cm. Er fertigte die Vorzeichnung mit einem 4B-Bleistift an, den er auch für einige abschließende Detailarbeiten an seinem Bild benutzte. Gemalt wurde mit hochwertigen Aquarellstiften und einem Marderhaarpinsel Nr. 4. Daneben gehörten zur Ausrüstung: ein Skalpell zum Anspitzen der Stifte, ein Zeichenbrett und ein Glas Wasser zum Verwischen der Farben.

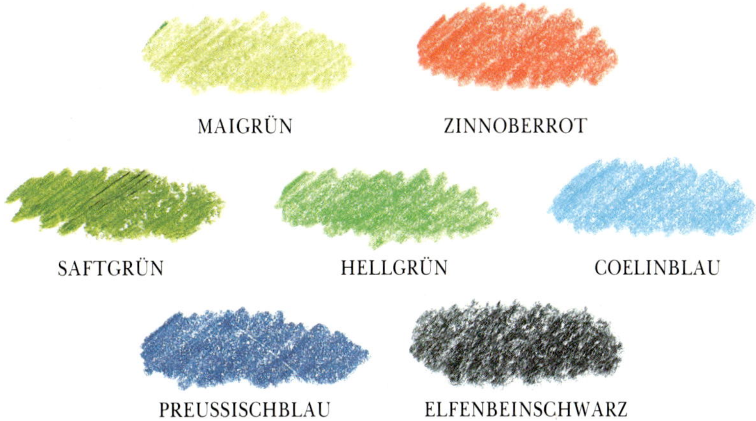

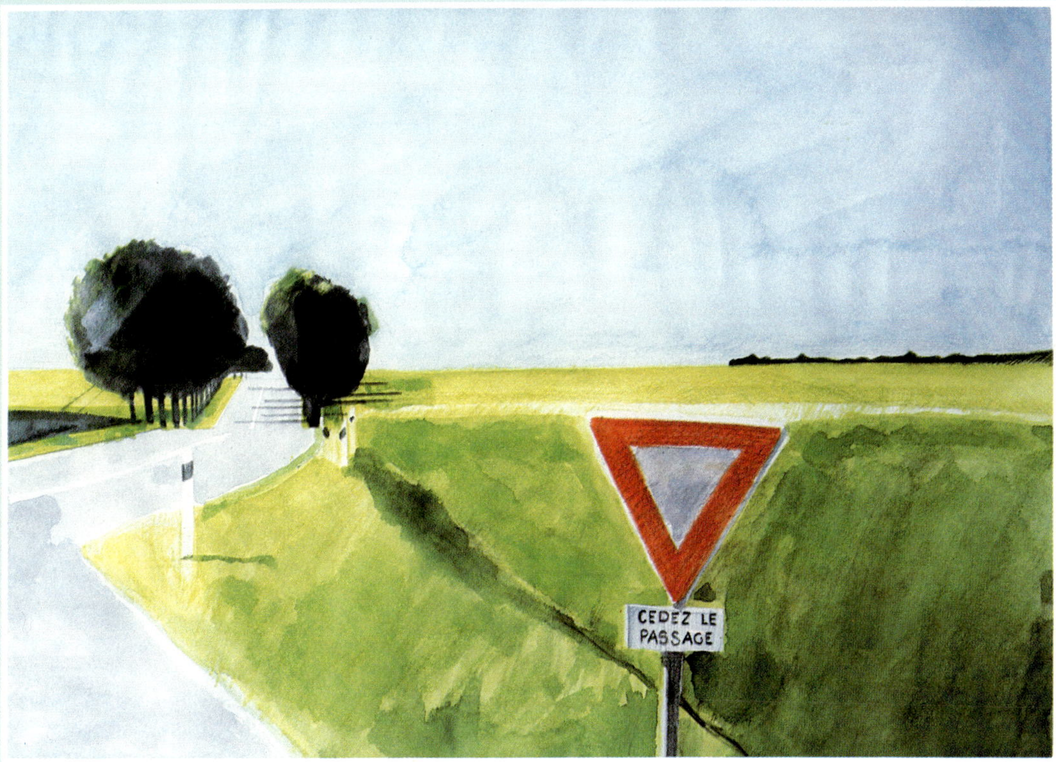

Landstraße in Frankreich

Buchsbaumhecke mit Bank

Rapidograph und Faserschreiber

Bei diesem Bild arbeitete der Künstler mit einem Rapidographen und einem sehr feinen Faserschreiber. Der Rapidograph ist ein Tuschestift, der speziell für Designer entwickelt wurde, jedoch auch häufig von Künstlern verwendet wird. Seine sauberen, gleichmäßigen Linien unterscheiden sich deutlich von denen der normalen Feder. Sie benötigen eine besondere, wasserunlösliche Tusche, deshalb lassen sich mit dem Rapidographen gezeichnete Bilder nicht mit Wasser überarbeiten. Die Feder ist so konstruiert, daß, anders als bei der Tauchfeder, alle Striche gleich breit werden und die Tusche nicht kleckst. Rapidographen lassen sich überall einsetzen, denn sie besitzen einen Tuschetank und man muß die Arbeit nicht ständig unterbrechen, um die Feder einzutauchen. Ihr Nachteil ist, daß sie empfindlich und ›eigenwillig‹ sind. Der Stift muß beim Zeichnen immer senkrecht gehalten und häufig geschüttelt werden, damit die Tusche weiterfließt. Neben feinen Linien lassen sich mit Hilfe von verschiedenen Schraffur- und Kreuzschraffursystemen Tonabstufungen erzeugen.

Die Linien des Faserschreibers, den der Künstler verwendete, ähneln denen des Rapidographen sehr, sind jedoch etwas weniger steril, da sich ihre Stärke variieren läßt, indem man den Winkel zwischen Papier und Spitze verändert. Darüber hinaus wird die Spitze durch den Gebrauch weicher. Die Tusche kann im Stift nicht verklumpen, deshalb muß er nicht fortwährend geschüttelt werden.

Den Maler faszinierten die fast abstrakten Züge dieses Motivs: die filigranen Baumsilhouetten vor dem Himmel, die starke, dunkle Horizontale der Hecke, deren Form von dem Weg und den Grasstreifen im Vordergrund aufgenommen wird, und die Form der Bank, die die Vertikalen der Bäume und die Horizontalen von Hecke und Weg aufgreift und zusammenfaßt. Diese Kompositionselemente wurden bei der Wiedergabe der einzelnen Bildteile noch gesteigert. So hat der Künstler die Zartheit der Baumkronen vor dem Himmel, der durch das Weiß des Papiers dargestellt wird, betont. Die Hecke wurde als kompakte, aber dekorative Fläche behandelt, und die Bank steht als weiße Negativform vor dem schwarzen Hintergrund. Die kühlen, geometrischen Formen ermöglichten dem Maler, eine breite Palette von Strichvarianten zu entwickeln, die die verschiedenen Bildbereiche kennzeichnen. Tonabstufungen entstehen durch dicht oder weit auseinandergesetzte Striche. Mit Hilfe von Schraffuren und Kreuzschraffuren ergaben sich helle und verschattete Bildbereiche, die Räumlichkeit und Plastizität suggerieren, und das sorgfältig abgestufte Netz feiner Linien ergibt eine ›kühle‹, klare Zeichnung, deren Präzision an einen Kupferstich erinnert.

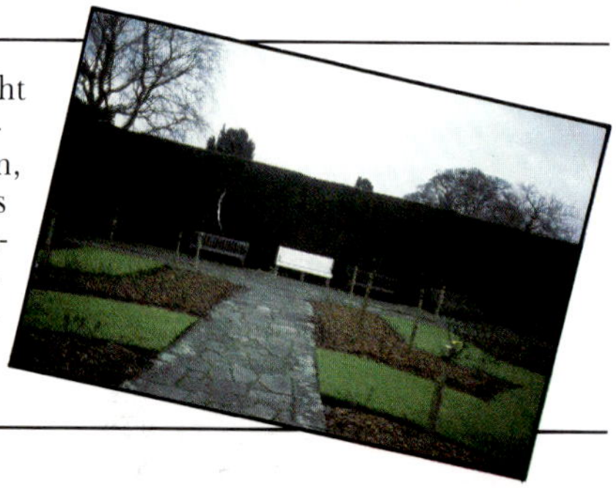

1 Die Szene besteht aus einfachen, geometrischen Formen, die gut zu den etwas mechanischen Ausdrucksmöglichkeiten des Rapidographen passen.

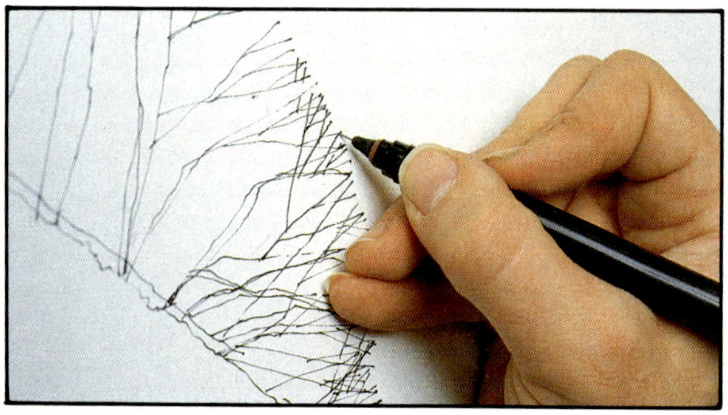

2 Die Grundstruktur des Baumes wird mit feinen Linien mit einem Rapidographen, Stärke 0,4 mm, angelegt *(oben)*. Der Maler hält den Stift auf unübliche Weise, indem er ihn mit leicht gekippter Spitze über das Papier führt.

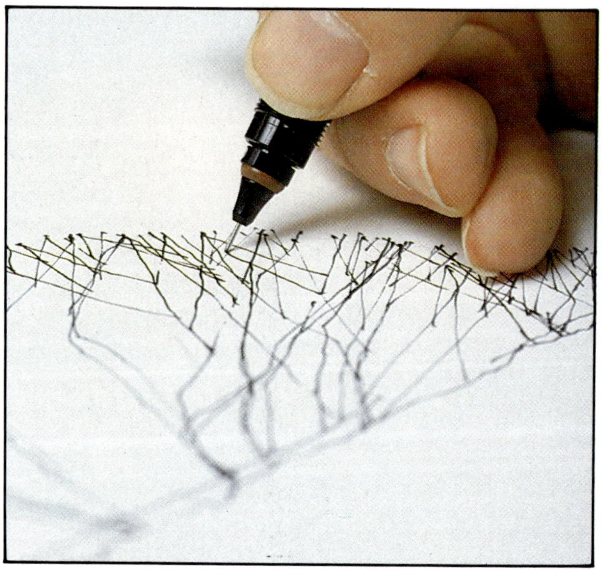

3 *Rechts* wird der Stift eher senkrecht gehalten. So wird der Strich breiter und gleichmäßiger.

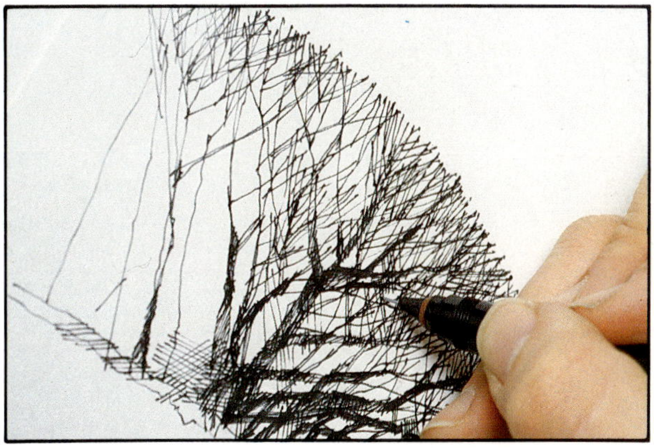

4 Der Künstler strichelt ein feines Liniennetz, um dunklere Töne zu erzielen *(oben)*. Diese Technik erfordert eine sehr diziplinierte Arbeitweise. Durch dicht gesetzte Linien entstehen dunkle Töne, durch weit auseinander gesetzte hellere.

5 Der Maler zeichnet nun die Äste und Zweige des Baumes *(unten)*. Mit schraffurartigen Strichen deutet er den Stamm an. Der kleine dunkle Baum auf der rechten Seite besteht aus einem sehr viel dichteren, gleichmäßigen Liniennetz.

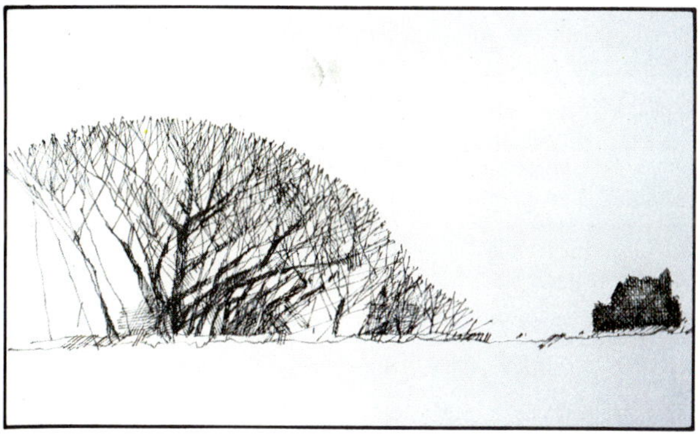

6 Hier arbeitet der Maler mit einem feinen Faserschreiber *(rechts)*. Seine Strichführung ähnelt der des Rapidographen, sie ist jedoch nicht so hart und gleichmäßig. Durch Abnutzung wird die Faserspitze weicher, und ihre Strichform ändert sich, während sie beim Rapidographen immer gleich bleibt. Die mit diesem Faserschreiber erzielte Strichform ähnelt der des 0,4 mm-Rapidographen sehr.

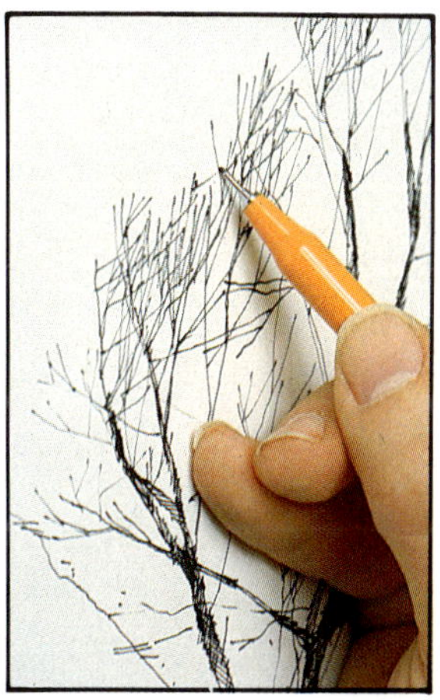

TEXTUREN MIT DEM RAPIDOGRAPHEN SCHAFFEN

Unten sehen Sie einige der Muster, die sich mit dem Rapidographen entwickeln lassen, einem Schreibgerät, das von manchen Künstlern als zu mechanisch abgelehnt wird. Wie Sie sehen, kann man mit ihm bei etwas Phantasie sehr eindrucksvolle Muster und Strukturen zeichnen. Die Linien auf dem ersten Bild wurden mit Spitzen unterschiedlicher Strichbreite aus der Hand gezeichnet. Im nächsten Beispiel verwendete der Maler ein Lineal. Die kratzerförmigen, spinnwebartigen Linien entstanden, indem er den Stift locker faßte und über das Papier gleiten ließ. Die Punkt- und Strichmuster skizzierte er mit zwei verschiedenen Spitzen, einer feinen und einer dickeren.

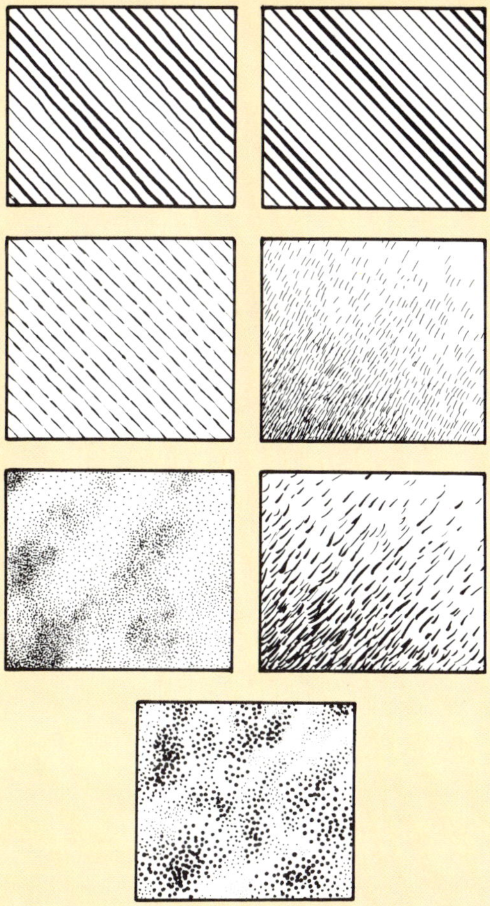

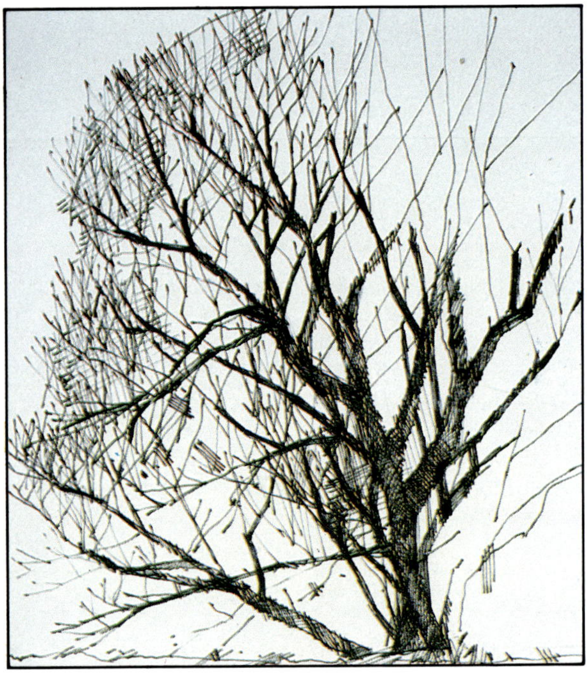

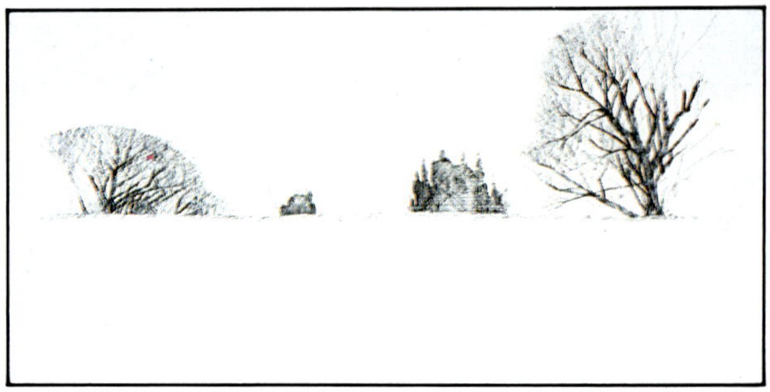

7 Der Baum *(links)* wurde mit dem Faserschreiber gezeichnet. Der Stamm besteht aus sehr engen, regelmäßigen Schraffuren. Der Künstler hat die Zweige mit einem einzelnen Strich gezeichnet, die verzweigten kleinen Ästchen an den Enden der Zweige jedoch mit sich überschneidenden, offenen Schraffuren.

8 Diese Arbeitsmethode ist sehr zeitraubend, besonders, wenn man so großformatig wie hier arbeitet. Erst nach mehreren Stunden sorgfältigster Arbeit war dieses Stadium *(oben)* erreicht. Die verwendete Zeichenspitze ist im Vergleich zum Papierformat sehr klein.

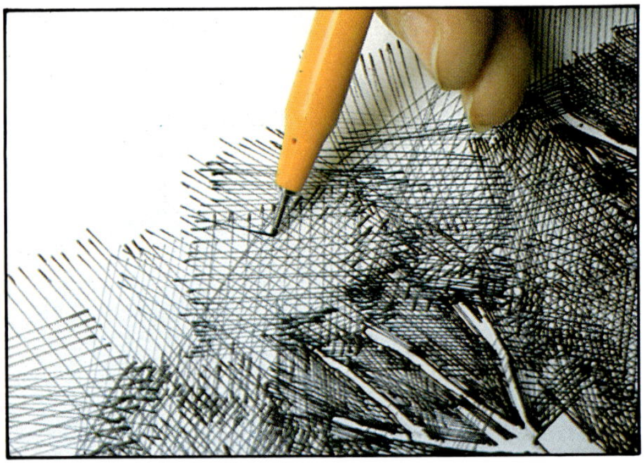

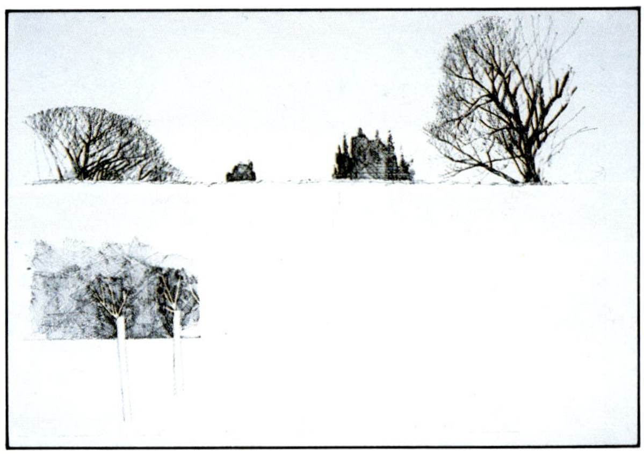

9 Mit einem System von Kreuzschraffuren zeichnet der Maler die Buchsbaumhecke *(oben)*. Für dieses moderne und verhältnismäßig unvertraute Zeichengerät muß man ein passendes Strichrepertoire entwickeln, das je nach Bedarf eingesetzt werden kann. Beide Stiftarten verlangen methodisches Arbeiten, und beide sind problematisch, weil Fehler nur durch Übermalen mit weißer Gouache korrigiert werden können.

10 *Oben rechts* sehen Sie, wie realistisch die Schraffuren die Buchsbaumhecke wiedergeben und gleichzeitig ein dekoratives Muster bilden. Der Künstler zeichnet die Bäume, indem er ihren Hintergrund schraffiert, so daß sie weiß vor der Hecke erscheinen.

11 Der Maler zeichnet die Schraffuren um die Parkbank und zwischen die Bretter der Rückenlehne. So entsteht die Bank als Negativ aus ihrem Hintergrund.

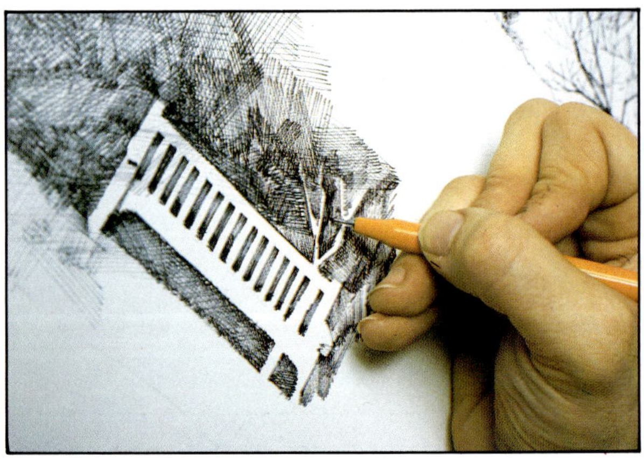

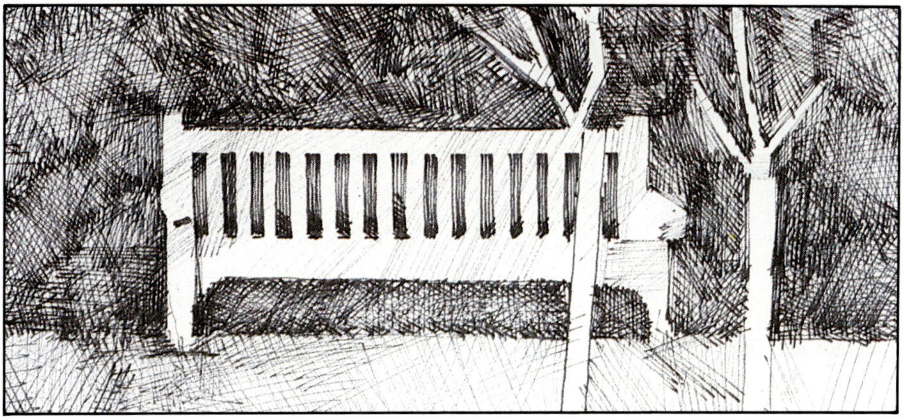

12 Das für diese Zeichnung gewählte Medium ist nicht einfach zu handhaben, aber der Künstler hat Strichformen und eine Arbeitsmethode entwickelt, die sowohl dem Medium als auch dem Motiv gerecht werden. Das fertige Bild *(unten)* ist von grafischer Einfachheit und weist eine ansprechende Mischung aus einfachen Formen und lebhaft strukturierten Bildbereichen auf. Ab und zu sollten Sie mit einem neuen Medium experimentieren.

Was man benötigt

Der Maler verwendete einen Bogen Kartonpapier von 30,5×40,5 cm, einen Rapidographen, Tusche und einen feinen Faserschreiber.

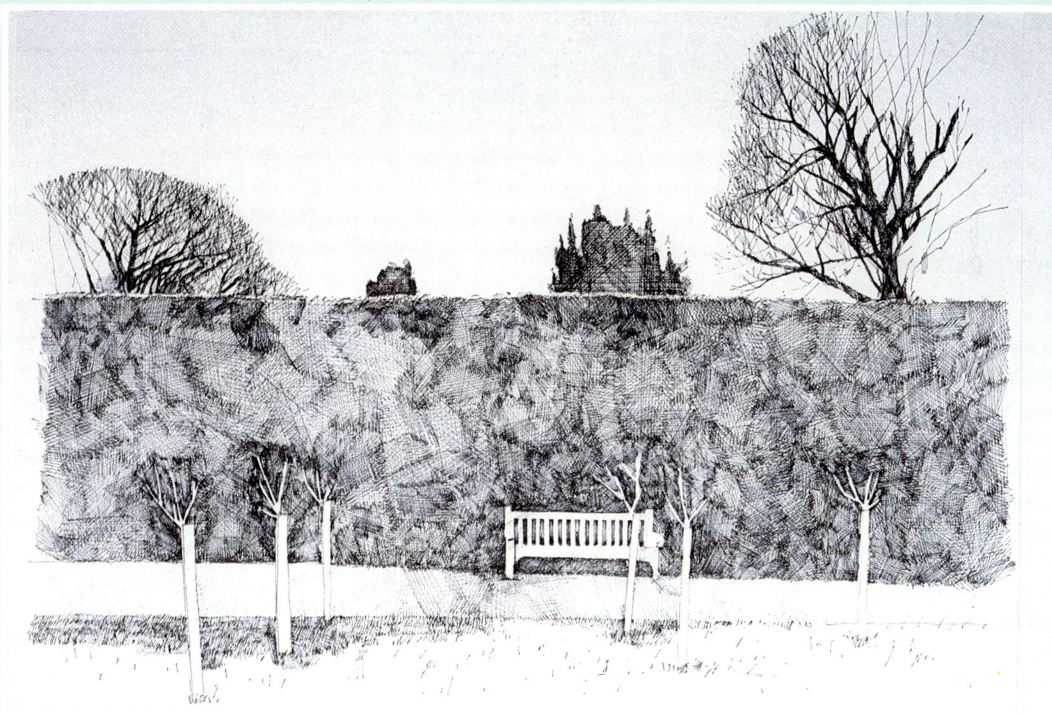

Buchsbaumhecke mit Bank

Stadtlandschaft

Bleistift und Buntstift

Die klaren Konturen eines modernen Geschäftshauses haben Sie als Motiv für ein Landschaftsbild bisher vielleicht noch nicht in Betracht gezogen. Dieser Maler jedoch fand die gleichförmigen geometrischen Linien des Gebäudes besonders reizvoll. Als Gegengewicht hierzu dient die Ziegelmauer im Vordergrund. Er hat das Motiv zwar originalgetreu wiedergegeben, die strengen Parallelen des Gebäudes jedoch bewußt betont. Gleichzeitig hat er einen Standpunkt gewählt, der die umliegende Stadtlandschaft mit ihren weicheren Formen und Bäumen, die die harten Kanten mildern, fast völlig ausblendet. Der Künstler arbeitete sehr zügig, um die größeren Bildbereiche möglichst schnell anzulegen. Er zeichnete mit locker und frei aufgetragenem Bleistift und Buntstift, um in der ihm zur Verfügung stehenden kurzen Zeit möglichst viele Informationen zu Papier zu bringen.

Dies ist ein typisches Beispiel dafür, wie man Informationen sammeln und wie man ein Skizzenbuch verwenden sollte. Es ist ein wichtiger Teil Ihres künstlerischen Lebens, und Sie sollten es daher immer dabeihaben. Ein Skizzenbuch verzeichnet Ihre alltäglichen Aktivitäten, enthält Informationen zu Architekturdetails, Lichteffekten, Menschen und Gesten. Benutzen Sie es jeden Tag. So verbessern Sie Ihr Wahrnehmungsvermögen, Ihre visuelle Erinnerungsfähigkeit und Ihre Zeichenfertigkeiten.

BLEISTIFTSPUREN

Mit Bleistift kann man sehr unterschiedliche und interessante Effekte erzielen. Die Art der Striche hängt vom Härtegrad des Stiftes und von der Schärfe seiner Spitze ab. Bleistifte gibt es vom Härtegrad 8B (dem weichsten) über 7B bis zu 2B, B, F und von HB, H, 2H, 3 H bis zu 8H (dem härtesten). Die Strichvarianten *unten* etwa entstanden mit einem 2B-Bleistift. *Rechts* sehen Sie eine Tonabstufung auf relativ weichem Papier, gezeichnet mit einem weichen 4B-Bleistift. Das letzte Bild zeigt, daß man mit demselben Stift auf rauherem Papier eine grobere, stärker strukturierte Farbfläche erzielt.

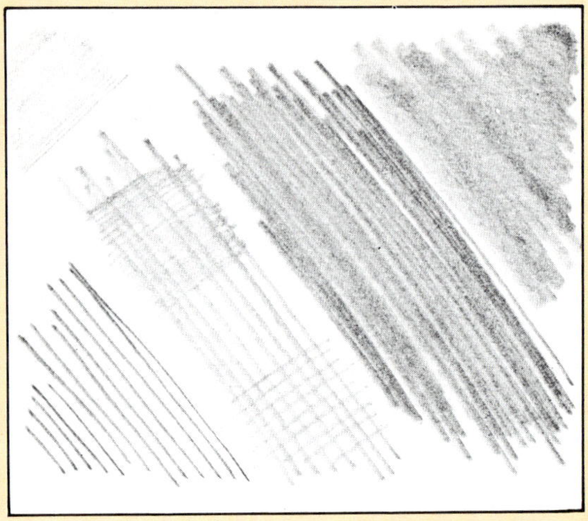

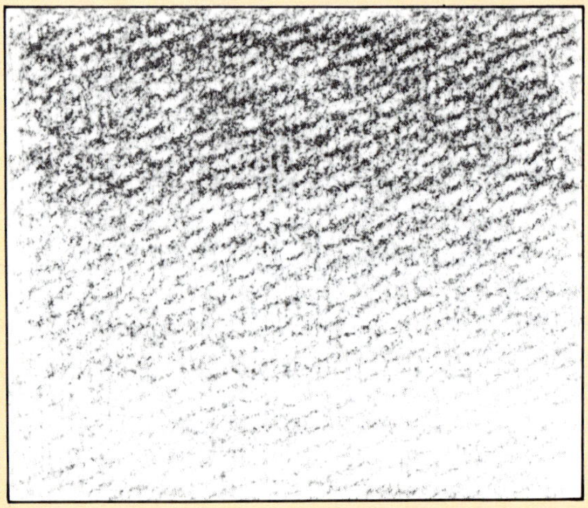

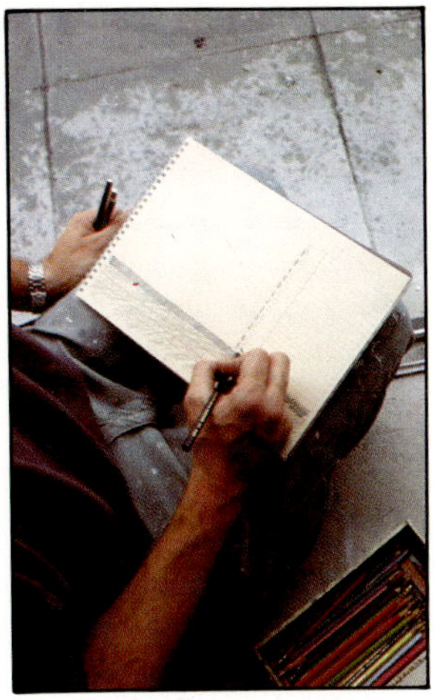

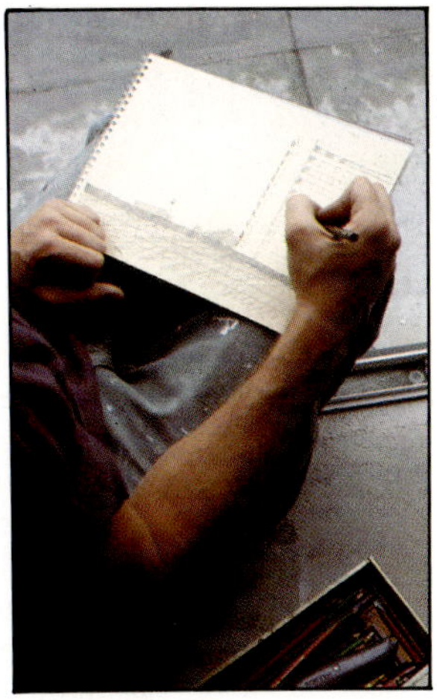

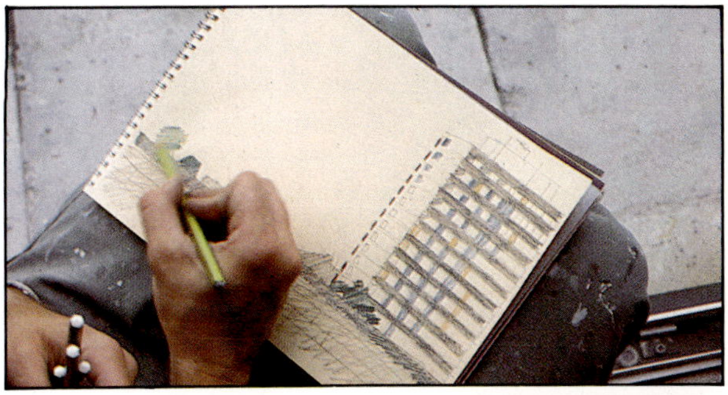

1 In seinem Skizzenbuch hält der Künstler alltägliche Ereignisse fest, macht Skizzen von interessanten Motiven, entwickelt Ideen oder löst künstlerische Probleme. Hier beschäftigt er sich mit einem Motiv, das leicht übersehen wird, jedoch für alle Stadtbewohner bedeutsam ist.

2 Der Künstler arbeitet mit Bleistift und zeichnet, was er sieht. Er vereinfacht die Formen jedoch, so daß er seine Eindrücke schnell, aber korrekt skizzieren kann. Ihn reizten die strengen Vertikalen und Horizontalen, und sie werden ein wichtiges Bildelement.

3 Mit Buntstiften hält der Maler einige Lokalfarben fest *(oben)*. Dies ist von Bedeutung, falls er die Skizze zu einem Gemälde ausarbeiten will.

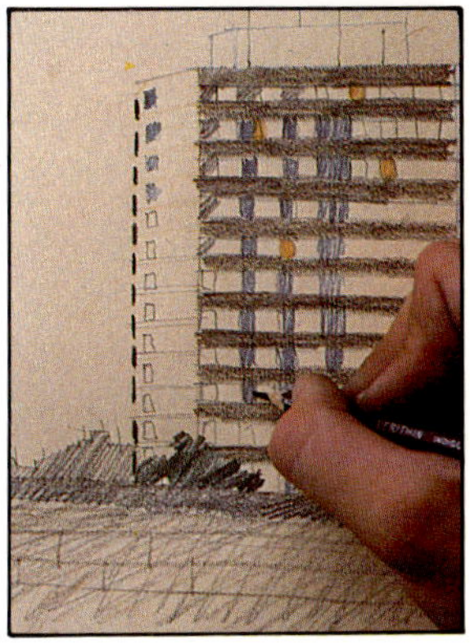

4 Er trägt die Farbe mit freien, parallelen Strichen auf *(rechts)*. Auf dem fertigen Bild *unten* sehen Sie, daß das Blau des Himmels dagegen mit lockeren, die Richtung wechselnden Strichen aufgetragen wurde.

Was man benötigt

Der Maler benutzte einen Skizzenblock von 18 × 25,5 cm, einen B-Bleistift und einen Satz Buntstifte.

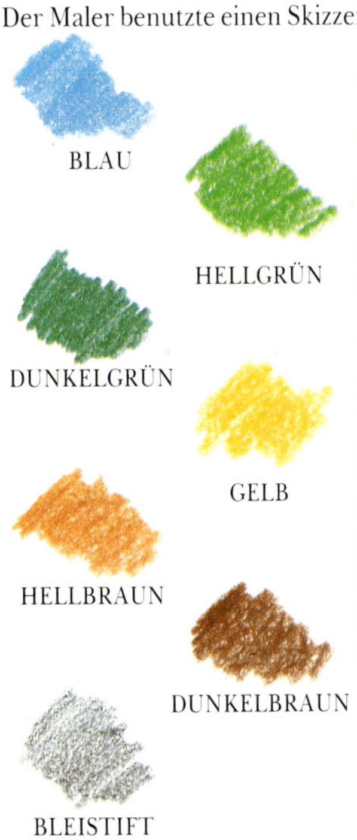

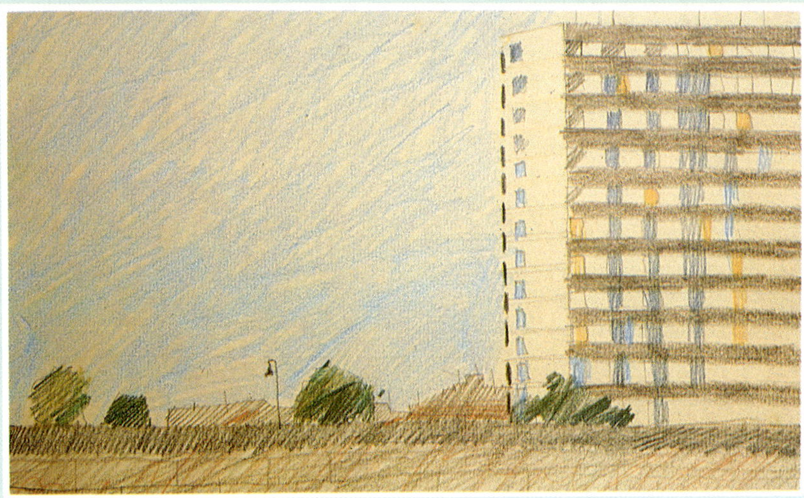

Stadtlandschaft

Blick über Dächer

Faserschreiber

Die Stadtlandschaft bietet dem Künstler viele reizvolle Motive. Dieser Blick über Hausdächer ist ein gutes Beispiel dafür, daß auch Alltäglichkeiten eine künstlerische Herausforderung darstellen können. Sie müssen jedoch genau hinsehen und Ihre Kenntnisse der Gesetze der Perspektive anwenden, um zu einer realistischen Darstellung zu finden. Dächer, besonders Ziegeldächer, bieten eine attraktive Vielfalt von Mustern und Farben. Auf diesem Bild dient das große Dach im Vordergrund als Muster für die Gebäude in der Ferne. Diese werden schnell kleiner; der plötzliche Maßstabwechsel hilft, räumliche Bezüge aufzubauen, und sorgt für ein Gefühl von Nähe oder Ferne.

Bei einem so komplizierten Motiv sollten Sie all diese Probleme zunächst vergessen und es in erster Linie als abstraktes Muster und weniger als eine Reihe von benennbaren Dingen betrachten. Zeichnen Sie nur, was Sie sehen.

Hier hat der Maler mit einer einfachen Vorzeichnung begonnen. Er entwickelte die Formen langsam, folgte schrittweise jeder Linie und verlängerte sie in seiner Phantasie, um zu sehen, wo sie auf das nächste Bildelement treffen würde. Er orientierte die Bildgegenstände aneinander, verglich ihre Formen und die Winkel, die sie miteinander bildeten.

Wenn Sie glauben, daß sich ein Motiv für ein Gemälde eignet, sollten Sie Notizen zu den Farben machen – entweder handschriftlich oder indem Sie kleine Farbtupfer in die Skizze setzen. Das Arbeiten im Atelier hat gewisse Vorteile, weil Sie Ihre Vorlage dort freier interpretieren und Ihre eigene Komposition entwickeln können. Sie können auch Fotos machen, um Details zu überprüfen oder, wenn Ihr Landschaftsmotiv in der Nähe gelegen ist, mit Ihrem Skizzenbuch dorthin zurückkehren.

Der Maler arbeitete mit einem Faserschreiber. Feder und Tusche sind zwar ein wunderbares Medium, wenn Sie die zu Ihrem Stil passende Feder gefunden haben; bei Faserschreibern entfällt jedoch das Problem, ein zerbrechliches oder auslaufendes Tintenfaß mit sich herumzutragen. Sie eignen sich vorzüglich für schnelle, direkte Zeichnungen, sind sehr vielseitig und können auf fast jedem Malgrund verwendet werden. Faserschreiber nutzen sich beim Gebrauch ab, und ihre Striche verlieren mit der Zeit ihre ursprüngliche Schärfe. Der Maler besitzt eine Reihe verschieden stark abgenutzter Stifte, damit er je nach Bedarf harte oder weichere Linien zeichnen kann.

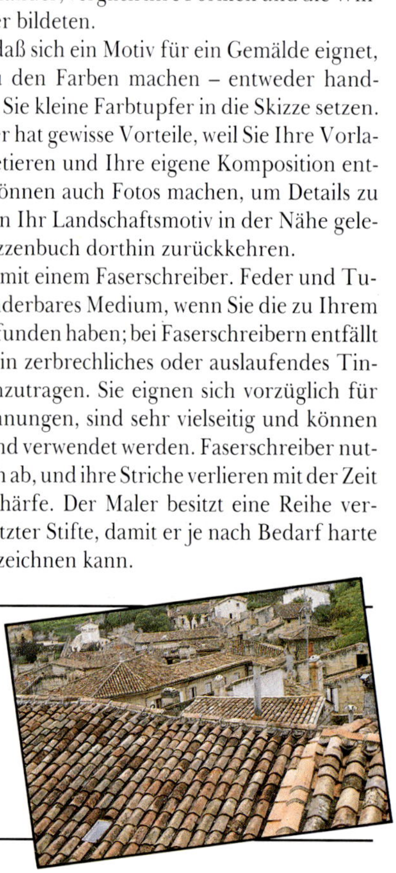

1 Dächer stellen immer ein reizvolles Motiv dar.

FASERSCHREIBER

Der erste Stift hat eine flexible Kunststoffspitze, und seine Strichmuster ähneln denen von Tauchfeder oder Füllfederhalter. Der zweite ist ein sehr feiner Faserschreiber, der wie der Rapidograph eine klare, gleichmäßige Linie erzeugt. Der dritte ist ein Pinselstift. Seine Spitze besteht wie ein Malpinsel aus einem Bündel biegsamer Synthetikfasern. Der vierte Stift ist ein Filzstift, der weicher, grober und billiger ist als ein Faserschreiber. Er nutzt sich sehr schnell ab, und alte Filzstifte zeichnen sehr weich. Der letzte in der Reihe ist ein Kalligraphiestift, der breite Striche erzeugt.

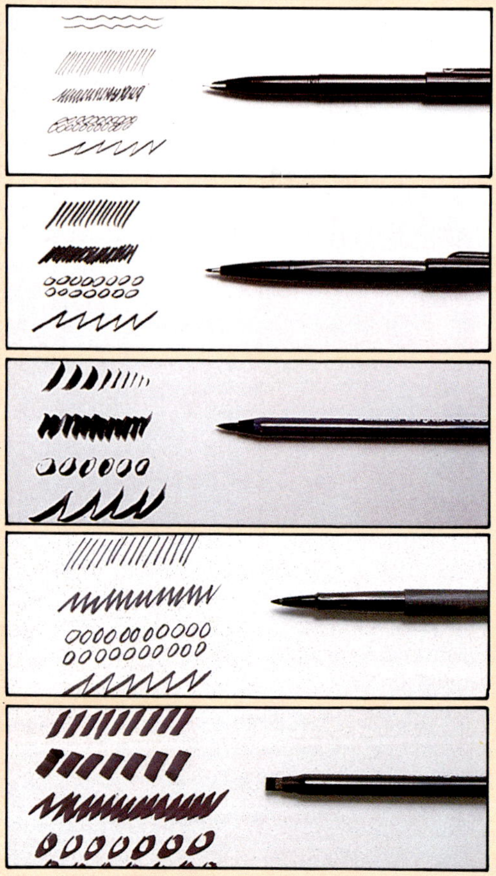

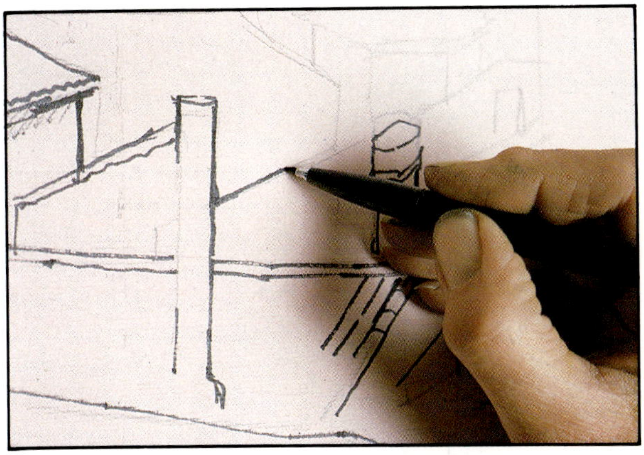

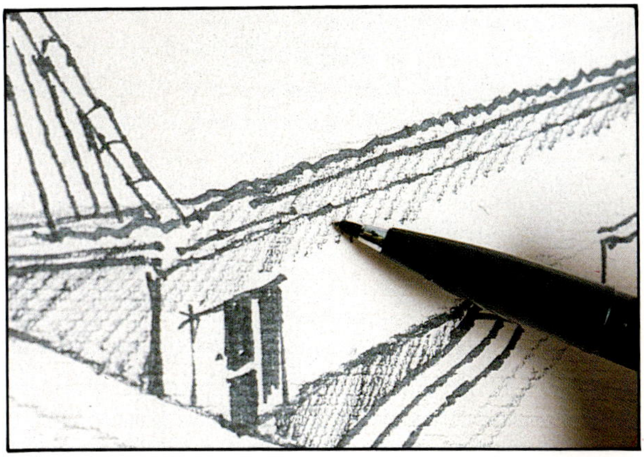

2 Zunächst entwirft der Maler mit einem sehr blassen Bleistift eine grobe Vorzeichnung. Dann setzt er die Arbeit mit dem Faserschreiber fort *(oben)*. Er konstruiert als erstes die Senkrechten, orientiert jede Linie an der folgenden und ergänzt die Konstruktionslinien.

3 *Oben rechts* sehen Sie, wie die Struktur des Pastellpapiers die Strichführung beeinflußt. Der Künstler läßt den Stift sanft über das Papier gleiten, so daß er der unregelmäßigen Oberfläche folgt und zart getönte Schattenzonen entstehen. Vergleichen Sie diese mit den Dachkanten und den schwarzen Fensterflächen.

4 Der Ausschnitt *rechts* zeigt weitere Strichvarianten. Diese Formen werden mit einem verhältnismäßig neuen Stift gezeichnet, der noch scharfe Linien erzeugt. Der Künstler zeichnet nicht jeden Dachziegel, sondern entwickelt ein Muster, das an sie erinnert. Beachten Sie, wie er die Linienform variiert.

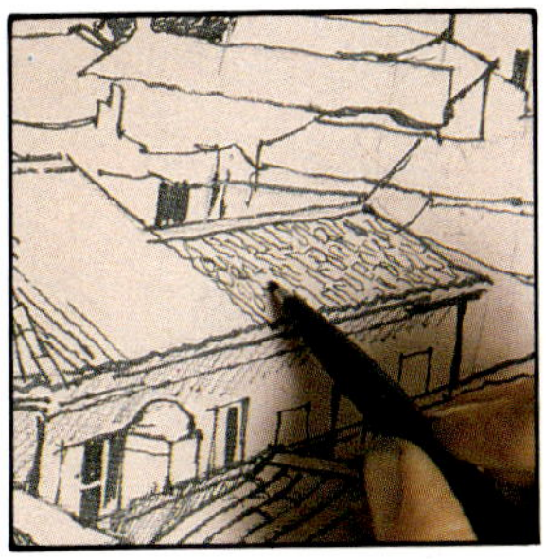

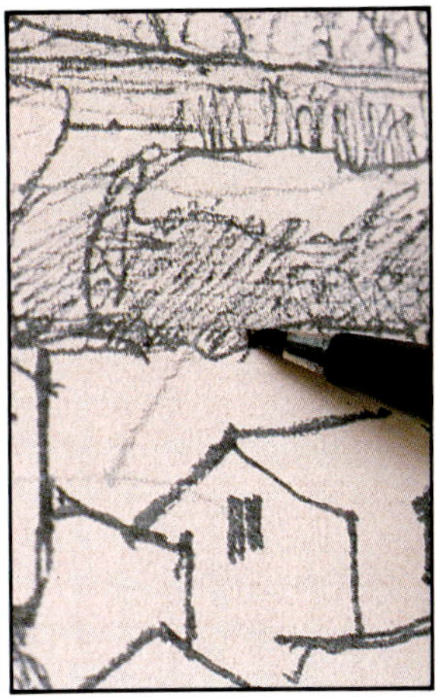

5 Diese Vergrößerung zeigt einige der Häuser im Hintergrund. Der Maler hat hier einen älteren Stift verwendet. Mit ihm zeichnet er den Hintergrund, wo die Details nicht mehr so klar wiedergegeben werden müssen. Die fertige Zeichnung *(rechts)* weist ein effektvolles Muster von Formen auf.

Was man benötigt

Der Maler verwendete rosa Pastellpapier von 26 × 38 cm und verschiedene Faserschreiber.

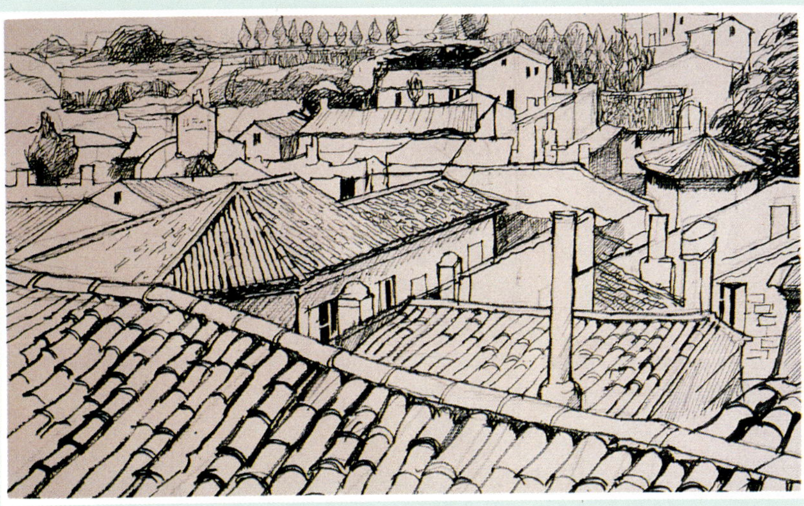

Blick über Dächer

Grabsteine im Halbschatten

Kohle

Das schimmernde Licht, das durch die Baumkronen fällt, ist ein wichtiges Element dieses hinreißenden Motivs. Der Künstler fertigte eine schnelle Skizze an, auf der er die Tonqualitäten der Szene analysierte. Die Verteilung von Licht und Schatten auf der Bildfläche ist ein wichtiges Element der Grundstruktur jeder Komposition. Am besten läßt sich diese erkennen, wenn man das Motiv mit halb geschlossenen Augen betrachtet. So reduzieren Sie es auf seine einfachsten Bestandteile, und es wirkt fast abstrakt. Manche Motive bestehen nur aus wenigen großen hellen und dunklen Partien und strengen, einfachen Formen, die ein Gefühl von Ruhe und Bewegungslosigkeit vermitteln. Andere Kompositionen sind aus vielen kleinen Elementen zusammengesetzt, die das Auge ruhelos über die Bildoberfläche wandern lassen.

Man kann ein Motiv analysieren, indem man die zugrundeliegende Geometrie und seine Kompositionslinien zu erkennen versucht. Diese Grundstruktur wird von anderen Elementen überlagert, die ihr möglicherweise entgegenwirken und so für eine interessante innere Dynamik sorgen.

Hier zeichnete der Künstler zunächst die Hauptformen und trug danach die dunklen Tonwerte auf, um zu sehen, wie sie mit der inneren Geometrie harmonieren. Er benutzte Zeichenkohle. Sie ist ein angenehmes, anpassungsfähiges Medium, das vielseitig verwendbar ist und sich besonders für schnelle Skizzen eignet. Der Künstler fertigte sich eine Papierhülse an, damit das Bild nicht zu sehr verschmierte. Er zeichnete die dunklen Bereiche mit der Seite des Kohlestiftes und drückte ihn je nach gewünschtem Helligkeitsgrad leichter oder fester an. Wenn er seine Strichform variieren wollte, brach er die Kohle durch. Er zeichnete die Bildgegenstände mit ausladenden, flachen Strichen, indem er den Hintergrund anlegte und Formen aus den dunkleren Bereichen entstehen ließ. Mit den scharfen Kanten abgebrochener Kohlestückchen verfeinerte der Maler die Konturen dieser Formen und schuf verschiedene Texturen und Strichvarianten. Ein Knetradierer diente dazu, einige Partien aufzuhellen und die Glanzlichter anzudeuten. Die Kohle erlaubte dem Maler, große Papierflächen schnell abzutönen, er war jedoch gezwungen, das Motiv zu vereinfachen.

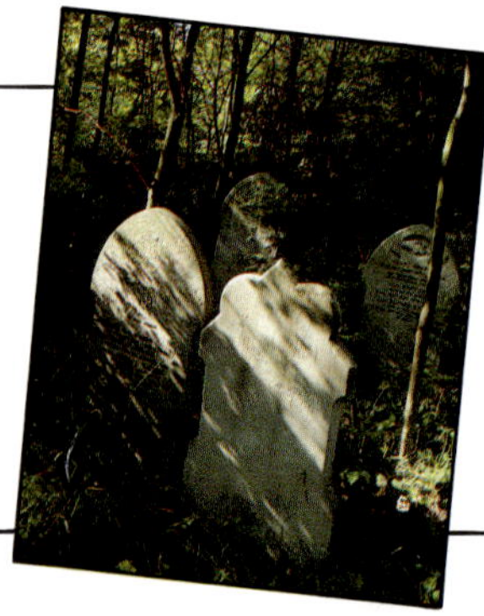

1 Das durch die Bäume fallende Sonnenlicht bot dem Künstler Gelegenheit zu dieser reizvollen Studie von Licht- und Grautoneffekten. Er arbeitete mit Kohle, weil sich mit ihr sowohl feine Linien als auch geschlossene Farbflächen anlegen lassen.

KOHLE

Zeichenkohle ist weich und elastisch und läßt sich fast wie flüssige Farbe verarbeiten. Zeichenkreide hat einen quadratischen Querschnitt, ist dichter und weniger bröckelig als Zeichenkohle. Pigmentstifte sind die härteste Variante der Zeichenkohle und schmieren bedeutend weniger als Zeichenkohle oder -kreide. Bei ihnen kann man zum Zeichnen jedoch nur die Spitze und nicht die Seiten verwenden.

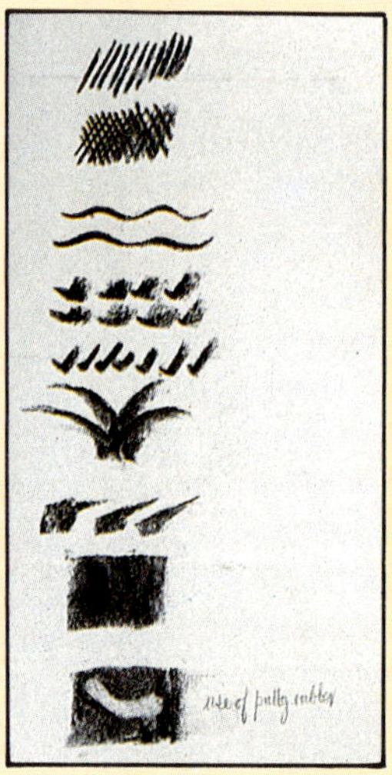

Zeichenkohle

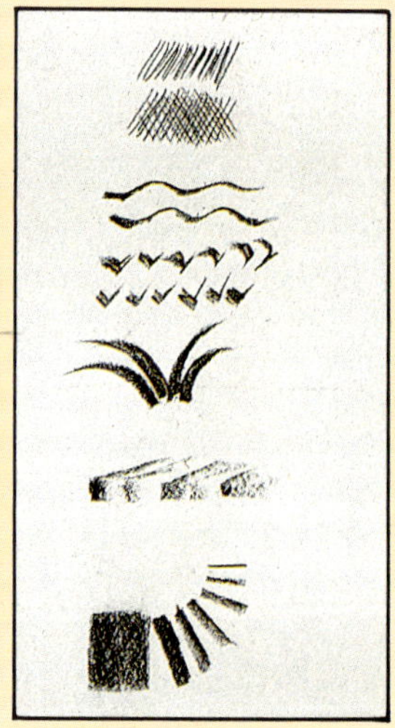

Zeichenkreide

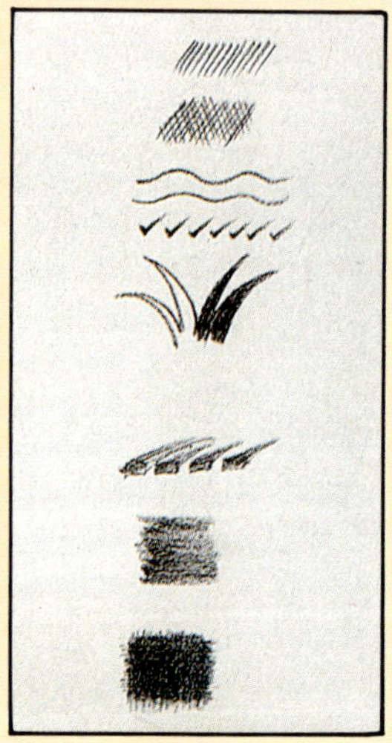

Pigmentstift

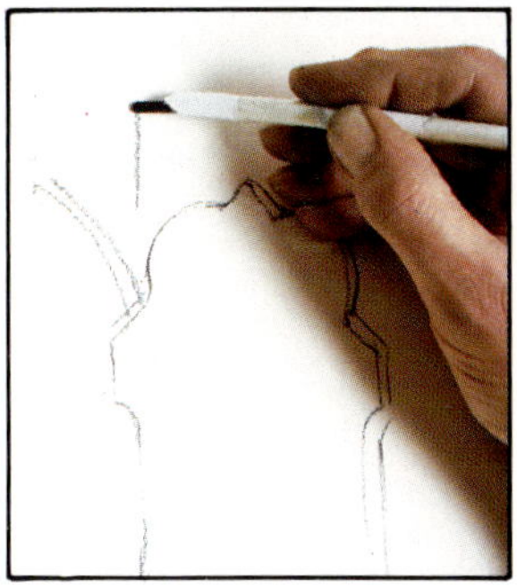

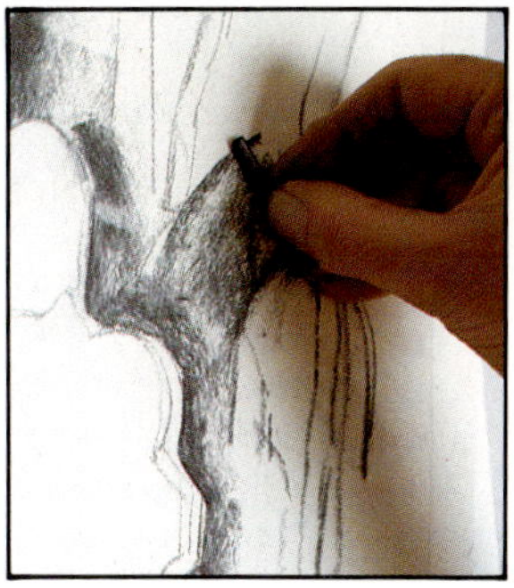

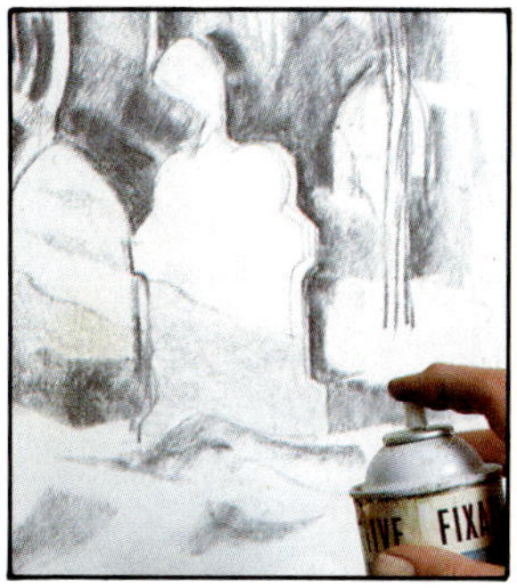

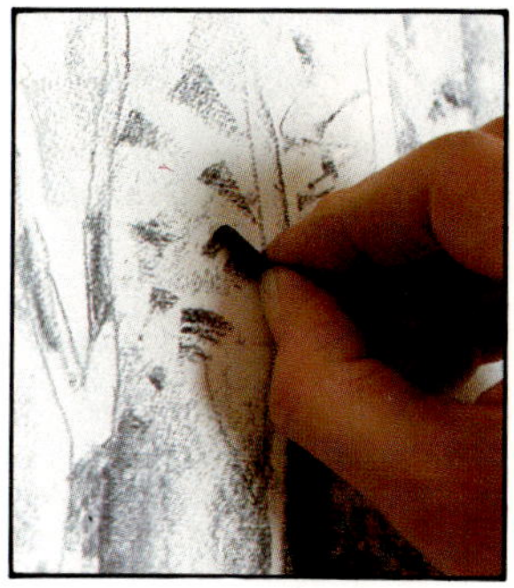

2 Der Maler skizziert zunächst mit einem dünnen Stift Zeichenkohle die Hauptumrißlinien des Motivs. Er hat aus Papier eine Hülse für den Stift angefertigt.

3 Mit einem abgebrochenen Kohlestück trägt der Künstler die dunkelsten Bereiche, die tiefen Schatten hinter den Grabsteinen, auf.

4 Kohle ist ein recht ›unsauberes‹ Medium, bei dem das Bild leicht verschmieren kann. Der Künstler bläst losen Kohlestaub vom Papier und fixiert die Zeichnung anschließend.

5 Mit einem kleinen Kohlestückchen zeichnet der Maler Striche, die das Blattwerk der Bäume andeuten. Die Papierstruktur wird durch die verriebene Kohle sichtbar.

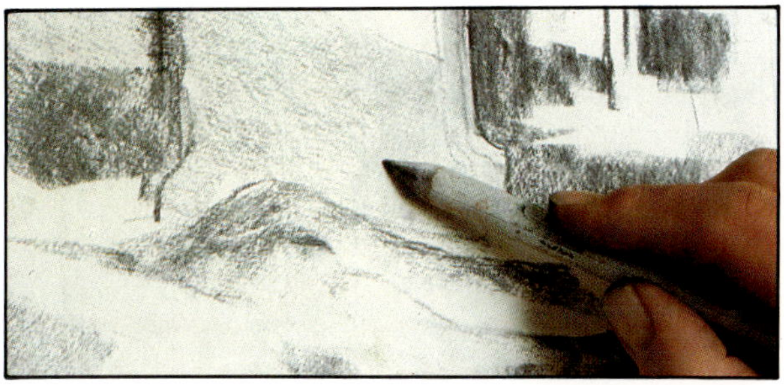

6 Mit Hilfe eines Estompen überarbeitet der Maler die Mitteltöne, indem er die Kohle verreibt und verteilt *(oben)*. Man kann die Kohle auch mit dem Finger oder einem Stück Seidenpapier verreiben, Estompen sind jedoch genauer. Es gibt sie in verschiedenen Größen.

7 *Rechts* erzeugt der Künstler Glanzlichter, indem er mit einem Knetradierer einen Teil der Kohle wieder entfernt. Ein dünner Kohlefilm läßt sich darüber hinaus mit einem Radiergummi ›überzeichnen‹.

8 Der Künstler zeichnet mit der scharfen Kante eines Kohlestücks letzte tiefschwarze Details *(rechts)*. Auf der fertigen Skizze *(rechts außen)* ist die Vielzahl der erzeugten Tonabstufungen und Strichvarianten erkennbar.

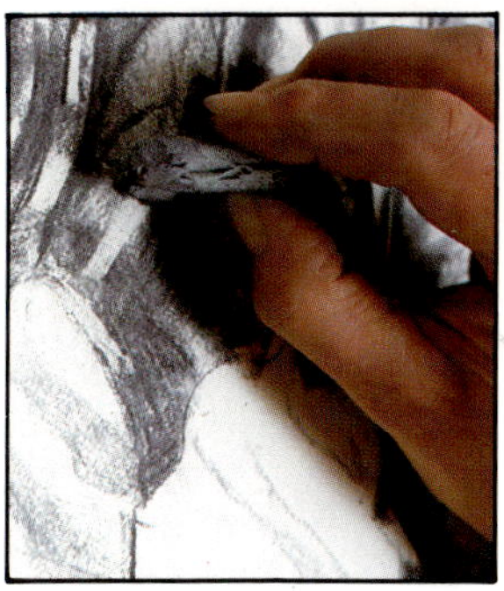

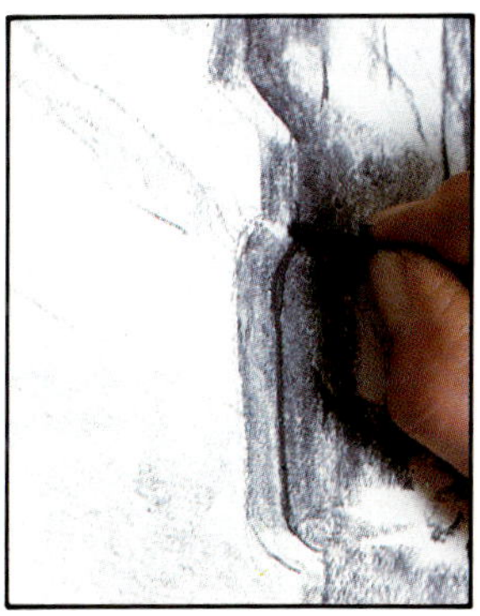

Was man benötigt

Der Maler arbeitete auf weichem, cremefarbenem Papier von 36 × 52 cm. Er benutzte Zeichenkohle und einen Knetradierer.

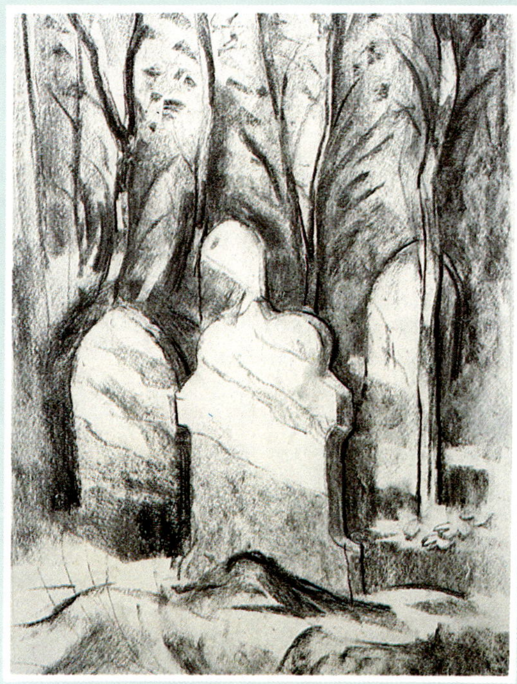

Grabsteine im Halbschatten

Waldszene

Rapidograph

Die winterlich kahlen Zweige stellten ein Motiv dar, das wegen seiner linearen Formen ideal für die Arbeit mit dem Rapidographen war. Da er einen eingebauten Tuschetank hat, eignet er sich vorzüglich für das Zeichnen im Freien, besonders an Wintertagen, wenn die Hände steif vor Kälte sind und das Hantieren mit dem Tintenfäßchen schwierig ist. Der Künstler wollte die grafischen Details des Motivs nachvollziehen, was große Genauigkeit erforderte. Mit dem Rapidographen, der für das technische Zeichnen entwickelt wurde, ließen sich auch winzige Details exakt wiedergeben.

Der Maler arbeitete auf grauem Pastellpapier, dessen weiche, körnige Struktur die Härte der Linien milderte. Auf glatterem Papier sähen die Konturen ganz anders aus.

Den Maler interessierten zwei Aspekte des Motivs besonders. Zunächst einmal ging es ihm um den Bildraum, den Eindruck von Tiefe und Räumlichkeit. Deshalb überschneiden der Baumstamm und die Äste oben und unten, links und rechts den Bildrahmen. Dieser Kunstgriff rückt den Baum ganz dicht an die Bildebene, und es entsteht der Eindruck, man betrachte eine dahinterliegende Szene durch ein Maßwerkfenster. In diesem Bereich arbeitete der Künstler mit dicken Linien, die durch mehrfaches Überzeichnen entstanden. Den Hintergrund gab er mit feinen, gebrochenen Linien wieder, um die Entfernung anzudeuten.

Der Maler verwendete einen selbst ausgeschnittenen Rahmen, um den Teil des Motivs einzugrenzen, der ihn interessierte – bei einem so komplizierten Thema ist es schwierig, zu entscheiden, welche Bereiche der Umgebung ins Bild genommen werden sollen. Danach zeichnete er auf sein Blatt einen Rahmen in der Größe des ausgeschnittenen, damit die Proportionen korrekt übereinstimmten.

Der zweite reizvolle Aspekt dieses Motivs waren die dekorativen Linien, die gewundenen Stämme der Bäume, die sich in den Himmel schrauben, und das verschlungene Maßwerk ihrer Äste und Zweige. So entsteht ein eher flächiger Effekt, der in reizvollem Kontrast zum räumlichen Gefüge des Bildes steht.

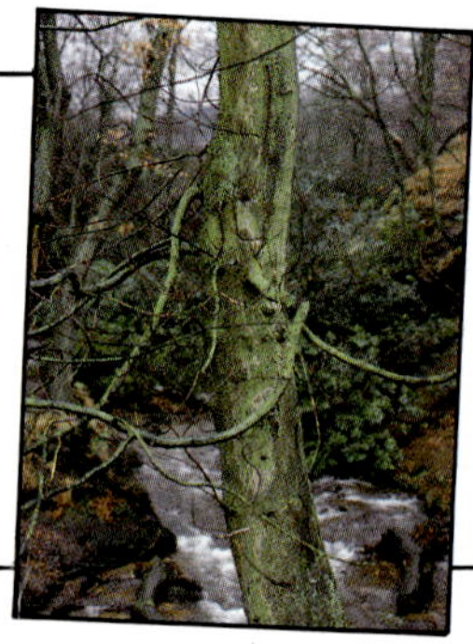

1 Das verschlungene Astwerk der kahlen Winterbäume war ein klares, lineares Motiv. Der Künstler zeichnete mit einem Rapidographen, weil dieser kleinformatiges Arbeiten erlaubt.

RAPIDOGRAPHEN

Hier sehen Sie einige der Strichformen, mit denen der Künstler Licht und Schatten, Muster und Textur entwickelte. Er hat die recht mechanische und sterile Linienqualität gemildert, indem er auf weichem, getöntem Papier arbeitete.

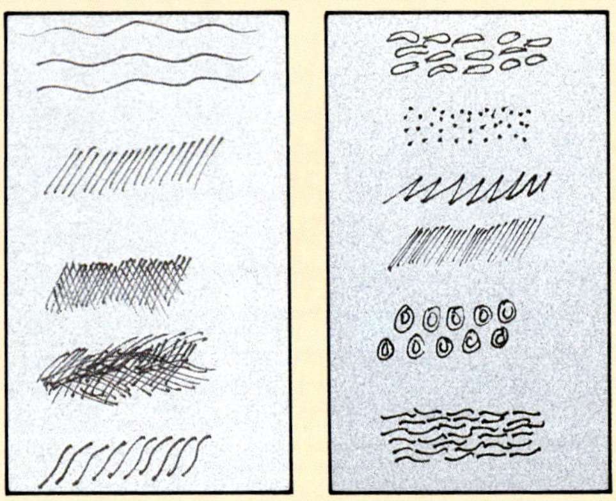

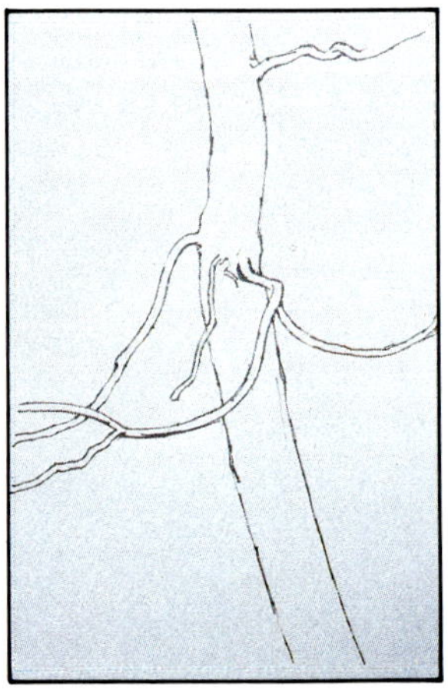

2 Der Künstler wählt weiches, körniges Pastellpapier. Dessen Oberfläche läßt die Linien weicher erscheinen, und die graue Farbe dämpft das harte Schwarz der Tusche. Zunächst wird der Stamm des Baumes im Vordergrund mit einer einfachen, unterbrochenen Linie skizziert.

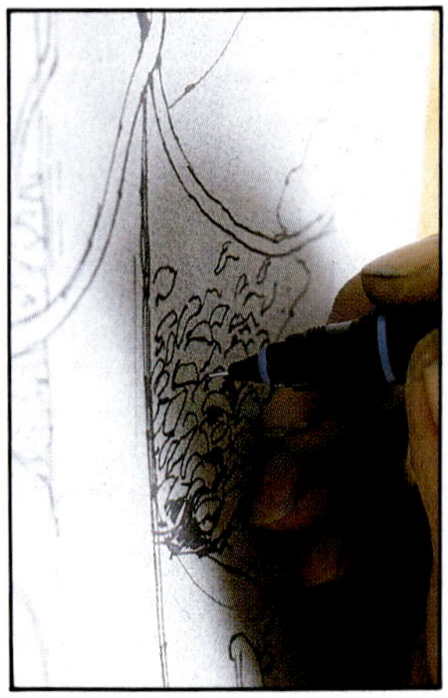

3 Hier legt der Maler den Hintergrund an. Er zeichnet das Laub der Stechpalme in Form von stilisierten Blattumrissen. Die dunklen Töne entstehen durch kleinteiliges Arbeiten, bei dem die Tusche auf dem Papier verläuft.

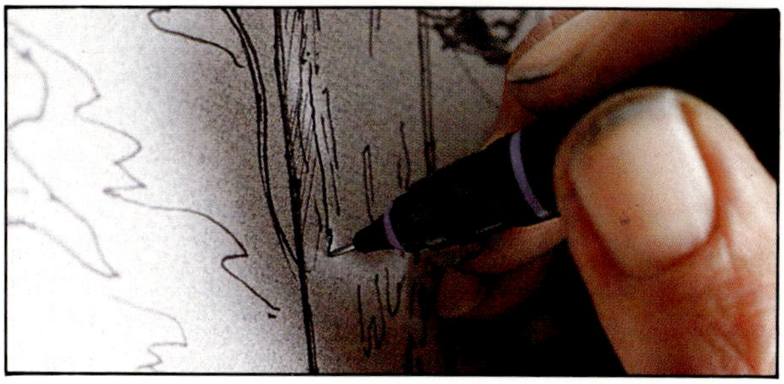

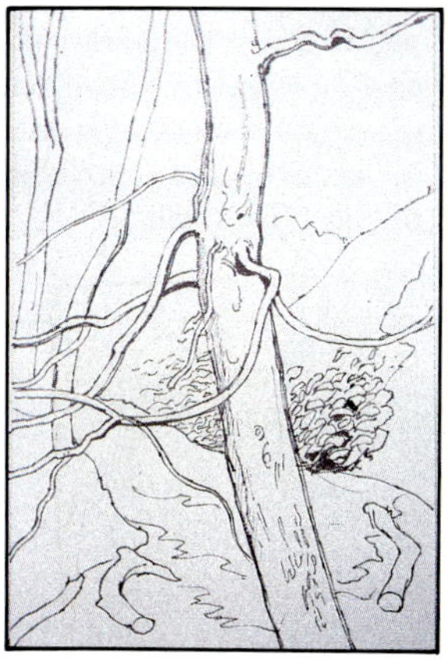

4 Die Kontur des Baumstammes wird durch mehrfaches Überzeichnen der Linie verstärkt, so daß ein dickerer, dunklerer Strich entsteht *(oben)*. Der Maler hat begonnen, den Hintergrund zu überarbeiten, und nun entwickelt er mit weit auseinanderliegenden Schraffuren die mittleren Tonstufen.

5 Die lineare Arbeitsweise des Rapidographen wird *links* deutlich. Der Baumstamm weist trotz der Schraffuren kaum Tonabstufungen auf.

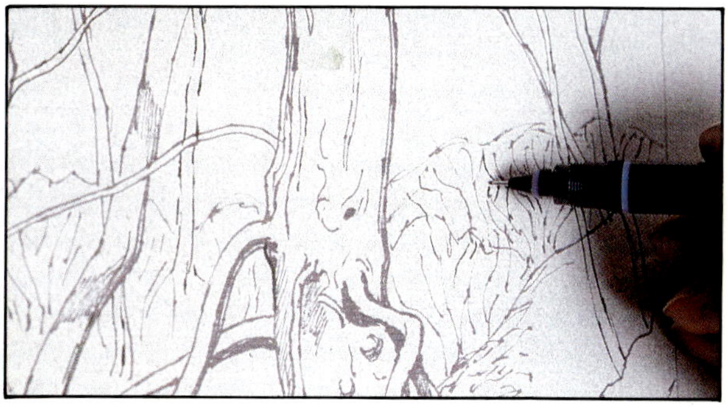

6 Mit feinen, durchbrochenen, flüchtigen Linien deutet der Künstler die kahlen, skeletthaften Umrißlinien der Bäume im Hintergrund an *(oben)*. Kräftige Striche würden sie zu weit in den Vordergrund bringen.

7 Der Ausschnitt *rechts* zeigt einige der Strichvarianten, die der Maler entwickelt hat, um die Rinde des Baumes wiederzugeben. Texturen und Schattierungen können nur mit Hilfe von Linien oder Punkten entwickelt werden.

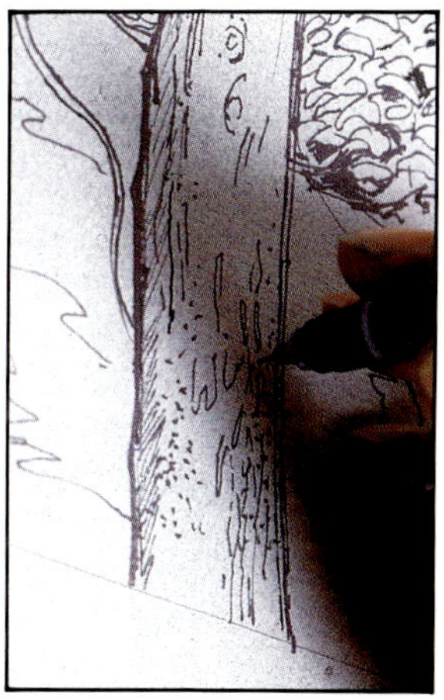

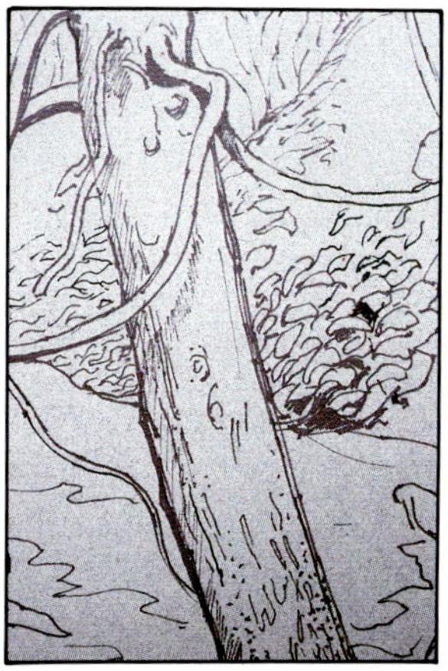

8 Die Linienführung des Rapidographen ist genau und hart. Für diese Zeichnung hat der Künstler eine Arbeitstechnik entwickelt, die dem eigentlichen Charakter des Stiftes entgegengesetzt ist. Die Papierqualität trägt hierzu bei. Er führt den Stift locker, so daß er über die Papierunebenheiten ›springt‹ und unterbrochene Linien entstehen. *Links* sehen Sie die ungleichmäßigen Linien, die entstehen, wenn man den Stift schräg hält.

Was man benötigt

Der Künstler verwendete weiches, grau getöntes Pastellpapier von 21 × 30 cm und einen Rapidographen Stärke 0,6 mm.

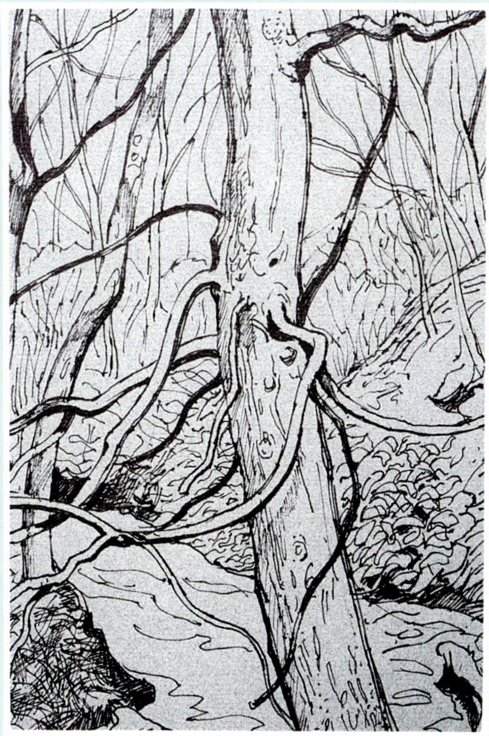

Waldszene

Glossar

ABSTRAKT Darstellung eines Themas mit Hilfe von Farben und Formen und weniger durch realistische, naturalistische oder porträthafte Elemente.

ACRYLFARBE Eine verhältnismäßig moderne Farbe, bei der die Pigmente mit einem synthetischen Harz gebunden werden. Sie ist wasserverdünnbar.

ALLA PRIMA Unmittelbares Malen, bei dem das Bild ohne Skizze oder Vorzeichnung in einer Sitzung fertiggestellt wird.

BILDEBENE Der Bereich eines Bildes, der direkt hinter dem Rahmen liegt und die Welt des Betrachters vom Bildraum trennt.

BINDEMITTEL Flüssigkeit, die unter das pulverartige Pigment gemischt wird und es formbar macht.

CHIAROSCURO Die Verwendung von Licht und Schatten als Hauptgestaltungsmittel in einer Komposition. Caravaggio und Rembrandt waren Meister dieser Technik.

COLLAGE Ein Bild, das aus Papier- und Stoffstückchen sowie anderen Materialien zusammengesetzt wird, die man auf Leinwand, Papier oder einen anderen Träger klebt.

DECKKRAFT Dieser Begriff bezieht sich auf die Undurchsichtigkeit einer Farbe, ihre Eignung, eine darunterliegende Farbe völlig unsichtbar zu machen.

ESTOMPEN Stifte aus zusammengerollten Papierstreifen, mit denen man Kohle, Bleistift, Buntstift und Pastellfarben verwischen kann, um sanfte Farbübergänge zu erzielen.

FIRNIS Transparenter Film über der letzten Farbschicht zum Schutz des Bildes, der aus trocknenden Öl- oder Harzlösungen besteht.

FIXIERER Dünner Überzug, der besonders auf Kohle- und Pastellzeichnungen gesprüht wird, um das Verschmieren der Farbe zu verhindern und die Oberfläche des Bildes zu schützen.

FLÜSSIGMASKE Eine Gummilösung, die auf das Bild gegeben wird, um zu verhindern, daß Farbe auf bestimmte Bildpartien gerät. Wenn die Lösung trocken ist, lassen sich die abgedeckten Bereiche problemlos übermalen. Flüssigmaske wird mit dem Finger oder einem Radiergummi wieder entfernt.

FRESKO Wandmalereitechnik, bei der gewöhnlich mit Wasserfarbe auf feuchten Putz gemalt wird.

GRUNDIERUNG Erster Auftrag von Material auf einen Malgrund. Dieser erfolgt meist in mehreren Schichten und erfüllt drei Funktionen: Er versiegelt das Trägermaterial, so daß die später aufgetragene Farbe nicht zu stark aufgesogen wird, gleicht durch Füllstoffe Unebenheiten aus und sorgt für einen gleichmäßigen Grundfarbton.

GUMMIARABIKUM Harz einer Akazienart. Man setzt es Tusche und Wasserfarbe zu, damit diese satter und glänzender werden.

GUMMILÖSUNG Eine Flüssigkeit, die in Tusche und Wasserfarbe gegeben wird, um der Farbe Glanz und Deckkraft zu verleihen.

IMPASTO Das Auftragen von zähflüssiger Farbe oder dicken Pastellschichten, um der Bildoberfläche Textur zu geben.

KOMPLEMENTÄRFARBEN Die Farben, die sich im Farbkreis gegenüberliegen. Nach der Farbenlehre Johannes Ittens ist Violett die Komplementärfarbe von Gelb, Grün die von Rot und Orange die von Blau.

KOMPOSITION Das Arrangieren und Kombinieren verschiedener Elemente zu einem Bild.

KREUZSCHRAFFUREN Eine Methode, Schattierungen nicht durch geschlossene Farbflächen, sondern durch sich kreuzende, übereinandergelegte Liniennetze darzustellen.

LASIEREN Das Auftragen von stark verdünnter Tusche oder Wasserfarbe, die zu einem transparenten, gleichmäßigen Film trocknen.

LEIM Eine gelatineartige Lösung, zum Beispiel Knochenleim, mit der man die Oberfläche einer Leinwand oder eines Kartons versiegelt.

LOKALFARBE Die tatsächliche Farbe der Oberfläche eines Gegenstandes, die nicht durch Licht, Schatten oder Entfernung verändert wurde.

LUFTPERSPEKTIVE Der Einsatz von Farbe und Abtönungen, um Raum und Entfernungen anzudeuten.

MAGER Mit diesem Begriff bezeichnet man Ölfarbe, der wenig oder gar kein Öl zugesetzt wurde. ›Fett auf mager‹ bezieht sich auf die traditionelle Arbeitsweise, in den Anfangsstadien eines Bildes ›magere‹ (mit Terpentin oder Spiritus verdünnte) Farbe zu verwenden und diese mit ›fetter‹, öliger Farbe zu überarbeiten.

MALGRUND Trägermaterial auf das man malen kann. Gewöhnlich Leinwand, Karton oder Papier.

MEDIUM Im allgemeinen bezeichnet man das Material, mit dem man arbeitet, zum Beispiel Ölfarbe oder Kohle, als Medium. Darüber hinaus bedeutet Medium eine Substanz, die man zu einem bestimmten Zweck oder um einen besonderen Effekt zu erzielen in die Farbe oder das Pigment mischt.

MISCHTECHNIK Die Verwendung eines oder mehrerer bekannter Medien, zum Beispiel Tusche und Gouache, für dasselbe Bild.

MONOCHROM Ein Bild, das nur in Tönen einer Farbe gehalten ist.

NASS AUF NASS Das Auftragen von feuchter Farbe auf eine noch nasse Farboberfläche. Hierbei gehen die verschiedenen Farben sanft ineinander über.

NASS AUF TROCKEN Das Auftragen von Farbe auf eine völlig trockene Oberfläche. Durch die klaren, sich überschneidenden Formen entsteht der Eindruck von Plastizität.

NEGATIVRAUM Die Wiedergabe des Raumes um einen Gegenstand herum, bei der sich der Gegenstand als Negativform entwickelt.

OPAZITÄT Die Fähigkeit eines Pigmentes, eine Oberfläche oder Farbe, auf die es aufgetragen wird, völlig abzudecken und unsichtbar zu machen.

OPTISCHE FARBMISCHUNG Das Vermischen der Farbe im Auge des Betrachters und nicht auf der Palette. Man kann zum Beispiel rote und gelbe Pünktchen nebeneinandersetzen, um einen Orange-Eindruck zu erzeugen, ohne die Farben selbst auf der Palette zu mischen.

OPTISCHE FARBWIRKUNG Das Vortreten oder Zurückweichen von Farben, die sich durch ihren Glanz, ihre Intensität oder den Grad ihrer Sättigung von ihren Nachbarfarben abheben oder hinter diese zurückzuweichen scheinen.

PRIMÄRFARBEN Nach Itten sind dies Rot, Blau und Gelb. Sie können nicht aus anderen Farben gemischt werden.

SCHABLONE Eine Abdekkung, die verhindern soll, daß Farbe auf den Malgrund oder auf bereits fertige Farbflächen gerät. Sie wird entweder in Form von Flüssigmaske, die übermalt und später wieder abgerieben werden kann, aufgetragen oder als ausgeschnittenes Fenster oder festumrissene Silhouette auf den abzudekkenden Bereich gelegt.

SCHRAFFUR Eine Methode, Schattierungen mit Hilfe von parallelen Linien und nicht durch dunklere Farbflächen wiederzugeben.

SKIZZIEREN Das Anfangsstadium eines Bildes, in dem die Hauptformen und Kompositionslinien sowie die wichtigsten Farbfelder und Tonabstufungen festgelegt werden.

TÜPFELN Das Zeichnen, Malen oder Gravieren mit Hilfe kleiner Punkte statt Linien oder glatter Farbflächen. Für Tüpfeleffekte werden spezielle Pinsel angeboten.

VORZEICHNUNG Das Zeichnen der Hauptzüge eines Bildes. Die Vorzeichnung wird meistens mit Bleistift, Kohle oder blassen Farbtönen ausgeführt.

ZENTRALPERSPEKTIVE Ein System, Raum und Gegenstände im Raum auf einer zweidimensionalen Fläche wiederzugeben. Sie basiert auf der Beobachtung, daß sich parallele Linien, die im rechten Winkel zur Bildebene stehen, an einem Punkt am Horizont zu treffen scheinen. Diesen Punkt bezeichnet man als den Fluchtpunkt.

Register

T

V

W

Y

Z

Danksagung

Mitarbeitende Künstler
S. 26, 28 (links), 29 (links), 30 (rechts), 31 (oben rechts, unten links), 33 (rechts), 41 (Mitte und unten), 60–63, 96–97, 106–109, 146–147 Stan Smith; S. 28 (rechts), 30 (links), 31 (oben links, unten rechts), 32, 33 (links), 41 (oben), 72–77, 84–87, 110–115, 116–119, 120–123, 124–129, 130–133, 140–143, 162–167, 168–171, 172–175, 176–179, 186–187 Ian Sidaway; S. 39, 54–57, 68–71, 92–95, 148–151, 180–181, 182–183, 184–185 Gordon Bennett; S. 58–59, 64–67 Adrian Bartlett; S. 88–91 Mark Churchill; S. 144–145 Diana Armfield; S. 152–155 Mike Pope.

Weitere Abbildungen
S. 7, 9, 10, 11, 13 The Bridgeman Art Library; S. 38 Alastair Campbell; S. 42–47 Alastair Campbell, Mac Campeanu, John Coghill, Michael Monahan und Krystyna Weinstein; S. 72, 92, 186 Mac Campeanu; S. 84, 110, 124, 130, 140, 162, 172, 176 Ian Sidaway.

Die Verlage möchten all denen danken, die bei den Vorbereitungen für dieses Buch geholfen haben. Besonderer Dank gilt Ian Sidaway für seine sachkundigen Ratschläge und die Überlassung seines Ateliers sowie den Mitarbeitern von Langford & Hill Ltd. für ihre Geduld und Großzügigkeit beim Ausleihen von Materialien und Ausrüstungsgegenständen.